Die Entwicklung der zivilrechtlichen Unterbringung volljähriger psychisch Kranker

Rechtshistorische Reihe

Band 480

Zur Qualitätssicherung und Peer Review der vorliegenden Publikation

Die Qualität der in dieser Reihe erscheinenden Arbeiten wird vor der Publikation durch einen der Herausgeber der Reihe geprüft.

Notes on the quality assurance and peer review of this publication

Prior to publication, the quality of the work published in this series is reviewed by one of the editors of the series.

Tillmann M. Gimm

Die Entwicklung der zivilrechtlichen Unterbringung volljähriger psychisch Kranker

Vom Allgemeinen Landrecht (1794) bis zum Betreuungsgesetz (1992)

PETER LANG

Bibliografische Information der Deutschen Nationalbibliothek
Die Deutsche Nationalbibliothek verzeichnet diese Publikation in der Deutschen Nationalbibliografie; detaillierte bibliografische Daten sind im Internet über http://dnb.d-nb.de abrufbar.

Zugl.: Mainz, Univ., Diss., 2018

Die vorliegende Arbeit wurde von Prof. Dr. Hattenhauer
zur Aufnahme in die Reihe empfohlen.

Umschlagabbildung:
Justitia. Allegorie der Gerechtigkeit. Druck aus dem 17. Jahrhundert.

D 77
ISSN 0344-290X
ISBN 978-3-631-78061-9 (Print)
E-ISBN 978-3-631-78062-6 (E-PDF)
E-ISBN 978-3-631-78063-3 (EPUB)
E-ISBN 978-3-631-78064-0 (MOBI)
DOI 10.3726/b15252

Peter Lang – Berlin · Bern · Bruxelles · New York ·
Oxford · Warszawa · Wien

Diese Publikation wurde begutachtet.

www.peterlang.com

Vorwort

Die vorliegende Arbeit wurde von dem Fachbereich Rechts- und Wirtschaftswissenschaften der Johannes Gutenberg-Universität Mainz im Wintersemester 2018 als Dissertation angenommen.

Sie entstand während meiner Tätigkeit als wissenschaftlicher Mitarbeiter am Lehrstuhl meines Doktorvaters Herrn Professor Dr. Andreas Roth. Ihm gebührt mein besonderer Dank für die hervorragende Betreuung sowie die Gewährung der Freiräume, um dieses Projekt fertigzustellen.

Herrn Professor Dr. Peter Gröschler bin ich zu Dank verpflichtet für die rasche Erstattung des Zweitgutachtens und die wertvollen Anmerkungen.

Herrn Professor Dr. Christian Hattenhauer danke ich für die Aufnahme dieser Arbeit in die rechtshistorische Schriftenreihe des Peter Lang Verlages.

Tief empfundener Dank gilt meiner Familie, insbesondere meinen Eltern Irmingard Mallebrein-Gimm und Hans Gimm, meiner Partnerin Elena Schwenke und meinen Freunden. Sie alle haben mir mit Verständnis, Liebe, Kraft und Hilfsbereitschaft den Weg geebnet und stets an mich geglaubt. Ihnen ist diese Arbeit gewidmet.

Mainz, im November 2018 *Tillmann M. Gimm*

Inhaltsverzeichnis

Abkürzungsverzeichnis

a.A.	anderer Ansicht
a.F.	alte Fassung
abgedr.	abgedruckt
ABKH	Archiv des Bezirkskrankenhauses
ABl.	Amtsblatt
Abs.	Absatz
Abt.	Abteilung
ADHGB	Allgemeines Deutsches Handelsgesetzbuch
AG	Amtsgericht
AGO	Allgemeine Gerichtsordnung für die Preußischen Staaten
allg.	allgemein
ALR	Allgemeines Landrecht für die Preußischen Staaten
Anh.	Anhang (zu)
arg. ex	argumentum ex (folgt aus)
Art.	Artikel
BAföG	Berufsausbildungsförderungsgesetz
BAH	Bundesamt für das Heimatwesen
betr.	betreffend
BGB	Bürgerliches Gesetzbuch
BGBl.	Bundesgesetzblatt
BGBl. I	Bundesgesetzblatt Teil I
BGH	Bundesgerichtshof
Bl.	Blatt
BRD	Bundesrepublik Deutschland
BSHG	Bundessozialhilfegesetz
Bsp.	Beispiel
bspw.	beispielsweise
BVerfG	Bundesverfassugsgericht
BW	Baden-Württemberg
bzw.	beziehungsweise
DDR	Deutsche Demokratische Republik
dt.	deutsche(n)
f. bzw. ff.	folgende

FamFG	Gesetz über das Verfahren in Familiensachen und in den Angelegenheiten der freiwilligen Gerichtsbarkeit
FEVG	Gesetz über das gerichtliche Verfahren bei Freiheitsentziehungen
FGG	Gesetz über die freiwillige Gerichtsbarkeit
Fn.	Fußnote
GBl.	Gesetzesblatt
GBlB	Gesetzblatt der Freien Hansestadt Bremen
gem.	gemäß
GewO	Gewerbeordnung
GG	Grundgesetz
GS	Gesetzessammlung
GVBl.	Gesetzes- und Verordnungsblatt
GVeN	Gesetz zur Verhütung erbkranken Nachwuchses
h.M.	herrschende Meinung
HansGZ	Hanseatische Rechts- und Gerichts-Zeitschrift
HessRegBl.	Hessisches Regierungsblatt
i.d.F.	in der Fassung (vom)
i.E.	im Ergebnis
i.R.d.	im Rahmen der/des
i.V.m	in Verbindung mit
IrrenG	Irrengesetz
Jh.	Jahrhundert
JMBl.	Justizministerialblatt
LG	Landgericht
Lit.	Literatur
lt.	laut
LVR	Landschaftsverband Rheinland
LWV	Landeswohlfahrtsverband Hessen
m.M.	Mindermeinung
m.w.N.	mit weiteren Nachweisen
MABl.	Ministerialamtsblatt (Bayern)
MBl f. MedAng.	Ministerialblatt für Medizinal-Angelegenheiten
MBliV	Ministerialblatt für die preußische innere Verwaltung
MedicinalO	Medicinalordnung (Bremen)
MinBl. f. d. inn. Verw.	Ministerialblatt für die innere Verwaltung
Nr.	Nummer
NS	Nationalsozialismus/nationalsozialistisch

NSDAP	Nationalsozialistische Deutsche Arbeiterpartei
o.	oben
OLG	Oberlandesgericht
OVG	Oberverwaltungsgericht
OVGE	Entscheidungssammlung des Oberverwaltungsgerichts
PrGS	Preußische Gesetzessammlung
PrVU	Verfassungsurkunde für den preußischen Staat
PsychKG	Psychisch-Kranken-Gesetz
PVG	Polizeiverwaltungsgesetz
RAF	Rote Armee Fraktion
RBz.	Regierungsbezirk
Reg.	Regierung
RegBl.	Regierungsblatt, Regierungsblatt
RFV	Reichsfürsorgepflichtverordnung
RG	Reichsgericht
RGBl.	Reichsgesetzblatt, Reichsgesetzblatt
RLP	Rheinland-Pfalz
Rspr.	Rechtsprechung
RStGB	Reichsstrafgesetzbuch
RV	Verfassung des Deutschen Reichs
S.	Seite
sog.	sogenannte
SPD	Sozialdemokratische Partei Deutschlands
StGB	Strafgesetzbuch
StPO	Strafprozessordnung
Tit.	Titel
u. a.	unter anderem
UAHUB	Universitätsarchiv der Humboldt-Universität zu Berlin
UN-BRK	UN-Behindertenrechtskonvention
UnterbrG	Unterbringungsgesetz
UWohnG	Unterstützungswohnsitzgesetz
v.	vom
vgl.	vergleiche
VO	Vormundschaftsordnung
WRV	Weimarer Reichsverfassung
z.B.	zum Beispiel
Ziff.	Ziffer
ZPO	Zivilprozessordnung

A) Einleitung

Der Fall „Gustl Mollath" lenkte nicht allein das rechtswissenschaftliche, sondern vielmehr das Interesse einer breiten Öffentlichkeit auf die Unterbringung im Allgemeinen und den § 63 des Strafgesetzbuches im Speziellen. Was jedoch in der medialen Berichterstattung[1] allzu oft undifferenziert als die Unterbringung psychisch Kranker beschrieben wird, ist rechtlich betrachtet ungemein facettenreicher. So dürfen für ein Verständnis der Thematik die materiell- und verfahrensrechtlichen Komponenten nicht außer Acht gelassen werden. Unser heutiges Recht kennt neben der eingangs erwähnten strafrechtlichen auch die öffentlichrechtliche und schließlich die zivilrechtliche Unterbringung psychisch Kranker. Es leuchtet ein, dass diese Trias nicht seit Anbeginn existierte, sondern einhergehend mit der Differenzierung der einzelnen Teilrechtsgebiete das Resultat einer Rechtsentwicklung darstellt.

Mit der fortgeschrittenen Aufklärung im 19. Jahrhundert galten die sogenannten Irren[2] nicht länger als teufels- oder dämonenbesessen,[3] sondern ihrem psychischen Leiden wurde zunehmend der Status einer Krankheit attestiert. Durch den somit einsetzenden empirisch-rationalen Umgang mit dem Thema „Geisteskrankheit" besserte sich auch die Versorgung von derlei Betroffenen in den deutschen Territorien schrittweise.[4] Für den sich allzuständig fühlenden Obrigkeitsstaat war die „Irren"- (wie auch Armen-) Fürsorge ein besonderes Anliegen: Galt es doch, die Untertanen gemäß den herrschenden vernunftrechtlichen

---

1 Statt vieler: *Guyton,* Wie Gustl Mollath eine Straftat aufklärte und in der Psychiatrie landete, sowie die Recherchen der mit dem Wächterpreis der deutschen Tagespresse ausgezeichneten Journalisten *Ritzer/Przybilla*, Die Affäre Mollath.

2 Wenn im rechtsgeschichtlichen Teil der Darstellung, bezogen auf psychisch kranke Menschen, von „Irren", „Wahn-" oder „Blödsinnigen" und „Geisteskranken" die Rede ist, so handelt es sich hierbei um die jeweils zeitgenössischen Termini, wie sie in der Rechts- und Wissenschaftssprache Verwendung fanden. Entsprechendes gilt für die mit dem Anstaltswesen verknüpften Begrifflichkeiten. Im Bewusstsein ihrer nach heutigen Maßstäben wertenden und diffamierenden Besetzung, hält der Autor an deren Verwendung zugunsten einer möglichst authentischen Darstellung des entsprechenden Untersuchungszeitraumes fest und verzichtet folglich auf eine Angleichung.

3 So vor allem im Zuge der Hexenverfolgung im 15./16. Jh., vgl. *Kirchhoff*, Geschichte der Psychiatrie, S. 24 f.

4 *Kirchhoff*, Geschichte der Psychiatrie, S. 28; *Blasius*, Der verwaltete Wahnsinn, S. 41.

Staatszwecklehren, zur Glückseligkeit[5] zu führen und dabei „gute Policey"[6] zu gewährleisten. „Geisteskranke" gerieten durch ihre mangelnde soziale Anpassung in den Fokus der Obrigkeit und sollten, sofern sie nicht unauffällig im Kreise ihrer Verwandten betreut werden konnten, (zwangs-)erzogen oder aber weggesperrt werden.[7] Hierfür standen sogenannte Tollhäuser zur Verfügung, die aus Gründen der Effizienz und Produktivität meist einem Zucht- und/oder Arbeitshaus angegliedert waren. Unverkennbar zeigt sich, dass die geschaffenen Einrichtungen mehr eine sozialdisziplinierende denn eine kurative beziehungsweise eine therapeutische Funktion besaßen.[8]

Den rechtlichen Rahmen für die Unterbringung von Menschen des oben beschriebenen Personenkreises schufen in den neu entstandenen Gebieten des zersplitterten Heiligen Römischen Reichs Deutscher Nation die jeweiligen Partikulargesetze.[9] Auch wenn sich das „Irrenwesen" in den einzelnen Territorien sehr unterschiedlich entwickelte, lässt sich als Gemeinsamkeit konstatieren, dass neben den Policeyordnungen stets eine Fülle von Einzelverordnungen existierte, was zwar für Einzelfallgerechtigkeit und Aktualität der entsprechenden Normen sorgte, aber andererseits, nicht zuletzt aufgrund ihrer variierenden Bezeichnungen (Erlass, Verfügung, Edikt, (General-) Reskript etc.), zu einer unübersichtlichen Rechtslage führte.[10] An der Regelung der Unterbringung

---

5 Als Hauptvertreter des Vernunftrechts sind Christian Thomasius (1655–1728) und Christian Wolff (1679–1754) zu nennen. Vertiefend zum Staatsverständnis im aufgeklärten Absolutismus bei *Ritter,* Entstehung und Entwicklung des Sozialstaates in vergleichender Perspektive, Historische Zeitschrift 1986, S. 1 (22); zum Topos der Glückseligkeit ausführlich: *Engelhardt,* Zum Begriff der Glückseligkeit in der kameralistischen Staatslehre des 18. Jahrhunderts, Zeitschrift für historische Forschung 1981, S. 37 (37).

6 Für eine zeitgenössische Definition vgl. *Justi,* Grundsätze der Policeywissenschaft, S. 4: Lt. dem Göttinger Rechtswissenschaftler fallen hierunter *„alle Maßregeln in innerlichen Landesangelegenheiten, wodurch das allgemeine Vermögen des Staates dauerhafter gegründet und vermehrt, die Kräfte des Staates besser gebrauchet und überhaupt die Glückseligkeit des gemeinen Wesens befördert werden kann* […]".

7 *Griebl,* Die Behandlung von Verschwendern und Geisteskranken, S. 257 ff.

8 *Braum,* Vom Tollhaus zum Kastenhospital, S. 14; *Kirchhoff,* Grundriss einer Geschichte der deutschen Irrenpflege, S. 95.

9 Speziell zu Kurmainz und dem Herzogtum Württemberg vgl. *Griebl,* Die Behandlung von Verschwendern und Geisteskranken.

10 Zur Gesetzesterminologie siehe *Schmelzeisen,* Quellen zur neueren Privatrechtsgeschichte, Bd. 1, 1. Halbb., S. 30. Häufig wurden die Bezeichnungen auch synonym verwendet.

auf dem Verordnungswege änderte sich im deutschsprachigen Raum auch im 19. Jahrhundert – abgesehen etwa von dem sächsisch-weimarer „Irrengesetz" vom 23. November 1821 – nur wenig.[11] Dies gilt auch und gerade für Preußen, dessen Medicinalwesen eine hohe Regelungsdichte aufwies und in Unterbringungsangelegenheiten überwiegend von Ministerialerlassen geprägt war. Allein diese Tatsache lässt Rückschlüsse auf den hohen Stellenwert der „Irrenfrage" im 19. Jahrhundert in den deutschen Gebieten zu, der sich nicht nur im Rechtswesen, sondern auch im medizinisch-psychiatrischen Bereich manifestierte. Dort avancierte die Psychiatrie im frühen 19. Jahrhundert zu einem eigenständigen Lehrfach an den medizinischen Fakultäten[12] und wurde ab 1850 auch in entsprechenden Universitätskliniken praktisch angewandt[13]. Letztere Entwicklung lässt sich für den deutschsprachigen Raum maßgeblich auf *Wilhelm Griesinger* (1817–1868) zurückführen, dem nicht zuletzt auch die Zurückdrängung der Zwangsmaßnahmen (das sogenannte non-restraint-Prinzip) aus dem Anstaltsalltag zu verdanken ist.[14] Neben die Zunahme kurativer Ansätze trat im Kaiserreich auch das zahlenmäßige Wachstum privater Anstalten, die sich bereits in wirtschaftlicher und rechtlicher Sicht von ihrem öffentlichen Pendant unterschieden. Insgesamt ist für die Zeit zwischen 1880–1910 ein wahrhafter „Anstaltsboom" belegt.[15] Parallel zu den emporschnellenden Patientenzahlen wuchs jedoch auch das Misstrauen einer breiten Bevölkerungsschicht gegen die psychiatrische Deutungshoheit, was gegen Ende des 19. Jahrhunderts in eine gut organisierte Protestbewegung, der sogenannten Irrenrechtsreformbewegung, mündete, deren Hauptaugenmerk auf einer einheitlichen gesetzlichen Unterbringungsregelung lag.[16] Trotz einer bis dato unbekannten medialen und

11 *Rittershaus*, Die Irrengesetzgebung in Deutschland, S. 43, 55 ff..

12 Erstes Beispiel hierfür ist der Leipziger Lehrstuhl für „psychische Therapie", dessen Inhaber im Jahre 1811 Johann August Heinroth wurde, vgl. *Jetter*, Grundzüge der Geschichte des Irrenhauses, S. 44.

13 Dieses universitäre Betätigungsfeld hat der Psychiater und Philosoph Karl Jaspers (1883–1969) als „Universitätspsychiatrie" beschrieben und damit zugleich den Gegenbegriff der „Anstaltspsychiatrie" geschaffen, vgl. *Jaspers*, Allgemeine Psychopathologie, S. 141 ff.

14 *Jetter*, Grundzüge der Geschichte des Irrenhauses, S. 46 ff., der Verzicht auf Zwangsmaßnahmen ist erst seit 1880 flächendeckend festzustellen (S. 48); *Blasius*, Der verwaltete Wahnsinn, S. 41.

15 Hierzu näher unten S. 92. Vgl. außerdem (den Begriff des „Anstaltbooms" prägend) *Blasius*, Der verwaltete Wahnsinn, S. 69 ff. und das ausführliche Kapitel bei *Brink*, Grenzen der Anstalt, S. 109 ff.

16 Hierzu *Brink*, Grenzen der Anstalt, S. 145 ff.

gesellschaftlichen Präsenz der „Irrenfrage“, scheiterten die parlamentarischen Reformvorschläge oder blieben angesichts der Kriegswirren 1914–1918 stecken und verliefen letztlich in der noch jungen Weimarer Republik im Sande. So hatten die landesspezifischen Normierungen trotz Gesetzgebungskompetenz des Reiches weiterhin Bestand.[17] Die anschließende zunehmende Entrechtlichung psychisch Kranker und der aufkeimende „Rassenhygiene“-Gedanke[18] fanden ihren schrecklichen Höhepunkt in der nationalsozialistischen Erbgesundheitspolitik, insbesondere der als „Aktion T4“, bekannt gewordenen planmäßigen und massenhaften Ermordung „Geisteskranker“.[19] Das Inkrafttreten des Grundgesetzes am 24. Mai 1949 machte, sofern vorhanden, eine Novelle der einzelnen Landesunterbringungsgesetze notwendig, die nunmehr vor allem den Vorgaben des Art. 104 GG über Freiheitsentziehungen Rechnung tragen mussten und in Ermangelung einer bundeseinheitlichen Regelung eigene verfahrensrechtliche Normierungen vorsahen.[20]

In der Psychiatrie kamen um 1950 neue Therapiemethoden, wie etwa der Einsatz von Psychotherapien und Psychopharmaka, neben den althergebrachten zur Anwendung.[21] Verbunden war diese Entwicklung mit einem lebhaften Diskurs innerhalb der Ärzteschaft über den Zustand der Anstaltspsychiatrie,[22] der als Katalysator für die Psychiatrie-Enquete von 1975 und die darauffolgende zweite Generation der Unterbringungsgesetze diente.[23]

Die eingangs skizzierte Entwicklung über die Anstaltsunterbringung wurde von bedeutenden wissenschaftlichen Publikationen begleitet, wenn nicht gar durch sie bedingt. Zu erinnern ist in diesem Zusammenhang an den Anstaltsdirektor, Autor und Herausgeber der „Allgemeinen Zeitschrift für Psychiatrie und

---

17 Zu den Gesetzesentwürfen vgl. *Rittershaus*, Die Irrengesetzgebung in Deutschland.

18 Angestoßen wurde jener Gedanke insbesondere durch die Mediziner Alfred Ploetz und Wilhelm Schallmeyer, deren institutionelles Sprachrohr die 1905 gegründete „Gesellschaft für Rassenhygiene“ war. Den vorläufigen Höhepunkt bildete die 1920 veröffentlichte und vielbeachtete Schrift des Psychiaters Alfred Hoche und des Juristen Karl Binding „Die Freigabe der Vernichtung lebensunwerten Lebens“ (dazu: *Benzenhöfer*, Der gute Tod?, S. 89 ff.).

19 Statt vieler: *Klaeden*, Das Recht der Verwahrung und Unterbringung, S. 142 f. (m.w.N.).

20 Erst 1992 erfolgte die Vereinheitlichung des Verfahrensrechts in Unterbringungssachen auf Bundesebene.

21 *Brink*, Grenzen der Anstalt, S. 413 ff.

22 Zu dieser sog. Antipsychiatriebewegung vgl. *Brink*, Grenzen der Anstalt, S. 410 ff.

23 *Marschner/Lesting/u.a.*, Freiheitsentziehung und Unterbringung, S. 6 f., Rn. 10: Die Vorschläge der Enquete sahen insbesondere einen Vorrang ambulanter Hilfen gegenüber den stationären vor.

psychisch-gerichtliche Medizin" *Heinrich Damerow* (1798–1866)[24] sowie an dessen Schüler *Heinrich Laehr* (1820–1905)[25]. Eine kritische Auseinandersetzung mit der Unterbringungspraxis lieferte der Begründer und Leiter der damaligen badischen Musteranstalt Illenau, *Christian Friedrich Wilhelm Roller* (1802–1878)[26], in seinem Werk „Die Irrenanstalt nach allen ihren Beziehungen"[27]. Hinzu tritt mit den am Ende des 19. Jahrhunderts einsetzenden Reformbestrebungen des „Irrenwesens" eine Fülle von Schriften, deren Autoren vor allem eine einheitliche gesetzliche Regelung der Unterbringung psychisch Kranker forderten, um die vermeintliche Machtvollkommenheit der Ärzte zu begrenzen.[28] Auch im darauffolgenden Jahrhundert reißt das wissenschaftliche Interesse an psychisch Kranken nicht ab. Seit Beginn des 21. Jahrhunderts scheint jedoch die (sozial-) historische Beleuchtung[29] dieses Themas neben der strafrechtlichen[30] – jüngst befeuert durch den eingangs erwähnten Fall „Gustl Mollath" – dominierend zu sein. Eine speziell auf die zivilrechtliche Unterbringung gestützte rechtshistorische Abhandlung findet sich bisher vergebens. Diese Lücke soll die vorliegende Arbeit füllen, indem sie die Genese der zivilrechtlichen Unterbringung, beginnend vom 19. Jahrhundert bis in die Gegenwart, nachzeichnet. Vorwegzunehmen ist, dass zu Beginn des Untersuchungszeitraumes eine rein zivilrechtliche

---

24 Vgl. auch seine vielbeachtete Abhandlung: *Damerow*, Über die relative Verbindung der Irren-, Heil- und Pflege-Anstalten.

25 *Laehr*, Über Irrsein und Irrenanstalten. Hierin spannt der Autor einen Bogen von den Ursachen und Behandlungsmöglichkeiten des „Irrseins" bis zur Anstaltsorganisation und den Rechtsschutzmöglichkeiten der dort Untergebrachten.

26 Zur Geschichte der Anstalt Illenau ausführlich *Faulstich*, Von der Irrenfürsorge zur „Euthanasie".

27 *Roller*, Die Irrenanstalt nach allen ihren Beziehungen.

28 Eine herausgehobene Stellung nahm der Jurist *Eduard August Schroeder* mit seinem Werk „Das Recht im Irrenwesen kritisch, systematisch und kodifiziert" ein, in dem der Oberarzt *Bernhard Beyer* eine „*Verleumdung der Ärzte*" sieht (*Beyer*, Die Bestrebungen zur Reform des Irrenwesens, S. 85) und den Autor polemisch als „*Pamphletisten*" bezeichnet (*Beyer*, Die Bestrebungen zur Reform des Irrenwesens, S. 87).

29 Ein neues Kapitel in der Psychiatriegeschichte läutete 1961 das Werk „Wahnsinn und Gesellschaft" des französischen Psychologen, Philosophen und Historikers *Michel Foucault* ein, dessen Thesen vielfach rezipiert wurden; so auch von *Dirk Blasius* in „Einfache Seelenstörung" und „Der verwaltete Wahnsinn". Als jüngstes gelungenes Beispiel einer sozialhistorischen Untersuchung der Psychiatrie und ihrer Akteure sei auf *Brink*, Grenzen der Anstalt verwiesen.

30 Exemplarisch: *Aschaffenburg*, Die Sicherung der Gesellschaft gegen gemeingefährliche Geisteskranke; *Fischer*, Schutz der Gemeinschaft; sowie *Klaeden*, Das Recht der Verwahrung und Unterbringung.

Unterbringung, ja sogar ein Zivilrecht nach heutigen Maßstäben, als eine in sich geschlossene und eigenständige Materie, noch nicht existierte. Gleichwohl finden sich auch hier Indizien[31], anhand derer mögliche zivilrechtliche Charakterzüge einer Unterbringung herausgearbeitet werden können.

I) Untersuchungsgegenstand

Die Entwicklung der zivilrechtlichen Unterbringung als Gegenstand der vorliegenden Untersuchung bedarf aufgrund der Weite der Thematik einer Einschränkung sowohl in gesetzlicher- als auch zeitlicher Hinsicht. Ausgangspunkt der Arbeit bildet stets der Gesetzestext mit den dazu gehörigen Materialen. Dabei liegt der Fokus auf all denjenigen Normen innerhalb eines festgelegten Geltungsbereichs, die zunächst Schnittpunkte mit der Unterbringung aufweisen. Sodann werden die konkret interessierenden Regelungen herausgegriffen, die Auskunft über die Anstaltseinweisung und Entlassung aus derselben geben, die Rolle der Akteure im Verfahren thematisieren und Rückschlüsse auf die praktische Umsetzung zulassen. Insbesondere in letzterer Hinsicht beschränkt sich der Untersuchungsgegenstand nicht allein auf die normative Ebene, sondern versucht, die Praxis der Zeit nachzuzeichnen, soweit dies anhand von Literatur und Material in den Anstalten möglich ist.

1) Thematischer Rahmen

In der folgenden Arbeit steht die Entwicklung der zivilrechtlichen Unterbringung über mehr als zwei Jahrhunderte im Fokus. Die mit der Größe der Zeitspanne einhergehenden unterschiedlichen Sichtweisen des Themas erfordern zunächst eine genauere Definition der zivilrechtlichen Unterbringung. Weitere, immer wiederkehrende Begriffe sollen ebenfalls nach dem „Klammerprinzip" isoliert erörtert werden.

a) Die zivilrechtliche Unterbringung

Der Versuch, die zivilrechtliche Unterbringung rechtshistorisch näher zu umreißen, begegnet der bereits angesprochenen Schwierigkeit, dass im 19. Jahrhundert, zu Beginn des Untersuchungszeitraumes, eine Gesetzestrennung in die Teilrechtsbereiche Zivilrecht, Strafrecht und öffentliches Recht noch nicht existierte. Zwar war schon in der frühen Neuzeit die aus dem römischen Recht übernommene Zweiteilung zwischen ius privatum und ius publicum

31 Diese gilt es sogleich noch näher zu entwickeln.

wissenschaftsintern anerkannt, doch hatte diese weder methodische Folgen, noch fand sie Niederschlag in der Gesetzgebungspraxis.[32] Erst der aufkeimende Liberalismus um 1800 verstand das Privatrecht als „*Reich der Freiheit*"[33] gegenüber staatlicher Bevormundung und begünstigte somit die Dichotomie der Rechtsmaterien.[34] Mithilfe verschiedener Abgrenzungstheorien[35] bemühte sich fortan die Rechtswissenschaft, eine Trennschärfe herauszuarbeiten, was jedoch – wie der gegenwärtige Diskussionsstand hierzu belegt[36] – bis heute noch nicht gänzlich gelungen ist.

Somit wird bei der Analyse von Normen und deren Vollzug nicht die jeweilige Gesetzesbezeichnung ausschlaggebend sein, sondern nur ein Indiz unter mehreren Kriterien darstellen, die im Folgenden zu entwickeln sind, um schließlich – wenigstens rückwirkend – eine zuverlässige Klassifizierung von Unterbringungen vornehmen zu können. Hierzu soll die geltende Rechtslage den Ausgangspunkt bilden.

aa) Die zivilrechtliche Unterbringung nach geltendem Recht

Eine Unterbringung setzt zunächst eine freiheitsentziehende Maßnahme voraus. Freiheitsentzug meint dabei jedes – nicht nur kurzfristiges – Festhalten in einem räumlich begrenzten Bereich einer hierfür geschaffenen Einrichtung gegen oder ohne den Willen des Betroffenen, indem er durch besondere Sicherungsvorkehrungen an einem potentiellen freien Ortswechsel und in der Kontaktaufnahme mit Personen außerhalb der Einrichtung eingeschränkt wird.[37]

---

32 *Stolleis*, Staatsrechtslehre und Verwaltungswissenschaft, Bd. 2, S. 51; die Entwicklung des öffentlichen Rechts betrachtend vgl. *Grimm*, Öffentliches Recht II (seit 1750), Sp. 1202, Abschn. IV.

33 *Stolleis*, Öffentliches Recht und Privatrecht, S. 55. Der Autor versteht in seinem lesenswerten Aufsatz die Entwicklung der Rechtstrennung als Begleitphänomen der Entstehung des modernen Staates.

34 Lt. *Stolleis*, Öffentliches Recht und Privatrecht, S. 56 tritt diese Zweiteilung am deutlichsten bei Gustav Hugo in seinem „Lehrbuch eines civilistisches Cursus" (1792–1821) zu Tage; hierzu auch 1840 *Savigny*, System des heutigen Römischen Rechts, Bd. 1, S. 22.

35 Zu nennen seinen hier die sog. modifizierte Subjektstheorie und die Subordinations,- sowie die Interessentheorie, vgl. *Kopp/Schenke/u.a.*, Kopp/Schenke, VwGO, § 40, Rn. 11.

36 Zusammenfassend *Leisner*, Unterscheidung zwischen privatem und öffentlichem Recht, JZ 2006, S. 869 (870 ff.), dessen Ausgangspunkt die sog. Fiskustheorie darstellt, vgl. dazu *Karst*, Der Fiskus im liberalen Rechtsstaat.

37 Siehe hierzu außerdem detailliert: *Kieß*, Betreuungsrecht, BGB, § 1906, Rn. 6 f.; *Fröschle*, Studienbuch Betreuungsrecht, S. 94 f.; sowie die ausführliche Darstellung bei *Dodegge/Roth*, Systematischer Praxiskommentar Betreuungsrecht, Teil G,

Im Einzelnen unterscheidet das Erwachsenenunterbringungsrecht[38] zwischen dreierlei Unterbringungsarten: Der strafrechtlichen nach § 63 StGB sowie der öffentlich- rechtlichen nach den Psychisch-Kranken-Gesetzen der Länder und schließlich der zivilrechtlichen Unterbringung bei einer Selbstgefährdung des Betroffenen gemäß § 1906 BGB. Die Maßregel der freiheitsentziehenden Unterbringung psychisch kranker Straftäter nach § 63 StGB knüpft an eine ohne beziehungsweise mit verminderter Schuldfähigkeit begangene Straftat an und erfordert zudem eine Fremdgefährdung durch den Täter.[39] Insgesamt lässt sich also die strafrechtliche Unterbringung, schon aufgrund ihrer zumindest teilweise repressiven Zielsetzung, leicht von ihren öffentlich- und zivilrechtlichen Pendants unterscheiden. Während bei Letzteren die verfahrensrechtlichen Regelungen in den §§ 312 ff. FamFG weitgehend einheitlich sind,[40] können sie auf materiellrechtlicher Ebene in Konkurrenz zueinander treten, was eine genaue Abgrenzung erforderlich werden lässt. Taugliche Unterscheidungskriterien sind dabei erstens der Kreis der Antragssteller und zweitens der durch die Gefährdungsrichtung bedingte Unterbringungsgrund. Charakteristisch für die zivilrechtliche Unterbringung ist ihre Veranlassung durch den Betreuer des Betroffenen gemäß § 1906 BGB. Nur wenn der Betreuer entweder nicht erreichbar oder noch nicht bestellt ist, kann das Gericht selbst die Unterbringung im Wege der einstweiligen Maßregel initiieren, § 334 FamFG i.V.m. §§ 1908i I S. 1, 1846 BGB.[41] Dabei darf jedoch die Einordnung der Unterbringung als zivilrechtlich nicht darüber hinwegtäuschen, dass auch diese von öffentlich-rechtlichen Elementen

---

Rn. 9 ff.; freilich schließt die fehlende potentielle Fortbewegungsfähigkeit, etwa eines Komapatienten, den Freiheitsentzug begriffsnotwendig aus: *Marschner/Lesting/u.a.*, Freiheitsentziehung und Unterbringung, S. 218, Rn. 6.

38 Zur Vertiefung der vorliegend nicht zum Forschungsgegenstand gehörenden Unterbringung Minderjähriger nach geltendem Recht empfiehlt sich die Lektüre von *Rüth,* Die Unterbringung in der Kinder- und Jugendpsychiatrie, FPR 12/2011, S. 554 (554 ff.) sowie von *Hoffmann,* Freiheitsentziehende Unterbringung von Kindern und Jugendlichen, R&P 27/2009, S. 121 (121 ff.).

39 *Kinzig/Stree,* Schönke/Schröder, StGB, § 63, Rn. 3 ff.; *Schiemann,* Novellierung des Rechts der Unterbringung in einem psychiatrischen Krankenhaus, ZRP 2016, S. 98. In diesen Zusammenhang fällt auch die umfangreiche Berichterstattung in den Jahren 2013/14 über den Fall „Gustl Mollath“: http://www.sz.de/thema/Fall_Mollath.

40 Beachte hier auch die praxisrelevante einstweilige Anordnung gem. § 331 FamFG bzw. beschleunigte einstweilige Anordnung gem. § 332 FamFG.

41 Vgl. die von der Rspr. entwickelten engen Voraussetzungen für den Fall, dass noch gar ein Betreuer bestellt wurde BGH, Beschluss v. 13.02.2002 – XII ZB 191/00, BGHZ 150, 45.

durchzogen ist: So stellte das BVerfG in einer Grundsatzentscheidung aus dem Jahre 1960 fest, dass die Unterbringung des Volljährigen durch den privaten Vormund Ausdruck einer historisch verwurzelten staatlichen Fürsorge sei und damit unabhängig von der materiellrechtlichen Normierung in die Grundrechte des Betroffenen eingreife.[42] Diese „*Doppelgleisigkeit*“[43] liefert die rechtsdogmatische Erklärung für das Genehmigungserfordernis des § 1906 II BGB und die Beachtung des Verhältnismäßigkeitsprinzips gemäß § 1906 I BGB, erfordert jedoch hinsichtlich der allgemein anerkannten Bindung an die Betreutengrundrechte einen gesteigerten Begründungsaufwand[44]: So übt der Betreuer mangels Beleihung keine öffentliche Gewalt im Sinne des Art. 19 IV GG aus,[45] sodass er – schematisch betrachtet – allenfalls als Privater mittelbar den Grundrechten unterworfen sein könnte.[46] Damit bliebe indes seine herausgehobene Stellung als hoheitlich bestellter Treuhänder[47] weitgehend unberücksichtigt. Vermittelnd ist daher, gestützt auf diese Sondereigenschaft, eine Grundrechtsbindung sui generis anzunehmen.[48]

Die öffentlich-rechtliche Überlagerung setzt sich nach umstrittener Auffassung des BGH fort in der Beurteilung des geschlossenen Vertrages zwischen Einrichtung und Untergebrachtem, Letzterer vertreten durch seinen Betreuer:[49]

---

42 BVerfG, Beschluss v. 10.02.1960 – 1 BvR 526/53, 1 BvR 29/58, BVerfGE 10, 302. Hierzu ausführlich unten S. 210.

43 BVerfG, Beschluss v. 10.02.1960 – 1 BvR 526/53, 1 BvR 29/58, BVerfGE 10, 302.

44 Vgl. Streitdarstellung bei: *Grengel*, Zwangsmaßnahmen des Betreuers, S. 126 ff.; *Roth*, Erman, BGB, § 1901, Rn. 16.

45 Ebenso: Maunz/Dürig/*Schmidt-Assmann*, Maunz/Dürig, GG, Art. 19, Rn. 56a; *Marschner/Lesting/u.a.*, Freiheitsentziehung und Unterbringung, S. 15, Rn. 34 f.; *Lipp*, Erwachsenenschutz und Verfassung, FamRZ 12/2013, S. 913 (916); a.A.: LG Berlin, Beschluss v. 08.02.1996 – 83 T 490/95, NJWE-FER 1997, 55 (57) (m.w.N.).

46 So etwa: *Roth*, Erman, BGB, § 1901, Rn. 16; *Grengel*, Zwangsmaßnahmen des Betreuers, S. 166. Ihren Ursprung fand die Rechtsfigur der mittelbaren Drittwirkung in der sog. Lüth- Entscheidung des BVerfG (BVerfG, Urteil v. 15.01.1958 – 1 BvR 400/51, BVerfGE 7, 198).

47 *Jürgens*, Betreuungsrecht, BGB, § 1901, Rn. 1.

48 So auch OLG Hamm, Beschluss v. 16.04.1985 – 15 W 46/85, OLGZ 1985, 296 (297); *Popp*, Zwangsbehandlung von psychisch Kranken im Betreuungsrecht, S. 77.

49 Grundlegend BGH, Urteil v. 24.09.1962 – III ZR 201/61, BGHZ 38, 49; dieses Urteil bestätigend zuletzt BGH, Beschluss v. 31.01.2008 – III ZR 186/06, NJW 2008, 1444 (1444 f.); zustimmend *Jeromin/Kirchberg*, Das Mandat im Staatshaftungsrecht, § 18, Rn. 17; ablehnend *Bienwald*, Zur Rechtsnatur zwischen Patient und Einrichtung bei nicht öffentlich-rechtlich fundiertem Aufenthalt, R&P 2008, S. 212 (215); *Marschner*,

Demnach ist selbst der auf einer freiwilligen zivilrechtlichen Unterbringung basierende Vertrag mit einem (Landes-) Krankenhaus[50] nicht privatrechtlicher, sondern öffentlich-rechtlicher Natur. Mit dieser – insbesondere haftungsrechtlich relevanten – Entscheidung bestätigt der BGH ausdrücklich seine frühere Rechtsprechung[51], die 1962 jedoch noch zum alten Vormundschafts- und Pflegschaftsrecht erging und alle Untergebrachten gleichermaßen der Hausordnung unterwarf, um somit ein Über-/Unterordnungs- und damit ein öffentlich-rechtliches Verhältnis zu statuieren. Nicht nur die Nähe dieser Argumentation zur Figur des besonderen Gewaltverhältnisses, dem das Bundesverfassungsgericht in der sogenannten Strafgefangenenentscheidung[52] 1972 eine Absage erteilt hat, lässt an der Auffassung des BGH zweifeln. Sie ist überdies nicht mit dem heutigen Rechtsinstitut der Betreuung in Einklang zu bringen, das den Betreuer als Herrn des zivilrechtlichen Unterbringungsverfahrens begreift. Dessen Kompetenzen beziehen sich gemäß § 1902 BGB auf den jeweiligen Aufgabenkreis in seiner Gänze und enden nicht an der Krankenhauspforte.[53] Richtigerweise ist daher das Rechtsverhältnis zwischen zivilrechtlich Untergebrachtem und Krankenhaus, ungeachtet der oben erwähnten „Doppelgleisigkeit", als privatrechtlicher Behandlungsvertrag (§§ 630a ff. BGB) zu klassifizieren.

Weiterhin kann eine Abgrenzung zwischen zivil- und öffentlich-rechtlicher Unterbringung nach dem Unterbringungsgrund vorgenommen werden. Hier gilt es, zwischen Selbst- und Fremdgefährdung zu differenzieren. Hinsichtlich Ersterer bestehen, je nachdem, ob es sich um eine Unterbringung nach dem BGB oder dem Landesrecht handelt, leichte Unterschiede. Im zivilrechtlichen Sinne ist hiermit die Gefahr einer schweren Selbstschädigung durch den Betroffenen gemeint, gleich, ob diese unmittelbar (§ 1906 I Nr. 1 BGB) oder mittelbar

---

Amtshaftung bei Behandlung in geschlossener Abteilung eines psychiatrischen Krankenhauses, R&P 26/2008, S. 126 (127).

50 Ob es sich um ein öffentlich-rechtliches Landeskrankenhaus oder um eine privatrechtlich organisierte Einrichtung handelt, ist im vorliegenden Kontext ohne Belang, da letztere als Beliehene im Rahmen der Grenzen des Art. 33 IV GG agieren, vgl. *Marschner/Lesting/u.a.*, Freiheitsentziehung und Unterbringung, S. 131 f., Rn. 158.

51 BGH, Urteil v. 24.09.1962 – III ZR 201/61, BGHZ 38, 49.

52 BVerfG, Urteil v. 14.03.1972, BVerfGE 33, 1.

53 So auch *Bienwald*, Zur Rechtsnatur zwischen Patient und Einrichtung bei nicht öffentlich-rechtlich fundiertem Aufenthalt, R&P 2008, S. 212 (214 f.); schon zur alten Vormund- bzw. Pflegschaft *Fischer/Mann*, Die Natur der Rechtsbeziehungen zwischen Psychiatrischen Landeskrankenhäusern und ihren Patienten, NJW 1992, S. 1539 (1542 f.).

krankheitsbedingt (§ 1906 I Nr. 2 BGB) indiziert ist. Erforderlich ist nach der Rechtsprechung lediglich eine *„ernstliche und konkrete Gefahr für Leib oder Leben des Betreuten“*[54], während bei einer landesgesetzlichen Unterbringung eine *„akute und unmittelbar bevorstehende Gefahr“*[55] für den Betroffenen verlangt wird. Der Grad der Gefahr bemisst sich in beiden Fällen an dem möglichen Schaden bei Nichtvornahme der freiheitsentziehenden Maßnahme; zudem erfordert innerhalb gewisser Grenzen die vom BVerfG entwickelte „Freiheit zur Krankheit“ Beachtung.[56]

Im Gegensatz zur Eigengefährdung ist die Fremdgefährdung einzig mit dem öffentlichen Unterbringungsrecht verknüpft. Wie genau sie dabei beschrieben wird, ist von dem jeweiligen Psychisch-Kranken-Gesetz (PsychKG) abhängig. So spricht etwa § 11 I S. 1 des rheinland-pfälzischen PsychKG von einer gegenwärtigen erheblichen Gefährdung *„besonders bedeutende*[r] *Rechtsgüter anderer“*[57], wohingegen in Bayern gemäß Art. 1 I S. 1 UnterbrG noch traditionell die „öffentliche Sicherheit oder Ordnung“ als Schutzgut genannt wird und somit eine Nähe zum Polizeirecht erkennbar ist.

Wie bereits oben gesehen, sind Konkurrenzen zwischen der zivil- und der öffentlich-rechtlichen Unterbringung nur im Bereich der Selbstgefährdung denkbar: Liegt einzig Selbstgefährdung vor und ist ein Betreuer bereits bestellt oder sind die Voraussetzungen einer einstweiligen Anordnung nach §§ 300 ff. FamFG gegeben, so ist ein Vorrang der zivilrechtlichen Unterbringung anerkannt, da sie aufgrund der betreuerseits vermittelten Sachnähe das mildere Mittel darstellt.[58] Erfolgt eine Einweisung jedoch als Maßnahme der (kurzfristigen) Krisenintervention, ohne dass eine Betreuerbestellung erforderlich wäre,

---

54 BGH, Beschluss v. 13.01.2010 – XII ZB 248/09, FamRZ 2010, 365 (366); BGH, Beschluss v. 22.08.2012 – XII ZB 295/12, FamRZ 2012, 1705; vgl. auch *Kieß*, Betreuungsrecht, BGB, § 1906, Rn. 14 ff.; *Dose*, 25 Jahre Betreuungsrecht, BtPrax 2017, S. 6 (9) zum Begriff der Selbstgefährdung.

55 OLG Hamm, Beschluss v. 26.01.1959 – 15 W 19/59, NJW 1959, 822; BGH, Beschluss v. 13.01.2010 – XII ZB 248/09, FamRZ 2010, 365.

56 BVerfG, Beschluss v. 07.10.1981 – 2 BvR 1194/80, BVerfGE 58, 208; BVerfG, Beschluss v. 23.03.1998 – 2 BvR 2270–96, NJW 1998, 1774.

57 Zu der umstrittenen Frage, inwieweit die Gefahr für andere drittbezogene Rechtsgüter als Leib und Leben, eine Unterbringung rechtfertigt *Marschner/Lesting/u.a.*, Freiheitsentziehung und Unterbringung, S. 124, Rn. 137.

58 BayObLG, Beschluss v. 31.01.2001 – 3Z BR 26/01, NJWE-FER 2001, 177; LG Mönchengladbach, Beschluss v. 19.04.2002 – 5 T 99/02, BeckRS 2009, 6262; *Spickhoff*, Medizinrecht, BGB, § 1906, Rn. 2.

ist die öffentlich-rechtliche Unterbringung spezieller.[59] Im Übrigen enthalten die Psychisch-Kranken-Gesetze der Länder Subsidiaritätsklauseln zugunsten der zivilrechtlichen Unterbringung, wenn neben Selbstgefährdung auch zugleich Fremdgefährdung vorliegt und dem Grunde nach die eine wie die andere Unterbringungsvariante einschlägig ist.[60] Fallen diese Gefährdungslagen weg, ist die Unterbringung durch den Betreuer gemäß § 1906 II S. 2, 3 BGB beziehungsweise – bei dessen Untätigbleiben – durch das Betreuungsgericht (§ 330 FamFG) zu beenden.

In Abgrenzung zum vorliegenden Thema, sei noch auf die sogenannten unterbringungsähnlichen Maßnahmen hingewiesen, für die über § 1906 IV BGB die Regeln der Unterbringung entsprechend gelten.[61] Zu denken ist hier insbesondere an mechanische Vorrichtungen (Schlösser, Bettgitter) und sedierende Medikamente.[62] Die mitunter auftretenden Konkurrenzen zwischen Absatz eins und vier lassen sich faustformelartig mit der Frage, ob die Maßnahme sämtliche (dann § 1906 I BGB) oder nur einzelne Personen (dann § 1906 IV BGB) betrifft, lösen.[63]

bb) *Die zivilrechtliche Unterbringung unter rechtshistorischen Gesichtspunkten*

Nach der vorangegangenen Darstellung des aktuellen Unterbringungsrechts stellt sich im Folgenden die Frage, wie eine rechtsgeschichtliche Erforschung dieses Themas erfolgen kann. Dass eine entwicklungsgeschichtliche Untersuchung der zivilrechtlichen Unterbringung nicht von dem geschilderten modernen Begriffsverständnis ausgehen kann, leuchtet ein. Auch die in Abgrenzungsfragen häufig bemühten Theorien[64], die entweder auf ein Über-/Unterordnungsverhältnis, das

---

59 Statt vieler: *Dodegge/Roth*, Systematischer Praxiskommentar Betreuungsrecht, Teil G, Rn. 69.

60 *Marschner/Lesting/u.a.*, Freiheitsentziehung und Unterbringung, S. 61, Rn. 139; im Detail: § 1 III S. 3 BW; Art. 1 I S. 3 Bay; § 8 I S. 1 Berl; § 8 II Bran; § 9 II Nr. 2 Brem; § 9 I S. 1 HH; § 1 II Hess; § 11 I MeVo; § 16 Nds; §§ 1 III, 11 I S. 1 NRW; § 11 I, II RLP; § 4 II Saar; § 10 II Sachs; § 13 I SA; § 7 I, III SH; § 7 I, V Thü.

61 Hierzu näher *Kieß*, Betreuungsrecht, BGB, § 1906, Rn. 56 ff. m.w.N.; sowie *Fröschle*, Studienbuch Betreuungsrecht, S. 103 ff. Kursorisch zu freiheitsbeschränkenden Maßnahmen im häuslichen Bereich unten S. 269.

62 *Roth*, Erman, BGB, § 1906, Rn. 28 ff.

63 LG Ulm Beschluss v. 11.06.2010, BtPrax 2010, 245 ff.

64 Vgl. bereits Fn. 35.

öffentliche Interesse an der Maßnahme oder aber auf die Person des Verpflichteten abstellen, liefern aufgrund ihrer Pauschalität keine brauchbaren Kriterien, zumal einer zivilrechtlichen Unterbringung, wie oben zu § 1906 BGB aufgeführt, stets auch ein öffentlich-rechtliches Element innewohnt. Aus diesem Grund kann ferner bei der Begutachtung von Gesetzen und deren Vollzug (insbesondere für das 19. Jahrhundert) die jeweilige Gesetzesbezeichnung lediglich ein Indiz darstellen, nicht aber die Grundlage zur systematischen Einordnung der Unterbringung als zivilrechtlich bilden.[65] Entscheidend sind vielmehr die folgenden Aspekte:

1. Es muss sich zunächst überhaupt um eine freiheitsentziehende Maßnahme in einer Facheinrichtung handeln,
2. die auf Betreiben des gesetzlichen Vertreters eingeleitet wird
3. und die auf Abwehr einer gegenwärtigen Selbstgefährdung gestützt ist, sodass der Gesichtspunkt der Fremdgefährdung in den Hintergrund tritt. In den Kategorien des 19. Jahrhunderts wird ersterer Zweck oft als Fürsorge und Letzterer als Gefahrenabwehr verstanden.
4. Schließlich muss diese Unterbringung einen eigenständigen Platz neben der Einweisung aus öffentlich-rechtlichen Erwägungen einnehmen.

Ein Vorliegen dieser Punkte indiziert zivilrechtliche Tendenzen bei der Unterbringung. Soweit die vorgenannten Elemente nicht kumulativ gegeben sind, soll der dominierende Faktor ausschlaggebend sein.

b) Der Krankheitsbegriff

> *„Die individuellen Gesetze der meisten Menschen weichen von dem Gesetz der Gesellschaft ab, aber nicht in einem Maße, daß sie sich nicht an dieses Gesetz anpassen könnten. Diejenigen, die sich anpassen, werden ›normal‹ genannt. Für die meisten Menschen ist die Anpassung nicht schwierig: entweder, weil ihre Persönlichkeit den gesellschaftlichen Anforderungen entspricht oder weil sie keine Persönlichkeit haben.“*[66]

Im Folgenden ist der Frage nachzugehen, was psychische Krankheit überhaupt bedeutet und wie sie in der vorliegenden Untersuchung verstanden wird. Während gegenwärtig international gültige Klassifikationen die Abweichung vom

65 Dieses Problem begegnet einem insbesondere bei der frühneuzeitlichen Policey- und Landesgesetzgebung, hierzu *Griebl*, Die Behandlung von Verschwendern und Geisteskranken, S. 245 ff.

66 *Benedek*, Der vergoldete Käfig, S. 218.

psychischen Normalzustand festlegen, fanden sich hierfür in der Vergangenheit Bezeichnungen wie „Wahnsinn", „Irrsinn", „Raserei" oder – seit dem späten 19. Jahrhundert – „Geisteskrankheit". Es handelte sich dabei keineswegs um feststehende Begrifflichkeiten, sondern vielmehr um Ergebnisse eines Definitionsvorganges, geprägt durch denjenigen, der definiert.[67] Hier ist seit jeher zwischen der medizinischen und der rechtlichen Sichtweise zu unterscheiden.

Entsprechend dem Ziel der Medizin, Krankheiten zu heilen, sind für erstere Sichtweise Typus und Schweregrad der psychischen Störung ausschlaggebend. Dieser wird seit der Antike anhand einer Klassifizierung bestimmt, die abhängig von Forschungsstand und theoretischen Strömung unterschiedlich breit ausfällt.[68] Heute wird hauptsächlich auf die symptomorientierten Kategorien der Internationalen Klassifikation der Krankheiten (ICD-10) zurückgegriffen,[69] die das sogenannte triadische System ablöste. Es handelte sich dabei um eine auf *Emil Kraepelin* (1859–1926) zurückzuführende ursachenorientierte Einteilung in (1.) körperlich begründbare- und in (2.) endogene Psychosen sowie (3.) in abnormale Variationen seelischen Lebens.[70] Zu ersterer Kategorie zählten sowohl akute (etwa der Alkoholrausch) als auch chronische Psychosen (beispielsweise Alzheimer). Die nicht körperlich begründbaren, mithin endogenen Psychosen wurden nach deskriptiven Gesichtspunkten voneinander unterschieden. Schizophrenie sowie bipolare Störungen seien hier exemplarisch erwähnt. Unter die dritte Gruppe der abnormen Variationen seelischen Wesens fielen all diejenigen Persönlichkeitsformen, die vom Durschnitt abwichen, ohne dabei bereits Krankheitswert zu besitzen. Zu den häufigsten Formen zählten Neurosen und Persönlichkeitsstörungen.

Das Gesetz hingegen interessiert sich primär für die Auswirkungen der „Geisteskrankheit" auf ein normgemäßes Verhalten und bedarf seit jeher einer geringeren Ausdifferenzierung. Der hier vertretene Krankheitsbegriff wird einerseits durch das Rechtsgebiet und andererseits durch die Erkenntnisse der Psychiatriewissenschaft determiniert. Während sich im öffentlichen Recht nach wie vor normgemäßes Verhalten am Gefährdungsgrad der Allgemeinheit bemisst, stellt

---

67 *Blasius*, Der verwaltete Wahnsinn, S. 80.

68 Vgl. hierzu *Ackerknecht*, Kurze Geschichte der Psychiatrie.

69 Hier listet das Kapitel V die einzelnen Störungen auf (vgl. *Dilling*, Internationale Klassifikation psychischer Störungen). Neben dem ICD-10 Schlüssel kommt in einigen Bereichen auch die Klassifikation nach dem Diagnostischen und Statistischen Manual Psychischer Störungen (DSM V) zur Anwendung (*First/Rief*, Handbuch der Differenzialdiagnosen).

70 *Schneider/Weber-Papen/u.a.*, Diagnose und Klassifikation, S. 32.

das Zivilrecht auf die Fähigkeit der Teilnahme am Rechtsverkehr und den Schutz der eigenen Person ab. Hier unterschied das Allgemeine Landrecht für die Preußischen Staaten (ALR) von 1794 insbesondere zwischen „Rasenden" und „Wahnsinnigen" sowie „Blödsinnigen" (§§ 27 f., Teil I, Tit. 1 ALR).[71] Von der Zuordnung zu einer dieser Gruppen hingen im 19. Jahrhundert weitere Maßnahmen ab, wie die mit der Vormundschaft verknüpfte „Wahn- und Blödsinnigkeitserklärung" oder aber die „Gemeingefährlichkeitsfeststellung", welche der Unterbringung oft vorgeschaltet war.[72] Mit der Vormundschaftsordnung (VO) schloss sich der preußische Gesetzgeber 1875 in § 81 VO der medizinischen Terminologie an, indem er nunmehr von „Geisteskrankheit" sprach.[73] Gleiches gilt für § 593 der Reichszivilprozessordnung (1877), der die überkommenen materiellrechtlichen Begrifflichkeiten des ALR nur noch aus Klarstellungsgründen beifügte[74] und für das BGB von 1896, das erstmals zwischen „Geisteskrankheit" und „Geistesschwäche" unterschied, ohne diese Anomalien jedoch näher zu definieren.[75] Im weiteren Verlauf der Gesetzgebungsgeschichte ist die immer stärkere Verwendung gegenwärtiger psychiatrischer Fachbegriffe zu erkennen. So spricht etwa § 1 II PsychKG-RLP heute von einer „*Psychose*" und „*psychische*[n] *Störung, die in ihrer Auswirkung einer Psychose gleichkommt*" und § 1906 I BGB von einer „*psychischen Krankheit oder geistigen oder seelischen Behinderung*"[76]. Hiermit

71 Gem. § 27 waren „Rasende und Wahnsinnige" solche, die „*des Gebrauchs ihrer Vernunft gänzlich beraubt sind*". Lt. *Bielitz,* Kommentar zum allgemeinen Landrecht, ALR, §§ 341–348, §§ 341–348, Rn. 1 unterschieden sich „Rasende" von „Wahnsinnigen", dass bei Ersteren häufig Wutausbrüche hinzutreten. „Blödsinnige" waren nach § 28 „*Menschen, welchen das Vermögen, die Folgen ihrer Handlungen zu überlegen, ermangelt*". Die Tauglichkeit dieser beiden Legaldefinitionen stark kritisierend *Hardeland*, Die Behandlung der Geisteskranken im Privatrecht, S. 124 f.

72 Hierzu ausführlich unten S. 73 f.

73 Den amtlichen Motiven zufolge geschah dies aufgrund der umfassenden Bedeutung des Begriffs „Geisteskrankheit", der eine Vielzahl von Störungen erfasste (*Steinitz,* Die Preußische Vormundschaftsordnung, VO, § 81, § 81, S. 220).

74 *Wilmowski/Levi,* Civilprozessordnung und Gerichtsverfassungsgesetz, CPO, § 593, S. 881.

75 Gem. § 6 I Nr. 1 BGB konnte entmündigt werden, „*wer in Folge von Geisteskrankheit oder von Geistesschwäche seine Angelegenheiten nicht zu besorgen vermag*". Vom medizinischen Standpunkt handelte es sich um eine „*künstliche Trennung*" der Begriffe (*Zeitlmann,* Die Bestimmungen über Geisteskrankheiten, S. 20 ff.). Zu dem gegensätzlichen Begriffsverständnis vgl. auch *Bernhöft*, Gutachten, S. 217.

76 Was darunter zu verstehen ist, hat der Gesetzgeber in den Materialien erläutert: *Bundestag*, Drucksache Nr. 11/4528, S. 116.

sollen Auslegungsschwierigkeiten und Diskriminierungen vermieden werden.[77] Trotz aller terminologischen Annäherungen bleibt es auch heute bei der sachlichen Trennung von medizinischem und juristischem Krankheitsbegriff. Für das Unterbringungsrecht bedeutet dies: *„Grundlage der Entscheidung über eine Freiheitsentziehung ist […] nicht eine medizinische Vorgabe, sondern deren rechtlich umgesetzte Bewertung*“[78].

Die vorliegende Arbeit verzichtet, soweit möglich, auf eine spezielle psychiatrische Terminologie und orientiert sich, ihrer Natur entsprechend, am juristischen Krankheitsbegriff des jeweiligen Zeitalters. Sie erforscht die Unterbringung derjenigen, deren Empfinden und Verhalten in einem Maß von der Norm abwich, das ein Einschreiten Dritter erforderlich machte. Dabei sind jedoch von vornherein Abhängigkeitserkrankungen (Alkohol- und Drogensucht) von der Untersuchung auszunehmen. Grund dafür ist einerseits deren gesonderte Behandlung in Recht und Praxis[79] und andererseits die heute herrschende Meinung, dass eine Suchterkrankung für sich betrachtet eine zivilrechtliche Unterbringung nicht rechtfertigen kann. Sie muss entweder Folge einer psychischen Krankheit sein oder aber zur Entwicklung einer solchen führen.[80] Ebenfalls von der Untersuchung ausgenommen ist die sogenannte Geistesschwäche, die nach juristischer Auffassung dem Grade nach eine geringere Störung als „Geisteskrankheit“ darstellte und sich daher von ihr auch auf Rechtsfolgenseite unterschied.[81]

c) „Gemeingefährlichkeit“

Ein die Unterbringung psychisch Kranker dominierender Terminus ist ferner die „Gemeingefährlichkeit“. Sie modifizierte nicht nur die Einweisungs- und Entlassungsvoraussetzungen des Betroffenen,[82] sondern war seit 1905 auch entscheidend für die Zuständigkeitsverlagerung (und damit auch die Kostenlast)

---

77 *Bundestag*, Drucksache Nr. 11/4528, S. 116.

78 *Pardey*, Betreuung Volljähriger, S. 86.

79 Diese manifestiert sich bereits in der gesetzgeberischen Differenzierung zwischen Sucht- und „Geisteskrankheit“. Suchtkranke wurden von „Geisteskranken“ getrennt in speziellen Einrichtungen untergebracht. Dabei richteten sich staatliche Maßnahmen im 19. Jh. vor allem gegen Alkoholismus und sahen u.a. die Einweisung in sog. Trinkerheilanstalten vor (vgl. *Baer*, Die Trunksucht und ihre Abwehr, S. 210 ff.; *Moeli*, Die Fürsorge für Geisteskranke, S. 10 ff.).

80 Statt vieler: *Marschner/Lesting/u.a.*, Freiheitsentziehung und Unterbringung, S. 48, Rn. 109 (m.w.N.).

81 *Bulling*, Erwachsenenfürsorge, S. 170 ff.; *Roth*, HKK, BGB, §§ 1896–1921, Rn. 21.

82 Hierzu detaillierter in den folgenden Kapiteln.

vom Staat hin zu den Armenverbänden.[83] Dabei handelte es sich nicht um einen medizinischen, sondern um einen verwaltungsrechtlichen – genauer: polizeirechtlichen – Begriff,[84] der eng verknüpft war mit dem in § 10, II, Tit. 17 ALR normierten Schutzauftrag betreffend die öffentliche Sicherheit und Ordnung. Ebenso wie der Krankheitsbegriff entbehrte auch die „Gemeingefährlichkeit" einer Legaldefinition, sodass Fragen nach Reichweite und Gefährdungsqualität der Konkretisierung durch die Praxis überlassen blieben.

Hier tritt insbesondere die Aufgabe der Psychiater hervor, als Sachverständige die „Gemeingefährlichkeit" eines psychisch Kranken zu begutachten. Trotz aller Kritik an der begrifflichen Unbestimmtheit und der daraus resultierenden Missbrauchsgefahr, wurde seitens der Gutachter mehrheitlich eine extensive Auslegung vorgezogen, um Kranke baldmöglichst ihrer Behandlung zuführen zu können.[85] Entsprechend heißt es beispielsweise im „Lehrbuch der psychischen Krankheiten" des Wiener Psychiaters *Leidesdorf* 1865: *„In Bezug auf die Gemeingefährlichkeit ist eigentlich jeder Geisteskranke ein möglicherweise sich und der Umgebung gefährliches Individuum."*[86] „Geisteskrankheit" und „Gemeingefährlichkeit" rückten somit – nach herrschender medizinischer Meinung[87] – in signifikante Nähe zueinander, ja, fast bis hin zur Deckungsgleichheit.[88]

Dieses weite Begriffsverständnis war jedoch keinesfalls unumstritten. Während Konsens bestand, dass der Einordnung als „gemeingefährlich" nicht erst eine Straftat vorauszugehen hatte,[89] wurde insbesondere in der juristischen Literatur die Frage diskutiert, ob auch Selbstgefährdung eine „Gemeingefahr"

---

83 Stndg. Rspr. seit OVG Preußen, Urteil v. 20.06.1905 – Rep. II. A 5/04, OVGE 47, 6 (hierzu: *Rixen,* Die Gemeingefährlichen Geisteskranken, S. 25) u. am 29.04.1935 mit § 21b GKAG (RGBl. S. 565) gesetzl. normiert.

84 Vgl. *Schultze,* Psychiatrische Kritik, Archiv für Psychiatrie und Nervenkrankheiten 1932, S. 468 (484).

85 *Klaeden,* Das Recht der Verwahrung und Unterbringung, S. 35.

86 *Leidesdorf,* Lehrbuch der psychischen Krankheiten, S. 309 f.; ähnlich *Laehr,* Über Irrsein und Irrenanstalten, S. 134.

87 Einen guten Überblick über den Meinungsstand vermittelt *Schultze,* Psychiatrische Kritik, Archiv für Psychiatrie und Nervenkrankheiten 1932, S. 468 (492 f.).

88 *Güse/Schmacke,* Psychiatrie zwischen bürgerlicher Revolution und Faschismus, S. 373 f.

89 *Spaet,* Über Gemeingefährlichkeit der Geisteskranken, Zeitschrift für Medizinalbeamte 1906, S. 677 (681).

bedeuten könne.[90] Der Begriff entfaltet folglich eine Ausstrahlungswirkung über das Straf- beziehungsweise das Maßregelrecht hinaus und verdient daher auch in der vorliegenden Arbeit Beachtung. Im Gegensatz zu anderen deutschen Staaten[91] sah der preußische Gesetzgeber bis zum Erlass des Polizeiverwaltungsgesetzes (PVG) am 1. Juni 1931[92] davon ab, die oben aufgeworfene Frage nach der Gefährdungsrichtung durch eine entsprechende Normierung zu entscheiden und beließ es bei der vagen polizeilichen Ermächtigungsgrundlage des § 10, II, Tit. 17 ALR zur „*Abwendung* [einer] *dem Publico, oder einzelnen Mitgliedern desselben bevorstehenden Gefahr*“[93]. Zwar existierte der Begriff der „Gemeingefährlichkeit“ auch als Qualifikationstatbestand im strafrechtlichen Kontext (§§ 126, 139, 306 ff., 366 RStGB)[94] oder im Zusammenhang mit

---

90 Vgl. nur *Metzdorf*, Der gemeingefährliche Geisteskranke, S. 9; *Schultzenstein*, Die Grenzen der Polizeigewalt beim Schutze gegen sich selbst, Deutsche Juristen-Zeitung 1904, Sp. 81 (81 ff.).

91 Z.B. die Regelungen in Württemberg (§ 16 Statut der Staatsirrenanstalten v. 20.03.1899 – RegBl. S. 249), Baden (§ 5 IrrenfürsorgeG v. 25.06.1910 – GVBl. S. 299), Sachsen-Weimar (§ 3 i.V.m. § 1b IrrenG v. 29.05.1847 – RegBl. S. 129) oder Bremen (§ 53 MedicinalO v. 18.09.1871 – GBlB S. 117 ff.) sahen die Unterbringung Kranker vor, die „*sich oder anderen gefährlich sind*“ (zusammenfassend *Moeli*, Die Fürsorge für Geisteskranke, S. 53).

92 PrGS S. 77 ff. Aus der Zusammenschau von § 15 I a) und II ergab sich die Unterbringungsmöglichkeit „gemeingefährlicher Geisteskranker“ auch bei einer Gefährdung gegenüber sich selbst (vgl. *Kammeier*, Maßregelrecht, S. 46 f.).

93 Ergänzt wurde diese Regelung durch die Bestimmungen betreffend „Wahn- und Blödsinnige“ gem. §§ 341, 344, II, Tit. 18 ALR sowie durch § 3 des Gesetzes zum Schutz der persönlichen Freiheit (v. 24.09.1848 – PrGS S. 257 ff.) bzw. § 6 der gleichnamigen Novelle (v. 12.02.1850 – PrGS S. 45 ff.), der die Anordnung von Schutzhaft gegen „Geisteskranke“ vorsah (s. dazu *Koschwitz*, Die kurzfristige polizeiliche Freiheitsentziehung, S. 51; *Fischer*, Schutz der Gemeinschaft, S. 62). Beachte auch den hierzu korrespondierenden § 6 des Gesetzes über die Polizeiverwaltung v. 11.03.1850 (PrGS S. 265 ff.): „*Zu den Gegenständen der ortspolizeilichen Vorschriften gehören: a) der Schutz der Personen und des Eigentums* […], *f) Sorge für Leben und Gesundheit* […], *i) alles andere, was in besonderen Interesse der Gemeinden und ihrer Angehörigen polizeilich geordnet werden muss.*“ Diese Aufgabenzuweisung zog in der Konsequenz auch die polizeiliche Darlegungslast für die „Gemeingefährlichkeit“ (Ministerialerlass v. 18.03.1850 – MBliV S. 167) sowie die Kostentragungspflicht einer solchen Untersuchung (Erlass v. 08.07.1867 – MBliV S. 253 f.) nach sich.

94 Das RStGB (v. 15.05.1871) verstand unter „gemeingefährlichen“ Verbrechen und Vergehen i.S.d. §§ 306 ff. RStGB Handlungen, bei denen der Täter die „*Ausdehnung der Gefährdung nicht in seiner Gewalt hat*“ (RGSt, Urteil v. 23.12.1881, RGStE 5, 309 (309 ff.).

besonders ansteckenden Krankheiten[95], konnte aber nicht für die Konkretisierung im Unterbringungsrecht fruchtbar gemacht werden. Gleiches galt für die preußischen Verordnungen und Erlasse, die bereits seit 1850 den Umgang mit „gemeingefährlichen Geisteskranken" thematisierten, ohne dabei jedoch den Begriff zu definieren.[96] Mit Erlass vom 25. Oktober 1882 erfolgte schließlich eine inhaltliche Bestimmung, wonach „Gemeingefährlichkeit" bei einer Gefahr für den „[Geisteskranken] *selbst wie für dritte Personen* [...]"[97] gegeben war. Dem weiten medizinischen Begriffsverständnis schloss sich die Rechtspraxis jedoch nicht an. Sie verlangte eine über die Belästigungsschwelle hinausgehende qualifizierte Gefahr für Leib, Leben, Gesundheit oder Vermögen[98] unter Abwägung der betroffenen Interessen.[99] In den Erlassen der Verwaltung seit 1899 erfuhr der Begriff der „Gemeingefährlichkeit" eine weitere Wendung, indem von einer Selbstgefährdung nicht mehr die Rede war, sondern ganz allgemein die Gefährdung der öffentlichen Sicherheit ausschlaggebend war.[100] Diese Änderungen waren jedoch rein sprachlicher Natur und blieben zunächst ohne Auswirkung auf die polizeiliche Unterbringungspraxis.[101] Im 20. Jahrhundert hatte sich dann eine gefestigte Rechtsprechung des Preußischen OVG entwickelt. Hiernach lag „Gemeingefährlichkeit" vor, „*wenn* [sich] *der Geisteskranke vermöge seiner Krankheit oder unter deren Einfluß für sich oder andere oder für die öffentliche Sicherheit, Ruhe und Ordnung* [...] *als gefährlich* [erwies]."[102] Diese

95 Gesetz, betreffend die Bekämpfung gemeingefährlicher Krankheiten v. 30.06.1900 – RGBl. S. 306 ff.

96 *Kammeier*, Maßregelrecht, S. 44; vgl. die Erlasse betr. die Anstaltsaufnahme Geisteskranker v. 18.03.1850 (MBliV S. 167) u. 25.04.1862 (abgedr. bei *Unger*, Die Irrengesetzgebung in Preussen, S. 19 f.); Erlasse betr. Kostentragung einer Gemeingefährlichkeitsuntersuchung v. 08.07.1867 (Fn. 93) u. 03.09.1872 (*Unger*, Die Irrengesetzgebung in Preussen, S. 14 f.).

97 Betr. die Entlassung „Geisteskranker" (JMBl. S. 325 – abgedr. bei *Unger*, Die Irrengesetzgebung in Preussen, S. 234).

98 So OVG Preußen, Urteil v. 27.04.1882 – OVGE 9, 350.

99 OVG Preußen, Urteil v. 11.05.1885 – OVGE 54, 270.

100 *Brink*, Grenzen der Anstalt, S. 143; OVG Preußen, Urteil v. 09.07.1913 – abgedr. bei *Moeli*, Regelungen der Rechtsverhältnisse der Geisteskranken in Preußen, Monatsschrift für Kriminalpsychologie und Strafrechtsreform 1913, S. 449 (463); *Metzdorf*, Der gemeingefährliche Geisteskranke, S. 5.

101 Siehe nur *Schultze*, Psychiatrische Kritik, Archiv für Psychiatrie und Nervenkrankheiten 1932, S. 468 (491 ff.); *Spaet*, Über Gemeingefährlichkeit der Geisteskranken, Zeitschrift für Medizinalbeamte 1906, S. 677 (681).

102 OVG Preußen, Urteil v. 12.06.1922, OVGE 77, 342.

Deutung lag trotz großer Kritik auch der Unterbringungsbefugnis nach dem PVG zugrunde.[103]

Auch wenn die Ärzteschaft selbst seit der zweiten Hälfte des 19. Jahrhunderts den Begriff der „Gemeingefährlichkeit" weit auslegte, sei es aus Gründen der Verfahrensbeschleunigung[104] oder der Rechtssicherheit[105], hatte die sich annähernde juristische Interpretation einen bedeutenden Nachteil für sie: Mit der nunmehr gewachsenen Bandbreite der Anstaltsbedürftigen fand eine Klientel Aufnahme, der die regulären Anstalten weder personell noch baulich gewachsen waren. Auch zulasten der übrigen – nicht „gemeingefährlichen" Patienten – traten in der Praxis folglich oft sicherheitspolizeiliche Erwägungen an die Stelle medizinischer,[106] was für eine breite Debatte über geeignete Unterbringungsmöglichkeiten sorgte.[107] An dieser manifestiert sich zudem die allmähliche Gleichsetzung von „Gemeingefährlichkeit" mit Straffälligkeit beziehungsweise Strafgeneigtheit und damit letztlich die Zurückdrängung der Selbstgefährdungskomponente.[108]

d) Volljährigkeit

Die Arbeit konzentriert sich explizit auf volljährige psychisch Kranke und grenzt sich daher von der Unterbringung Jugendlicher ab.[109] Dabei sind die Begriffe Volljährigkeit beziehungsweise Mündigkeit nicht ohne Weiteres auf historische Rechtssituationen übertragbar, sondern variieren je nach Zeitalter teilweise stark.[110] Das BGB definiert in seiner aktuellen Fassung den Eintritt der Volljährigkeit mit der Vollendung des 18. Lebensjahres (§ 2 BGB). Von 1875 bis 1975 hingegen war die Vollendung des 21. Lebensjahres ausschlaggebend und davor im Geltungsbereich des ALR das 24. Lebensjahr (§ 696, II, Tit. 18 ALR). Das Erreichen der jeweiligen Altersgrenze ermöglicht dem Betreffenden volle politische wie rechtliche Teilhabe, lässt ihn also mündig werden. Da in Unterbringungssachen jedoch schon seit dem 19. Jahrhundert zwischen Voll- und

---

103 Ausführlich hierzu unten S. 161.

104 Vgl. S. 35.

105 Hierzu unten S. 68.

106 *Rixen,* Die Gemeingefährlichen Geisteskranken, S. 84 ff.; *Brink*, Grenzen der Anstalt, S. 142 f.

107 *Aschaffenburg*, Die Sicherung der Gesellschaft gegen gemeingefährliche Geisteskranke, S. 61; ausführlich hierzu unten auf S. 61.

108 *Kammeier*, Maßregelrecht, S. 44 f. (m.w.N.).

109 Zur Entstehung und Entwicklung der Fürsorgeerziehung vgl. grundlegend: *Peukert*, Grenzen der Sozialdisziplinierung.

110 *Kannowski*, Altersstufen, Sp. 194.

Minderjährigen klar unterschieden wurde,[111] ist im Folgenden weniger die jeweilige Altersstufe von Belang, sondern vielmehr die bloße Anwendung der Regelungen für Erwachsene.

2) Zeitlicher Rahmen

In zeitlicher Hinsicht erstreckt sich die Untersuchung vom Beginn des 19. Jahrhunderts an bis zur Betreuungsgesetzreform 1992.[112] Die Wahl des Anfangspunktes hängt in erster Linie mit der gewachsenen rechtlichen und sozialen Ordnung zusammen. Freiheitsrechte finden Eingang in die Verfassungen der einzelnen deutschen Staaten und die Bindung der Regierung an die Gesetze wird allgemein anerkannt. Diese Grundzüge prägen die Epoche des 19. Jahrhunderts

---

111 Zu Beginn des 19. Jh. wurden auf sog. verwahrloste Minderjährige (hierzu zählten u. a. psychisch kranke Kinder) die Regeln über Volljährige analog angewandt (für die „Blödsinnigkeitserklärung" vgl. Urt. d. OLG Königsberg v. 1837, bei *Rauer*, 23. Centralblatt für Preussische Juristen, Kritische Jahrbücher für deutsche Rechtswissenschaft 1837, S. 1039 (1041)). Mitunter galten im Vergleich zu Erwachsenen schwächere Aufnahmevoraussetzungen (etwa für den RBz. Düsseldorf Bekanntmachung v. 28.03.1828 – abgedr. in *Damerow*, Irren-Gesetze und Verordnungen in Preussen, Allgemeine Zeitschrift für Psychiatrie und psychisch-gerichtliche Medizin 1863 (Supplement Nr. 3), S. 1 (26 f.)). Sofern geregelt, sahen die Aufnahmevorschriften der jeweiligen dt. Anstalten bei Minderjährigen die Zustimmung des Vormundes vor (z.B. § 8 Nr. 2 des Statuts der Anstalt Illenau v. 18.10.1843 – abgedr. in Allgemeine Zeitschrift für Psychiatrie und psychisch-gerichtliche Medicin 1844, S. 229 (229 ff.)), doch fanden sich kaum Angaben zu deren Dasein innerhalb der Anstalt, was die Vermutung nahelegt, dass eine Separierung von den Erwachsenen im 19. Jh. noch unüblich war (ebenso: *Nissen*, Kulturgeschichte seelischer Störungen bei Kindern und Jugendlichen, S. 123). Nur vereinzelt existierten Kinderstationen, wie etwa in Frankfurt (1864) oder Görlitz (1884) (vgl. *Schott/Tölle*, Geschichte der Psychiatrie, S. 321). Mit Beginn des 20. Jh. etablierte sich eine eigenständige Jugendpsychiatrie. Seit 1900 konnten auf Grundlage des Fürsorgeerziehungsgesetzes (RGBl. S. 264) geisteskranke Minderjährige höchstens bis zur Erreichung der Volljährigkeit (auf öffentliche Kosten) untergebracht werden (§ 13). Parallel dazu bestand die Möglichkeit der Unterbringung in Privatanstalten weiter fort (vgl. pr. Anweisung über die Unterbringung in Privatanstalten v. 26.03.1901, Teil B (MBliV S. 104 – abgedr. bei *Moeli*, Die Fürsorge für Geisteskranke, S. 179)). Das Instrumentarium der Fürsorgeerziehung wurde erst mit dem Kinder- und Jugendhilfegesetz 1990 abgeschafft.

112 Dabei liegt es in der Natur der Sache, dass die mehr als zwei Jahrhunderte überspannende Analyse sich in mehrfacher Hinsicht einschränken muss und Begleitentwicklungen, sofern nicht untrennbar mit der vorliegenden Fragestellung verknüpft, nur oberflächig behandelt werden können.

als Zeitalter des liberalen Rechtsstaates.[113] Anders als noch im (aufgeklärten) Absolutismus wird der Staat also berechen- und voraussehbarer. Während zuvor die „Irrenfürsorge" eng verknüpft war mit dem landesherrlichen Anliegen von Aufrechterhaltung „guter Policey"[114] und Unterbringungen somit im Regelungsbereich der Policeygesetzgebungen ansiedelten, fand erst im 19. Jahrhundert eine Wandlung des Fürsorgeverständnisses statt.[115] Im Zuge dessen entwickelte sich das Anstaltsbild von reinen Verwahr- und Züchtigungsanstalten zu sogenannten Heil- und Pflegeanstalten weiter. Erst dieser Fortschritt und die festen gesetzlichen Strukturen lassen die Untersuchung der Entwicklung einer zivilrechtlichen Unterbringung nach obigem Maßstab sinnvoll erscheinen. Da sich die Entstehung des liberalen Rechtsstaates ebenso wenig wie der Wandel des Fürsorgeverständnisses auf einen bestimmten Zeitpunkt fixieren lässt, ist der Anfangszeitraum der Untersuchung bewusst vage gefasst, sodass auch das ALR von 1794, als Höhepunkt verstaatlichter Fürsorgebestrebungen,[116] im Folgenden noch Beachtung finden kann. Die weiteren Entwicklungen der zivilrechtlichen Unterbringung seit Erlass des BGB, finden ihren vorläufigen Höhepunkt in der Betreuungsgesetzreform von 1992. Gleichwohl dehnt sich die Darstellung aus Gründen der Aktualität auch auf gegenwärtige Rechtsfragen aus, indem sie diese am Ende schlaglichtartig beleuchtet.

3) Gesetzlicher Rahmen

Zur thematischen und zeitlichen Eingrenzung tritt außerdem eine gesetzliche. So bezieht sich die vorliegende Arbeit für das 19. Jahrhundert maßgeblich auf das preußische Recht mit einigen reichsgesetzlichen Ergänzungen. Hierdurch erfolgt zugleich eine regionale Weichenstellung. Für diese Vorgehensweise spricht zum einen die Tatsache, dass ungeachtet der ausschließlichen Gesetzgebungskompetenz für das Medicinalwesen ein einheitliches und in sich geschlossenes „Reichsirrengesetz" (anders als im europäischen Ausland[117]) in Deutschland unterblieb und somit nach wie vor die jeweiligen territorialen

113 *Gmür/Roth*, Grundriss der deutschen Rechtsgeschichte, S. 149 ff.

114 Siehe hierzu bereits oben Fn. 6 m.w.N.

115 *Griebl*, Die Behandlung von Verschwendern und Geisteskranken, S. 259.

116 *Roth*, HKK, BGB, §§ 1896–1921, Rn. 12.

117 Zu erwähnen seinen hier insbesondere Belgien, England und Frankreich (siehe *Engelmann*, Zur Reform des Irrenrechts, S. 5 ff.).

Vorschriften ausschlaggebend waren.[118] Dabei nimmt Preußen eine herausragende Stellung im bundesdeutschen Gefüge und später im Kaiserreich ein. Verglichen mit den übrigen deutschen Staaten, findet sich hier ein besonders regelungsfreudiger Gesetzgeber, dessen Akribie und Detailreichtum in Fragen des „Irrenwesens" herausstechen.[119] Wie *August Cramer* 1909 in der „Real-Encyclopädie der gesamten Heilkunde" schreibt, existieren vielmehr neben *„verschiedenen Gesetzen, welche die Beziehungen der Geisteskranken zum Zivil- und Strafrechte regeln,* [...] *eine Reihe administrativer und polizeilicher Verordnungen, welche sich auf die öffentliche Fürsorge für die Geisteskranken und ihren rechtlichen Schutz beziehen, und die Gesamtheit dieser administrativen und polizeilichen Gesetze und Verordnungen pflegt man als Irrengesetzgebung zu bezeichnen."*[120]

Es ist dem Fokus auf die Unterbringung nach zivilrechtlichen Maßstäben geschuldet, dass bei den Gesetzesstudien die strafrechtlichen Regelungen weitestgehend außer Acht bleiben müssen. Sicherheitspolizeiliche Normen sind hingegen insoweit relevant, als sie Rückschlüsse auf das Verhältnis zu ihren zivilrechtlichen Gegenstücken deutlich werden lassen. Das Untersuchungsfeld erstreckt sich, beginnend mit dem ALR von 1794, dessen vormundschaftliche und damit auch die „Geisteskranken" betreffenden Regelungen in Titel 18 des zweiten Teils in 1007 Paragraphen normiert waren, die ihrerseits durch diverse Einzelverordnungen und Ministerialerlasse ergänzt beziehungsweise außer Kraft gesetzt wurden, über die Preußische Verfassung (1850), die Vormundschaftsordnung (1875) und einige Spezialgesetze (Reichsgewerbeordnung, Unterstützungswohnsitzgesetz, Landesreglements, etc.) bis hin zu den prozessualen Vorschriften der Allgemeinen Gerichtsordnung (1793) und der 1879 in Kraft getretenen Reichszivilprozessordnung. Danach erweitert sich, einhergehend mit der reichseinheitlichen Geltung des BGB ab 1. Januar 1900, der Betrachtungswinkel im Rahmen dieser Arbeit, ohne dabei jedoch regionale Besonderheiten außer Acht zu lassen.

4) Quellen und gegenwärtiger Forschungsstand

Die Geschichte dieses Rechtsgebiets hat neben den rechtlichen auch die sozialen, politischen, psychologischen und medizinischen Faktoren zu berücksichtigen.

---

118 Nach Art. 4 Ziff. 15 der Reichsverfassung unterlagen die Maßregeln der Medizinalpolizei der Beaufsichtigung und Gesetzgebung des Reiches. Dazu unten S. 96; sowie *Moeli,* Die Fürsorge für Geisteskranke, S. 196.

119 *Klaeden,* Das Recht der Verwahrung und Unterbringung, S. 41 (m.w.N.).

120 *Cramer*, Irrengesetzgebung, S. 449.

Dementsprechend unterschiedlich ist der Ursprung der herangezogenen Quellen.[121] Neben dem bloßen Gesetzestext, dessen Materialien und Urteilen, wird daher auch auf deskriptive Quellen[122] zurückgegriffen.[123]

Der historische Teil dieser Arbeit berührt im Grunde zwei Forschungsbereiche: In medizinischer Hinsicht ist dies das Feld der Psychiatriegeschichte. Eine ähnlich klare Einordnung lässt sich für den rechtsgeschichtlichen Bereich nicht vornehmen, da die Thematik Berührungspunkte mit den Bereichen Zivil-, Straf-, und besonderem Verwaltungsrecht aufweist.[124]

Den Bereich der Psychiatriegeschichte behandelt als einer der Ersten 1890 *Kirchhoff* in seinem „Grundriss einer Geschichte der deutschen Irrenpflege“[125]. Er liefert einen Überblick vom Mittelalter bis zur Neuzeit, während er sich kämpferisch gegen theologische Erklärungen der „Geisteskrankheit“ ausspricht und die „humanen Auffassungen“ der Neuzeit preist.[126] Exkursorisch kommt *Kirchhoff* auf die in den Anstalten zu Anfang des 19. Jahrhunderts angewandten Zwangsmittel und die darüber bestehenden Ansichten zu sprechen und gewährt somit frühen Einblick in einen Aspekt des damaligen Anstaltsalltages. Die Fülle der historischen Darstellungen vom 19. Jahrhundert bis nach dem Zweiten Weltkrieg, sei es *Kirchhoff*[127], *Kraepelin*[128], *Birnbaum*[129], *Leibbrand*[130] oder zum Teil auch *Ackerknecht*[131] und neuerdings *Geyer*[132], fügen sich in ein bestimmtes Muster der Geschichtsschreibung ein: Ihre Autoren eint die Profession des

---

121 Eine derartige Vielschichtigkeit ist für das Recht im Allgemeinen (*Engisch/Würtenberger*, Einführung in das juristische Denken, S. 1) und die Rechtsgeschichte im Besonderen (*Wieacker*, Methode der Rechtsgeschichte, Sp. 519–520) bezeichnend.

122 Im vorliegenden Fall also Fachzeitschriften und Monographien zum Thema sowie Arzt-, Polizei- und Anstaltsberichte.

123 Die zur Recherche benötigten Werke sind neben dem herkömmlichen Bezugsweg zum Teil auch im Bestand großer Digitalisierungsprojekte (z. B. über das „open Library“- Projekt oder das Münchner Digitalisierungszentrum) und somit entsprechend elektronisch abrufbar.

124 Dies ist bedingt durch das anfängliche Fehlen einer eindeutigen zivilrechtlichen Unterbringung, vgl. hierzu bereits S. 24, 30 f.

125 *Kirchhoff*, Grundriss einer Geschichte der deutschen Irrenpflege.

126 *Kirchhoff*, Grundriss einer Geschichte der deutschen Irrenpflege, S. 95.

127 *Kirchhoff*, Geschichte der Psychiatrie (1912).

128 *Kraepelin*, Hundert Jahre Psychiatrie (1918).

129 *Birnbaum*, Geschichte der psychiatrischen Wissenschaft (1928).

130 *Leibbrand*, Romantische Medizin (1937).

131 *Ackerknecht*, Kurze Geschichte der Psychiatrie (1957).

132 *Geyer*, Trübsinn und Raserei (2014).

Psychiaters und die Tendenz, die Psychiatriegeschichte als einen kontinuierlichen Verbesserungsprozess von Diagnose- und Behandlungsformen sowie Stellung der Kranken zu begreifen, der entwicklungsakzessorisch zur Kulturgeschichte der Menschheit ist und dessen Hochzeit mit der jeweiligen Publikation erreicht zu sein scheint. Dass eine derartige apologetische Sichtweise oder „*Geschichte der großen Männer*"[133], wie *Dörner* es ausdrückt, (Selbst-) Kritik am Status Quo vermissen lässt, muss nicht weiter ausgeführt werden. Sie ist daher als wissenschaftliche Grundlage bezüglich der in Rede stehen Untersuchung des Unterbringungsaspekts nur mit Vorsicht zu gebrauchen. Schreitet man voran zur nachkriegszeitlichen Psychiatriegeschichtsschreibung kann das für diese Gattung geradezu konstituierende Werk des französischen Psychologen, Philosophen und Historikers *Michel Foucault* nicht unerwähnt bleiben: Mit „Histoire de la Folie"[134] (1961) betreibt der Autor keine herkömmliche Psychiatriegeschichtsschreibung, sondern verändert die Perspektive auf das Verhältnis zwischen „Wahnsinn" und Vernunft. *Foucault* bleibt nicht bei dieser Polarität stehen, sondern begibt sich auf die Suche nach einem „Nullpunkt", an dem die Trennung von Wahnsinn und Vernunft noch nicht vollzogen ist.[135] Erst nach dieser Zäsur kann eine Wissenschaft vom „Wahnsinn" entstehen.[136] Auf dieser Reise behandelt er, fixiert auf den angelsächsischen und französischen Raum, die verschiedenen Rollenbilder des „Wahnsinns" in der Renaissance, der Klassik und endet im späten 18. Jahrhundert, dem Zeitalter der Moderne. Er stellt diese Geschichte als ein Gespräch zwischen den beiden Antagonisten dar, welches in der Renaissance „*dramatisch*"[137] geführt wird: „*Wahnsinn und Vernunft treten in eine ständig umkehrbare Beziehung, die bewirkt, daß jede Wahnsinnsform ihre sie beurteilende und meisternde Vernunft findet, jede Vernunft ihren Wahnsinn hat, in dem sie ihre lächerliche Wahrheit findet.*"[138] Dabei geht es *Foucault* jedoch nicht darum, die Geschichte dieser Sprache beziehungsweise dieses Gesprächs zu schreiben, sondern vielmehr die „*Archäologie des Schweigens*"[139], also den für

---

133 *Dörner*, Bürger und Irre, S. 334.

134 Die deutsche 1973 im Suhrkamp Verlag erschienene Erstauflage trug den Titel „Wahnsinn und Gesellschaft".

135 *Foucault*, Wahnsinn und Gesellschaft, S. 7; *Barth*, Michel Foucault: Wahnsinn und Gesellschaft, S. 60.

136 *Goddemeier*, Wahnsinn ist keine Krankheit, Deutsches Ärzteblatt 33/2011, S. 1734 (1735).

137 *Foucault*, Wahnsinn und Gesellschaft, S. 14.

138 *Foucault*, Wahnsinn und Gesellschaft, S. 51.

139 *Foucault*, Wahnsinn und Gesellschaft, S. 8.

Vernunft und Unvernunft konstitutiven Abbruch der Kommunikation, welcher den bereits erwähnten „Nullpunkt“ darstellt. Eben jenen datiert der Autor maßgeblich auf ein Ereignis, das bis dato als „Befreiung der Irren von ihren Ketten“ und Geburtsstunde der Psychiatrie als selbstständige Wissenschaft bezeichnet wurde: Die Befreiung der Internierten aus den Spitälern – in Paris durch *Philippe Pinel* 1794, in York 1796 durch *William Tuke*[140]. Hier gewinnt die Sprache der Psychiatrie, sinnbildlich für die Vernunft, die Oberhand über die Unvernunft und bringt jeden diskursiven Austausch zum Erliegen. Nach *Foucaults* Lesart bleibt die Unterdrückung existent, wenn auch in einem anderen Gewand: *„man löst die Ketten, die den Gebrauch seines freien Willens behinderten, aber um ihn jenes Willens zu entledigen, der in den Willen des Arztes verlagert und verändert wird.“*[141] Insgesamt betrachtet, leuchtet es ein, dass *Foucaults* provokante Thesen nicht unbeantwortet geblieben sind. So werden insbesondere sein kulturpessimistischer Ansatz und die Verengung auf die Disziplinierungsthese kritisiert, mit dem sich die verworrene Psychiatriegeschichte des 20. Jahrhunderts nicht erklären lasse.[142] Auch ist zu konstatieren, dass die historische Genauigkeit darunter leidet, wenn etwa nationale Unterschiede und politische Fakten hinter *Foucaults* philosophischer Deutungsperspektive zurücktreten müssen.[143] Für die hier angestrebte rechtshistorische Untersuchung der zivilrechtlichen Unterbringung schmälert insbesondere letzterer Punkt den Nutzen, was aber nichts daran ändert, hierin ein in Fragestellung, Methoden und Resultaten bahnbrechendes Werk zu erblicken,[144] das die Psychiatriegeschichtsschreibung nach dem Zweiten Weltkrieg entscheidend beeinflusst und vorangetrieben hat. Diese beginnt sich zunächst nur zögerlich mit den Verstrickungen der Psychiatrie in die nationalsozialistischen Verbrechen zu beschäftigen, bedeutet es doch, getreu dem eingangs skizzierten Vorgehensmuster, *„die Aktionen der ‚Vernichtung lebensunwerten Lebens‘ in die Kontinuität der Geschichte einzufügen.“*[145] Eine erste Bearbeitung dieses Themas wagt *Dörner* in seinem 1967 erschienen Aufsatz „Nationalsozialismus und Lebensvernichtung“[146]. Als einen Anstoß zur

140 *Foucault*, Wahnsinn und Gesellschaft, S. 482 ff., 496 ff.; vgl. auch *Ackerknecht*, Kurze Geschichte der Psychiatrie, S. 34 f.

141 *Foucault*, Wahnsinn und Gesellschaft, S. 541.

142 *Blasius*, „Einfache Seelenstörung“, S. 11.

143 *Dörner*, Bürger und Irre, S. 336; *Köhler*, Die ZEIT v. 10.04.1970, S. 75.

144 *Köhler*, Die ZEIT v. 10.04.1970, S. 75.

145 *Dörner*, Bürger und Irre, S. 332.

146 *Dörner*, Nationalsozialismus und Lebensvernichtung, Vierteljahrshefte für Zeitgeschichte 1967, S. 121.

Selbstaufklärung in der Psychiatrie begreift er sein Nachfolgewerk „Bürger und Irre“[147] aus dem Jahre 1969: *„Was die Atombombe von Hiroshima für die Physik ist, sind die Gaskammern von Hadamar für die Psychiatrie.“*[148] *Dörner* untersucht die Entstehung der Psychiatrie als Institution und Wissenschaft im Kontext der Entfaltung der bürgerlichen Gesellschaft. Dabei werden die kulturellen, wirtschaftlichen und politischen Bedingungen in Großbritannien, Frankreich und Deutschland miteinander verglichen – Letzteres auch unter dem Gesichtspunkt der *„verspäteten Nation“*.[149] Es geht dem Autor nach eigenem Bekennen nicht darum, eine klassische Psychiatriegeschichte zu schreiben, sondern, dem Titel gemäß, das Verhältnis zwischen dem bürgerlichen Psychiater und den sogenannten armen Irren zu beleuchten.[150] Wie schon *Foucault* setzt auch er, wenngleich mit abweichender Schlussfolgerung, die Armen- und „Irrenpolitik“ in Verbindung miteinander.[151] Diesem Ansatz folgt 1980 auch *Blasius* in seiner Monographie „Der verwaltete Wahnsinn“, indem er das *„Irrenproblem [...] mit dem Armenproblem aufs engste verflochten“*[152] sieht und somit *Foucaults* Ausgrenzungsthese teilt. Mit einem regionalen Schwerpunkt auf der Rheinprovinz zeichnet der Historiker für das 19. und 20. Jahrhundert die Sozialgeschichte des „Irrenhauses“ nach und nimmt, anders als *Dörner*, den Standpunkt der Betroffenen ein.[153] Dabei hebt er besonders deren schwache Position gegenüber dem Bürokratismus im psychiatrischen Verwaltungsapparat hervor. Dieses Werk ist, ebenso wie der 1994 darauf aufbauende Teil „Einfache Seelenstörung“[154] ein wesentlicher Beitrag zur preußischen Psychiatriegeschichte zwischen 1800 und 1945 und daher bereits thematisch für die vorliegende Untersuchung geeignet: Der interessanten Frage des Zusammenhangs von „Armen- und Irrenfürsorge“, welche sich auf sozialer wie auch rechtlicher Ebene auswirkt,[155] lohnt es

147 *Dörner*, Bürger und Irre.

148 *Dörner*, Bürger und Irre, S. 9.

149 *Dörner*, Bürger und Irre, S. 19, 190; in Anlehnung an *Plessner*, Die verspätete Nation.

150 *Dörner*, Bürger und Irre, S. 20.

151 Für Foucault läutet die Armenfürsorge die soziale Ausgrenzung des „Wahnsinns“ ein (*Foucault*, Wahnsinn und Gesellschaft, S. 76 ff., 97), während Dörner hierin einen Fortschritt sieht, indem die „Irren“ – sofern sie geheilt werden konnten – zurück in die Gesellschaft integriert wurden (*Dörner*, Bürger und Irre, S. 195).

152 *Blasius*, Der verwaltete Wahnsinn, S. 70 f.

153 *Blasius*, Der verwaltete Wahnsinn, S. 9 f.; s. hierzu auch *Dörner*, Bürger und Irre, S. 10.

154 *Blasius*, „Einfache Seelenstörung“.

155 Diese Verflechtung zeigt Blasius anhand der Novelle des Unterstützungswohnsitzgesetzes von 1891 auf, nach der laut § 31 die *„Landarmenverbände verpflichtet wurden, unabhängig vom zuständigen Unterstützungswohnsitz Fürsorge für die ‚Bewahrung, Kur*

sich im Rahmen dieser Arbeit gesondert nachzugehen. Den Zugang zur Geschichte der Psychiatrie über die Anstalt als erlebbaren Ort des Wahnsinns wählen auch die Historiker *Jetter* und *Brink*. Ersterer untersuchte 1981 die „Grundzüge der Geschichte des Irrenhauses“[156], indem er eingangs die wichtigsten Anstaltsgründungen vom Mittelalter an im deutschsprachigen Raum betrachtet und die vorgefundenen Entwicklungen sodann in einen internationalen Kontext bettet. Die vorgenommene Typisierung der Einrichtungen, teilweise mit Bauplänen versehen, vermittelt wichtiges Hintergrundwissen. Ein Grundlagenwerk der neueren Psychiatriegeschichtsschreibung stellt die 2010 erschienene Monografie *Brinks* „Grenzen der Anstalt“[157] dar. Psychatriegeschichte ist für die Autorin nicht an einzelne Disziplinen geknüpft, sondern sollte grenzüberschreitend mit Schnittstellen zu Recht, Politik, Religion, Medizin und der öffentlichen Meinung sein.[158] Dieses Verständnis führt zu einer thematisch wie zeitlich breit angelegten Untersuchung von 1860 bis 1980. Der Fokus liegt dabei auf der sogenannten Schwelle der Anstalt, die metaphorisch für die Verbindung von Anstaltskosmos und Außenwelt steht. *Brink* überschreitet diese Schwelle jedoch nicht und lässt somit die Vorgänge innerhalb der Anstalt unbeleuchtet. Die umso stärkere Fixierung unter anderem auf den rechtlichen Aspekt der Unterbringung, der für jede Epoche gesondert aufgegriffen wird, lassen das Werk auch für juristische Untersuchungen interessant werden. So skizziert *Brink* unter Zugrundelegung des Gesetzestextes die rechtliche Entwicklung der „Irrenfürsorge“ und widmet sich insbesondere der herausgehobenen Stellung der Polizei in Unterbringungssachen, die sie vor allem mit dem seinerzeit gebräuchlichen Tatbestandsmerkmal der „Gemeingefährlichkeit“ in Verbindung bringt.

Dass die Anstaltsunterbringung aufgrund ihres freiheitsentziehenden Charakters auch stets eine rechtliche Komponente hat, zeigt bereits die Bearbeitung im Rahmen der zuvor genannten psychiatriegeschichtlichen Publikationen. Der Betrachter des juristischen Forschungsstands findet sich in einem Mischbereich aus Zivil-, Straf-, und Verwaltungsrecht wieder, der als „Irrengesetzgebung“ bezeichnet wurde.[159] Ihr widmet sich im 18. Jahrhundert eine breite Autorenschaft in der Literatur. Insbesondere die sogenannte Irrenrechtsreformbewegung um die Jahrhundertwende herum lässt die Zahl der Veröffentlichungen

---

und Pflege‘ aller ‚hülfsbedürftigen Geisteskranken‘ zu treffen“ (*Blasius*, Der verwaltete Wahnsinn, S. 70 f.).

156 *Jetter*, Grundzüge der Geschichte des Irrenhauses.

157 *Brink*, Grenzen der Anstalt.

158 *Brink*, Grenzen der Anstalt, S. 32.

159 Vgl. schon oben S. 41.

beider Lager in die Höhe schnellen. Dabei entzünden sich die Diskussionen am Fehlen einer eigenständigen und in sich geschlossenen „Irrengesetzgebung". So wird einerseits etwa durch *Moeli*[160], *Pistor*[161] und *Unger*[162], der Versuch unternommen, die Vielzahl der existierenden Regelungen zu systematisieren und kommentieren – eine Arbeit von großem Wert für heutige Forschungsvorhaben. Andererseits werden Gesetzesentwürfe besprochen und veröffentlicht.[163] Hier beschränken sich die Abhandlungen nicht auf die deutschen Staaten, sondern gehen rechtsvergleichend auch auf ausländische Regelungen ein. Exemplarisch dafür sind die Untersuchungen von *Reuß*[164] (1888), *Engelmann*[165] (1894) und *Rittershaus*[166] (1927). Inhaltlich dominiert die Frage nach der Kompetenzverteilung zwischen Staat beziehungsweise Juristen und Anstaltsärzten, von denen ein jeder die Autorität über Begutachtung, Aufnahme und Entlassung der Kranken für sich beansprucht: Der Staat, um ungerechtfertigte Freiheitsbeschränkungen zu verhindern und seinem Fürsorgeauftrag nachzukommen, die Mediziner, um ihre Expertise zu verteidigen und die Kranken zu therapieren.[167]

Einem anderen Aspekt wendet sich *Ascher* 1892 zu: In einer Aufsatzreihe im Zentralblatt für Nervenheilkunde und Psychiatrie beschäftigt er sich mit der staatlichen Beaufsichtigung zwischen öffentlichen und privaten Anstalten in Preußen[168] und fordert regelmäßige Kontrollen der privaten Anstalten durch staatliche Organe, an deren Spitze eine für ganz Preußen zuständige Zentralbehörde stehen solle.[169] Dass dieses Thema sowohl vonseiten der Gesetzgeber als

160 *Moeli*, Die Fürsorge für Geisteskranke.

161 *Pistor*, Das Gesundheitswesen in Preussen nach deutschem Reichs- und preussischem Landesrecht, Bd. 1.

162 *Unger*, Die Irrengesetzgebung in Preussen.

163 Z.B. *Rittershaus*, Die Irrengesetzgebung in Deutschland; *Schroeder*, Das Recht im Irrenwesen.

164 *Reuß*, Der Rechtsschutz der Geisteskranken in Europa und Nord-Amerika.

165 *Engelmann*, Zur Reform des Irrenrechts.

166 *Rittershaus*, Die Irrengesetzgebung in Deutschland.

167 Allg. hierzu: *Cramer*, Irrengesetzgebung, S. 453; zur Rolle der Gutachter: *Laehr*, Über Irrsein und Irrenanstalten, S. 222; *Hardeland*, Die Behandlung der Geisteskranken im Privatrecht, S. 115 ff.

168 *Ascher*, Beaufsichtigung der öffentlichen Irrenanstalten, Zentralblatt für Nervenheilkunde und Psychiatrie 1892, S. 193; *Ascher*, Beaufsichtigung der Privatirrenanstalten in Preußen, Zentralblatt für Nervenheilkunde und Psychiatrie 1892, S. 246; *Ascher*, Vorschläge zur Verbesserung der staatlichen Beaufsichtigungen der Irrenanstalten in Preußen, Zentralblatt für Nervenheilkunde und Psychiatrie 1892, S. 385.

169 *Ascher*, Vorschläge zur Verbesserung der staatlichen Beaufsichtigungen der Irrenanstalten in Preußen, Zentralblatt für Nervenheilkunde und Psychiatrie 1892, S. 385

auch in der Wissenschaft eine derartige Beachtung erhielt, ist mit dem vorherrschenden Misstrauen gegenüber den staatsfern agierenden Privatanstalten zu erklären, welches durch diverse publik gewordene Skandale genährt wurde und 1895 zu einer umfassenden Neuregelung der Aufnahmebedingungen führte.[170]

Aus der „jüngeren" Vergangenheit sei besonders auf die Forschungen von *Marinez*[171] (1892), *von Klaeden*[172] (1997) und *Bulling*[173] (2013) hingewiesen. *Marinez* untersucht ausführlich die Rechts- und Verwaltungsbestimmungen betreffend psychisch Kranker in Preußen im 19. Jahrhundert. Er stellt dessen schrittweise Entwicklung des „Irrenwesens" auf dem Felde des Verwaltungs-, Zivil-, und Strafrechts dar, indem er die Gesetzgebungsgeschichte mit den sozioökonomischen und politischen Gegebenheiten verknüpft. Wie schon *Blasius*[174] sieht auch *Marinez* „Irren- und Armenfürsorge" untrennbar miteinander verflochten. Die gewonnenen Erkenntnisse werden im weiteren Verlauf mit den Regelungen in Polen und Galizien verglichen.

Eine geschlossene Darstellung speziell des Unterbringungsrechts zwischen 1794 und 1945 liefert erstmals *von Klaeden*. Bis zur ersten Hälfte des 20. Jahrhunderts konzentriert sich die Untersuchung auf Preußen.[175] Dabei fasst sie besonders die Behandlung sogenannter „gemeingefährlicher Irrer" ins Auge – eine Bezeichnung, die alsbald beinahe synonym für „geisteskrank" verwendet wurde und ohne legal definiert zu sein, zu einem zentralen Tatbestandsmerkmal für Unterbringungen wurde.[176] Insgesamt wirft *von Klaeden*, mit einem erkennbaren strafrechtlichen Schwerpunkt, gewissermaßen aus der „Vogelperspektive" heraus, Schlaglichter auf die Regelungen bezüglich Anordnung, Dauer und Beendigung der Unterbringung sowie die Rechtsschutzmöglichkeiten. Mag dieses Vorgehen dem zeitlich weit gespannten Untersuchungsrahmen geschuldet sein, sorgt es doch für Übersichtlichkeit inmitten des preußischen Normengeflechts.

(886 ff.). So auch schon 1848 *Heinrich,* Denkschrift über den gegenwärtigen Zustand der Irrenpflege in der Provinz Preußen, Allgemeine Zeitschrift für Psychiatrie und psychisch-gerichtliche Medizin 5/1848, S. 397 (422 f.).

170 *Brink*, Grenzen der Anstalt, S. 41 ff., 139; unten S. 97 ff.

171 *Marinez,* Rechts- und Verwaltungsbestimmungen für psychisch Kranke und geistig Behinderte.

172 *Klaeden,* Das Recht der Verwahrung und Unterbringung.

173 *Bulling,* Erwachsenenfürsorge.

174 *Blasius*, Der verwaltete Wahnsinn, S. 70 f.

175 Danach auf das gesamte Reich.

176 *Klaeden,* Das Recht der Verwahrung und Unterbringung, S. 35 ff.

Die zivilrechtliche Erwachsenenfürsorge im Allgemeinen betrachtet für das 19. Jahrhundert *Bulling*. Sie wählt hierzu einen vergleichenden Ansatz und stellt den Codex Maximilianeus Bavaricus Civilis, das ALR (beziehungsweise später die Preußische Vormundschaftsordnung), den Code Civil und das BGB einander gegenüber. Wenngleich die Unterbringung „Geisteskranker“ nicht im Zentrum dieser Arbeit steht, ist sie doch mit dem Vormundschaftswesen logisch verknüpft und wird daher von der Autorin kursorisch beleuchtet.

II) Methode und Gang der weiteren Untersuchung

Der überwiegende Teil dieser Arbeit ist rechtsgeschichtlicher Natur. Methodisch betrachtet führt der „*...rechtsgeschichtliche Forschungsprozess* [...] *jeweils von der Fragestellung* [...] *über die Bereitstellung der Quellen zur Beweisführung und schließlich zur Darstellung der Ergebnisse.*“[177] Die Quellen werden also auf die Frage hin untersucht, zu welchem Zeitpunkt und auf welche Art und Weise sich eine eigenständige zivilrechtliche Unterbringung volljähriger psychisch Kranker entwickelte. Hinzu tritt eine doppelte Eingrenzung in zeitlicher und gesetzlicher – respektive örtlicher – Hinsicht.[178] Von insgesamt tragender Bedeutung für die rechtshistorische Betrachtung des Themas sind die eingangs aufgestellten Eckpfeiler einer zivilrechtlichen Unterbringung.[179] Soweit es Quellenlage und Untersuchungsrahmen zulassen, werden die gewonnen Erkenntnisse zudem einer Praxisüberprüfung unterworfen.

Wie schon an früherer Stelle dargelegt,[180] wird eine Einteilung in insgesamt sechs Epochen vorgenommen, die allesamt für das Unterbringungsrecht prägend waren: Das 19. Jahrhundert als Zeitalter des liberalen Rechts- beziehungsweise Wohlfahrtsstaats mit dem Ausgang der Frühen Neuzeit bis hin zum späteren Kaiserreich sowie das 20. Jahrhundert, in dessen Verwirrungen die Weimarer Republik, die nationalsozialistische Herrschaft und endlich die Nachkriegszeit fallen. Hinzu tritt abschließend ein Blick auf die Gegenwart. Dabei werden eine Reihe von Einzelpunkten kontinuierlich in ihrem jeweiligen zeitlichen Kontext betrachtet. Wie schon deutlich wurde, sind die „Irrengesetze“ „Kinder ihrer Zeit“ und daher als Antwort auf aktuelle Gegebenheiten zu betrachten. Dies macht es zunächst notwendig, jedem der fünf historischen Untersuchungszeiträume sowie dem der Gegenwart, eine zeitgeschichtliche Einbettung voranzustellen und

177 *Wieacker*, Methode der Rechtsgeschichte, Sp. 519.

178 Zum zeitlichen und gesetzlichen Rahmen vgl. S. 39 f.

179 S. 30 f.

180 Vgl. S. 39.

sodann die Wahrnehmung von „Geisteskrankheit“ in Gesellschaft und Medizin zu beleuchten. Mit dem Medizinhistoriker *Ackerknecht* hängt „*das, was psychisch normal ist, zu einem hohen Grade von den Anschauungen der jeweiligen Gesellschaft* [ab] […] *und* […] *das Urteil der jeweiligen Gesellschaft darüber, ob jemand geisteskrank ist* […] *davon, ob der Betreffende über ein Minimum von Einordnung (Integration) und Funktionstüchtigkeit in seiner Gesellschaft verfügt, oder, ob die psychischen Veränderungen so weit fortgeschritten sind, daß er einen Fremdkörper in seiner Gesellschaft bildet.*“[181]

Auch die Anstalt als Ort einer jeden Unterbringung bedarf näherer Beleuchtung. Schnell wird klar, dass es ebenso wenig wie *die* Unterbringung auch nicht *die* Anstalt gibt. Das Fürsorgewesen kannte vielmehr öffentliche und private Anstalten, Heil- und Pflege- beziehungsweise sogenannte relativ-verbundene Heil- und Pflegeanstalten. Sind die entsprechenden gesetzlichen Regelungen erst einmal ausgemacht, rücken alsbald deren Adressaten ins Blickfeld: An wen richtete sich das jeweilige Gesetz? Wer war unmittelbar und wer nur mittelbar betroffen?

Dem Verfahrensablauf dient anschließend besondere Aufmerksamkeit: Hier ist die Frage aufzuwerfen, welche Rolle den verschiedenen Akteuren zukam. Zu denken ist dabei neben dem Betroffenen selbst, insbesondere an Verwandte, Gutachter, Polizei, Richter und Staatsanwälte.

Schließlich sind die Entlassungsvoraussetzungen und Rechtsschutzmöglichkeiten gegen die Unterbringung zu behandeln. Die derart gewonnenen Erkenntnisse laufen am Ende eines jeden Kapitels auf die entscheidende Frage hinaus, ob eine eigenständige zivilrechtliche Unterbringung schon existent war.

Gleichwohl stellen diese Einzelpunkte kein schematisches Abarbeiten eines festgelegten Kanons dar, sondern treten als Konstante neben die Charakteristika der jeweiligen Epoche. So werden für die Zeit des Kaiserreichs etwa zudem die „Irrenrechtsreformbestrebungen“ thematisiert und im darauffolgenden Nationalsozialismus die Vernichtungsaktionen gegen „Geisteskranke“ beleuchtet. Die anschließenden Epochen der Nachkriegszeit sowie der sozialstaatlichen Expansion gehen der Bedeutung der Unterbringung in (verfassungs-)rechtlicher, gesellschaftlicher und politischer Hinsicht nach. Die fortwährende Brisanz unterbringungsrechtlicher Fragen verdeutlicht ein abschließendes Schlaglicht auf einige der seit 1992 stattgefundenen Entwicklungen.

181 *Ackerknecht*, Kurze Geschichte der Psychiatrie, S. 3.

B) Die Unterbringung im langen 19. Jahrhundert

Die Vielzahl bedeutender Ereignisse im Zeitraum zwischen Französischer Revolution 1789 und dem Ausbruch des Ersten Weltkriegs 1914 lassen sich eher im Epochenzusammenhang als in einzelnen chronologischen Spannen begreifen, sodass sich in der Geschichtswissenschaft mittlerweile die Bezeichnung des „langen 19. Jahrhunderts“ etabliert hat.[182] Dabei handelt es sich um ein Konstrukt, dessen Inhalt, Bedeutung, Anfang und Ende kontinuierlichen Veränderungen unterliegt.[183] Ausgangspunkt der vorliegenden rechtsgeschichtlichen Betrachtung bildet das Zeitalter des liberalen Rechtsstaates, das schwerpunktmäßig auf das 19. Jahrhundert zu datieren ist. Diese Zeitspanne reicht vom Zusammenbruch des preußischen Staates 1807 und den daraufhin notwendig gewordenen Reformen, über dessen Konsolidierung, die Zeit des Vormärzes und schließlich bis in die Epoche des Kaiserreichs hinein. Mit zu beachten sind indes auch die vorgelagerten sozialen wie rechtlichen Errungenschaften am Ausgang der Frühen Neuzeit unter der Regentschaft *Friedrichs des Großen* (1740–1786) und später seines Neffen *Friedrich Wilhelm II.* (1786–1797).

I) Vom Ausgang der frühen Neuzeit bis zum Kaiserreich

1) Allgemeinhistorische Einbettung

Gegen Ende der frühen Neuzeit avancierte Preußen unter *Friedrich dem Großen* zur Großmacht. Hierzu hatten maßgeblich die Gebietszuwächse infolge der drei Schlesischen Kriege (1740–1763) beigetragen. Innenpolitisch fallen besonders die Reformbestrebungen *Friedrichs des Großen* auf, der so das Werk seines Vaters fortsetzte. In rechtlicher Hinsicht zählen hierzu vor allem die Abschaffung von Folter, königlichen Eingriffen in Rechtsverfahren und der Praxis des Ämterkaufs sowie die Einführung der Gewaltenteilung nebst einer umfassenden Reformierung des materiellen und prozessualen Straf- und Zivilrechts.[184] Preußen wandelte sich somit schrittweise vom Polizei- zum Rechtsstaat.

---

182 Statt vieler: *Kocka*, Das lange 19. Jahrhundert; *Hellfeld*, Das lange 19. Jahrhundert.

183 *Kocka*, Das lange 19. Jahrhundert, S. 23.

184 *Kinder/Hilgemann*, Dtv-Atlas Weltgeschichte, Bd. 1, S. 287.

Die Französische Revolution 1789 ließ die absolutistischen Machteliten in Europa erzittern und führte zu Koalitionskriegen gegen die noch junge Republik. Auf die vernichtende Niederlage gegen *Napoleons* Truppen 1806 und der anschließenden französischen Besatzung folgte in Preußen eine Phase tief greifender Reformen unter der Ägide *Steins* und *Hardenbergs*. Hierdurch sollte einerseits dem Volkswillen Genüge getan und andererseits der darniederliegende Staat restauriert werden.[185]

In der sogenannten Völkerschlacht bei Leipzig 1813 gelang es Preußen und seinen Verbündeten, die französische Armee zum Rückzug hinter den Rhein zu bewegen und damit das Ende der Ära *Napoleons* einzuläuten.[186] Als Bestandteil des neuen europäischen Gleichgewichts wurde auf dem Wiener Kongress 1815 der Deutsche Bund ins Leben gerufen. Die Bundesakte versprach zwar allen Staaten eine „landständische Verfassung", fand jedoch in Preußen keine Umsetzung. Die Revolution von 1848 führte auch in Preußen zu einer Verfassung, die, wenngleich vom König oktroyiert, neben vielen liberalen Positionen erstmals einen umfangreichen Grundrechtskatalog enthielt[187].

In den darauffolgenden Jahrzehnten begann sich Preußen unter *Wilhelm I.* und *Bismarck* innen- wie außenpolitisch zu erholen. Nach dem Sieg bei Königgrätz gegen Österreich 1866, musste das geschlagene Österreich die neue Vormachtstellung Preußens in Deutschland anerkennen und die Auflösung des Deutschen Bundes hinnehmen.[188]

2) Wahrnehmung von „Geisteskrankheit"

Die staatliche „Irrenfürsorge" ist im Spiegel ihrer Zeit zu betrachten und gibt somit eine Antwort auf die Wahrnehmung von „Geisteskrankheit" in Gesellschaft und Medizin.

Die Stellung der „Geisteskranken" begann sich im 19. Jahrhundert, getragen durch den medizinisch-psychiatrischen Fortschritt,[189] zu verändern. „Geisteskrankheit" wurde unter medizinischen wie philosophischen Gesichtspunkten lebhaft diskutiert. Die erste Hälfte des 19. Jahrhunderts war geprägt von den

185 *Gmür/Roth*, Grundriss der deutschen Rechtsgeschichte, S. 152 f.

186 Besiegelt wurde Napoleons militärisches Schicksal 1815 in der Schlacht bei Waterloo.

187 In ihrer revidierten Fassung trat sie am 06.02.1850 in Kraft (PrGS S. 17 ff.).

188 An dessen Stelle trat im selben Jahr der Norddeutsche Bund, ein Staatenzusammenschluss unter preußischer Führung, der historisch betrachtet die Vorstufe zur Verwirklichung des Nationalstaats 1871 darstellte.

189 Hierzu bereits kurz oben S. 21 f.

beiden gegensätzlichen medizinischen Strömungen der Psychik und Somatik.[190] Während Erstere, dem romantischen Zeitgeist entsprechend, „Geisteskrankheit" als eine rein seelische Erkrankung ohne körperlichen Bezug sah, stellte sie für Letztere ein ausschließlich körperliches Leiden dar. Einen klaren „Sieger" brachte dieser Streit nicht hervor, vielmehr ragten Einzelpersonen heraus, die verschiedene Elemente des vorher Unvereinbaren in ihre Lehren integrierten. Beispielhaft war hierfür der schon erwähnte *Wilhelm Griesinger*.[191] Er gilt als Begründer der Neuropsychiatrie und Reformer in der Behandlungsweise der „Geisteskranken". In seinem Werk „Die Pathologie und Therapie der psychischen Krankheiten" (1845) führt er geistige Zerrüttung zwar auf Erkrankungen des Gehirns zurück, erkennt aber daneben auch psychische Ursachen an. Insgesamt wurden „Geisteskrankheiten" jedoch – zumindest in ihren Anfangsstadien – als therapierbar betrachtet, sodass von ärztlicher Seite eine rasche Unterbringung angestrebt wurde.

Wichtiger Teil der Entwicklung der Psychiatrie zur eigenständigen medizinische Disziplin war auch die Schaffung entsprechender Publikationsorgane. Vorreiter war hier *Johann Christian Reil*, dessen „Magazin für psychische Heilkunde" 1805/1806 indes nur dreimal erschien.[192] Erst *Heinrich Damerows*[193] „Allgemeine Zeitschrift für Psychiatrie und psychisch-gerichtliche Medizin" (1844–1949) und *Griesingers* „Archiv für Psychiatrie und Nervenkrankheiten"[194] (ab 1868) war eine längere Lebensdauer beschieden. Neben die genannten Fachpublikationen traten seit Mitte des 19. Jahrhunderts auch vermehrt Werke, die an medizinische Laien gerichtet waren und eine Aufklärung der Öffentlichkeit über das moderne „Irrenwesen" anstrebten.[195] Es galt, den durch diverse Affären ramponierten Ruf der „Irrenärzte" aufzubessern.[196]

---

190 Vgl. *Ackerknecht*, Kurze Geschichte der Psychiatrie, S. 59 ff.

191 Siehe oben S. 21. Lt. *Ackerknecht*, Kurze Geschichte der Psychiatrie, S. 70 wandte er sich gegen Somatiker und Psychiker gleichermaßen (vgl. auch: *Rohrmann*, Mythen und Realitäten des Anders-Seins, S. 122). Detailliert zu Griesingers Wirken: *Schott/Tölle*, Geschichte der Psychiatrie, S. 66 ff.

192 Auch einer weiteren Magazin-Gründung Reils blieb dauerhafter Erfolg verwehrt (*Marneros*, Psychiatrie: Anfänge als Perspektive, S. 16).

193 Zu Damerows Werk m.w.N. vgl. oben S. 23.

194 Das Magazin erscheint nunmehr als „European Archives of Psychiatry and Clinical Neuroscience".

195 Etwa *Laehr*, Über Irrsein und Irrenanstalten (1852) und die Zeitschrift „Der Irrenfreund" (1859).

196 Publik gewordene ungerechtfertigte Unterbringungen in den frühen 1850er Jahren ließen das öffentliche Vertrauen in die Rechtschaffenheit der Anstaltsärzte leiden (ausführlich *Brink*, Grenzen der Anstalt, S. 36 ff., 84 ff.).

Gesellschaftlich betrachtet gehörten die „Irren“ größtenteils zur Gruppe der Armen. Sie teilten sich den öffentlichen Raum mit „Vagabunden“, „Tagelöhnern“ und Bettlern.[197] Mit dem Abschluss der eigenen Etablierung wandte sich das Bürgertum diesen Ausgegrenzten zu. Dem folgte auch die Politik, indem sie Anstaltsgründungen vorantrieb.[198] Dennoch wurde „Geisteskrankheit“ in der Gesellschaft zu Beginn des 19. Jahrhunderts meist nur in ihrer individuellen Form wahrgenommen und bemitleidet, wie der *Historiker Blasius* feststellt: *„Der einzelne Irre und das Elend seiner Familie standen im Mittelpunkt, nicht das in der Masse der Irren und ihrer Situation versinnbildlichte gesellschaftliche Elend.“*[199] „Geisteskrankheit“ blieb für alle Mitglieder der Gesellschaft eine unberechenbare Krankheit. Galt die Armut als selbst verschuldet, so konnte diese Krankheit einen jeden treffen.[200] Die Besserung der „Geisteskrankenversorgung“ entsprang daher keineswegs reiner Philanthropie, sondern war auch von Eigeninteresse getragen.

Hinsichtlich des Umgangs mit „Geisteskranken“ lässt sich ein Unterschied zwischen ländlichen und städtischen Strukturen ausmachen. Dies betraf zunächst die gesellschaftliche Eingliederung psychisch Kranker. Der Urbanisierungsprozess des 19. Jahrhunderts führte in den Ballungszentren zu Raumknappheit, Konkurrenzen auf dem Arbeitsmarkt und schließlich zur Herausbildung prekärer Strukturen.[201] *Dort* ein „geisteskrankes“ Familienmitglied mit zu verpflegen fühlten sich viele Betroffene außerstande.[202] Auch die Toleranz der Obrigkeit gegenüber all denjenigen, die sich nicht in das enge städtische Ordnungsgefüge einzugliedern vermochten und somit die Industrialisierung behinderten, war entsprechend gering. Die Behörden drängten daher verstärkt auf eine Anstaltsunterbringung.[203] Auf dem Lande hingegen war die Familienpflege strukturell

---

197 *Leibbrandt-Wettley*, Die Stellung des Geisteskranken, S. 50.

198 Zum Anstaltsausbau vertieft unten S. 55.

199 *Blasius*, Der verwaltete Wahnsinn, S. 37.

200 So schon *Reil* in § 1 seiner Rhapsodien (*Reil*, Rhapsodien, S. 11). Das in Romanen gezeichnete Bild von „Irren“ und „Irrenanstalten“ nährte diese Furcht (*Brink*, Grenzen der Anstalt, S. 90 ff.).

201 *Blasius*, Der verwaltete Wahnsinn, S. 77.

202 Eine interessante Differenzierung der Einweisungsmotive Angehöriger je nach Bildungsschicht liefert *Coché*, Psychiatrie und Gesellschaft, S. 43 f.

203 Vgl. schon oben S. 105 (m.w.N.).

eher möglich,[204] jedoch ist damit noch nichts über die Qualität der Integration gesagt. Um diese stand es laut *Blasius* schlecht, der das Bild des „kommunikativ eingebundenen Dorfirren" nicht gelten lässt.[205] In Verwaltungskreisen ist von Ausnutzung als billige Arbeitskräfte, menschenwürdeverachtenden Zuständen sowie von Recht- und Schutzlosigkeit zu lesen.[206] Wie gesehen, bestimmte sich das „Urteil: geisteskrank" nach den Normanschauungen des jeweiligen Umfeldes.[207] Gerade auf dem Land konnte in der ersten Hälfte des 19. Jahrhunderts hierfür mitunter schon ein Abweichen von der „hausväterlichen Ordnung" genügen.[208]

3) Psychiatrische Einrichtungen

Die Trennung von Toll- und Zuchthaus hatte sich in Preußen zu Beginn des 19. Jahrhunderts bereits weitgehend vollzogen[209]. Dem nunmehr dominierenden kurativen Bestreben war die Zusammenlegung der Kranken mit Strafgefangenen abträglich, sodass die finanziellen Vorteile einer Verbindung in den Hintergrund rückten. Das Konzept von Isolierung und Freiheitsbeschränkung der Kranken blieb weiterhin bestehen.[210] Obwohl sich im deutschen Sprachgebiet etliche Anstalten nach diesem Muster herausbildeten, sticht insbesondere die 1805 gegründete „psychische Heilanstalt für Geisteskranke" im damals preußischen Bayreuth hervor.[211] Dort praktizierte, auf Anweisung des preußischen

---

204 *Blasius*, Der verwaltete Wahnsinn, S. 76. Psychische Anomalien führten nicht zwangsläufig zur Aussonderung- in Betracht kamen oft noch Haus- oder Hoftätigkeiten; *Brink*, Grenzen der Anstalt, S. 88: Insbesondere Familien mit geringem Einkommen fürchteten die kostenintensive Unterbringung und gerichtliche Wahnsinnigkeitserklärung (hierzu unten S. 73); ausführlich zum „Irren in der ländlichen Lebenswelt" bei *Kaufmann*, Psychiatrie in Deutschland 1770–1850, S. 236 ff.

205 *Blasius*, Der verwaltete Wahnsinn, S. 100; ähnlich: *Braun*, Heilung mit Defekt, S. 215 f.

206 Etwa Hauptstadtarchiv Düsseldorf, Regierung Düsseldorf, Nr. 1519 (zitiert nach: *Blasius*, Der verwaltete Wahnsinn, S. 100) oder exemplarisch am Regierungsbezirk Münster feststellend: *Kaufmann*, „Irre und Wahnsinnige", S. 183 ff.

207 S. 50 (m.w.N.).

208 *Kaufmann*, „Irre und Wahnsinnige", S. 190.

209 *Schott/Tölle*, Geschichte der Psychiatrie, S. 252.

210 *Jetter*, Zur Typologie des Irrenhauses, S. 119. Beibehalten wurde ebenso das aus den Gefängnissen bekannte militärische Exerzieren, wodurch die Kranken zu Disziplin und Gehorsam erlernen sollten (*Dörner*, Bürger und Irre, S. 234).

211 Die Fürstentümer Ansbach und Bayreuth gelangten 1792 unter preußische Verwaltung, bis sie 1806 (Ansbach) bzw. 1810 (Bayreuth) bayrisch wurden. Hierzu ausführlich *Endres*, Das Ende des fränkischen Reichskreises, S. 512 ff. (m.w.N.).

Ministers und späteren Staatskanzlers *Karl August von Hardenberg*, der leitende Arzt *Gottfried Langermann* die Trennung von Heil- und Unheilbaren.[212] Dieses damals im deutschsprachigen Raum einzigartige Prinzip markierte die Geburtsstunde der sogenannten Heil- und Pflegeanstalten und damit zugleich, so der Historiker *Dieter Jetter*, *„den Anfang der modernen Irrenheilkunde in Deutschland“*[213]. Während diejenigen Kranken, bei denen nach Ansicht des zuständigen Anstaltsarztes Hoffnung auf Genesung bestand, in die Heilanstalten Aufnahme fanden, wurden in Pflegeanstalten, auch Aufbewahrungsanstalten genannt[214], die aussichtslosen Fälle isoliert.[215] Dazu zählten insbesondere „Gemeingefährliche“ und Kranke, die ihren Familien besonders zur Last fielen sowie solche, die über einen Zeitraum von durchschnittlich einem Jahr keinerlei Besserung zeigten und denen eine Rückkehr in ihre Familien (aus welchen Gründen auch immer) verwehrt blieb.[216] Es galt, ein psychisches Heilklima zu schaffen und „Ansteckungen“ labiler und genesender Personen zu vermeiden.[217] So setzte sich die Ausgrenzung der Kranken aus der Gesellschaft im kleinen Maßstab, als Ausgrenzung der Ausgegrenzten, weiter fort. Diese konsequente Weiterentwicklung der vormals zur Trennung von Zucht- und „Irrenanstalt“ führenden Idee, findet ihren Ursprung in Paris.[218] Dort gehörte sie jedoch im 19. Jahrhundert längst der

---

212 S. *Langermann*, De Methodo Cognoscendi Curandique Animi Morbos Stabilienda; *Marinez*, Rechts- und Verwaltungsbestimmungen für psychisch Kranke und geistig Behinderte, S. 83 f.; Unheilbar bedeutet nach heutigen Maßstäben chronisch krank.

213 *Jetter*, Zur Typologie des Irrenhauses, S. 119.

214 Vgl. etwa § 12 des gemeinsamen Anstaltsstatuts der schlesischen Anstalten Leubus, Krieg und Plagwitz von 1833 (ABl. Liegnitz S. 75 ff. – abgedr. bei *Augustin*, Die Königlich Preußische Medicinalverfassung, Bd. 6, S. 520 ff.).

215 Für das Bayreuther Beispiel war dies die Anstalt Schwabach. Eine Auflistung der Gegenparts zu den größeren preußischen Anstalten findet sich bei *Jetter*, Grundzüge der Geschichte des Irrenhauses, S. 36.

216 Statt vieler siehe Punkt 2 des Statuts der westfälischen Anstalt Marsberg (v. 16.06.1835 – ABl. Münster Nr. 27, S 271 f.) sowie § 11 der schlesischen Anstaltsinstruktionen (s. Fn. 214). Ferner auch *Laehr*, Über Irrsein und Irrenanstalten, S. 133. Ausführlich mit der aus den Heilanstalten ausgeschlossenen Gruppe beschäftigt sich auch *Damerow*, Über die relative Verbindung der Irren-, Heil- und Pflege-Anstalten, S. 129 ff.

217 *Jetter*, Grundzüge der Geschichte des Irrenhauses, S. 36.

218 Im vorrevolutionären Paris wurden Heilbare im „Hôtel-Dieu“ behandelt und Unheilbare im „Hôtel général“, „Bicêtre“ oder „Salpêtrière“ (vgl. Arrête du Parlement Paris 7 septembre 1660, p. 406). In Wien war seit 1784 der Narrenturm als Verwahranstalt für gefährliche Kranke vorgesehen. Vgl. hierzu: *Jetter*, Grundzüge der Geschichte des Irrenhauses, S. 35.

Vergangenheit an, seit der Arzt und Begründer der „Französischen Schule“[219], *Philippe Pinel*, im Zuge der Revolution 1794 erfolgreich für eine humane Behandlung aller „Geisteskranken“ eingetreten war. Vor diesem Hintergrund muss die preußische Entwicklung geradezu anachronistisch wirken. Schließlich rechtfertigten die hohen Unterhalts- wie Transportkosten bei stets zwei eigenständigen Einrichtungen sowie die unmenschliche Behandlung in den Pflegeanstalten die Abkehr vom Modell der getrennten Heil- und Pflegeanstalten.[220]

Stattdessen etablierte sich ab der zweiten Hälfte des 19. Jahrhunderts die sogenannte relativ verbundene Heil- und Pflegeanstalt, die im Gegensatz zum vorgenannten Anstaltstypus, Männer und Frauen, Heilbare wie Unheilbare unter einem Dach beherbergte. Wenngleich die einzelnen Stationen voneinander getrennt waren, lagen keine unüberwindbaren Grenzen vor, galt doch die Klassifizierung als heilbar oder unheilbar nicht als dauerhafte, sondern nur vorübergehende Diagnose.[221] Dergestalt wurde nicht nur die Kostenlast, sondern auch die Gefahr existenzbedrohender Willkürentscheidungen bei der Aufnahme begrenzt. Diesem Konzept, das erstmalig im badischen Illenau unter *Christian Friedrich Roller* Anwendung fand,[222] folgten ab 1840 sämtliche deutschen Neugründungen. Soweit es der Standort zuließ, wurde die Anstalt in der Isolation errichtet, denn je weiter sich die Kranken weg von ihrer Heimat als Ursprung ihrer Leiden wähnten, desto bessere Heilwirkungen erwartete man.[223] Auf preußischem Territorium sind besonders die 1844 eröffnete Anstalt Halle-Nietleben (Provinz Sachsen), der bis 1866 *Heinrich Damerow* vorstand[224] sowie die im Rheingau zwischen Wiesbaden und Rüdesheim gelegene Heil- und Pflegeanstalt Eichberg zu nennen. Letztere wurde 1849 unter Mitwirkung *Rollers*[225]

---

219 Zu dieser wegweisenden Strömung für die internale Psychiatrie s. *Schott/Tölle*, Geschichte der Psychiatrie, S. 59 ff.

220 Eine detaillierte Auflistung der Nachteile dieses Anstaltstypus findet sich bei *Damerow*, Über die relative Verbindung der Irren-, Heil- und Pflege-Anstalten.

221 *Damerow*, Über die relative Verbindung der Irren-, Heil- und Pflege-Anstalten, S. 242, Nr. 8 Diese Tatsache wirkte hoffnungs- bzw. furchteinflößend zugleich, je nachdem ob es sich um sog. Heilinge oder Pfleglinge handelte.

222 Hierzu bereits oben S. 23. Vgl. auch das 1831 erschienene Werk *Rollers* „Die Irrenanstalt nach allen ihren Beziehungen“, in dem er die Vorzüge dieses Anstaltstypus darlegte.

223 *Roller*, Die Irrenanstalt nach allen ihren Beziehungen, S. 27.

224 Weitergehend (mit Grundriss) bei *Jetter*, Zur Typologie des Irrenhauses, S. 162 ff.

225 Dieser wurde von der Nassauischen Regierung um ein Gutachten gebeten, vgl. *Snell*, Landes-Heil- und Pflegeanstalt Eichberg im Rheingau, S. 182.

fertiggestellt und ging 1866 in preußischen Besitz über (seit 1867 Provinz Hessen-Nassau).

Organisatorisch konnte seit jeher zwischen Einrichtungen in privater und öffentlicher Trägerschaft differenziert werden. Mit dieser Abgrenzung beschäftigte sich erstmals am 20. Juni 1859 ein Erlass des Ministers der geistlichen, Unterrichts- und Medicinalangelegenheiten (kurz: Medicinal-Minister). Öffentlicher Natur waren demnach sämtliche von der Obrigkeit betriebenen Anstalten, ausgenommen derjenigen, „[...] *zu deren Einrichtung und Verwaltung Kommunen, Kreise, Associationen und milde Stiftungen die Konzession erhalten haben.*“[226] Letztere Eingrenzung wurde allerdings später durch den preußischen Runderlass vom 20. September 1895 aufgehoben, sodass seitdem auch die kommunalen Anstalten zu den öffentlichen gezählt wurden und allein „*die von geistlichen und weltlichen Orden, Genossenschaften, Stiftungen u.s.w. begründeten und betriebenen Anstalten*“[227] privater Natur waren.[228]

Die christlichen Institutionen hatten sich insbesondere der Versorgung chronisch Kranker verschrieben.[229] Als Pflegeanstalten stellten sie Anschlussstationen für die aus den Heilanstalten verwiesenen Kranken dar und waren so bereits organisatorisch eng mit den öffentlichen Einrichtungen verbunden.[230] Im Gegensatz zu ihren öffentlichen Pendants setzte der Betrieb einer Privatanstalt eine staatliche Konzession nach § 91 des preußischen Gesetzes über die Gewerbefreiheit[231] beziehungsweise nach § 30 GewO[232] voraus und unterstand der Kontrolle der höheren Verwaltungsbehörde.[233]

---

226 Ministerialerlass v. 20.06.1859 (abgedr. bei *Unger*, Die Irrengesetzgebung in Preussen, S. 70).

227 Preuß. Runderlass v. 20.09.1895 (abgedr. bei *Unger*, Die Irrengesetzgebung in Preussen, S. 82 ff.).

228 Hieran wird auch in dem Erlass des Medicinal-Ministers v. 29.06.1896 festgehalten (M. 5554 – abgedr. bei *Unger*, Die Irrengesetzgebung in Preussen, S. 70).

229 Führend im Psychiatrie-Sektor war zunächst die katholische Kirche. Gegen Ende des 19. Jahrhunderts zog die evangelische Kirche nach (*Blasius*, „Einfache Seelenstörung“, S. 67 f.). Zur Expansion christlicher Krankenhäuser in Deutschland siehe den Aufsatz von *Labisch/Tennstedt*, Die Allgemeinen Krankenhäuser der Städte und der Religionsgemeinschaften Ende des 19. Jahrhunderts.

230 *Blasius*, „Einfache Seelenstörung“, S. 68.

231 Gesetz v. 07.09.1811 – PrGS S. 263 ff.

232 Gesetz v. 21.07.1869 – BGBl S. 245 ff.

233 Hierzu ausführlich: *Ascher*, Beaufsichtigung der Privatirrenanstalten in Preußen, Zentralblatt für Nervenheilkunde und Psychiatrie 1892, S. 246.

Mit dem aufstrebenden Anstaltswesen hatten sich die Universitäten ihres Ausbildungsmonopols begeben. Die examinierten Ärzte sammelten ihre psychiatrischen Erfahrungen mehr in der Anstaltspraxis denn im Hörsaal.[234] Diesem Zustand traten die Hochschulen in der zweiten Hälfte des 19. Jahrhundert mit entsprechenden Lehrstuhlgründungen entgegen[235] und etablierten so die Universitätspsychiatrie als Gegenentwurf zur Anstaltspsychiatrie. Den fachlichen Schwerpunkt bildete insbesondere die Gehirnpsychiatrie, die „Geisteskrankheiten" auf Gehirnanomalien zurückführte.[236] Dabei ist zu beachten, dass die „Hochschulpsychiatrie" in Preußen, anders als etwa im Großherzogtum Baden,[237] nicht zwangsläufig eine Veränderung der Unterbringung psychisch Kranker bedeutete. Sie stand im Ausgangspunkt für die „*Unterweisung von Studenten am Krankenbett*"[238], sei es in bereits bestehenden Anstalten oder in Universitätskliniken.[239] Letztere hielten – zum Teil seit Beginn der frühen Neuzeit – begrenzte Räumlichkeiten für die Pflege und Verwahrung „Geisteskranker" bereit,[240] verschrieben sich jedoch naturgemäß in erster Linie der Pflege körperlich Kranker. 1885 fand im nunmehr reichsdeutschen Straßburg die Neugründung einer psychiatrischen Klinik statt, der für künftige Projekte im Reich Modellcharakter zukam.[241] In Berlin, dem Zentrum der preußischen Macht, begann die stärkere Verknüpfung von „Irrenpflege" und Krankenhaus mit einem Unglücksfall: Im September 1798 wurde das städtische „Irrenhaus" durch einen Brand zerstört, woraufhin dessen Insassen, nach einem vorübergehenden Aufenthalt

---

234 *Jetter*, Grundzüge der Geschichte des Irrenhauses, S. 44.

235 Vgl. schon oben S. 21.

236 Ausführlich: *Ackerknecht*, Kurze Geschichte der Psychiatrie, S. 73 ff.; *Schott/Tölle*, Geschichte der Psychiatrie, S. 89 ff.

237 Dort kam es 1878 in Heidelberg und 1887 in Freiburg zur Neugründung zweier „Irrenkliniken" (*Jetter*, Grundzüge der Geschichte des Irrenhauses, S. 49).

238 *Jetter*, Grundzüge der Geschichte des Irrenhauses, S. 45.

239 So gab es etwa seit 1840 eine Ausbildungskooperation zwischen der Universität Bonn und der Heilanstalt Siegburg (*Jetter*, Grundzüge der Geschichte des Irrenhauses, S. 45). Unter dem Hauptvertreter der Hochschulpsychiatrie, Wilhelm Griesinger (oben S. 21), fanden in der Berliner Charité zweimal wöchentlich Lernvisiten statt (*Bonhoeffer*, Die Geschichte der Psychiatrie in der Charité im 19. Jahrhundert, Zeitschrift für die gesamte Neurologie und Psychiatrie 1940, S. 37 (52)).

240 Vgl. nur *Kirchhoff*, Geschichte der Psychiatrie, S. 35.

241 Hierzu zählen laut *Jetter*, Grundzüge der Geschichte des Irrenhauses, S. 50 insbesondere die Neugründungen in Halle (1891), Würzburg (1893), Tübingen (1894) und Kiel (1902).

im Berliner Arbeitshaus, 1799 auf die innere Abteilung der Charité verlegt wurden.[242] Die sogenannte neue Charité, ein Neubau, in dem männliche wie weibliche „Geistes-, Geschlechtskranke“ und Strafgefangene untergebracht waren, konnte 1835 bezogen werden.[243] Um ihrem Zweck als medizinische Unterrichts- und Bildungsanstalt zu rechtfertigen, war die Aufnahme von Unheilbaren nur in Ausnahmefällen und vorübergehend gestattet.[244] 1904 wich sie der eigenständigen „psychiatrischen und Nervenklink“.

Mit der Verbreitung des Prinzips der gewaltfreien Behandlung in Deutschland, dem sogenannten non-restraint-System,[245] durch *Wilhelm Griesinger* in den 1860er Jahren kristallisierte sich ein weiterer Anstaltstypus heraus: Die sogenannte agrikole Irrenkolonie.[246] Getreu ihrem französischen Vorbild[247] war sie als Außenstelle einer Heil- und Pflegeanstalt im Umland angesiedelt. Hier verrichteten männliche arbeitsfähige und -willige „Geisteskranke“ der übergeordneten Anstalt landwirtschaftliche Tätigkeiten.[248] Neben den erwarteten kurativen Effekten durch die ländliche Isolation und die körperliche Tätigkeit, trug das Konzept insbesondere zur wirtschaftlichen und personellen Entlastung der Gesamteinrichtung bei.[249] Die erste „Irrenkolonie“ in Deutschland entstand

242 *Bonhoeffer,* Die Geschichte der Psychiatrie in der Charité im 19. Jahrhundert, Zeitschrift für die gesamte Neurologie und Psychiatrie 1940, S. 37 (39); *Damerow*, Über die relative Verbindung der Irren-, Heil- und Pflege-Anstalten, S. 75.

243 Die Bettenstärke der Nervenabteilung wuchs dann von 30 auf 62 im Jahre 1866 an (*Bonhoeffer,* Die Geschichte der Psychiatrie in der Charité im 19. Jahrhundert, Zeitschrift für die gesamte Neurologie und Psychiatrie 1940, S. 37 (52)).

244 So § 6 des Regulativs v. 07.09.1830 (PrGS S. 134 f.) auf das in der allerhö. Kabinettsordre v. 06.06.1835 Bezug genommen wurde (UAHUB, Nr. 39, Bl. 165 ff.). Ebenso das Reglement v. 15.02.1902 (bei *Rittershaus*, Die Irrengesetzgebung in Deutschland, S. 52).

245 *Griesinger*, Die Pathologie und Therapie der psychischen Krankheiten, S. 508. In dieser zweiten Aufl. seines Werkes (1861) schildert der Autor seine Eindrücke vom non-restraint-System in England.

246 Zur Begriffsherkunft: *Paetz,* Die Kolonisirung der Geisteskranken, S. 13.

247 Zur privaten „Irrenkolonie“ der Gebrüder Labitte in Clermont vgl. die Übersicht bei *Schott/Tölle*, Geschichte der Psychiatrie, S. 282.

248 Frauen wurden nur zur Erntezeit eingesetzt (*Landarer,* 12 Thesen über Gründung von Irrencolonien, aufgrund 15jähriger Erfahrungen der Colonie Freihof aufgestellt, Allgemeine Zeitschrift für Psychiatrie und psychisch-gerichtliche Medizin 1883, S. 84 (89)).

249 *Landarer,* 12 Thesen über Gründung von Irrencolonien, aufgrund 15jähriger Erfahrungen der Colonie Freihof aufgestellt, Allgemeine Zeitschrift für Psychiatrie und psychisch-gerichtliche Medizin 1883, S. 84 (88).

1859 im württembergischen Göppingen.[250] Im preußischen Einum – nahe Hildesheim – folgte 1864 eine weitere Kolonie.[251] Hierbei handelte es sich jedoch zunächst nur um Einzelfälle von experimentellem Charakter. Erst zum Ende des 19. Jahrhunderts etablierte sich diese Idee der extramuralen Versorgung.[252]

Eine weitere Modifikation erfuhren die herkömmlichen Einrichtungen im Zusammenhang mit „Gemeingefährlichen". Soweit dies organisatorisch möglich war, kam jenen nicht nur, wie bereits oben angedeutet,[253] im Einweisungs- und Entlassungsverfahren eine Sonderrolle zu, sondern auch hinsichtlich deren Unterbringung. Die Beweggründe, die zur Separierung der unheilbar Kranken von den Heilbaren geführt hatten,[254] konnten auf die Patientengruppe der „Gemeingefährlichen" übertragen werden: Ihre Unterbringung und Behandlung erforderte besondere Vorkehrungen und barg zudem die Gefahr, sich kontraproduktiv auf die Behandlung der übrigen Kranken auszuwirken. Folglich wurden auch sie als unheilbar eingestuft.[255] Wenngleich „Gemeingefährlichkeit", wie oben gesehen,[256] per definitionem nicht nur in Form der Fremd- sondern auch der Selbstgefährdung auftreten konnte, bestimmte zum Ende des 19. Jahrhunderts dennoch erstere Erscheinungsform die zeitgenössischen Debatten über die richtige Unterbringungsweise.[257] Dabei stach besonders die Gruppe der kriminellen „Geisteskranken" hervor.[258] Ihre „Verwahrung" verlangte erhöhte Sicherheitsmaßnahmen und rückte die Einrichtungen dadurch in die Nähe

---

250 Ausführlich der Kolonie Freihof widmet sich *Landarer,* 12 Thesen über Gründung von Irrencolonien, aufgrund 15jähriger Erfahrungen der Colonie Freihof aufgestellt, Allgemeine Zeitschrift für Psychiatrie und psychisch-gerichtliche Medizin 1883, S. 84 (84 ff.).

251 Hierzu detailliert *Brandes*, Die Irrencolonien, S. 149 ff. Ferner: *Schott/Tölle*, Geschichte der Psychiatrie, S. 283.

252 So z.B. 1887 vor den Toren Berlins in Dalldorf (*Sammet*, „Ueber Irrenanstalten und deren Weiterentwicklung in Deutschland", S. 71 f.).

253 Oben S. 34 ff.

254 Vgl. oben S. 55 ff. zur absoluten und später relativen Trennung von Heil- und Unheilbaren.

255 Statt vieler: *Damerow,* Über die relative Verbindung der Irren-, Heil- und Pflege-Anstalten, S. 83.

256 Oben S. 34 ff.

257 Siehe nur: *Aschaffenburg*, Die Sicherung der Gesellschaft gegen gemeingefährliche Geisteskranke; *Rixen,* Die Gemeingefährlichen Geisteskranken.

258 Zu der Mitte des 19. Jahrhunderts aufkommenden Unterscheidung zwischen „verbrecherischen Irren" und „irren Verbrechern" unten S. 78 sowie *Klaeden,* Das Recht der Verwahrung und Unterbringung, S. 38 ff.

von Strafanstalten.[259] Um dieser Stigmatisierung entgegenzutreten, ohne dabei jedoch auf die Nutzung der Anstaltsinfrastruktur zu verzichten, wurden in Preußen „Gemeingefährliche“ für die Dauer ihrer Gefährlichkeit in besonders gesicherten Annexbauten auf dem Anstaltsgelände, den sogenannten Bewahrungshäusern, untergebracht.[260] Eingangsvoraussetzung sollte nicht die Delinquenz als solche sein, sondern ausschließlich die in der Macht der Direktion stehende Feststellung, dass der Kranke der Aufrechterhaltung eines geordneten Anstaltsbetriebes augenblicklich im Wege stand.[261]

4) Überblick über die Gesetzeslage

Regelungen zur Unterbringung psychisch Kranker finden sich zu dieser Zeit im Preußischen Allgemeinen Landrecht, dem Gesetz zum Schutz der persönlichen Freiheit sowie in einzelnen Erlassen.

a) Preußisches Allgemeines Landrecht

Als die bedeutendste gesetzgeberische Leistung *Friedrichs des Großen* ging das Preußische Allgemeine Landrecht von 1794 in die Geschichte ein. Ungeachtet seiner ursprünglich vorgesehenen Subsidiarität zu den bestehenden Provinzialgesetzbüchern,[262] wurde es in der Rechtspraxis als unmittelbar geltendes Recht angewandt. Sein Geltungsbereich variierte, je nach Größe des preußischen Territoriums: Nach dem Gebietsgewinn durch die polnischen Teilungen 1793/1795 wurde in den neu erworbenen Provinzen das ALR eingeführt. Gleiches galt für die westfälischen Gebiete, die Preußen auf dem Reichsdeputationshauptschluss 1803 als Entschädigung für die französischen linksrheinischen Besetzungen zugesprochen wurden. Nach der drastischen Reduzierung Preußens 1807 durch

---

259 *Rixen,* Die Gemeingefährlichen Geisteskranken, S. 84 f.; *Kammeier*, Maßregelrecht, S. 87 ff.; *Müller*, Verbrechensbekämpfung im Anstaltsstaat, S. 15.

260 *Rixen,* Die Gemeingefährlichen Geisteskranken, S. 118 ff. Diese existierten keineswegs in jeder Anstalt, um die Jahrhundertwende verfügte indes nahezu jede preußische Provinz über mindestens eine Bewahrungshaus (*Aschaffenburg*, Die Sicherung der Gesellschaft gegen gemeingefährliche Geisteskranke, S. 56); vertiefend zu den Bewahrungshäusern: *Müller*, Heilanstalt oder Sicherungsanstalt, S. 107 ff.; sowie *Vanja,* Das Feste Haus, Zeitschrift des Vereins für hessische Geschichte 2003, S. 173 (174 ff.) (am Bsp. d. Gießener „Festen Hauses“).

261 *Rixen,* Die Gemeingefährlichen Geisteskranken, S. 119; vgl. auch unten S. 79.

262 Lt. Kabinettsordre v. 14.04.1780 (abgedr. bei *Hattenhauer,* Das ALR von 1794, S. 43 ff.) sollte *„ein subsidiarisches Gesetz-Buch, zu welchem der Richter beym Mangel der Provinzial-Gesetze recurrieren kann“* erarbeitet werden.

den Vertrag von Tilsit galt hingegen in allen Gebieten westlich der Elbe französisches Recht. Auch nach der napoleonischen Niederlage und der territorialen Restitution blieb der Code Civil vielerorts in Kraft.[263]

Im Geiste der seinerzeit vorherrschenden rechtswissenschaftlichen Strömungen der Natur- und Vernunftrechts erhob das ALR die Förderung von gemeinschaftlicher und individueller Glückseligkeit zum Staatsziel.[264] Dem Staat kam konkret die Aufgabe zu, „*für Anstalten zu sorgen, wodurch den Einwohnern Mittel und Gelegenheiten verschafft werden, ihre Fähigkeiten und Kräfte auszubilden, und dieselben zur Beförderung ihres Wohlstandes anzuwenden*“ (§ 3, II, Tit. 13 ALR). Jener Handlungsauftrag ließ sich auch auf das Feld der „Geisteskrankenfürsorge“ übertragen.

Wie oben bereits gesehen,[265] definierte das Allgemeine Landrecht in den §§ 27 ff., I, Tit. 1 „Rasende“ und „Wahnsinnige“, als Personen, „*welche des Gebrauchs ihrer Vernunft völlig beraubt sind*“.[266] Ihnen war gemäß § 12, II, Tit. 18 ALR von Amts wegen ein Vormund zu bestellen, mit Ausnahme von Ehefrauen und Kindern, die automatisch unter die Vormundschaft ihres Ehemannes, beziehungsweise Vaters, fielen.[267] In jedem Fall ging der Bestellung jedoch als konstitutive richterliche Entscheidung eine sogenannte Blödsinnigkeitserklärung voraus, die dem Betroffenen die rechtliche Handlungsfähigkeit entzog, ihn also entmündigte.[268] Während die Polizei nach der Generalklausel des § 10,

---

263 Zu den unterschiedlichen Gründen für diese Entscheidung: *Mieck*, Epochen der preußischen Geschichte (1807–1871), S. 96 ff.

264 Ausführlich hierzu: *Engelhardt*, Zum Begriff der Glückseligkeit in der kameralistischen Staatslehre des 18. Jahrhunderts, Zeitschrift für historische Forschung 1981, S. 37.

265 Vgl. S. 33.

266 Eine Unterscheidung zwischen heilbar und unheilbar wurde nicht getroffen (kritisch hierzu z.B. *Pochhammer*, Über die gesetzlichen Bestimmungen betreffend das Irrenwesen in Preussen, Allgemeine Zeitschrift für Psychiatrie und psychisch-gerichtliche Medizin 1859, S. 633 (642 f.)). „Rasende“ unterschieden sich von den „Wahnsinnigen“ durch ihre Aggressivität und daher qualifizierte Gefährlichkeit.

267 Näheres bei *Schröter*, Das Recht aus Handlungen und Verhältnissen, Bd. 3, S. 96 ff. Gem. §§ 97 ff., II, Tit. 18 ALR waren die Verwandten bei Kenntnis der „Wahnsinnigkeit“ des Betroffenen anzeigepflichtig und hatten die Bestellung einer Vormundschaft zu beantragen. Versäumnisse waren schadensersatzbewehrt.

268 Die Regelungen zur „Blödsinnigkeitserklärung“ fanden sich in den §§ 2 ff., I, Tit. 38 der Allgemeinen Gerichtsordnung für die Preußischen Staaten von 1793/95 (ausführlich hierzu unten S. 73). Gänzlich anders etwa das französische Recht: Gem. Gesetz v. 30.06.1838 („Loi sur les aliénés“) führte die Anstaltseinweisung ipso iure zur Entmündigung des Geisteskranken (*Bachmann*, Die Beiratschaft (Art. 395 ZGB), S. 13).

II, Tit. 17 ALR die öffentliche Sicherheit oder Ordnung zu erhalten und somit auch Gefahren durch und für „Geisteskranke“ abzuwenden hatte,[269] oblag die „Geisteskrankenfürsorge“ im engeren Sinne dem Vormund. Er war aufsichtspflichtig (§ 342, II, Tit. 18 ALR) und musste dafür Sorge zu tragen, dass der „Geisteskranke“ weder sich noch anderen Schaden zufügen konnte (§ 341, II, Tit. 18 ALR). War mit der „Geisteskrankheit“ allerdings zugleich „Raserei“, also Aggressivität, verbunden, durfte keine Privatperson zur Übernahme der Aufsicht gezwungen werden (§ 343, II, Tit. 18 ALR). In diesem Fall war der Staat, wenn auch subsidiär, unterbringungsverpflichtet (§ 344, II, Tit. 18 ALR).[270]

b) Allgemeine Gerichtsordnung

Die Allgemeine Gerichtsordnung für die Preußischen Staaten (AGO) von 1793/95[271] sah als Prozessordnung zwar keine direkten Unterbringungsregelungen vor, enthielt jedoch mit der in §§ 1–8, I, Tit. 38 normierten „Wahn- und Blödsinnigkeitserklärung“ eine bis zur Mitte des 19. Jahrhunderts zwingende Unterbringungsvoraussetzung. Auf sie wird im ALR (§ 13, II, 18. Tit.[272]) und in den noch zu erläuternden Einzelerlassen Bezug genommen.

c) Gesetze zum Schutz der persönlichen Freiheit und über die Polizeiverwaltung

Ebenfalls von unterbringungsrechtlicher Relevanz sind zwei Gesetze aus dem Jahre 1850. Zum einen das Gesetz zum Schutz der persönlichen Freiheit[273]

---

269 Es handelte sich hierbei um das sog. Recht des ersten Angriffs der Polizei, das in der zweiten Hälfte des 19. Jh. in einer Unterbringung des „Geisteskranken“ münden konnte (siehe auch unten S. 77). Allg. zur Verschiebung der Polizeiaufgaben von der gesellschaftlichen Lenkung u. Erziehung hin zur bloßen Gefahrenabwehr: *Griebl,* Die Behandlung von Verschwendern und Geisteskranken, S. 14.

270 OVG Preußen, Urteil v. 20.06.1905 – Rep. II. A 5/04, OVGE 47, 6 (15). § 344, II, Tit. 18 ALR darf jedoch nicht zugleich als staatliche Kostentragungspflicht missverstanden werden (vgl. Bescheid des Ministers des Inneren v. 21.03.1846 – abgedr. in MinBl. f. d. inn. Verw., S. 58).

271 Zur AGO und ihrer Entstehung aus dem Corpus Juris Fridericianum ausführlich: *Busch,* Die Entstehung der AGO von 1793/95.

272 § 13: „*Wer für wahn- oder blödsinnige zu erachten sey? muß der Richter, mit Zuziehung sachverständiger Aerzte, prüfen und festsetzen. (Th. I. Tit. I. §. 29. 30.)*“.

273 PrGS S. 45. Es stellt eine Novelle gleichnamigen Gesetzes vom 24.09.1848 – PrGS S. 257 ff. – dar (vgl. schon oben S. 36).

(12. Februar 1850), zum anderen das Gesetz über die Polizeiverwaltung[274] (11. März 1850).

Erstere Regelung lässt sich auf den in Art. 5 S. 2 der preußischen Verfassung (PrVU) normierten Gesetzesvorbehalt bei Freiheitsbeschränkungen zurückführen,[275] der auch als Handlungsauftrag an den Gesetzgeber verstanden werden kann.[276] § 6 des Gesetzes zum Schutz der persönlichen Freiheit gestattete polizeiliche Internierungen zum Selbst- oder Fremdschutz (sogenannte Schutzhaft).[277] Der Adressatenkreis dieser Regelung war breit gefächert und umfasste neben Betrunkenen, Obdachlosen, Verdächtigen einer Straftat auch „Geisteskranke".[278] Der in Gewahrsam Genommene war spätestens innerhalb des darauffolgenden Tages zu entlassen oder aber an die zuständige Behörde – zum Beispiel die Anstalt – weiterzuleiten.

Konkretisierend zu § 10, II, Tit. 17 ALR trat § 6 des Polizeiverwaltungsgesetzes, wonach der Schutz des Einzelnen wie auch der Allgemeinheit vor Gefahren, insbesondere für Leben und Gesundheit, integraler Bestandteil des Polizeirechts war. Teilweise wurde hierin rückblickend eine Rechtsgrundlage für die Unterbringung im sicherheitspolizeilichen Interesse gesehen.[279]

Die genannten Bestimmungen hatten bis zu ihrer Ablösung durch die §§ 14, 15 des PVG im Jahre 1931 Bestand.[280]

---

274 Fn. 93.

275 Art. 5 der Verfassungsurkunde für den Preußischen Staat v. 31.01.1850 – PrGS S. 17 ff.: „*Die persönliche Freiheit ist gewährleistet. Die Bedingungen und Formen, unter welchen eine Beschränkung derselben, insbesondere eine Verhaftung zulässig ist, werden durch das Gesetz bestimmt.*"

276 *Anschütz*, Die Verfassungs-Urkunde für den preussischen Staat, Bd. 1, S. 138.

277 § 6 des Gesetzes zum Schutz der persönlichen Freiheit: „*Behörden, Beamten und Wachmannschaften sind befugt, Personen in polizeiliche Verwahrung zu nehmen, wenn der eigene Schutz dieser Personen oder die Aufrechterhaltung der öffentlichen Sittlichkeit, Sicherheit und Ruhe diese Maßregel dringend erfordern. Die polizeilich in Verwahrung genommenen Personen müssen jedoch spätestens im Laufe des folgenden Tages in Freiheit gesetzt oder es muß in dieser Zeit das Erforderliche veranlaßt werden, um sie der zuständigen Behörde zu überweisen*".

278 Näher zu § 6 (mit besonderem Augenmerk auf Berlin) *Roth*, Kriminalitätsbekämpfung in deutschen Großstädten 1850–1914, S. 303 ff.; sowie OVG Preußen, Urteil v. 13.12.1912 – I. A. 154/11, OVGE 65, 247. Für ein Fallbeispiel vgl. *Schultze*, Gemeingefährliche Geisteskranke, Archiv für Psychiatrie und Nervenkrankheiten 1911, S. 1 (2 f.).

279 *Moeli*, Die Fürsorge für Geisteskranke, S. 47; OVG Preußen, Urteil v. 13.12.1912 – I. A. 154/11, OVGE 65, 247.

280 Hierzu *Kammeier*, Maßregelrecht, S. 46 f. sowie unten S. 159.

d) Einzelregelungen

Durch die nur vereinzelt und lückenhaft getroffenen Unterbringungsregelungen in den oben genannten Gesetzen und das Fehlen eines eigenständigen „Irrenrechts" verlagerte sich die Thematik zunächst auf die Erlassebene. Die Einzelanweisungen – meist des Ministers der geistlichen, Unterrichts- und Medizinalangelegenheiten (kurz: Medicinal-Minister[281]) – an eine untergeordnete Behörde oder Person entfalteten adressaten- und inhaltsabhängig einen unterschiedlichen Geltungsbereich. Darüber hinaus besaßen öffentliche Einrichtungen spezielle Reglements, die einzelfallbezogen vom Provinzial- oder Kommunallandtag beschlossen und schließlich ministeriell genehmigt wurden.[282]

aa) Gesetzesvorbehalt des Art. 5 PrVU

Inwieweit die Regelung der Unterbringung durch Ministerialerlasse und Regularien dem Gesetzesvorbehalt für Freiheitsbeschränkungen in Art. 5 der Preußischen Verfassung gerecht wurde,[283] war nicht nur Gegenstand rein akademischer Diskussionen, sondern beschäftigte auch die Rechtsprechung- und Verordnungspraxis über die Geltungszeit der Preußischen Verfassung hinaus bis in das Jahr 1960 hinein.[284] Angesichts dieser Tragweite ist es umso überraschender, dass historische Untersuchungen zum preußischen Unterbringungsrecht der Frage kaum Beachtung schenken.

Dass der Schutzbereich des Art. 5 PrVU jedenfalls *öffentlich-rechtliche* Freiheitsbeschränkungen umfasste, ließ sich bereits dem Wortlaut entnehmen und kann mit Blick auf die Entstehungsgeschichte als gesichert gelten.[285] Für den Fall einer polizeilichen Unterbringung hielt die ganz herrschende Meinung die in Rede stehenden Einzelregelungen für zulässig, da sie als Ausführungsbestimmungen auf der formellen Grundlage des § 10, II, Tit. 17 ALR oder des

---

281 Zu diesem Ressort auch unten S. 82.

282 Zum Beschlussverfahren auf den Provinziallandtagen: *Rittershaus*, Die Irrengesetzgebung in Deutschland, S. 32.

283 Art. 5 PrVU lautete: „*Die persönliche Freiheit ist gewährleistet. Die Bedingungen und Formen, unter welchen eine Beschränkung derselben, insbesondere eine Verhaftung zulässig ist, werden durch das Gesetz bestimmt*".

284 Damit wird auf die unterbringungsrechtliche Entscheidung des BVerfG v. 10.02.1960 Bezug genommen (ausführlich unten S. 210).

285 *Anschütz*, Die Verfassungs-Urkunde für den preussischen Staat, Bd. 1, S. 136; *Rönne*, Die Preußische Verfassung, S. 25.

§ 6 Polizeiverwaltungsgesetz fußten.[286] Sofern die Erlasse und Regularien jedoch Zwangseinweisungen durch den gesetzlichen Vertreter, Angehörige oder (in Eilfällen) einzig durch den Arzt ermöglichten, war die Frage nach der Verfassungsmäßigkeit ungleich umstrittener. Die Mehrheit sah hierin keinen Anwendungsfall des Art. 5 PrVU, da dieser ausschließlich ein Abwehrrecht gegen „*Machtüberschreitungen der öffentlichen Gewalt, insbesondere der Verwaltung*"[287] darstelle und darüber hinaus keine Schutzfunktion gegen Handlungen Privater habe.[288] Dem widersprach etwa *Schwartz*, der Art. 5 PrVU eine „*doppelte Richtung*"[289] attestierte – unter anderem gegen „*jede widerrechtliche Beeinträchtigung der persönlichen Freiheit von Seiten anderer Privatpersonen*"[290] (im Folgenden: Doppelschutztheorie). Diese Meinung gewann in der ersten Hälfte des 20. Jahrhunderts vor allem in Rechtsprechungskreisen an Bedeutung. So maß in einem Schadensersatzprozess das LG Berlin 1913 eine private Zwangsunterbringung, legitimiert einzig durch Ministerialerlass,[291] an Art. 5 PrVU und stellte mangels formell gesetzlicher Grundlage die Unvereinbarkeit fest.[292] Dem schloss sich im weiteren Verfahrensgang das Kammergericht an, indem es in der Ministerialverfügung lediglich eine Verfahrensbestimmung ohne Gesetzeskraft sah.[293]

---

286 Etwa: *Anschütz,* Die Verfassungs-Urkunde für den preussischen Staat, Bd. 1, S. 141; später ebenfalls: *Oppermann,* Irrenanstalten und Strafrecht, Monatsschrift für Kriminalpsychologie und Strafrechtsreform 1913, S. 211 (213 f.); OVG Preußen, Urteil v. 29.09.1913 – IA 135/11, OVGE 65, 259; a.A.: *Bernhöft*, Gutachten, S. 220. Darauf, dass § 10, II, Tit. 17 ALR erst durch die Praxis von einem anfänglichen Lehrsatz in einen Rechtssatz umgedeutet worden ist, weist *Fleiner* (Institutionen des Deutschen Verwaltungsrechts, S. 124, Fn. 8 m.w.N.) hin.

287 *Anschütz,* Die Verfassungs-Urkunde für den preussischen Staat, Bd. 1, S. 136 (m.w.N.).

288 So *Anschütz* (Die Verfassungs-Urkunde für den preussischen Staat, Bd. 1, S. 136), der den Vertretern der Gegenmeinung vorhält, das Wesen von Verfassungen zu verkennen. Schon der Kommissionsbericht der 2. Kammer (26. Sitzung v. 03.10.1849) schlug vor, Art. 5 zu präzisieren, um Freiheitsbeschränkungen von Eltern, Lehrern, Lehrherren etc. aus seinem Anwendungsbereich auszunehmen (Verhandlungen der Zweiten Kammer, Bd. 1, S. 491). Das Plenum sah hierzu indes kein Bedürfnis und lehnte den Vorschlag ohne nähere Angabe von Gründen ab, sodass der Gesetzgeberwille in diesem Punkt unklar bleibt.

289 *Schwartz,* Die Verfassungsurkunde für den Preußischen Staat, S. 57.

290 *Schwartz,* Die Verfassungsurkunde für den Preußischen Staat, S. 57.

291 Erlass v. 26.03.1901- MBliV S. 104 (Fn. 111).

292 LG Berlin, Urteil v. 25.11.1913, Monatsschrift für Psychiatrie und Neurologie, 1919 (123).

293 KG, Urteil v. 12.06.1918, Monatsschrift für Psychiatrie und Neurologie, 1919 (129 f.); hierzu auch *Henneberg,* Zur Irrengesetzgebung, Monatsschrift für Psychiatrie und

Während diese Urteile die Unterbringung in eine Privatanstalt kraft Ministerialerlass betrafen, setzte sich das Preußische Oberverwaltungsgericht 1913 in einer viel beachteten Entscheidung mit der Einweisung in eine öffentliche Anstalt und dem ihr stattgebenden Reglement auseinander.[294] Wie oben gesehen,[295] wurde ein Anstaltsreglement zwar in letzter Instanz vom Medizinalminister genehmigt, basierte jedoch maßgeblich auf einem Beschluss des Provinziallandtages und galt daher innerhalb der Doppelschutztheorie vereinzelt als hinreichende Gesetzesgrundlage.[296] Das OVG folgte dieser Argumentation indes nicht und befand das in Rede stehende Reglement für unwirksam, soweit es die Internierung ohne Mitwirkung der Polizei oder des gesetzlichen Vertreters vorsah.

Der Verordnungsgeber maß dem Gesetzesvorbehalt des Art. 5 PrUV anfangs keine besondere Bedeutung bei und hielt an seiner Rechtspraxis fest.[297] Ein Umschwenken wurde erst in den 1930er Jahren sichtbar.[298] Um dem Risiko eines Schadensersatzprozesses zu entgehen,[299] griffen die beteiligten Ärzte, wenn es um rein privat initiierte Einweisungen oder Entlassungen ohne Mitwirkung des gesetzlichen Vertreters ging, daher vermehrt auf das Instrumentarium der

---

Neurologie 1919, S. 121 (132). A.A. noch das RG 1910 (RG, Urteil v. 26.05.1910, Psychiatrisch-neurologische Wochenschrift, 1911 (3).

294 OVG Preußen, Urteil v. 29.09.1913 – IA 135/11, OVGE 65, 259 (263); ebenso schon: *Bernhöft*, der einzig die Regelung durch ein formelles Gesetz für zulässig hält (Gutachten, S. 220 f.); *Boxberger*, Pflegschaft wegen Geisteskrankheit und Geistesschwäche nach dem Bürgerlichen Gesetzbuch, Zentralblatt für freiwillige Gerichtsbarkeit und Notariat 1910, S. 269 (282).

295 S. 66.

296 Etwa: OVG Preußen, Urteil v. 02.07.1907, OVGE 51, 223 (227); bezogen auf die Parallelthematik in Art. 114 WRV: Verband der preußischen Provinzen (zitiert nach: *Schultze*, Psychiatrische Kritik, Archiv für Psychiatrie und Nervenkrankheiten 1932, S. 468 (527)) und wohl auch *Diamand*, Vorläufige Vormundschaft und Gebrechlichkeitspflegschaft, S. 70 f.

297 Dies belegen beispielsweise § 14 des Reglements für die Provinzialanstalten Brandenburgs v. 03.03.1893 (abgedr. bei *Unger*, Die Irrengesetzgebung in Preussen, S. 100 ff.) und der Erlass betreffend Privatanstalten v. 26.03.1901.

298 Hierzu unten S. 160.

299 In der Regel handelte es sich um Klagen aus § 823 I BGB oder § 823 II BGB i.V.m. § 239 StGB. Diese scheiterten indes meist am fehlenden Verschulden bzw. Vorsatz, solange der Arzt auf die Gültigkeit der Unterbringungsbestimmungen vertrauten durfte.

„Gemeingefährlichkeit" zurück.[300] Dergestalt ließ sich die Polizeizuständigkeit und letztlich Rechtssicherheit herbeiführen.[301]

bb) Regelungen auf Erlassebene

Hier ist zunächst das Reskript des Staatsrates an die Kriegs- und Domänenkammer bezüglich des polizeilichen Unterbringungsverfahrens vom 29. September 1803 bedeutsam, wonach die Behörden angehalten wurden, die verfahrensrechtlichen Vorschriften bei der Unterbringung „Geisteskranker" zu achten.[302] Neben Anzeigepflichten und dem Verweis auf die erforderliche „Wahn- und Blödsinnigkeitserklärung" wird zudem die Handhabung dringender Fälle besprochen. Dass diese Vorgaben nicht die gewünschte Aufmerksamkeit fanden, belegt die Kabinettsorder vom 5. April 1804, in der König *Friedrich Wilhelm III.* seine Behörden mahnte, bei Einweisungen die geltenden Verfahrensvorschriften zu beachten und nur in Eilfällen eine nachträgliche „Wahn- und Blödsinnigkeitserklärung" zuzulassen.[303] Eine weitere Regelung vom 11. Dezember 1816 verbot die Anstaltseinweisung einzig auf Privatrequisition hin.[304] Beide Erlasse waren zunächst auf die Berliner Charité begrenzt und wurden am 25. November 1825 auf alle Provinzen ausgeweitet.[305] In der Folgezeit wurden die Einweisungsvoraussetzungen und die „Wahn- und Blödsinnigkeitserklärung" immer wieder thematisiert.[306] Dabei unterschied der Verordnungsgeber teilweise zwischen Heil- und Pflege- sowie zwischen privaten- und öffentlichen Anstalten. Gänzlich abgetrennt von der Anstaltseinweisung wurde die „Wahn- und Blödsinnigkeitserklärung" mit dem Ministerialerlass vom 18. März 1850,[307] der zudem auch die Beweislastverteilung für die „Gemeingefährlichkeit" regelte und damit die

---

300 *Henneberg*, Zur Irrengesetzgebung, Monatsschrift für Psychiatrie und Neurologie 1919, S. 121 (135 ff.). Vgl. auch die Ausführungen unten S. 163.

301 Dabei machten sie sich die extensive Auslegung dieses Rechtsbegriffes zunutze (vgl. oben S. 38, 78).

302 Abgedr. bei *Unger*, Die Irrengesetzgebung in Preussen, S. 5 f.

303 Abgedr. bei *Unger*, Die Irrengesetzgebung in Preussen, S. 18.

304 Vgl. *Ascher*, Beaufsichtigung der öffentlichen Irrenanstalten, Zentralblatt für Nervenheilkunde und Psychiatrie 1892, S. 193 (196).

305 Vgl. nur: Ministerialerlass v. 25.11.1825 – abgedr. bei *Gräff*, Sammlung sämmtlicher Verordnungen, Bd. 2, S. 368.

306 Runderlass v. 16.02.1839 betr. die Aufnahme in öffentl. Anstalten u. die Wahn- und Blödsinnigkeitserklärung – am 25.04.1862 auch auf private Anstalten ausgeweitet (siehe Fn. 96); Reskript v. 21.01.1841 betr. die Exploration i.R.d. Wahn- und Blödsinnigkeitserklärung – abgedr. bei *Unger*, Die Irrengesetzgebung in Preussen, S. 23 f.).

307 MBliV S. 167 (abgedr. bei *Unger*, Die Irrengesetzgebung in Preussen, S. 71 f.).

Zuständigkeiten der Polizei in derartigen Fällen näher umriss.[308] Weitere Erlasse aus der vorkaiserlichen Phase behandelten unter anderem die staatliche Kontrolle der Einrichtungen.[309]

cc) Regelungen auf Anstaltsebene

Die letzte Regelungsstufe wurde auf Anstaltsebene erreicht. Bei den öffentlichen Einrichtungen erfolgte dies in Form von Reglements, während für die privaten Anstalten die Konzession der jeweiligen Bezirksregierung ausschlaggebend war.[310] Im Gegensatz zu den Konzessionen, die hinsichtlich des Betriebes auf die Ministerialerlasse verwiesen, enthielten die Reglements ausführliche Bestimmungen über Aufsicht, Verwaltung, Kosten, Verteilung und Aufnahme der „Geisteskranken", deren Behandlung[311] sowie über die Entlassung. Abhängig von Konzeption, Trägerschaft und Region unterschieden sich die Regelungen zum Teil deutlich.[312] Betreffend die Aufnahmevorschriften wagt der Psychiater *Mendel* auf der Jahresversammlung des „Vereins der deutschen Irrenärzte" 1881 rückblickend den Schluss, dass *„die Aufnahme mit den geringsten Formalitäten in den östlichen Provinzen Preussens verknüpft zu sein* [schien]."[313]

5) Unterbringungsrechtlicher Fürsorgebegriff

Die vertreterseits initiierte Unterbringung entsprach seit jeher dem staatlichen Fürsorgeauftrag, der wiederum dem jeweiligen politischen Zeitgeist unterlag.

---

308 Zur polizeilichen Zuständigkeit für „gemeingefährliche Geisteskranke" s. auch Erlass v. 08.07.1867 (abgedr. bei *Unger*, Die Irrengesetzgebung in Preussen, S. 14).

309 Z. B. Runderlass v. 07.05.1859 (abgedr. bei *Pistor*, Öffentliches Gesundheitswesen in Preussen, S. 922).

310 *Mendel*, Über Aufnahmebedingungen in Privatirrenanstalten, Allgemeine Zeitschrift für Psychiatrie und psychisch-gerichtliche Medizin 1881, S. 563 (564); *Moeli*, Die Fürsorge für Geisteskranke, S. 167 ff. Lt. OVG Preußen bestand ein Rechtsanspruch auf Erteilung der Konzession (Urteil v. 25.01.1879, OVGE 5, 293).

311 Insoweit unzutreffend *Marinez*, der die Zustände innerhalb der Provinzialanstalten pauschal als weitestgehend ungeregelt beschreibt (Rechts- und Verwaltungsbestimmungen für psychisch Kranke und geistig Behinderte, S. 51 f.).

312 Eine Auswahl an Anstaltsreglements findet sich bei *Augustin*, Die Königlich Preußische Medicinalverfassung, Bd. 6, S. 515 ff.; allgemein hierzu *Moeli*, Die Fürsorge für Geisteskranke, S. 137 ff.

313 *Mendel*, Über Aufnahmebedingungen in Privatirrenanstalten, Allgemeine Zeitschrift für Psychiatrie und psychisch-gerichtliche Medizin 1881, S. 563 (564).

Um eine valide Aussage über den Entwicklungsstand der zivilrechtlichen Unterbringung treffen zu können, bedarf es daher einer näheren Betrachtung der ihr zugrund liegenden Fürsorgemotive, mithin dem Fürsorgebegriff im engeren Sinne. Zu hinterfragen ist insbesondere, ob die ausschlaggebenden Motive ausschließlich dem Wohl des Betroffenen oder auch Drittinteressen galten.

Unter dem ALR trat die Fürsorge in Gestalt der Vormundschaft am deutlichsten zutage.[314] Der Vormund handelte dabei mehr als staatlicher Bevollmächtigter denn als Vertreter seines Mündels.[315] Der Obrigkeit waren die unangepassten „Geisteskranken" in einer leistungsfähigen und zunehmend urbanisierten Gesellschaft lästig[316] und so hatte der Individualismus dem Paternalismus zu weichen. Dies spiegelte sich auch im vormundschaftlichen Fürsorgeauftrag „Geisteskranken" gegenüber wider: Gemäß § 341, II, Tit. 18 ALR mussten „*Wahn- und Blödsinnige* [...] *dergestalt unter beständiger Aufsicht gehalten werden, daß sie weder sich selbst, noch Andern schaden können.*" (Zwangs-)Maßnahmen, wie etwa die Unterbringung,[317] konnten also auch zum Wohle Dritter durchgeführt werden, was dem Handeln einen polizeirechtlichen Charakter gab,[318] der dem heutigen Fürsorgeverständnis fremd ist.

6) Ablauf der Unterbringung

Das Unterbringungsverfahren kann in drei Stagen unterteilt werden: (1.) Die Einleitung des Unterbringungsverfahrens und die zu erfüllenden rechtlichen Voraussetzungen – hier als Vorverfahren bezeichnet, (2.) der Vollzug der Unterbringung und schließlich (3.) – eventuell – die Entlassung. Sie alle unterscheiden sich, je nachdem ob die Unterbringung aus straf- oder zivilrechtlichen Gründen erfolgt und ob dem Betroffenen eine Gemeingefährlichkeit[319] attestiert wurde.

---

314 Daneben existierte sie auch auf dem Gebiet des Polizeirechts (§ 10, II, Tit. 17 ALR), wie unten auf S. 76 näher ausgeführt wird.

315 *Temme*, Das preussische Vormundschaftsrecht, S. 20; *Roth*, HKK, BGB, §§ 1896–1921, Rn. 12.

316 Vgl. oben S. 54.

317 Hierzu ausführlich unten S. 76.

318 Vgl. auch *Neumann*, Freiheitssicherung und Fürsorge im Unterbringungsrecht, NJW 1982, S. 2588 (2589).

319 Zum „Gemeingefährlichkeitsbegriff" vgl. oben S. 34 ff.

a) Vorverfahren

Den Anfang einer jeden Unterbringungsmaßnahme wegen „Geisteskrankheit" bildet die Wahrnehmung derselben durch die nächsten Angehörigen, Nachbarn oder Behörden. Im Untersuchungszeitraum kam sowohl die freiwillige, als auch die Unterbringung vonseiten Dritter in Betracht.

Die freiwillige Unterbringung scheint der eingangs aufgestellten Unterbringungsdefinition zu widersprechen, deren Hauptcharakteristikum doch gerade das Festhalten an einem bestimmten Ort gegen oder ohne den Willen des Betroffenen ist.[320] Indes ist der Begriff der Freiwilligkeit zu relativieren, da die Betroffenen häufig über den exakten Behandlungsablauf, ja sogar zum Teil über den Zweck ihrer Unterbringung, im Unklaren gelassen wurden, sodass sie mitunter vor Eintritt in die Anstalt einen einfachen Kuraufenthalt vermuteten.[321] Erkannten diese Personen ihren Irrtum, war eine Entlassung nicht immer möglich und der anfangs (vermeintlich) freiwillige Aufenthalt verwandelte sich in eine zwangsweise Zurückbehaltung.

Die Praxis, Patienten als sogenannte freiwillige Pensionäre auf eigene Kosten in Privatanstalten zu behandeln, lässt sich seit Anbeginn des privaten Anstaltswesens beobachten. Sie galt als schonendere, diskretere und nicht zuletzt komfortablere Alternative zur staatlichen Unterbringung.[322] Dem sich auftuenden schmalen Grat zwischen freiwilligem Aufenthalt und Freiheitsberaubung versuchte die Anstaltsleitung dadurch entgegenzutreten, dass sie sich entweder die vollständige Entscheidungsmacht über das weitere Behandlungsprocedere vom Kranken oder von seinen Angehörigen im Vorfeld zusichern ließ oder aber die Entlassung auf eigenen Wunsch gestattete, sofern keine Gefahr für die öffentliche Sicherheit oder Ordnung vorlag.[323] Das hohe Missbrauchspotential in diesem Bereich führte in der zweiten Hälfte des 19. Jahrhunderts schließlich

320 Siehe S. 25 f.

321 Hierzu *Laehr*, Über Irrsein und Irrenanstalten, S. 146; Bezogen auf das hessische Landeshospital Hofheim *Sahmland*, Anstaltsleben, S. 102.

322 Dies lag nicht zuletzt daran, dass dem Betroffenen die noch bis 1850 obligatorische „Wahn- und Blödsinnigkeitserklärung" erspart blieb. Zur Umgehung der gesetzlichen Bestimmungen durch Privatanstalten siehe *Erlenmeyer*, Unser Irrenwesen, S. 80 f., dessen Analyse nicht nur für die Zeit des Kaiserreichs gilt, sondern auch auf die vorangehende Epoche übertragbar ist.

323 *Brink*, Grenzen der Anstalt, S. 54 f.; *Marinez*, Rechts- und Verwaltungsbestimmungen für psychisch Kranke und geistig Behinderte, S. 112.

zum Eingreifen des Verordnungsgebers, der mit Anzeige- und Untersuchungspflichten sowie regelmäßigen staatlichen Kontrollen (sogenannten Visitationen) reagierte.[324]

aa) „Wahn- und Blödsinnigkeitserklärung"

Integraler Bestandteil des Vorverfahrens war bis Mitte des 19. Jahrhunderts die „Wahn- und Blödsinnigkeitserklärung". Sie entzog dem „Geisteskranken" die Geschäftsfähigkeit und stellte ihn rechtlich Kindern unter sieben Jahren gleich (§ 23, I, Tit. 4 ALR).[325] Hierdurch sollten in erster Linie ungerechtfertigte Freiheitsberaubungen verhindert werden.[326]

Die notwendigen Regelungen fanden sich im ersten Teil der AGO, in den §§ 1–8 des 38. Titels.[327] Das streitige Verfahren fiel in den Zuständigkeitsbereich der ordentlichen Gerichtsbarkeit und konnte sowohl von den Verwandten als auch von Amts wegen eingeleitet werden (§ 2). Dem Betroffenen wurde ein Kurator zur Wahrnehmung seiner Rechte gestellt, der seinerseits in der Sache kein persönliches Interesse haben durfte (§ 5). Zuständig für die Bestellung war nicht etwa die vormundschaftliche Behörde, sondern der Richter (Anh. § 283). Besonderes Gewicht kam dem Sachverständigengutachten der beiden hinzugezogenen Ärzte zu:[328] Es gab beim Dissens zwischen Verwandten, Kurator und Ärzten den Ausschlag (§ 7). Gegen den Richterspruch konnten die Verwandten keine Rechtsmittel einlegen, lediglich dem Kurator standen diese offen (§ 8).

Zumindest rechtstheoretisch war die „Wahn- und Blödsinnigkeitserklärung" conditio sine qua non für eine Anstaltseinweisung, unabhängig ob auf private oder behördliche Veranlassung. Als Reaktion auf den Wunsch der Praxis nach einer zügigeren Einweisungsmöglichkeit zwecks besserer Behandlungschancen lässt sich das Reskript vom 29. September 1803 verstehen,[329] wonach in Eilfällen

---

324 Runderlass v. 07.05.1859 (abgedr. bei *Pistor*, Öffentliches Gesundheitswesen in Preussen, S. 922); Ministerialerlass v. 17.06.1874 (abgedr. bei *Unger*, Die Irrengesetzgebung in Preussen, S. 76 ff.).

325 *Bulling*, Erwachsenenfürsorge, S. 66 f.

326 Statt vieler: Reskript v. 16.02.1839 (Fn. 306), worin als weiterer Grund die Feststellung und Sicherung des Vermögens genannt wird.

327 Hierauf wurde schon oben auf S. 64 kursorisch Bezug genommen. Ausführlich hierzu bei *Neumann*, Blödsinnigkeitserklärung, S. 40 ff.

328 Näher zu den Desiderata eines solchen Gutachtens: *Neumann*, Blödsinnigkeitserklärung, S. 3 ff. Inhaltlich waren die Vorgaben der Ministerialerlasse v. 20.01.1853 (MBliV S. 2) sowie v. 11.02.1856 (MBliV S. 61) zu beachten.

329 Siehe Fn. 302.

vorerst ein ärztliches Attest genügen sollte. Dem zuständigen Gericht war hierüber Meldung zu erstatten, damit das ordentliche Verfahren alsbald nachgeholt werden konnte.[330] In der Folge wurden Einweisungen vermehrt über den Eilweg abgekürzt und die einzuholende „Wahn- und Blödsinnigkeitserklärung“ wandelte sich zur reinen Formalität.[331] Die medizinisch anerkannte Unterscheidung zwischen heilbaren und unheilbaren „Geisteskranken“ und die damit einhergehende Etablierung von Heil- und Pflegeanstalten[332] in der ersten Hälfte des 19. Jahrhunderts bewegte den Verordnungsgeber 1839 dazu, nur noch bei Einweisungen in eine Pflegeanstalt, also in unheilbaren Fällen, das „Wahn- und Blödsinnigkeitsverfahren“ zu verlangen.[333] An seine Stelle trat als Eingangsvoraussetzung eine bloße Anzeigepflicht gegenüber dem Gericht.[334] So sollten einerseits die Kosten für ein erforderliches Rehabilitierungsverfahren nach Genesung gespart und andererseits der Betroffene im Falle einer akuten aber heilbaren psychischen Krankheit vor einem anstrengenden und belastenden Verfahren bewahrt werden.[335] Die sich abzeichnende Entkopplung der „Wahn- und Blödsinnigkeitserklärung“ von der Anstaltseinweisung wurde endgültig mit

330 Vgl. die zunächst auf die Charité beschränkte Kabinettsorder v. 05.04.1804 (Fn. 303), ausgeweitet indes auf öffentliche wie private Anstalten in sämtlichen preußischen Provinzen durch den Ministerialerlass v. 25.11.1825 (Fn. 305).

331 *Ascher*, Beaufsichtigung der öffentlichen Irrenanstalten, Zentralblatt für Nervenheilkunde und Psychiatrie 1892, S. 193 (196); *Rittershaus*, Die Irrengesetzgebung in Deutschland, S. 34. Eine weitere Ausnahme von der „Wahn- und Blödsinnigkeitserklärung“ galt für Ehefrauen und unter väterlicher Vormundschaft stehende Kinder. Sie wurde jedoch am 25.11.1825 für unhaltbar befunden (Fn. 305).

332 Siehe oben S. 55.

333 Erlass v. 16.02.1839 (Fn. 306). Er galt zunächst zwar nur für öffentliche Anstalten, wurde indes in der Rechtspraxis auch auf Privatanstalten angewandt (*Pochhammer*, Über die gesetzlichen Bestimmungen betreffend das Irrenwesen in Preussen, Allgemeine Zeitschrift für Psychiatrie und psychisch-gerichtliche Medizin 1859, S. 633 (639)), ausdrücklich jedoch erst seit dem 25.04.1862 (Fn. 96).

334 Mit den gerichtlichen Befugnissen im Lichte der eingeführten Änderungen durch den Erlass v. 16.02.1839 (Fn. 306) setzt sich das Ministerialreskript v. 03.02.1840 detailliert auseinander (abgedr. bei *Damerow*, Irren-Gesetze und Verordnungen in Preussen, Allgemeine Zeitschrift für Psychiatrie und psychisch-gerichtliche Medizin 1863 (Supplement Nr. 3), S. 1 (46 ff.)).

335 Zu diesen Punkten Näheres bei *Pochhammer*, Über die gesetzlichen Bestimmungen betreffend das Irrenwesen in Preussen, Allgemeine Zeitschrift für Psychiatrie und psychisch-gerichtliche Medizin 1859, S. 633 (640); *Damerow*, Über die relative Verbindung der Irren-, Heil- und Pflege-Anstalten, S. 239 ff.

dem Ministerialerlass vom 18. März 1850,[336] der zugleich für einen signifikanten Kompetenzzuwachs der Polizei sorgte.

bb) Unterbringung durch Angehörige

Doch wer war im vorliegenden Betrachtungszeitraum befugt, die Unterbringung zu beantragen? Zunächst konnte diese, wie oben gesehen, der Betroffene selbst veranlassen. In den meisten Fällen waren es jedoch dessen Angehörige – oftmals sogar ohne den „Umweg" über die Behörden zu nehmen,[337] was freilich der geltenden Rechtslage widersprach. Anzeichen, die Einweisung werde zu einem Mittel der „Entsorgung" unliebsamer Angehöriger,[338] versuchte der Staat jener Praxis mit verschiedenen Erinnerungen zu entgegnen – offensichtlich ohne großen Erfolg, wie die sich ähnelnden Verordnungen belegen.[339] Ab Mitte des 19. Jahrhunderts zielen diese jedoch verstärkt auf Privatanstalten ab, was, im Umkehrschluss, auf eine größere Bereitschaft zur Einhaltung der Aufnahmevorschriften bei den öffentlichen Anstalten hindeutet[340] – ein Ergebnis, das angesichts des damaligen Diskretionsrenommees der Privatanstalten kaum überrascht.[341]

cc) Unterbringung durch den Vormund

Des Weiteren kam die Einweisung durch den Vormund in Betracht. Dessen Bestellung folgte auf die „Wahn- und Blödsinnigkeitserklärung" und war gemäß § 12, II, Tit. 18 ALR von Amts wegen durchzuführen.[342] Der Vormund hatte kraft

---

336 Fn. 307.

337 Hier war wiederrum zu unterscheiden zwischen der direkten Anstaltseinweisung und dem Umweg über die Bürgerspitäler der größeren Städte (*Braun*, Heilung mit Defekt, S. 215).

338 Schilderung derartiger Fälle bei *Brink*, Grenzen der Anstalt, S. 37 ff.

339 Vgl.: Reskript v. 29.09.1803 (s. Fn. 302); der Minister des Innern erklärte am 11.12.1816 die Aufnahme auf Privatrequisition für *„völlig unstatthaft"* (*Ascher*, Beaufsichtigung der öffentlichen Irrenanstalten, Zentralblatt für Nervenheilkunde und Psychiatrie 1892, S. 193 (196)); Runderlass v. 16.02.1839 (Fn. 306).

340 Dieser Rückschluss wird durch zeitgenössische Beobachtungen unterstützt, etwa: *Pochhammer*, Über die gesetzlichen Bestimmungen betreffend das Irrenwesen in Preussen, Allgemeine Zeitschrift für Psychiatrie und psychisch-gerichtliche Medizin 1859, S. 633 (644).

341 Vgl. o. S. 72.

342 *Temme*, Das preussische Vormundschaftsrecht, S. 31. Ausgenommen waren die Fälle rechtlicher Vormundschaft des Vaters bzw. Ehemannes (hierzu schon oben S. 63). Näher zur (Be-)Stellung des Vormundes: *Roth*, HKK, BGB, §§ 1896–1921, Rn 12.

seiner Personensorge auch das Aufsichtsrecht inne (§§ 342, 341, II, Tit. 18 ALR) und damit auch den Schutz des Mündels und seiner Umwelt. Hierzu waren sämtliche zur Besserung geeignete Mittel einzusetzen, so auch die Verbringung des Kranken in eine Anstalt.[343] Eine Ausnahme galt für „Rasende": Zu ihrer Beaufsichtigung durfte niemand gedrängt werden (§ 343, II, Tit. 18), sodass hier § 344, II, Tit. 18 ALR eine (subsidiäre) staatliche Unterbringungsverpflichtung statuierte.[344]

Zur effektiven Durchsetzung seines Unterbringungsrechts verfügte der Vormund über Zwangsbefugnisse, wie der Verweis in § 242, II, Tit. 18 ALR auf die Vorschriften der elterlichen Gewalt – und damit letztlich auch auf das Züchtigungsrecht des § 86, II, Tit. 2 ALR – zeigt.[345] Da die Unterbringung für den Mündel eine „*erhebliche Veränderung*" im Sinne des § 238, II, Tit. 18 ALR bedeutete, hatte der Vormund streng genommen „*dem Gerichte davon Anzeige* [zu] *machen, und dessen Genehmigung oder nähere Anweisung ein*[zu]*holen*". Gleichwohl wurde diese Vorschrift in der Praxis dahin gehend eingeschränkt, dass die Genehmigung die Wirksamkeit der vormundschaftlichen Handlung nicht bedingte und lediglich im Innenverhältnis (etwa in Haftungsbelangen) zwischen Vormund und Mündel von Relevanz war.[346] Für das Unterbringungsverfahren war § 238, II, Tit. 18 ALR demnach ohne (praktische) Bedeutung.

Eine Unterbringung durch Kuratoren, wie unter dem späteren Recht geschehen, sah weder das ALR vor, noch spielte sie in der Praxis eine Rolle.

dd) Polizeiliche Unterbringung

Neben dem Einweisungsrecht des Vormundes, konnte ebenfalls die Polizei Unterbringungen veranlassen. Beide Formen waren zwar untrennbar mit dem Staat verknüpft, liefen jedoch nach dem Willen des Gesetzgebers nicht völlig gleichberechtigt nebeneinander.[347] § 344, II, Tit. 18 ALR ist vielmehr der Grundsatz der Subsidiarität polizeilicher Unterbringungen zu entnehmen.

---

343 *Förster*, Preussisches Privatrecht, Bd. 3, S. 675; *Temme*, Das preussische Vormundschaftsrecht, S. 107.

344 Vgl. oben S. 64. Als gesetzlicher Vertreter seines Mündels schloss er den Behandlungsvertrag für diesen ab.

345 Mit dem Aussagegehalt dieser Verweisung beschäftigt sich näher *Grengel*, Zwangsmaßnahmen des Betreuers, S. 24 f.

346 Preußisches Obertribunal, Plenarbeschluss v. 22.06.1846, Entscheidungen des Königlichen Obertribunals, 1847 (17); *Arndts/Leonard*, Das Preußische Vormundschaftsrecht, S. 74 f.; *Dernburg/Schultzenstein*, Das preußische Vormundschaftsrecht, S. 82; a.A.: *Temme*, Das preussische Vormundschaftsrecht, S. 74 ff.

347 *Holzhauer*, Gutachten B für den 57. DJT, S. 91.

Grundlage der Befugnis war die bereits mehrfach erwähnte Generalklausel § 10, II, Tit. 17 ALR, die der Polizei die Erhaltung der *„öffentlichen Ruhe, Sicherheit und Ordnung“* sowie die *„Abwendung der dem Publico oder einzelnen Mitgliedern desselben bevorstehenden Gefahren“* auftrug. Deutlich trat hier der sicherheitspolizeiliche Schwerpunkt zutage. Trotzdem blieb auch ein gewisser Raum für den Einfluss fürsorgerischer Bestrebungen, da als Mitglied des Publico auch der „Geisteskranke“ selbst in Betracht kommen konnte, der einzig sich selbst gefährdete.[348]

Aufgrund der anfangs noch erforderlichen „Wahn- und Blödsinnigkeitserklärung“ war die Polizei bei Wahrnehmung ihrer Aufgabe stets auf die justizielle Zusammenarbeit angewiesen. Im Zuge polizeilicher Kompetenzerweiterungen spielten die Gerichte indes nur noch eine untergeordnete Rolle.[349] Dabei hatte *Friedrich Wilhelm* in seinem Reskript vom 29. September 1803 noch mit aller Deutlichkeit ein alleiniges, das heißt unmittelbares, Einweisungsrecht der Ortspolizeibehörde abgelehnt und ihre Maßnahmen auf das sogenannte Recht des ersten Angriffs beschränkt (§ 12, II, Tit. 17 ALR),[350] was im konkreten Fall über eine Beaufsichtigungsanordnung nicht hinausgehen durfte.[351] Auch § 6 des Gesetzes zum Schutz der persönlichen Freiheit erlaubte allenfalls eine mittelbare Unterbringung, also erst nach Verbüßung der Schutzhaft.[352] Jedoch führten zahlreiche Einzelerlasse[353] und § 6 des Polizeiverwaltungsgesetzes[354] letztlich zu einem unmittelbaren Einweisungsrecht. Besonders deutlich wird dies im Kontext der „Gemeingefährlichkeit“. Am Anfang dieser Arbeit wurde bereits festgestellt, dass hierunter bis zum Beginn des 20. Jahrhunderts beide sowohl Fremd- als auch Selbstgefährdungen subsumiert werden konnten.[355] Nachweispflichtig war in jedem Fall die Ortspolizeibehörde.[356] Durch Erlass vom 8. Juli 1867 wurde die

348 *Baumann,* Unterbringungsrecht, S. 20.

349 Vgl. *Klaeden,* Das Recht der Verwahrung und Unterbringung, S. 59 ff.; OVG Preußen, Urteil v. 13.12.1912 – I. A. 154/11, OVGE 65, 247.

350 Siehe Fn. 302.

351 *Arnold,* Das gerichtliche Verfahren gegen Geisteskranke und Verschwender, S. 15 f.

352 Oben S. 65.

353 Der Runderlass vom 16.02.1839 (Fn. 306) gestattete die polizeiliche Einweisung gestützt auf ein ärztliches Attest (vgl. bzgl. Westphalen Bericht Kosters bei *Mendel,* Über Aufnahmebedingungen in Privatirrenanstalten, Allgemeine Zeitschrift für Psychiatrie und psychisch-gerichtliche Medizin 1881, S. 563 (569)); allgemein zu den Einzelregelungen oben S. 66 ff.

354 Gesetz v. 11.03.1850 (Fn. 93), siehe auch oben S. 65.

355 Oben S. 36 f.

356 Erlass v. 18.03.1850 (Fn. 307); vgl. auch Fn. 93.

„Fürsorge gegen gemeingefährliche Handlungen der Kranken“ ausdrücklich zur Polizeisache erklärt.[357] In allen anderen Fällen war das polizeiliche Einschreiten besonders zu begründen. Hier gab nicht etwa die unzureichende Versorgung des Kranken oder dessen drohende Verwahrlosung allein den Ausschlag, sondern auch die Höhe der zu erwartenden Unterbringungskosten.[358]

ee) Differenzierung nach Unterbringungsgrund

Die Differenzierung nach Unterbringungsgründen dient als wichtige Weichenstellung auf dem Weg hin zu einer eigenständigen zivilrechtlichen Unterbringung.[359] So sieht das heutige Betreuungsrecht diese Maßnahme einzig zum Wohle des Betreuten vor. Gefährdungen Dritter hingegen unterfallen dem straf- oder öffentlich-rechtlichen Regelungsbereich. Zu untersuchen ist daher, ob derartige Erwägungen bereits im Untersuchungszeitraum eine Rolle spielten.

Dies traf jedenfalls im Ausgangspunkt auf das Strafrecht zu: Hier entfachten die Aufsätze von *Delbrück*[360] und *Damerow*[361] eine lebhafte Diskussion über die Behandlung sogenannter verbrecherischer Irrer beziehungsweise irrer Verbrecher. Beide einte ihre „Gemeingefährlichkeit“[362], jedoch stand erstere Gruppe für „Geisteskranke“ mit kriminellen Neigungen, während Letztere innerhalb der Haft erkrankte verurteilte Straftäter erfasste. Zwar war die Straflosigkeit „geisteskranker“ Täter spätestens seit der Carolina *Kaiser Karls V.* (1532) anerkannt und in die preußischen Gesetze übernommen worden,[363] eine einheitliche Antwort auf die Frage, wie mit dieser Klientel weiter zu verfahren sei, war den gesetzlichen

357 Erlass der Minister der geistlichen, Unterrichts- und Medizinalangelegenheiten und des Innern an die Regierungen v. 08.07.1867 (Fn. 94).

358 Verfügung d. Ministers d. Innern v. 10.11.1840 (abgedr. bei *Damerow*, Irren-Gesetze und Verordnungen in Preussen, Allgemeine Zeitschrift für Psychiatrie und psychisch-gerichtliche Medizin 1863 (Supplement Nr. 3), S. 1 (35 ff.)).

359 Vgl. S. 31.

360 *Delbrück*, Zwei Fälle von Verbrecherwahnsinn nebst einer Epicrise, Allgemeine Zeitschrift für Psychiatrie und psychisch-gerichtliche Medizin 1857, S. 349 (382).

361 *Damerow*, Zusatz zum Aufsatz von Delbrück, Allgemeine Zeitschrift für Psychiatrie und psychisch-gerichtliche Medizin 1857, S. 391 (391).

362 Zu diesem umstrittenen zeitgenössischen Rechtsbegriff, der nicht zwingend mit Strafrechtsverstößen einhergehen musste, bereits oben S. 34 ff.

363 Vgl. § 16, II, Tit. 20 ALR („*Wer frey zu handeln unvermögend ist, bey dem findet kein Verbrechen, also auch keine Strafe statt*“), außer Kraft gesetzt am 01.07.1851 durch § 40 PrStGB. Auf prozessrechtlicher Seite siehe auch § 280 i.V.m. § 369 Criminal Ordnung (v. 11.12.1805).

Regelungen indes nicht zu entnehmen.[364] Dieser Zustand spiegelte sich auch in der Praxis wider: Es erfolgte, je nach Kapazität, entweder eine Aufnahme in die Anstalt oder aber in das Gefängnis – mitunter zirkulierend. Erst im Kaiserreich wurden spezielle Abteilungen in den Gefängnissen und Anstalten geschaffen.[365] Bis dahin machte sich eine Sonderbehandlung der straffälligen „Geisteskranken" also vor allem in der Theorie bemerkbar und beschränkte sich in praktischer Hinsicht auf Kosten- und Zurechnungsfähigkeitsfragen und hatte damit kaum Auswirkung auf die Unterbringung an sich.

Außerhalb des Strafrechts war es egal, ob zivil- oder sicherheitspolizeiliche, also öffentlich-rechtliche Gründe einen Unterbringungsbedarf auslösten, da beide Fälle sowohl vom Vormund als auch von der Polizei abgedeckt werden konnten: Bezogen auf die vormundschaftliche Unterbringung wurde anhand von §§ 341, 342, II, Tit. 18 ALR bereits aufgezeigt, dass der Gesetzgeber sehr wohl zwischen Selbst- und Fremdgefährdungen unterschied, hieran jedoch keine differenzierte Rechtsfolge knüpfte und Einweisungen in beiden Fällen für möglich erachtete.[366] Gleiches zeigt sich im Polizeirecht betreffend § 10, II, Tit. 17 ALR, das ebenfalls in beiden Fällen eine behördliche Unterbringung zuließ.[367] Zunächst räumte das Gesetz in dieser Konkurrenzsituation dem Vormund Vorrang ein, sofern er effektiv und rasch Abhilfe schaffen konnte (arg. ex § 344, II, Tit. 18 ALR), doch änderte sich dieses Verhältnis, sofern „gemeingefährliche Geisteskranke" betroffen waren, spätestens 1867, als kraft Erlass die „Fürsorge gegen gemeingefährliche Handlungen der Kranken" zur Polizeiaufgabe erklärt wurde. Je nach Auslegung des unbestimmten Rechtsbegriffes, besaß die Ordnungsbehörde daher fortan auch bei bloßer Selbstgefährdung ein privilegiertes Zugriffsrecht auf den „Geisteskranken".[368]

---

364 Nichts anderes ergab sich aus § 17, II, Tit. 20 ALR („*Unmündige und schwachsinnige Personen können zwar zu Verhütung fernerer Vergehungen gezüchtiget* [werden]" …), der Unterbringungen nicht erfasste (vgl. Reskript v. 14.03.1815 – abgedr. bei *Mannkopff*, Preussisches Criminalrecht, S. 10 f.; *Fischer*, Schutz der Gemeinschaft, S. 37). Lediglich auf polizeirechtlicher Ebene fanden sich rudimentäre Regelungen zur Unterbringung straffälliger „Geisteskranker" (*Müller*, Verbrechensbekämpfung im Anstaltsstaat, S. 82).

365 Vgl. oben S. 62.

366 Ursächlich hierfür war das damalige Fürsorgeverständnis (vgl. oben S. 70).

367 Dazu schon oben auf S. 76.

368 Vgl. S. 34, 76.

b) Vollzug der Unterbringung

Auf der Ebene des Unterbringungsvollzuges interessieren zunächst der Transport und die Aufnahme in die Anstalt. Ferner sind die Hausregeln zu beleuchten, die zur Aufrechterhaltung eines geordneten Anstaltsbetriebes abhängig von der Verpflegungsklasse hauptsächlich den Tagesablauf, Zwangsmaßnahmen des Aufsichtspersonals sowie den Kontakt der „Geisteskranken“ mit der Außenwelt normierten. Schließlich wird das staatliche Aufsichtsrecht thematisiert.

aa) Transport und Aufnahme in die Anstalt

Das Stadium des Unterbringungsvollzuges beginnt nach dem hier zugrunde gelegten Verständnis mit der Zuführung des „Geisteskranken“ in eine Anstalt. Hierfür kamen entweder dem Betroffenen vertraute Personen in Betracht oder, sofern Sicherheitserwägungen es notwendig erscheinen ließen, die Polizei. Aus Fachkreisen schlug der polizeilichen Mitwirkung bei der Überführung indes deutliche Kritik entgegen: Die Begleitung durch Uniformierte rücke den Kranken in die Nähe eines (Straf-)Gefangenen und liefere ihn den Blicken und Spott Schaulustiger aus.[369] Manch einer sah gar den von *Philippe Pinel* begonnen Kampf für eine Gleichstellung von psychischer mit physischer Krankheit verloren gehen.[370] In der Folge war die Polizei angehalten, besonders behutsam mit dem Kranken zu verfahren, insbesondere durfte er *„nicht unterwegs neugierigen Zuschauern, ausgesetzt, noch ihren Neckereien Preis gegeben werden* [und] *seine Begleiter* [mussten] *auf alle mögliche Art Aufsehen, in den Orten, wo sie* [durchzogen] *sorgfältig vermeiden.“*[371]

Nach seiner Ankunft wurde der Kranke ärztlich untersucht und, soweit eine Verständigung möglich war, befragt, um den Schweregrad der Krankheit und seine weitere Verwendung im Anstaltsbetrieb einschätzen zu können.[372] Diese Erkenntnisse wurden in einer persönlichen Akte festgehalten. Von der erfolgten Aufnahme und den Zustand des Kranken hatten die Anstalten Meldung an diverse Dienststellen zu machen. Hervorzuheben ist hier die Anzeigepflicht

---

369 *Brink*, Grenzen der Anstalt, S. 60 (m.w.N.).

370 *Mendel*, Über Aufnahmebedingungen in Privatirrenanstalten, Allgemeine Zeitschrift für Psychiatrie und psychisch-gerichtliche Medizin 1881, S. 563 (564 f.).

371 § 35 des Anstaltsreglements Neu-Ruppin v. 16.04.1802 – abgedr. bei *Heyde*, Repertorium der Polizeigesetze und Verordnungen, Bd. 1, S. 380.

372 Exemplarisch hierzu der Fragenkatalog der Provinzialanstalten zu Leubus und Brieg (Provinz Schlesien) bei *Augustin*, Die Königlich Preußische Medicinalverfassung, Bd. 6, S. 532 f.

an das Gericht, das so insbesondere die einer „Wahn- und Blödsinnigkeitserklärung“ entgegenstehenden vorgebrachten Gründe auf Schlüssigkeit hin überprüfen konnte.[373] Zunächst waren nur die öffentlichen Anstalten mitteilungsverpflichtet, durch Erlass vom 25. April 1862 wurde dies auch auf private Einrichtungen ausgeweitet.[374] Weiterhin erfolgten Meldungen an den Landrat, die Ortspolizeibehörde, den Landeshauptmann und bisweilen an die Staatsanwaltschaft.[375]

bb) Regeln innerhalb der Anstalt

Mit der Aufnahme wurde der Kranke unter die alleinige Aufsicht des Direktors gestellt. Dieser besaß Entscheidungskompetenz insbesondere hinsichtlich des Besuchsrechts, Schriftverkehrs, der Verköstigung und Beschäftigung innerhalb der Anstalt.[376] Festgeschrieben waren die vorgenannten Punkte in den jeweiligen Anstaltsstatuten und Hausordnungen sowie in den Dienstanweisungen für die Angestellten. Die hierdurch gewährleistete Regelmäßigkeit war integraler Bestandteil des Therapiekonzepts, wie *Reil* es ausdrückte: *„Im Irrenhause muss im Essen und Trinken, Schlafen und Wachen, Kleiden und Reinigen, Arbeiten und Ruhen, kurz in Allem auf eine so pünktliche Ordnung gehalten werden, daß kein Irrender sich getraut, etwas abzuändern.“*[377] So verwundert es auch nicht, dass jeglicher Außenkontakt, sei es durch Besuche, Ausflüge oder Schriftverkehr, ebenfalls als potentiell Unruhe stiftend angesehen und damit restriktiv gehandhabt wurde.[378] Trotz des strengen Anstaltsalltages wies die Mehrzahl der Regularien ausdrücklich auf eine sanfte, wie bildungs- und standesgemäße Behandlung

---

373 Vgl. Runderlass v. 16.02.1839 (Fn. 306).

374 Ministerialerlass v. 25.04.1862 (Fn. 96).

375 *Rittershaus*, Die Irrengesetzgebung in Deutschland, S. 35. Mit der Anzeige an die Polizeibehörde entfiel der Tatbestand der Freiheitsberaubung (§ 211 PrStGB v. 14.04.1851); die Meldung an den Staatsanwalt, in den preußischen Gesetzen auch fiskalischer Bediente genannt, erfolgte aufgrund ihrer Antragsberechtigung im Entmündigungsverfahren, § 2, I, Tit. 38 AGO (hierzu detaillierter *Arnold*, Das gerichtliche Verfahren gegen Geisteskranke und Verschwender, S. 26 ff.).

376 Statt vieler: Statut der Anstalt Greifswald – abgedr. bei *Augustin*, Die Königlich Preußische Medicinalverfassung, Bd. 6, S. 518). Ausführlich zum weitgespannten Aufgabenfeld der Anstaltsdirektoren bei *Chmielewski*, Auf dem Weg zum Experten.

377 Zitat bei *Roller*, Die Irrenanstalt nach allen ihren Beziehungen, S. 162.

378 Lockerungen bestanden bei den Privatanstalten (*Moeli*, Die Fürsorge für Geisteskranke, S. 134).

der „Geisteskranken" hin.[379] Dies bedeutete in erster Linie die Verdrängung von Zwangsmitteln wie Ketten oder dem Drehstuhl, eine auf den Charité-Psychiater *Horn* zurückgehende und bis Mitte des 19. Jahrhunderts eingesetzte Vorrichtung, auf der renitente Kranke bis zum Erbrechen gedreht wurden.[380] Stattdessen kam bei Erregungszuständen vermehrt die Zwangsjacke zum Einsatz.[381] Innerhalb der öffentlichen Anstalten existierten vier verschiedene Verpflegungsklassen. Während die vierte Klasse die sogenannte Normalklasse darstellte und die Kosten von den Kommunen beziehungsweise Provinzen bestritten wurden, waren die Pensionärsklassen (Klassen 1–3) den Selbstzahlern vorbehalten.[382] In den oberen Klassen konkurrierten die öffentlichen Anstalten mit privaten Einrichtungen und bemühten sich, diese für sie wichtige Einnahmequelle weiter aufrechtzuerhalten. So konnten gegen einen Aufpreis Zusatzleistungen hinsichtlich Unterkunft, Verpflegung und Behandlung angeboten werden.[383] Dennoch galt die Hausordnung auch für Kranke höheren Standes.

cc) Staatliche Revision der Anstalten

Schon im ALR waren die Anstalten der staatlichen Aufsicht unterworfen. Laut § 32, II, Tit. 19 ALR standen *„Armenhäuser, Hospitäler, Waisen- und Findel-, Werk- und Arbeitshäuser, […] unter dem besondern Schutze des Staats."* Hierunter fielen, wenngleich nicht explizit aufgezählt, auch die Einrichtungen für psychisch Kranke.[384] Neben dem Visitationsrecht zur Überwachung der

---

379 Beispiele bei *Augustin*, Die Königlich Preußische Medicinalverfassung, Bd. 6, S. 518 u. *Damerow*, Irren-Gesetze und Verordnungen in Preussen, Allgemeine Zeitschrift für Psychiatrie und psychisch-gerichtliche Medizin 1863 (Supplement Nr. 3), S. 1 (78).

380 Die anschließende Benommenheit der Kranken wurde dann irrigerweise als Entspannungszustand gedeutet (*Horn*, Öffentliche Rechenschaft über meine zwölfjährige Dienstführung, S. 238 ff.); *Kirchhoff*, Geschichte der Psychiatrie, S. 40. Spätestens mit Etablierung des „non-restraint-Prinzips" in den 1860–1880er Jahren fand diese Praxis ein Ende (vgl. oben S. 21).

381 *Brink*, Grenzen der Anstalt, S. 60.

382 *Blasius*, Der verwaltete Wahnsinn, S. 74; *Marinez*, Rechts- und Verwaltungsbestimmungen für psychisch Kranke und geistig Behinderte, S. 102; Für Ausstattung und Kosten der Pensionärsklassen vgl. exemplarisch die Bekanntmachung v. 01.05.1832 bzgl. der Heilanstalt Siegburg (abgedr. bei *Augustin*, Die Königlich Preußische Medicinalverfassung, Bd. 5, S. 338 ff.).

383 *Marinez*, Rechts- und Verwaltungsbestimmungen für psychisch Kranke und geistig Behinderte, S. 102.

384 *Eulenberg/Horn*, Das Medicinalwesen in Preussen, S. 26; *Pistor*, Öffentliches Gesundheitswesen in Preussen, S. 867; *Unger*, Die Irrengesetzgebung in Preussen, S. 182.

Einhaltung der geltenden Vorschriften (§ 39, II, Tit. 19 ALR) war von Staatswegen auf eine zweck- und vorschriftsmäßige Verwendung der Anstaltseinkünfte zu achten (§ 40, II, Tit. 19 ALR). Zuständig für die Anstaltsrevisionen war die Medizinalpolizei, eine spezielle mit der Verhütung von Krankheiten betraute Behörde, welche auf Provinzialebene dem Oberpräsidenten unterstand und damit letztlich in das Ressort des Medizinalministers fiel.[385]

Zu Beginn des 19. Jahrhunderts betrafen Revisionen vorwiegend die öffentlichen Anstalten.[386] Dabei waren die „wichtigeren" Anstalten, also Provinzial- und städtische Einrichtungen, gemäß § 47 der Instruktion vom 23. Oktober 1817 durch den Medizinalrat zu revidieren,[387] während die übrigen in den Zuständigkeitsbereich des Kreisphysikus fielen. In der Praxis sorgten jedoch konkurrierende (Partikular-)Regelungen für eine uneinheitliche Handhabung.[388] In jedem Fall hatte die Überprüfung aber unangekündigt stattzufinden. Mittels Runderlass weitete der Medicinal-Minister am 7. Mai 1859 die Überprüfungen auch auf private Anstalten aus.[389] Ausschlaggebend hierfür war vor allem die Furcht vor ungerechtfertigten Freiheitsberaubungen angeblich „Gemütskranker" und Übergriffen, die dort aufgrund der Staatsferne in noch höherem Maße als bei öffentlichen Anstalten bestand.[390] Mit der Kontrolle betraut waren erneut der Medizinalrat oder der Kreisphysikus. Um Kosten zu sparen, sollten die Kontrollen indes nur gelegentlich anderweiter Amtsgeschäfte, etwa der

---

385 Zu den Ressortverhältnissen s. Reskript v. 25.04.1826 (abgedr. bei *Pistor*, Das Gesundheitswesen in Preussen nach deutschem Reichs- und preussischem Landesrecht, Bd. 1, S. 66 f.). Umfassend zur Medizinalpolizei: *Möller*, Medizinalpolizei. Einen Sonderfall stellten das Charité Krankenhaus und die psychiatrische Klinik zu Halle dar: Sie unterstanden direkt dem Medicinal-Minister (*Ascher*, Beaufsichtigung der öffentlichen Irrenanstalten, Zentralblatt für Nervenheilkunde und Psychiatrie 1892, S. 193 (194)).

386 Siehe Ministerialerlass v. 07.05.1859 (abgedr. bei *Unger*, Die Irrengesetzgebung in Preussen, S. 147).

387 Auszug aus § 47 der Instruktion v. 23.10.1817 (abgedr. bei *Wegener*, Dienst-Instruktion vom 23. Oktober 1817, S. 332): *„Er muss die wichtigern Medicinal-Anstalten von Zeit zu Zeit revidieren"*. *Ascher* vermutet, dass diese Überprüfungen nur auf Anweisung des Oberpräsidenten bzw. der zuständigen Minister stattfanden (*Ascher*, Beaufsichtigung der öffentlichen Irrenanstalten, Zentralblatt für Nervenheilkunde und Psychiatrie 1892, S. 193 (195)).

388 Z. B.: Lt. Circularverfügung vom 11.04.1866 war der Kreisphysikus zur Revision auch der städtischen Anstalten verpflichtet (*Ascher*, Beaufsichtigung der öffentlichen Irrenanstalten, Zentralblatt für Nervenheilkunde und Psychiatrie 1892, S. 193 (195)).

389 Ministerialerlass v. 07.05.1859 (Fn. 386).

390 Vgl. Ministerialerlass v. 25.04.1862 (Fn. 96).

Apothekenvisitation, erfolgen. Die Überprüfungskriterien und -intervalle blieben dem Ermessen der Provinzialbehörden überlassen.[391]

Der preußische Staat war sich also im Grunde seiner Verantwortung durchaus bewusst, beließ es jedoch bei vagen Aufsichtsregelungen, die in der Praxis als Leitlinien für die Provinzialregierungen aufgefasst und je nach finanzieller und personeller Ausstattung höchst unterschiedlich durchgesetzt wurden. Damit blieb Preußen deutlich hinter seinen europäischen Nachbarn zurück.[392]

c) Entlassung und Nachsorge

„Ist die Gesamtheit der Erscheinungen verschwunden, welche den Begriff der Geistesstörung bilden, so ist die innere Freiheit wieder vorhanden- die Entlassung muss folgen.“[393] An dieser Feststellung des Psychiaters *Heinrich Laehr* aus dem Jahre 1852 ist auch aus heutiger Sicht nichts auszusetzen. Doch wann konnte die Gesamtheit der Störungen als verschwunden bezeichnet werden und vor allem: wer war zu einer solchen Diagnose berufen? Während die Aufnahmebedingungen, wie gesehen, eine zum Teil erhebliche Regelungsdichte aufweisen, bleibt der Entlassungskomplex auf provinzübergreifender Ebene gänzlich außen vor. So sind es die Anstaltsstatuten, die Antworten auf jene Fragen geben. Außer im naheliegenden Fall der vollständigen Genesung kam auch bei post-receptio diagnostizierter Unheilbarkeit die Entlassung aus einer Heilanstalt in Betracht – entweder in eine explizite Pflegeanstalt[394] oder, wenn möglich, in die Familienpflege.[395] Hinzu trat bei weit fortgeschrittener Heilung die Möglichkeit einer probeweisen Entlassung in die früheren Verhältnisse des Untergebrachten.[396]

---

391 Gutachten der wissenschaftlichen Deputation für das Medizinalwesen v. 13.01.1886 (abgedr. bei *Unger,* Die Irrengesetzgebung in Preussen, S. 148 ff.).

392 Dem Gutachten der wissenschaftlichen Deputation für das Medizinalwesen v. 13.01.1886 (Fn. 391) zufolge, existierten in Großbritannien, Belgien und Frankreich bereits detaillierte Revisionsbestimmungen (*Unger,* Die Irrengesetzgebung in Preussen, S. 151).

393 *Laehr*, Über Irrsein und Irrenanstalten, S. 207.

394 Siehe oben S. 56 (Fn. 216 m.w.N.); S. 58.

395 Dass es sich hierbei um eine anerkannte Praxis handelte, zeigt der Statistikbogenvordruck aus dem Jahre 1851 (abgedr. bei *Damerow,* Irren-Gesetze und Verordnungen in Preussen, Allgemeine Zeitschrift für Psychiatrie und psychisch-gerichtliche Medizin 1863 (Supplement Nr. 3), S. 1 (56 f.). Dabei kam sowohl die eigene als auch eine fremde Familie in Betracht (vertiefend hierzu S. 104 f. m.w.N.).

396 Exemplarisch hierfür § 15 des Reglements für die Greifswalder Anstalt v. 31.01.1836 (abgedr. bei *Zeller,* Systematisches Lehrbuch der Polizeiwissenschaft, S. 519).

Schließlich konnte die Entlassung entweder auf Betreiben des gesetzlichen Vertreters[397] oder bei freiwilligen Pensionären auf Verlangen des Betroffenen selbst geschehen.[398] Ungeachtet der Unterschiede im Detail, legten die Regularien aber übereinstimmend die Entlassungsentscheidung in das Ermessen des Anstaltsleiters. Seine Einschätzung war maßgeblich für den weiteren Verlauf des Verfahrens.[399] Teilweise beruhte die Entlassung auf der Einzelentscheidung des Direktors, meist war indes noch eine behördliche Mitwirkung erforderlich, sei es die des Landeshauptmanns oder aber wie in Schlesien der provinzialständischen Kommission.[400] In praktischer Hinsicht legen zeitgenössische Beobachtungen die Vermutung nahe, dass dieser letzte Schritt oft als bloße Formalität betrachtet wurde.[401]

Waren erst einmal die Entscheidungen über die Entlassung und den zukünftigen Wohnort des Betroffenen gefällt, sahen die Statuten eine behördliche Meldung vor, meist an die jeweilige Ortspolizeibehörde,[402] welche gemäß der Generalklausel des § 10, II, Tit. 17 ALR auch für die Nachsorge zuständig war, also für die Kontrolle etwaiger Entlassungsauflagen sowie für die Sicherstellung eines adäquaten Umganges mit dem Genesenen. Dabei durfte die Polizei den Entlassenen nicht über Gebühr beaufsichtigen, sondern war stets an das ärztliche Gutachten gebunden.[403] Bei wiederkehrenden psychiatrisch relevanten

397 Die Möglichkeit der Entlassung auf Betreiben der Familie oder des Vormundes fand sich bspw. in § 14 des Statuts für die Neuruppiner Anstalt v. 16.04.1802 (abgedr. bei *Zeller*, Systematisches Lehrbuch der Polizeiwissenschaft, S. 154 ff.): „*Wird ein Irre von seinen Verwandten oder Vormündern aus dem Irrenhause zurückverlangt; so soll dieses zwar nachgegeben werden, wenn sie nachweisen und versprechen, daß sie auf andere Art für dessen sichere Bewachung und noch mögliche Heilung hinlänglich sorgen können und wollen.*“.

398 Letzteres galt indes nur, solange der freiwillige Pensionär in vollem Besitz seiner freien Willenskräfte war (*Erlenmeyer*, Unser Irrenwesen, S. 76); vgl. auch unten S. 89.

399 *Rittershaus*, Die Irrengesetzgebung in Deutschland, S. 36; *Brink*, Grenzen der Anstalt, S. 52.

400 *Rittershaus*, Die Irrengesetzgebung in Deutschland, S. 36; für Schlesien vgl. Instruktion v. 08.03.1833 (abgedr. bei *Augustin*, Die Königlich Preußische Medicinalverfassung, Bd. 6, S. 526).

401 Siehe *Rittershaus*, Die Irrengesetzgebung in Deutschland, S. 36.

402 Z.B.: § 15 des Reglements für die Greifswalder Anstalt v. 31.01.1836 (Fn. 396); § 14 des Statuts für die Neuruppiner Anstalt v. 16.04.1802 (Fn. 397). Diese Aufgabe konnte auch an den Physikus delegiert werden.

403 *Nasse*, Vorschläge zur Irrengesetzgebung, S. 7 f.

Symptomen oblag ihr eine Meldepflicht an den Arzt.[404] Trotz der in Verwaltungskreisen befürchteten Sicherheitsrisiken durch eigenmächtige ärztliche Entlassungen „gemeingefährlicher Geisteskranker", stand der Polizei im vorkaiserlichen 19. Jahrhundert kein Vetorecht gegen die Entscheidung des Anstaltsleiters zu.[405]

Sofern der Betroffene im Zuge seiner psychischen Erkrankung kraft „Wahn- und Blödsinnigkeitserklärung" entmündigt worden war, musste dies nach seiner Genesung durch das Vormundschaftsgericht wieder aufgehoben werden (§ 815 II, Tit. 18 ALR).[406]

7) Rechtsschutzmöglichkeiten

Die Rechtsschutzmöglichkeiten gegen eine Unterbringung stellten sich im Untersuchungszeitraum noch als ausgesprochen lückenhaft dar.[407] Auch unkonventionelle „Verteidigungsmittel", etwa die gezielte Beeinflussung der öffentlichen Meinung durch Herausgabe von Schriften, waren daher keine Seltenheit, wie die von der Historikerin *Brink* als „frühe Irrenhausskandale" bezeichneten Fälle Mitte des 19. Jahrhunderts zeigen.[408] Entscheidend kam es darauf an, auf welchem Wege die Kranken in die Anstalt gelangten: Durch ein zivilgerichtliches Urteil, auf polizeiliche Veranlassung oder als sogenannte freiwillige Pensionäre.

a) Unterbringung durch zivilgerichtliches Urteil

Die dem Richter in § 13, II, 18. Tit. ALR auferlegte Prüfungspflicht des Geisteszustandes der betroffenen Person wurde durch das Verfahren zur Feststellung ihrer „Wahn- und Blödsinnigkeit" verkörpert.[409] Gegen das Erkenntnis konnten weder der „Geisteskranke" noch seine Verwandten direkt vorgehen (§ 8, Tit. 38 AGO). Der Kurator indessen war befugt, aus eigenem Anlass oder auf Verlangen des Betroffenen nach § 8, Tit. 38 AGO die ordentlichen Rechtsmittel – wenn

---

404 Um in derartigen Fällen rasch einschreiten zu können, erleichterten die Statuten die erneute Aufnahme von entlassenen Patienten.

405 *Brink*, Grenzen der Anstalt, S. 52 f.; *Klaeden*, Das Recht der Verwahrung und Unterbringung, S. 63.

406 Hierzu näher *Arnold*, Das gerichtliche Verfahren gegen Geisteskranke und Verschwender, S. 67 ff.; *Temme*, Das preussische Vormundschaftsrecht, S. 194 f.

407 Thematisiert wird dieser Punkt vor allem in den Schriften der sog. Irrenrechtsreformer (etwa bei *Schroeder*, Das Recht im Irrenwesen, S. 47 ff.).

408 *Brink*, Grenzen der Anstalt, S. 36 ff.

409 Hierzu schon auf S. 73.

auch ohne Suspensiveffekt – einzulegen. Mit Abschaffung der „Wahn- und Blödsinnigkeitserklärung“ als zwingende Unterbringungsvoraussetzung 1850 entfiel auch diese Rechtsschutzmöglichkeit.

Gegen die auf Betreiben des Vormundes veranlasste Unterbringung standen dem Mündel keine speziellen Rechtsmittel zur Verfügung. Nach herrschender Rechtsauffassung berührte selbst das Fehlen einer gerichtlichen Genehmigung nicht die Wirksamkeit der Unterbringung.[410] Denkbar war allenfalls eine Meldung an das Vormundschaftsgericht wegen vermuteter Kompetenzüberschreitung beziehungsweise Handeln gegen das Wohl des Mündels nach § 243, II, Tit. 18 ALR.

b) Unterbringung durch Polizei

Mit zunehmender Dominanz der Polizei im Unterbringungsrecht, änderten sich für den Kranken auch die Rechtsschutzmöglichkeiten gegen diese nunmehr als Polizei- beziehungsweise Verwaltungssachen klassifizierten Maßnahmen.

Die Annahme, die Verwaltung folge klaren rechtlichen Grundsätzen und halte ausreichenden Rechtsschutz bereit, trifft auf einen Rechtsstaat zu, nicht aber auf einen Polizeistaat wie Preußen im 18. und 19. Jahrhundert. Obrigkeit und Untertan verband auf dem Gebiet der Exekutive ein „besonderes Gewaltverhältnis“. Die Rechtmäßigkeit des Verwaltungshandelns zu überprüfen war nicht Sache der Gerichte, sondern die der Kriegs- und Domänenkammern. Einziges Rechtsmittel für den Betroffenen war daher die Dienstaufsichtsbeschwerde bei der vorgesetzten Behörde beziehungsweise, in letzter Instanz, dem zuständigen Minister.[411] Jene als Kameral- oder auch Administrativjustiz bezeichnete verwaltungsinterne Selbstkontrolle, wurde von Vertretern des sogenannten Justizstaats stark kritisiert.[412] Die Forderungen nach einer unabhängigen Kontrollinstanz auf dem Gebiet des Verwaltungsrechts, sofern dieses bereits als eigenständige Materie betrachtet wurde,[413] kulminierten in § 182 der Paulskirchenverfassung von 28. März 1849, wonach die ordentlichen Gerichte fortan zuständig sein

410 Vgl. oben S. 76 (m.w.N.); zur Haftbarkeit des Vormundes siehe §§ 275 ff., II, Tit. 18 ALR.

411 *Drews*, Vom Ausbau der preussischen Verwaltungsgerichtsbarkeit, Zeitschrift für die gesamte Staatswissenschaft 1924, S. 586 (587).

412 *Hufen*, Verwaltungsprozessrecht, S. 25.

413 Zur Entstehung des Verwaltungsrechts als Wissenschaft *Badura*, Das Verwaltungsrecht des liberalen Rechtsstaates, S. 15 ff.; *Karst*, Der Fiskus im liberalen Rechtsstaat, S. 79 ff.

sollten.[414] Wenngleich die Paulskirchenverfassung scheiterte, blieb die Absage an die Kameraljustiz lebendig. In dieser Phase bildeten *Otto Bähr* (1817–1895) und *Rudolf von Gneist* (1816–1895) den Zenit des wissenschaftlichen Diskurses. Obschon beide als Liberale den Status quo ablehnten, unterschieden sich ihre Vorstellungen im Detail: In seiner Schrift „Der Rechtsstaat" (1864) favorisierte *Bähr* die Übertragung der Verwaltungssachen an die ordentlichen Gerichte, währenddessen *von Gneist* für eine eigenständige Verwaltungsgerichtsbarkeit eintrat.[415] Zwar gab es in Preußen durchaus justizstaatliche Tendenzen, wie etwa die Verordnung vom 26. Dezember 1808,[416] wonach unter anderem für Polizeiverwaltungssachen der Rechtsweg zu den ordentlichen Gerichten eröffnet sein sollte, indes wurde dieser Grundsatz durch stetige Aushöhlungen zur Ausnahme herabgestuft.[417] Schließlich hob das Gesetz vom 11. Mai 1842 den Rechtsweg gegen polizeiliche Verfügungen gänzlich auf.[418] Dem Betroffenen blieb hier allenfalls ein Entschädigungsanspruch („dulde und liquidiere"). Dieser kameralistischen Tendenz konnte in Preußen erst 1872 durch Errichtung einer eigenständigen Verwaltungsgerichtsbarkeit nach dem Vorbild von Gneists Einhalt geboten werden.[419]

Demnach war ein Rechtsschutz gegen polizeiliche Einweisungen spätestens seit 1842 wenig bis gar nicht existent, sodass Kranke und deren Familien diesen nunmehr noch schutzloser gegenüberstanden als dem Urteil des Richters.[420]

---

414 „*Die Verwaltungsrechtspflege hört auf; über alle Rechtsverletzungen entscheiden die* [ordentlichen] *Gerichte*"; Sydow sieht hierin die Geburt der modernen Verwaltungsgerichtsbarkeit (*Sydow*, Die Revolution von 1848/49 – Ursprung der modernen Verwaltungsgerichtsbarkeit, Verwaltungsarchiv 2001, S. 389).

415 *Hufen*, Verwaltungsprozessrecht, S. 26 f.

416 PrGS 1806/10 S. 464 ff. § 14 beendete jede Rechtspflege der Landespolizei- und Finanzbehörden und übertrug diese den ordentlichen Gerichten. §§ 38, 40 betrafen speziell Polizeisachen. Ausführlich: *Rüfner*, Verwaltungsrechtsschutz in Preußen von 1749 bis 1842, S. 126 ff.

417 *Karst*, Der Fiskus im liberalen Rechtsstaat, S. 92 ff.; *Keller*, Verwaltungsgerichtsbarkeit, Sp. 880; *Rüfner*, Verwaltungsrechtsschutz in Preußen von 1749 bis 1842, S. 146 ff.

418 PrGS S. 192 ff.

419 Auf Gesamtdeutschland bezogen war das Großherzogtum Baden mit seinem Verwaltungsgerichtshof 1863 Vorreiter dieser Entwicklung.

420 *Brink*, Grenzen der Anstalt, S. 52; *Marinez*, Rechts- und Verwaltungsbestimmungen für psychisch Kranke und geistig Behinderte, S. 52 („*Der rechtliche Schutz* [...] *existiert nur theoretisch, resultierend aus der auffälligen Verflechtung von Psychiatrie, Polizei und Justiz im Preußischen Staat.*").

Gegen den von der Ortspolizeibehörde unter Umständen zu führenden „Gemeingefährlichkeitsnachweis" existierten keine besonderen Rechtsmittel.

c) Freiwillige Pensionäre

Einen Sonderfall stellte die freiwillige Unterbringung dar. Wie die frühen „Irrenhausskandale" des 19. Jahrhunderts belegen,[421] bestand auch hier ein Rechtsschutzbedürfnis. Freiwilligen Pensionären konnte, wie gesehen, der Entlassungswunsch grundsätzlich nicht abgeschlagen werden, es sei denn es existierten Gründe, die einer Internierung wegen „Geisteskrankheit" genügt hätten. In diesem Fall wandelte sich der vormals freiwillige Aufenthalt in einen unfreiwilliger Natur und das übliche Verfahren zur Aufnahme „Geisteskranker" wurde eingeleitet. Hiergegen standen dem Betroffenen die in den vorangehenden Punkten erwähnten – begrenzten – Rechtsmittel zur Verfügung.

8) Fazit

Die vorangegangenen Erläuterungen belegen deutlich eine hohe Regelungsdichte in allen Stadien der Unterbringung „Geisteskranker" zwischen 1794 und 1871. Den materiell-gesetzlichen Rahmen bildete das ALR. Es definierte „Rasende" und „Wahnsinnige" (§§ 27 ff., I, Tit. 1 ALR) und statuierte eine – wenn auch subsidiäre – Fürsorgepflicht des Staates (§ 10, II, Tit. 17 und § 344, II, Tit. 18 ALR), die sich auch im polizeilichen Recht des ersten Angriffs widerspiegelte (§ 12, II, Tit. 17 ALR). In prozessualer Hinsicht sah die AGO eine gerichtliche „Wahn- und Blödsinnigkeitserklärung" als zwingende Unterbringungsvoraussetzung vor (§§ 1–8, I, Tit. 38 AGO). Konkretisiert beziehungsweise durchbrochen wurde dieser Rahmen durch den Verordnungsgeber. Diverse Erlasse widmeten sich der Aufnahme und Entlassung, der Anstaltsrevision sowie der Aufgabenverteilung zwischen Polizei und Gericht. Bei öffentlichen Anstalten blieb eine detaillierte Regelung dieser Komplexe den einzelnen Reglements vorbehalten. Hinzu traten Spezialgesetze, wie das Gesetz zum Schutz der persönlichen Freiheit oder das Gesetz über die Polizeiverwaltung. Es zeichnet sich so das Bild eines Normengeflechts, das aufgrund seiner vielen Einzelnormierungen an Systematik und Übersichtlichkeit verlor.

---

421 Bezug nehmend auf die Causae Gabe, von Koch und Facklam, dargestellt bei *Brink*, Grenzen der Anstalt, S. 36 ff.

Dieser Umstand erschwert zunächst die Suche nach dem Ursprung der zivilrechtlichen Unterbringung,[422] doch können als Ausgangspunkt die §§ 342, 341, II, Tit. 18 ALR dienen, wonach dem Vormund das Aufsichtsrecht über einen „Wahn- und Blödsinnigen" zukam, was zudem stillschweigend die Anstaltsunterbringung implizierte. Dabei wurden dem Vormund unter Rückgriff auf die Vorschriften der elterlichen Gewalt auch Zwangsbefugnisse zuteil. Die nähere Ausgestaltung des Verfahrens fand, wie gesehen, auf Erlass- und Anstaltsebene statt.

Eine Differenzierung nach Gefährdungsarten hatte sich bereits im vorkaiserlichen 19. Jahrhundert etabliert. Allerdings war diese rein begrifflicher Natur und bedingte nicht unmittelbar die Zuständigkeit des Vormundes oder der Behörde. So war der Vormund gemäß § 341, II, Tit. 18 ALR angehalten, sowohl Selbst- als auch Fremdgefährdungen des Mündels zu verhindern und konnte demnach auf beide Fälle die Unterbringung stützen. Vermag diese Zweigleisigkeit aus heutiger Sicht gegen die Grundprinzipien des Betreuungsrechts verstoßen, stellte sie im Untersuchungszeitraum keinen Widerspruch dar. Ausschlaggebend hierfür war ein repressives Fürsorgeverständnis, wonach der Staat durch die Person des Vormundes auf den „Geisteskranken" einwirkte und so seine Vorstellungen einer angepassten und leistungsfähigen Gesellschaft realisierte.[423] Mittelbaren Einfluss auf die Unterbringung entfaltete eine Differenzierung nach Gefährdungsarten allerdings durch das Einfallstor der „Gemeingefährlichkeit".[424] Es ließ die Betroffenen in ein verschärftes Verfahren eintreten, welches seit 1867 die Polizeizuständigkeit begründete und für eine Beschleunigung der Unterbringungsprozedur sorgte.[425] Auf Kostenebene erlangte die Unterscheidung zwischen Selbst- und Fremdgefährdung erst mit Inkrafttreten des Unterstützungswohnsitzgesetzes am 1. Juli 1871 Relevanz.[426]

Neben dem Vormund war ferner die Polizeibehörde unterbringungsberechtigt. Die Generalklausel des § 10, II, Tit. 17 ALR ließ hier, über die Unterbringung

422 Es sei hier an die eingangs (S. 30) festgelegten Kriterien einer zivilrechtlichen Unterbringung erinnert: (1.) Freiheitsentziehung (2.) durch gesetzl. Vertreter (3.) wg. Selbstgefährdung des Kranken und (4.) eine gewisse Selbstständigkeit dieses Verfahrens gegenüber der Unterbringung aus sicherheitspolizeilichen Gesichtspunkten.

423 Siehe § 235, II, Tit. 18 ALR: *„In allen diesen Beziehungen sind die Vormünder als Bevollmächtigte des Staats anzusehn"*.

424 Ob auch Selbstgefährdung eine Gemeingefahr begründen konnte, war zunächst umstritten, wurde jedoch in der zweiten Hälfte des 19. Jahrhunderts bejaht.

425 Oben S. 35.

426 Hierzu unten S. 134. Allgemein zum Unterstützungswohnsitzgesetz siehe auch S. 106.

aus Drittinteressen hinaus, Raum für eine Einweisung bei Selbstgefährdung. Sofern der Vormund rechtzeitig und in zumutbarer Weise die Gefahr abwenden konnte, war die polizeiliche Unterbringung subsidiär (arg. ex § 344, II, Tit. 18 ALR), sodass sich in der Theorie durchaus ein eigenständiger Anwendungsbereich der vormundschaftlichen Unterbringung feststellen lässt. Praktisch betrachtet, ließen die Staatsnähe des Vormundes und die Polizeizuständigkeit bei „Gemeingefahr" allerdings die Grenzen verwischen.

Es wird also deutlich, dass sich mit dem Rückhalt der vormundschaftlichen (Zwangs-) Einweisung im Gesetz eine Unterbringung nach den eingangs aufgestellten modernen Unterbringungskriterien jedenfalls im Ansatz zeigte. Sie blieb allerdings aufgrund der Zuständigkeit des Vormundes bei Selbst- und Fremdgefährdungen gleichermaßen sowie der fehlenden praktischen Trennschärfe zur polizeilichen Unterbringung in einem frühen Entwicklungsstadium stehen.

II) Das Kaiserreich

1) Allgemeinhistorische Einbettung

Nach dem militärischen Erfolg gegen Österreich 1866 bildete der Norddeutsche Bund zunächst ein Provisorium auf dem Weg zur Reichsgründung, die nach dem Beitritt der süddeutschen Länder schließlich am 18. Januar 1871 vollzogen wurde. Charakteristisch für das Reich war dessen militärisch wie politisch untrennbare Verbindung mit Preußen. Die Kaiserwürde kam, so sah es die Verfassung in Art. 11 Absatz 1 vor, dem preußischen König und damit *Wilhelm I.* zu.[427] Ihm einzig verpflichtet war der Reichskanzler, zugleich preußischer Ministerpräsident. Dieses zentrale Amt bekleidete bis 1890 *Otto von Bismarck*. Seine Regierung war im Innern ausgeprägt konservativ, was sich in dem Kampf gegen den Katholizismus sowie den Sozialismus manifestierte. Hier galt es, die führende Rolle des Staates zu verteidigen – einerseits gegen die nach Rom ausgerichtete katholische Kirche[428] und andererseits gegen „staatszersetzende Bestrebungen", die der SPD angelastet wurden. Auf europäischer Ebene tat sich *Bismarck* durch seine behutsame und defensive Bündnispolitik hervor, die ihm den Beinamen des „ehrlichen Maklers" einbrachte[429].

---

427 Verfassung des Deutschen Reichs v. 16.04.1871 (RGBl. S. 63 ff.).

428 Zu den sog. Kulturkampfgesetzen vgl. *Gmür/Roth*, Grundriss der deutschen Rechtsgeschichte, S. 169 f.

429 Nach dem Tode Wilhelms I. im Jahre 1888 wurde der damals 29-jährige Wilhelm II. deutscher Kaiser und König von Preußen. Er brachte das Reich mit imperialer Machtpolitik und impulsivem Handeln auf einen neuen Kurs (sogenannte

Der industrielle Aufschwung in den Gründerjahren (1871–1890) und damit die endgültige Wandlung vom Agrar- zum Industriestaat veränderte die preußische Gesellschaft nachhaltig. Die Masse der lohnabhängigen Industriearbeiter, das sogenannte Industrieproletariat, stellte nunmehr die größte gesellschaftliche Gruppe dar, deren Verelendung die vereinzelten kommunalen Unterstützungsleistungen oder die innerbetrieblichen Fürsorgeangebote jedoch nicht aufhalten konnten.[430] In der Folge wandte sich die unzufriedene Arbeiterklasse verstärkt der Sozialdemokratie zu, die ihre Tätigkeit nach dem Sozialistengesetz 1878 in den Untergrund verlagern musste. Um dennoch das Vertrauen der Massen zu gewinnen und diese nachhaltig an den Staat zu binden, führte *Bismarck* 1883–1889 eine Kranken-, Unfall- sowie schließlich eine Alters- und Invalidenversicherung ein.[431] Dies kennzeichnete den Beginn des modernen Sozialstaats, der allerdings unter der Last des Ersten Weltkrieges an seine Grenzen geriet.[432]

Die Reichsgesetzgebung führte auf den zentralen Rechtsgebieten schrittweise eine Rechtseinheit herbei.[433] Zu nennen sind die Prozessgesetze mit ihren Straf- und Zivilprozessordnungen und dem Gerichtsverfassungsgesetz, das Reichsstrafgesetzbuch (allesamt in Kraft getreten 1879) und schließlich das Bürgerliche Gesetzbuch (1900). Auf Landesebene ist die 1875 herbeigeführte Änderung des preußischen Vormundschaftsrechts durch die Vormundschaftsordnung zu nennen, die später größtenteils in das BGB integriert wurde.

2) Wahrnehmung von „Geisteskrankheit“

Die tief greifenden gesellschaftlichen Umwälzungen, die sich besonders in dem Klassengegensatz zwischen Bürgertum und Arbeiterschaft widerspiegelten sowie die staatliche Fürsorge auf dem Gebiet der „Armen- und Geisteskrankenpflege“ veränderten die Wahrnehmung von „Geisteskrankheit“ allenthalben. Das Emporschnellen der „Irrenzahlen“ in Preußen, wie auch im gesamten Reich, kann jedoch nicht auf einen einzigen Grund reduziert werden. Insbesondere

wilhelminische Epoche) und überwarf sich alsbald mit Bismarck, was 1890 zu dessen Entlassung führte.

430 Die Faktoren der Proletarisierung ausführlich darstellend: *Sachße/Tennstedt*, Geschichte der Armenfürsorge in Deutschland, Bd. 1, S. 188 f. Den speziellen Erfordernissen der Geisteskrankenpflege trugen die Bismarck'schen Sozialgesetze indes nur in den wenigsten Fällen Rechnung, wie *Brink* aufzeigt (Grenzen der Anstalt, S. 113 f.).

431 Weiterführend *Gmür/Roth*, Grundriss der deutschen Rechtsgeschichte, S. 177 ff.

432 *Sachße/Tennstedt*, Geschichte der Armenfürsorge in Deutschland, Bd. 1, S. 46; *Walter*, Psychiatrie und Gesellschaft in der Moderne, S. 155.

433 *Mitteis/Lieberich*, Deutsche Rechtsgeschichte, S. 542.

kann hierfür nicht der seinerzeit von Ärzten bemühte Erklärungsansatz des gesteigerten Vertrauens in das Anstaltswesen fruchtbar gemacht werden[434] – zu deutlich überschatteten „Irrenskandale" und die hierdurch auf den Plan gerufene Reformbewegung die Zeit.

Begriffe wie „Anstaltsboom" oder „Hospitalisierungsschub" prägen die Psychiatriegeschichte des Kaiserreichs.[435] Bei der Suche nach konkreten Zahlen die behördlichen Statistiken ist für Preußen zunächst zwischen der Anstalts- und der „Gesamtirrenstatistik" zu differenzieren. Letztere umfasste auch die außerhalb der Anstalten Lebenden und stützte sich dazu auf amtsärztliche Zählungen. Mangels einheitlicher Erhebungsverfahren und psychiatrischer Fachkenntnisse der durchführenden Personen, blieb die „Gesamtirrenstatistik" ein bloßes Behördeninternum,[436] dem auch vorliegend keine weitergehende Beachtung geschenkt werden soll. Aussagekraft kommt damit allein der Anstaltsstatistik zu. Auswertungen des Historikers *Dirk Blasius* belegen für den Zeitraum 1880–1910 in Preußen einen relativen Anstieg untergebrachter „Geisteskranker" um 263 Prozent.[437] Mit Kriegsausbruch 1914 wuchs aber auch deren Sterblichkeitsrate in ungeahnte Höhen.[438] Grund dafür waren Versorgungs- und Personalengpässe, deren Lösung den Anstaltsdirektoren weitestgehend selbst überlassen wurde.[439]

Besonders für die wilhelminische Zeit gilt die Untrennbarkeit von Psychiatrie- und Gesellschaftsgeschichte. Der durch die Industrialisierung einsetzende Verstädterungsprozess und das Bevölkerungswachstum veränderten die Familienstruktur nachhaltig. In den Ballungsgebieten prägten kleinere Familienverbände und eine zunehmende Zahl von Einzelhaushalten das Bild. Innerhalb der Arbeiterschaft fehlte es somit oft bereits an den existentiellen Voraussetzungen für die Verpflegung eines „geisteskranken" Familienmitgliedes. Doch auch im Bürgertum mit seinem Streben nach *„Privatheit, Dienstpersonal und sichtbarem Wohlstand"*[440], so der Historiker *Bernd Walter*, schien den „Geisteskranken"

---

434 Statt vieler: *Wilmanns,* Die Zunahme der anstaltsbedürftigen Geisteskranken in Baden und ihre Ursachen, Zeitschrift für die gesamte Neurologie und Psychiatrie 1911, S. 617 (625).

435 Literaturnachweise oben S. 21 (Fn. 15).

436 *Blasius*, Der verwaltete Wahnsinn, S. 78; mit (umstrittenen) Zahlen etwa *Prinzing*, Handbuch der medizinischen Statistik, S. 168.

437 Mit detaillierten Zahlen – auch für die übrigen Bundesstaaten: *Blasius*, Der verwaltete Wahnsinn, S. 76 ff.

438 Zahlen bei *Walter*, Psychiatrie und Gesellschaft in der Moderne, S. 155 ff.

439 *Walter*, Psychiatrie und Gesellschaft in der Moderne, S. 160 f.

440 *Walter*, Psychiatrie und Gesellschaft in der Moderne, S. 125.

ein Platz keinesfalls gesichert. Insgesamt bestand daher ein gesellschaftliches Bedürfnis nach einer Anstaltsunterbringung dieser Personen, die nicht mehr wie früher als einzelne bemitleidenswerte Individuen wahrgenommen wurden,[441] sondern in ihrer Masse das gesellschaftliche Elend versinnbildlichten.[442] Die Intervention des Staates erfolgte in Form der Novelle des Unterstützungswohnsitzgesetzes (UWohnG) vom 11. Juli 1891, indem er die „Geisteskrankenfürsorge" als eigenständige Pflichtaufgabe den Provinzialverbänden übertrug, an deren Vollzug der jeweilige Ortsarmenverband und Landkreis sich anteilig zu beteiligen hatten.[443] Mit den Worten des Historikers *Bernd Walter* stellte die Novelle *„das bürokratische Vollzugsmittel eines veränderten gesellschaftlichen Verhältnisses zum Geisteskranken dar."*[444] „Geisteskrankheit" wurde als eigenständiges Problem wahrgenommen, dem nicht mit den herkömmlichen Mitteln der „Armenfürsorge" beizukommen war. Dass sich der Staat hierbei überwiegend auf sicherheitspolizeiliche Erwägungen stützte, zeigt schon sein Bemühen, die außerhalb der Anstalten lebenden „Geisteskranken" namentlich zu erfassen, um so einen Überblick über das *„latente Wahnsinnspotential"*[445] der Bevölkerung zu erlangen. Je nach Region oblag Amtsärzten und/oder Polizeibehörden eine Anzeigepflicht hinsichtlich der in ihrem Bezirk lebenden „Geisteskranken".[446] Die durch das UWohnG herabgesenkte finanzielle Schwelle wirkte als Katalysator für den festgestellten Hospitalisierungsschub und vergrößerte damit zugleich die gesellschaftliche Ausgrenzung psychisch Kranker.[447] An diesem

---

441 Oben S. 54.

442 *Walter,* Fürsorgepflicht und Heilungsanspruch, S. 74; *Güse/Schmacke*, Psychiatrie zwischen bürgerlicher Revolution und Faschismus, S. 154; *Küster/Kersting,* Quellen zur Geschichte der Anstaltspsychiatrie, Bd. 2, S. 2.

443 Hierzu auch unten S. 106.

444 *Walter,* Fürsorgepflicht und Heilungsanspruch, S. 77.

445 *Blasius*, „Einfache Seelenstörung", S. 87.

446 Vgl. nur die Erlasse v. 03.07.1896 (abgedr. bei *Unger,* Die Irrengesetzgebung in Preussen, S. 160 f.) u. v. 03.02.1902 (siehe *Moeli,* Die Fürsorge für Geisteskranke, S. 66). Ausführlich zur Einflussnahme der preußischen Bürokratie auf die „Geisteskranken" außerhalb der Anstalt: *Blasius*, „Einfache Seelenstörung", S. 86 ff. *„Am Ende"*, so der Autor, *„interagierte der Irre weniger mit dem Arzt als mit der Polizei"* (*Ders.* „Einfache Seelenstörung", S. 87). Aus zeitgenössischer Sicht: *Fischer,* Gesundheitsaufsicht bei Geisteskranken außerhalb der Anstalten, Halbmonatsschrift für soziale Hygiene 1913, S. 333.

447 So auch *Foucault*, Wahnsinn und Gesellschaft, S. 76 ff. Welche Faktoren im Einzelnen neben Kostengesichtspunkten ausschlaggebend waren, ein Familienmitglied unterzubringen, ist Gegenstand lokalhistorischer Forschungen (z.B. bei *Beyer* für Klingenmünster in der Pfalz [Von der „Kreis-Irrenanstalt" zum Pfalzklinikum], *Braun* für

Schicksal vermochte oftmals selbst die Anstaltsentlassung als genesen oder gebessert nichts zu ändern – zu zweifelhaft erschien landläufig die Therapierbarkeit seelischer Leiden.

In der Tat standen die Ärzte zum Ende des 19. Jahrhunderts ihren Patienten oft hilflos gegenüber. Die hinter den Leiden vermuteten hirnanatomischen und physiologischen Störungen reduzierten den Kranken auf die Dimension eines bloßen Untersuchungsgegenstandes, dessen eigene Lebensgeschichte im Rahmen der Therapie nur von untergeordneter Bedeutung war.[448] Unverändert blieb der verobjektivierte Blickwinkel auch unter der sogenannten klinischen Schule, ein sich gegen die Hirnorientierung in der Psychiatrie richtender Entwurf, dessen Hauptaugenmerk auf der Beobachtung des Krankheitsverlaufs lag. Unter *Emil Kraepelin* (1859–1926) konnte sich diese Strömung in der Psychiatrie über Deutschlands Grenzen hinaus etablieren. Mit seiner Unterscheidung von exogenen und endogenen Psychosen legte er zugleich den Grundstein der Systematisierung psychischer Störungen.[449] Der Anstaltsarzt war zwar aufgrund seiner Studien nun in der Lage, den Krankheitsverlauf zu prognostizieren, konnte aber mangels Kausalkenntnis keine rationale Therapie anbieten und stellte daher die Pflege in den Vordergrund.[450] Pessimistisch resümiert der preußische Psychiater *Georg Dobrik*: *„Wir wissen viel und können wenig“*[451].

In die Debatte um Behandlungsmöglichkeiten und Ausrichtung der „Geisteskrankenfürsorge“ mischte sich gegen Ende des 19. Jahrhunderts die These von der Erblichkeit der „Geisteskrankheiten“[452] und erweitere den psychiatrischen Blickwinkel vom kurativen auf den außerhalb der Anstalt liegenden präventiven

---

Hofheim und Siegburg [Heilung mit Defekt], *Braum* für Frankfurt a.M. [vom Tollhaus zum Kastenhospital], *Hess* für Straßburg [Einige Mittheilungen über die Behandlung der Geisteskranken bis zu ihrer Aufnahme in die Anstalt]; *Schaffer* für Köln [Fürsorge für Geisteskranke]). Nach *Brink* spielten die gesellschaftliche Stellung, der Störungsgrad und die hierdurch geminderte Erwerbsfähigkeit sowie Alter und Geschlecht eine tragende Rolle (Grenzen der Anstalt, S. 117). Bezogen auf die Niederlande siehe auch *Vijselaar*, Out and In, S. 282.

448 *Ackerknecht*, Kurze Geschichte der Psychiatrie, S. 73 f.; *Walter*, Psychiatrie und Gesellschaft in der Moderne, S. 130.

449 *Kraepelin*, Psychiatrie.

450 Kritisch hierzu: *Scholz*, Noch einmal: Die Heilungsaussichten in der Irrenanstalt, Psychiatrisch-neurologische Wochenschrift 1908, S. 177.

451 *Dobrick*, Ketzergedanken eines Psychiaters, Psychiatrisch-neurologische Wochenschrift 1910, S. 383 (393).

452 *Kornfeld*, Criterien der geistigen Gesundheit, Friedreichs Blätter für gerichtliche Medizin und Sanitätspolizei 1877, S. 3 (12).

Bereich.[453] Für die eugenisch argumentierenden Ärzte, wie den Begründer der Sozialhygiene *Alfred Grotjahn* (1869–1931), stand daher die Vermeidung unerwünschten Nachwuchses an oberster Stelle.[454]

3) Missstände und „Irrenrechtsreformbewegung"

„Am Ende des Jahres 1910 blickte die deutsche Ärzteschaft auf ein Jahrzehnt voll schwerer Kämpfe zurück. Von Jahr zu Jahr sich verschärfend, vollzieht sich in der Gegenwart ein gewaltiges Ringen der Ärzte um Ansehen, Freiheit und Existenz, und mancher Arzt schaut voll banger Sorge um sich und seinen Stand in die Zukunft."[455] Deutliche Worte gebrauchte der Psychiater *Bernhard Beyer* für die Krise, in der sich die noch junge Spezialdisziplin Psychiatrie befand. Ursächlich waren innere Zerwürfnisse über die wissenschaftliche Ausrichtung und Therapiemethoden[456] sowie die vehemente Kritik seitens Einzelner und schließlich der „Irrenrechtsreformbewegung".

a) Zeitgenössische Kritikpunkte am „Irrenwesen"

Anlass zur Kritik bot das preußische „Irrenwesen" zu Genüge. Im Kern lässt sie sich aber auf die Beschränkung von Freiheitsrechten, allen voran der durch Art. 5 PrVU garantierten persönlichen Freiheit, zurückführen. Es war die emporschnellende Anzahl von Einweisungen, verbunden mit der beherrschenden Stellung der Ärzte und Polizei, die innerhalb der Bevölkerung Zweifel an der Rechtsstaatlichkeit des Verfahrens aufkommen ließ. Auf die zentralen zeitgenössischen Kritikpunkte ist im Folgenden einzugehen.

Ein „Irrenrecht" als in sich geschlossene Materie kannte das preußische Recht nicht, sondern es erstreckte sich, wie bereits an anderer Stelle besprochen,[457] in Form von Einzelgesetzen und Verordnungen mit lokalen Besonderheiten über die Gebiete des Privat-, Straf- und Verwaltungsrechts, deren Verfassungsmäßigkeit mitunter zweifelhaft erschien.[458] Überdies folgte die Praxis aus Praktikabilitätsgründen vor allem bei der Aufnahme der Kranken ihren eigenen Regeln,[459]

453 *Brink*, Grenzen der Anstalt, S. 129.

454 *Grotjahn*, Krankenhauswesen und Heilstättenbewegung, S. 282.

455 *Beyer*, Die Bestrebungen zur Reform des Irrenwesens, S. 93.

456 Oben S. 95.

457 Oben S. 62 ff.

458 Ausführlich zur Vereinbarkeit mit Art. 5 PrVU oben S. 66.

459 Oben S. 66; siehe auch *Rittershaus*: *„Alle diese Verordnungen, insbesondere diejenigen über die Aufnahme in die Anstalt, wurden jedoch* […] *unter dem Zwange der harten*

die das Verfahren für den juristischen Laien schließlich gänzlich zum Mysterium werden ließen. Im Zuge der seit 1850 einsetzenden Kompetenzverschiebung im Unterbringungsverfahren vom Gericht zur Polizei hin,[460] wurde der Kranke „aus dem Gerichtssaal verdrängt" und fand sich als Beteiligter in einem Verwaltungsverfahren ohne Verteidigungsrechte wieder. Seit 1871 schien die Forderung nach einer einheitlichen Regelung des „Irrenrechts" nicht nur auf Preußen, sondern sogar bezogen auf das gesamte Reich möglich zu sein, dem nach Art. 4 Ziff. 15 RV die Gesetzgebungskompetenz auf dem Gebiet der Medizinalpolizei zukam.

Noch weniger kontrollierbar waren die Vorgänge im Anstaltsinneren. Zwar hatte sich seit den 1860er Jahren das „non-restraint-Prinzip" etabliert,[461] doch drangen immer wieder Berichte von Misshandlungen und ungerechtfertigten Zurückhaltungen nach außen. Private Anstalten standen dabei besonders unter Verdacht, unterschieden sie sich doch durch ihre Staatsferne[462] und (bei weltlichen Einrichtungen) Gewinnerzielungsabsicht ihres nicht zwingend ärztlichen Leiters von den öffentlichen Pendants.[463] Zwischen 1894/95 erlangte die Öffentlichkeit preußen- beziehungsweise deutschlandweit im sogenannten Alexianer-Prozess Kenntnis über die skandalösen Vorkommnisse in der katholischen Ordensanstalt Mariaberg bei Aachen.[464] Dort war auf Geheiß des Bischofs von Aberdeen der schottische Geistliche *Alexander Forbes* als vermeintlich *„chronischer Trinker und geistig gestört"*[465] untergebracht. Nachdem berechtigte Zweifel an vorgenannter Diagnose von dritter Seite ins Feld geführt worden waren und

---

Wirklichkeit meist so angewandt, wie es eben die Tatsachen verlangten, also als reine Formalität." (Die Irrengesetzgebung in Deutschland, S. 40).

460 *Klaeden,* Das Recht der Verwahrung und Unterbringung, S. 76 ff.; vgl. auch unten S. 133.

461 Vgl. oben S. 21, 81.

462 Vgl. nur Erlass v. 25.04.1862 (Fn. 96).

463 Zwar hatten auch Privatanstalten über einen ärztlichen Verantwortlichen zu stellen, dieser musste jedoch gem. Erlass v. 19.01.1888 (abgedr. bei *Unger,* Die Irrengesetzgebung in Preussen, S. 234) bei Anstalten mit *unheilbar* Kranken nicht auf demselben Gelände zu wohnen. Zudem wurden geringere Anforderungen an seine fachwissenschaftliche Qualifikation gemacht (vgl. Erlass s. 24.04.1896 – abgedr. bei *Unger,* Die Irrengesetzgebung in Preussen, S. 94). Zur Kritik an der unzureichenden ärztlichen Betreuung speziell in kirchl. Anstalten siehe *Rittershaus*, Die Irrengesetzgebung in Deutschland, S. 10 f. (m.w.N.).

464 Ausführlich beschrieben bei *Blasius*, Der verwaltete Wahnsinn, S. 129 ff.

465 Protokoll des Aachener Amtsarztes Kribben (Hauptstaatsarchiv Düsseldorf, Reg. Aachen 6803, zitiert nach: *Blasius*, Der verwaltete Wahnsinn, S. 131).

seine Entlassung erzwungen hatten, offenbarte ein publizierter Bericht das ganze Ausmaß der Misshandlungen, die *Forbes* und seinesgleichen in der Anstalt über sich hatten ergehen lassen müssen.[466] Das gewaltige mediale Echo führte zu einer Anzeige seitens der Anstaltsleitung wegen Beleidigung, die sich durch die erhobenen Anschuldigungen verunglimpft sah. Im darauffolgenden Strafverfahren gelang es den Angeklagten jedoch, sämtliche Behauptungen zu beweisen und sich somit zu entlasten.[467] Das öffentliche Entsetzen über die nahezu mittelalterliche Folterpraxis führte im Juni 1895 zur Schließung der Einrichtung einhergehend mit der Forderung nach einer verstärkten Kontrolle der Anstalten. Wenngleich hier eine kirchliche und damit private Institution betroffen war, befleckte der Skandal auch das Ansehen der Provinzialverwaltung, die aufgrund eines Vertragsverhältnisses zu finanziell günstigen Konditionen dorthin ihre unheilbaren Kranken überwies.[468]

Ein weiterer vielfach kritisierter Punkt betraf die Unterbringung und die Entmündigung von (Rechts-) Querulanten.[469] Bereits die Preußische Gerichtsordnung von 1795 stellte in §§ 30 f., III, Tit. 1 „*grundlose* […] *und widerrechtliche* […] *Beschwerden gegen bessere Wissenschaft und Ueberzeugung*“ unter Strafe.[470] Doch erst die Psychiatrie im Kaiserreich maß dem Querulantenverhalten pathologische Bedeutung bei.[471] *Krafft-Ebing* sah hierin eine Unterform des Verfolgungswahnsinns, mit dem Unterschied, dass „*rechtliche und nicht vitale Interessen in der Meinung der Kranken gefährdet sind*“[472]. Der sich dagegen zur Wehr setzende Betroffene befand sich in der misslichen Lage, dass sein Aufbegehren mitunter

---

466 *Mellage*, 39 Monate bei gesundem Geiste als irrsinnig eingekerkert Über die Hintergründe dieser, lt. *Blasius*, gut recherchierten Broschüre: *Blasius*, Der verwaltete Wahnsinn, S. 132 f.

467 Verhandlungsprotokoll bei *Friedländer*, Interessante Kriminal-Prozesse von kulturhistorischer Bedeutung, Bd. 1, S. 89 ff.

468 *Blasius*, Der verwaltete Wahnsinn, S. 129; *Rittershaus*, Die Irrengesetzgebung in Deutschland, S. 11.

469 Satt vieler: *Schmiedebach/Schwoch*, „Querulantenwahnsinn“, Psychiatriekritik und Öffentlichkeit um 1900, Medizinhistorisches Journal 2007, S. 30 (m.w.N.).

470 In der Praxis verhinderten indes oft Beweisschwierigkeiten eine Verurteilung (*Möllhoff*, Historische, soziale und psychiatrische Aspekte von „Querulanten“, Das öffentliche Gesundheitswesen 1990, S. 123 (124)).

471 „*If the insanity diagnosis stripped citizens of their rights, Querulantenwahnsinn went one step further, pathologizing the very act of those rights.*“ (*Goldberg*, ‘Lunatics’ Rights’ and Bourgeois Populism, German History 2003, S. 159 (174 f.)).

472 *Krafft-Ebing*, Über den sogenannten Querulantenwahnsinn, Allgemeine Zeitschrift für Psychiatrie und psychisch- gerichtliche Medicin 1879, S. 395 (397).

nur als Teil der Krankheit gedeutet und somit zur neuerlichen Bestätigung der Diagnose wurde.[473]

b) Entstehung einer Reformbewegung

„Die Geschichte der öffentlichen Psychiatriekritik ist so alt wie die medizinisch legitimierte Unterbringung der Irren in den Anstalten“[474] resümiert *Brink*. Bereits die frühen Unterbringungsskandale Mitte des 19. Jahrhunderts zogen durch Begleitveröffentlichungen das Interesse des Publikums auf sich und brachten den psychiatrischen Berufsstand in einige Bedrängnis.[475] Vergleichsweise gering erscheint diese rückblickend jedoch angesichts der überbordenden Kritik im späten Kaiserreich, die zu einer einflussreichen Reformbewegung heranwuchs.[476]

Den Auftakt bildeten, wie bereits in den 1850er Jahren, Veröffentlichungen ehemals Untergebrachter in Broschürenform.[477] Bei der Darstellung des ihnen Widerfahrenem als Unrecht und Willkür einte sie die Erzählstruktur sowie der zugrunde liegende Wunsch nach öffentlicher Rehabilitierung.[478] Hierauf folgte bald schon eine Auseinandersetzung auf juristischer Ebene unter Herausbildung reformerischer Ansätze, die mit dem Werk *Eduard August Schroeders* „Das Recht im Irrenwesen“[479] 1890 einen viel beachteten Erfolg feierte. Im Gegensatz zu den Verfassern der Broschürenliteratur war *Schroeder* selbst nicht mit der Anstalt in Berührung gekommen und trat daher nicht als Anwalt in eigener Sache, sondern vielmehr als freiheitsliebender Reformer auf, dessen Ansinnen es war, das „Irrenrecht“ und seine Missstände einem breiten Publikum zugänglich

---

473 *Düsing*, Künstlicher Irrsinn, S. 24. Anschaulich: *Frese*, Der Querulant und seine Entmündigung.

474 *Brink*, Grenzen der Anstalt, S. 36.

475 Oben S. 53, 86.

476 Die Medizinhistorikerin *Feger* gliedert die Geschichte der „Irrenrechtsreformbewegung“ in drei Abschnitte: 1890–1897 als Phase der Einzelkämpfer, 1897–1914 als Institutionalisierung der Bewegung und 1920 schließlich deren Abklingen (Die Geschichte des „Psychiatrischen Vereins zu Berlin“ 1889–1920, S. 226 ff.).

477 Z.B. *Schreber*, Denkwürdigkeiten eines Nervenkranken. Die Autoren und stilistischen Charakteristika jener Broschüren beleuchten: *Brink*, Grenzen der Anstalt, S. 165 ff.; *Goldberg*, ‘Lunatics’ Rights’ and Bourgeois Populism, German History 2003, S. 159 (167 ff.).

478 *Goldberg*, ‘Lunatics’ Rights’ and Bourgeois Populism, German History 2003, S. 159 (166); *Brink*, »Nicht mehr normal und noch nicht geisteskrank…«, Werkstatt Geschichte 2002, S. 22 (36).

479 *Schroeder*, Das Recht im Irrenwesen.

zu machen.[480] Seiner Analyse des geltenden Rechts folgte ein eigener Gesetzesentwurf, der die psychische Gesundheitsuntersuchung zum Gegenstand eines Strafverfahrens machte, in dem der Angeklagte das Recht auf Verteidigung und Öffentlichkeit genoss und der Einfluss des Arztes deutlich beschränkt wurde.[481] Stärkere Laienbeteiligung bei der Urteilsfindung und den Anstaltsvisitationen sollten das Verfahren zudem demokratisieren.[482] Eine Verbindung von eigener Anstaltserfahrung und juristischer Reflexion schuf die später unter dem Titel „Denkwürdigkeiten eines Nervenkranken" publizierte Schrift des ehemaligen Dresdner OLG-Senatspräsidenten *Daniel Schreber*. Ursprünglich als Verteidigungsschrift konzipiert, sollte sie dem Autor in seinem beharrlichen Instanzenkampf (1900–1902) gegen seine Entmündigung sowie seine Unterbringung in einer sächsischen Heilanstalt dienen.[483]

Neben die Broschüren und Monographien trat die Presse als weiteres Publikationsorgan reformerischer Gedanken. Mit dem kontinuierlichen Abbau staatlicher Zensur seit der Märzrevolution konnte sich ein breiter Meinungs- und Parteijournalismus entwickeln,[484] dessen Bemühungen um neue Leser mitunter zu Sensationsartikeln und rabiateren Recherchemethoden führten.[485] Hier tat sich besonders die national-konservative „Neue Preußische Zeitung", aufgrund des Eisernen Kreuzes im Titel auch Kreuzzeitung genannt, hervor:[486] Mit christlichem Missionseifer kämpfte sie gegen den Werteverfall der Nation an, dessen

---

480 Für die harsche Erwiderung (u.a. „Pamphletist", „Urteilsschwäche", „unwissend") aus dem psychiatrischen Lager vgl. *Beyer*, Die Bestrebungen zur Reform des Irrenwesens, S. 70 ff.

481 §§ 13 ff. des Entwurfs (*Schroeder*, Das Recht im Irrenwesen, S. 138 ff.).

482 §§ 28, 51 des Entwurfs (*Schroeder*, Das Recht im Irrenwesen, S. 142, 146).

483 *„Ich bin zwar nervenkrank, leide aber keinesfalls an einer Geisteskrankheit, die zur Besorgung der eigenen Angelegenheiten unfähig macht (§ 6 B.G.B. für das Deutsche Reich) oder die aus Gründen des öffentlichen Rechts meine Festhaltung in einer Anstalt gegen meinen Willen geboten erscheinen lassen könnte."* (*Schreber*, Denkwürdigkeiten eines Nervenkranken, S. 192). 1902 wurde der Entmündigungsbeschluss durch das OLG Dresden aufgehoben (Urteil v. 14.07.1902 - O.I. 152/01. Nr. 22) und Schreber aus der Anstalt entlassen.

484 Höhepunkt dieser Entwicklung war das am 07.05.1874 erlassene Reichspressegesetz (RGBl. S. 65).

485 *Schmiedebach/Schwoch*, „Querulantenwahnsinn", Psychiatriekritik und Öffentlichkeit um 1900, Medizinhistorisches Journal 2007, S. 30 (44).

486 So etwa schon früh im Fall Morris de Jonges, der 1889/90 acht Monate in einer Berliner Heilanstalt zubrachte. Näheres: *Schmiedebach*, Eine „antipsychiatrische Bewegung" um die Jahrhundertwende, S. 140 f. (m.w.N.).

Ursache sie neben der Abkehr von Gott und dem Kapitalismus auch im Judentum begründet sah.[487] Im Jahre 1892 veröffentlichte die Kreuzzeitung einen Aufruf, die Reform des „Irrenrechts“ in der innen- wie außerparlamentarischen Debatte zu unterstützen.[488] Konkret setzte er sich für die Mitwirkung einer unabhängigen Kommission im Untersuchungs- und Internierungsstadium ein sowie für strengere Anstaltsvisitationen und unterschied sich hierin zunächst nicht von den übrigen zeitgenössischen Forderungen. Öffentliche Aufmerksamkeit und einen festen Platz als Markstein der psychiatriekritischen Bewegung wurde dem Kreuzzeitungsaufruf indes aufgrund seiner prominenten Unterzeichner zuteil.[489]

Die wachsende Popularität des Bündnisses verlangte eine Veränderung der Organisationsstruktur. So gründete sich ab 1909 der „Bund für Irrenfürsorge und Irrenrechts-Reform“ (kurz: der Bund),[490] der mit seiner eigenen Zeitschrift nicht nur ein weiteres Mittel öffentlicher Einflussnahme war, sondern auch im Innenverhältnis eine stabilisierende und identitätsstiftende Wirkung auf die Bewegung hatte.[491] Dergestalt sah sich das psychiatrische Establishment einer immer besser organisierten und vernetzten Front gegenüber.

c) Diskussion auf parlamentarischer Ebene

Auch in den Parlamenten wurde die „Irrenfrage“ virulent diskutiert. Auf Reichsebene brachte der Abgeordnete der Demokratischen Partei, *Julius Lenzmann*, am 16. Januar 1897 einen Antrag ein, die deutschen Regierungen „zu ersuchen, baldigst einen Gesetzesentwurf vorzulegen, wodurch die Aufnahme und Unterbringung von Patienten in Heilanstalten für Geisteskranke reichsgesetzlich geregelt wird“[492]. *Lenzmann*, der bereits als Verteidiger im „Alexianer-Prozess“ in

487 *Engstrom*, Zur Geschichte der Psychiatriekritik im 19. Jahrhundert. In: Themenportal Europäische Geschichte, S. 3.

488 *O. A.*, Neue Preußische Zeitung v. 09.07.1892.

489 Unter den 111 Unterzeichnern befanden sich meist Abgeordnete, Militärs und Mitglieder des Hochadels aber auch bedeutende Juristen wie Otto von Gierke und Rudolf von Jhering. Beachte auch die Erwiderung des Psychiaters *Mendel*: Zur Frage der Entmündigung der Geisteskranken und der Aufnahme in eine Irrenanstalt, Deutsche Medizinische Wochenschrift, 1892, 801.

490 Später umbenannt in „Bund für Irrenrecht und Irrenfürsorge“ (*Brink*, Grenzen der Anstalt, S. 149). Näher zur bis 1897 zurückreichenden Geschichte der „Irrenrechtsreformvereine“ etwa *Schmiedebach*, Eine „antipsychiatrische Bewegung“ um die Jahrhundertwende, S. 138 f.

491 *Schmiedebach*, Eine „antipsychiatrische Bewegung“ um die Jahrhundertwende, S. 138.

492 Reichstag – 154. Sitzung am Sonnabend den 16. Januar 1897, S. 4081. Die Gesetzgebungskompetenz hatte das Reich, wie schon gesehen, nach Art. 4 Ziff. 15 RV inne.

Erscheinung getreten war,[493] verwies auf weitere ihm vorliegende Berichte über ungerechtfertigte Internierungen und griff Psychiater wie Staat scharf an. In leicht abgeänderter Form wurde der Antrag schließlich einstimmig angenommen.[494] Dem fügte sich auf seiner Jahressitzung im September 1897 auch der „Verein deutscher Irrenärzte", jedoch nicht ohne die Kritik *Lenzmanns* zurückzuweisen und auf die „*Schaffung selbstständiger, direkt dem Minister untergeordneter Aufsichtsbehörden*"[495] zu drängen. Der nunmehr zur Ausarbeitung eines Entwurfes aufgeforderte Bundesrat verweigerte indes eine reichseinheitliche Lösung, da sie, so der Staatssekretär des Innern, Graf *von Posadowsky- Wehner*, zur Lösung des Problems nicht beitragen könne. Vielmehr sei es an der jeweiligen Aufsichtsbehörde, die Einhaltung der ausreichend vorhandenen Gesetzte zu überwachen.[496]

In den Folgejahren ebbte die Debatte auf parlamentarischer Ebene ab. Versuche Lenzmanns sowie des „Bundes für Irrenrecht und Irrenfürsorge" die Diskussion wieder aufzunehmen blieben wirkungslos.[497] Erst in der Endphase des Krieges brachte 1917/18 das Reichsamt des Innern die „Irrenfrage" angesichts eines strafrechtlichen Gesetzesvorhabens wieder auf die parlamentarische Tagesordnung,[498] was 1923 in den Entwurf eines „Irrenschutzgesetzes" mündete.[499]

d) Bewertung der „Irrenrechtsreformbewegung"

Dank ihrer starken medialen Präsenz sowie professionellen Organisationsstruktur gelang es der Bewegung, die öffentliche Meinung nachhaltig zu beeinflussen und die juristische Debatte über eine stärkere Reglementierung des Unterbringungsrechts in die Parlamente zu tragen. Anders als die gelegentliche Bezeichnung

---

493 Zu dem Verfahren wegen Beleidigung oben S. 98.

494 Zustimmung fand letztlich der in weiten Teilen gleichlautende Antrag des Abgeordneten Dr. Kruse (Reichstag – 154. Sitzung am Sonnabend den 16. Januar 1897, S. 4104).

495 *O. A.*, Jahressitzung des Vereins deutscher Irrenärzte zu Hannover am 17. und 18. September 1897, Monatsschrift für Psychiatrie und Neurologie 1897, S. 404 (406).

496 Reichstag – 20. Sitzung am Sonnabend den 28. Januar 1899, S. 496; siehe auch *Klaeden*, Das Recht der Verwahrung und Unterbringung, S. 86.

497 Lt. *Rittershaus* wiederholte Lenzmann alljährlich seinen Ursprungsantrag (Die Irrengesetzgebung in Deutschland, S. 14). Der „Bund für Irrenrecht und Irrenfürsorge" hingegen versuchte über den Petitionsausschuss mit Berichten über unrechtmäßige Unterbringungen und Entmündigungen sein Reformanliegen weiterhin in den Reichstag zu tragen (*Brink*, Grenzen der Anstalt, S. 162).

498 Näheres bei *Brink*, Grenzen der Anstalt, S. 162.

499 Vertieft dazu unten S. 163.

als „Antipsychiatriebewegung" vermuten lässt, leugnete das Bündnis nicht den Nutzen der Psychiatrie und die Notwendigkeit von Anstalten, sondern sah in der Systemlosigkeit des „Irrenrechts" eine Bedrohung bürgerlicher Freiheitsrechte.[500] Bewusst schürte die Bewegung die Angst der Menschen, selbst einmal diesen Zuständen zum Opfer zu fallen, wenn etwa *Schroeder* warnte: „*Niemand darf sich sicher wähnen, wo Rechtsunsicherheit herrscht* [...]"[501]. Die Historikerin *Brink* sieht die „Irrenrechtsreformbewegung" daher als typisch bürgerliche Erscheinung, „*der es mehr um die Sicherung des eigenen Status als Gesunde ging als um diejenigen, die in den Anstalten lebten.*"[502] Zudem diente die „Irrenfrage" als Stellvertreterschauplatz für Machtkämpfe etwa zwischen Naturheilkunde und Schulmedizin[503] oder aber Juristen und Ärzten.[504] Hier waren die Psychiater mit ihrer Gutachtertätigkeit und der Verwahrung (psychisch Kranker) auf originär juristisches Terrain vorgestoßen, welches sie unter Berufung auf ihre nunmehr wissenschaftlich begründete Zuständigkeit nicht wieder preisgeben wollten.[505]

4) Psychiatrische Einrichtungen

Die Typenlandschaft der psychiatrischen Einrichtungen änderte sich bis zur zweiten Hälfte des 20. Jahrhunderts nur wenig, ungeachtet der weltpolitischen Geschehnisse und Katastrophen vor und innerhalb ihrer Mauern. Mit der relativ verbundenen Heil- und Pflegeanstalt schien in Preußen der geeignete Unterbringungsort für psychisch Kranke sämtlicher Couleur gefunden worden zu sein.[506] Dem ansteigenden behördlichen Sicherheitsbedürfnis seit Ende des 19. Jahrhunderts und den dadurch bedingten emporschnellenden Patientenzahlen[507]

---

500 *Brink*, Grenzen der Anstalt, S. 150 (m.w.N.).

501 *Schroeder*, Das Recht im Irrenwesen, S. 61.

502 *Brink*, Grenzen der Anstalt, S. 151.

503 *Dieckhöfer*, Frühe Formen der Antipsychiatrie und die Reaktion der Psychiatrie, Medizinhistorisches Journal 1984, S. 100 (106 f.).

504 *Brink*, Grenzen der Anstalt, S. 200.

505 *Schmiedebach*, Eine „antipsychiatrische Bewegung" um die Jahrhundertwende, S. 137.

506 *Schott/Tölle*, Geschichte der Psychiatrie, S. 299. Daneben existierten „Irrenabteilungen" in Strafanstalten (z.B. in Moabit, Münster, Halle). Eine Zentralanstalt einzig für „geisteskranke" Kriminelle, wie im englischen Broadmoor (1863) fand sich im 19. Jh. weder in Preußen noch in Gesamtdeutschland (hierzu: *Vanja*, Das Feste Haus, Zeitschrift des Vereins für hessische Geschichte 2003, S. 173 (181 f.)).

507 *Blasius*, Der verwaltete Wahnsinn, S. 82: Zwischen 1880 und 1910 wuchsen bei einer Bevölkerungssteigerung um 48 % die Anstaltsfälle um 429 %.

trugen Neubauten und drastische Vergrößerungen Rechnung.[508] In Abkehr vom strikten Kasernensystem mit einer Zentralanstalt, orientierten sie sich seit 1870 am sogenannten Pavillonstil. Kennzeichnend hierfür war das Nebeneinander einzelner Krankengebäude in parkähnlicher Umgebung, um eine Kapazitätsausweitung und bessere Binnendifferenzierung zu erlangen.[509] Beibehalten wurde jedoch das Prinzip, neue Anstalten möglichst abgelegen zu errichten.[510]

Die oben aufgezeigte Kontinuität galt auch für die Universitätskliniken. Im 19. Jahrhundert hatte die Universitätspsychiatrie zur Anstaltspsychiatrie aufgeschlossen und war nunmehr dabei, diese hinter sich zu lassen: Zu Beginn des 20. Jahrhunderts verfügte jede medizinische Fakultät über einen psychiatrischen Lehrstuhl nebst dazugehöriger Klinik. Die erweiterten Forschungsmöglichkeiten sowie die Praxis der freien Patientenwahl und damit Verweisung der chronisch Kranken an die Anstalten, vergrößerte die Kluft zwischen beiden Versorgungssystemen derart, dass mit *Schott/Tölle* berechtigterweise von einer Zweiklassenpsychiatrie gesprochen werden kann.[511]

Zu einem wichtigen Teil der bereits angeklungenen extramuralen Versorgung psychisch Kranker zählte die Familienpflege. Als Gegenentwurf beziehungsweise oft auch als Vorstufe zur Unterbringung ist auf sie vorliegend kursorisch einzugehen.

Bis in die 70er Jahre des 19. Jahrhunderts hinein wurden „Geisteskranke" größtenteils in Familien gepflegt.[512] Eine Volkszählung im Jahre 1871 bezifferte deren Zahl auf 75 Prozent. Dem oft kolportierten idyllischen Bild vom belächelten aber

---

508 So waren Einrichtungen mit einer Bettenstärke von über 1.000 keine Seltenheit. Zu den Konsequenzen für die dort Untergebrachten bei *Schott/Tölle*, Geschichte der Psychiatrie, S. 272 f., 289 f..

509 *Walter*, Fürsorgepflicht und Heilungsanspruch, S. 81. Differenzierend hierzu auch: *Pelman*, Allgemeine Ideen über die Errichtung von Irren-Anstalten (Fortsetzung), Deutsche Bauzeitung 1878, S. 222 (223).
Die Architektur des dezentralen Pavillonstils (teilweise in der weiterentwickelten Form des sog. Trabanten-Systems) fand auch bei herkömmlichen Krankenhäusern Anwendung, wurde aber in der ersten Hälfte des 20. Jahrhunderts aufgegeben (vgl. *Mostler*, Der Krankenhausbau in den 30er- Jahren des 20. Jahrhunderts, kma 2006, S. 88).

510 *Coché*, Psychiatrie und Gesellschaft, S. 41; *Schott/Tölle*, Geschichte der Psychiatrie, S. 274.

511 *Schott/Tölle*, Geschichte der Psychiatrie, S. 296 f.

512 Hierzu zählt sowohl die Aufnahme durch die eigene Familie, als auch die entgeltliche Versorgung durch eine fremde Familie (s. *Blasius*, „Einfache Seelenstörung", S. 92 f.; *Kaufmann*, „Irre und Wahnsinnige", S. 183).

sozial integrierten „Dorfirren" ist laut *Blasius* jedoch nur mit Zurückhaltung zu begegnen: „*Das Leben dieser Menschen war oft einer Grausamkeit ausgesetzt, die schlimmer war als die Grausamkeit des Anstaltslebens.*"[513] Mitbedingt durch die nur eingeschränkten Kontrollmöglichkeiten, kam es zu Vernachlässigungen und Misshandlungen der Pfleglinge sowie deren Ausnutzung als billige Arbeitskräfte. Derartige Missstände wurden behördenseits aufgegriffen[514] und mündeten in Verbindung mit dem ausgeprägten staatlichen Sicherheitsbedürfnis im Versuch, die Familienpflege zugunsten der Anstaltsunterbringung weitestgehend zurückzudrängen.[515] Zu Beginn des 20. Jahrhunderts mehrten sich aber auch im psychiatrischen Lager wieder die Befürworter der Familienpflege.[516] Neben therapeutischen Vorteilen[517] versprach man sich vor allem eine finanzielle wie personelle Entlastung der Anstalten.[518] Besonders stark verbreitet war diese Versorgungsform in Preußen, wo Erhebungen im Jahre 1911 zufolge rund 86 Prozent (also 3.015 von 3.519) aller deutschen Familienverpflegten lebten.[519]

---

513 *Blasius*, „Einfache Seelenstörung", S. 91.

514 Dies zeigt ein sich im Landesarchiv in Koblenz befindliches Schreiben der Koblenzer Regierung an den Oberpräsidenten der Rheinprovinz v. 12.03.1878 (Abt. 403, Nr. 8634, Bl. S. 244 f., zitiert nach: *Blasius*, Der verwaltete Wahnsinn, S. 92).

515 Exemplarisch hierfür kann die Verfügung des Kassler Regierungspräsidenten vom 15.04.1893 betrachtet werden, wonach jeder Bürgermeister jährlich Bericht über die Zahl und Zustände der außerhalb der Anstalten lebenden „Geisteskranken" zu erstatten hatte (Anweisung v. 15.04.1893 – abgedr. bei *Unger*, Die Irrengesetzgebung in Preussen, S. 161). Dabei war stets auch auf eine Anstaltsunterbringung hinzuwirken. Ebenso Verfügung d. Regierungspräsidiums Düsseldorf v. 20.10.1894 (Hauptstaatsarchiv Düsseldorf, Reg. Düsseldorf, Nr. 8076, zitiert nach: *Blasius*, „Einfache Seelenstörung", S. 88).

516 An der Seite ihrer internationalen Kollegen schlossen sich deutsche Psychiater auf dem Mailänder „Irrenfürsorgekongress" im Jahre 1906 der Abschlussforderung nach einem Ausbau der Familienpflege als „*natürlichste, freieste, beste und billigste Verpflegungsform*" an (zitiert nach: *Blasius*, Der verwaltete Wahnsinn, S. 144). Vorbildfunktion kam dabei der Siedlung Gheel im belgischen Kempenland zu (vertiefend: *Müller*, Das Vorbild Gheel und die psychiatrische Familienpflege im 19. Jahrhundert, Sozialpsychiatrische Informationen 34/2004, S. 7).

517 „*Sie* [= die Familienpflege] *gewährt, was die prachtvollste und bestgeleitete Anstalt der Welt niemals gewähren kann, die volle Existenz unter Gesunden …*" (*Griesinger*, Ueber Irrenanstalten und deren Weiterentwicklung in Deutschland, Archiv für Psychiatrie und Nervenkrankheiten 1868/1869, S. 8 (36 f.)).

518 So *Schott/Tölle*, Geschichte der Psychiatrie, S. 284.

519 Zahlen nach *Kolb*, Die Familienpflege, Zeitschrift für die gesamte Neurologie und Psychiatrie 1911, S. 273 (275). Diese hohe Anzahl lässt sich maßgeblich auf die Kostentragungsregel des § 31a UWohnG (v. 11.07.1891 – PrGS S. 300) zurückführen,

Im Kaiserreich befand sich auf dem Gebiet der preußischen öffentlichen Anstaltsfürsorge nur eine geringe Anzahl der Einrichtungen in unmittelbarer Staatsverwaltung.[520] Letztere hatte sich zunehmend aus der „Geisteskrankenfürsorge" zurückgezogen und diese den Provinzialverwaltungen übertragen, wie das Unterstützungswohnsitzgesetz (UWohnG) deutlich macht:[521] Am 1. Juli 1871 in Kraft getreten, legte es dem jeweiligen Orts- oder Landarmenverband, abhängig vom Vorhandensein eines Unterstützungswohnsitzes, die finanzielle Entlastung Hilfsbedürftiger (also auch armer „Geisteskranker") auf.[522] Die Unterbringung „Geisteskranker" in geeignete Anstalten war allerdings nicht Gegenstand des UWohnG und stellte somit ein *„eher freiwilliges Leistungsangebot dar, das insbesondere von der Nachfrage und den Ansprüchen der Kommunen lebte"*, wie der Historiker *Bernd Walter* aufzeigt.[523] Erst mit der Gesetzesnovelle am 11 Juli 1891[524] wurden die Landarmenverbände pauschal verpflichtet, *„für Bewahrung, Kur und Pflege der hülfsbedürftigen Geisteskranken, Idioten, Epileptischen, Taubstummen und Blinden, soweit dieselben der Anstaltspflege bedürfen, in geeigneten Anstalten Fürsorge zu tragen"* (§ 31 UWohnG).[525] Damit avancierten Landarmenverbände mit ihren Einrichtungen zwangsläufig zum Hauptträger der öffentlichen „Geisteskrankenfürsorge".[526] Sie waren im Gegensatz zu den weniger verbreiteten

---

wodurch die Angehörigen entlastet wurden (siehe auch S. 106). So auch: *Schmidt-Michel,* Geschichte der Psychiatrischen Familienpflege, S. 45 f.

520 Der Medicinal-Minister übte in der zweiten Hälfte des 19. Jh. die Aufsicht und Verwaltung über zwei psychiatrische Kliniken aus (Halle und Berlin; s. *Königlich Statistisches Bureau in Berlin,* Preussische Statistik, Bd. 108). Im Jahre 1911 wuchs deren Zahl auf acht (*Moeli,* Die Fürsorge für Geisteskranke, S. 129).

521 BGBl. S. 360.

522 Korrespondierend hierzu versah Preußen die Verbände mit den notwendigen finanziellen Mitteln: Geregelt im Dotationsgesetz v. 30.04.1873 (PrGS S. 187) sowie in dessen Ausführungsgesetz v. 08.07.1875 (PrGS S. 497).

523 *Walter,* Fürsorgepflicht und Heilungsanspruch, S. 77.

524 PrGS S. 300.

525 Neben den Errichtungs- und Unterhaltungskosten der Anstalten kam der Landarmenverband bei Bedürftigen *ohne* Unterstützungswohnsitz voll, andernfalls anteilig für deren unmittelbare Unterbringungsgebühren auf (§ 31a UWohnG).

526 *Walter,* Fürsorgepflicht und Heilungsanspruch, S. 77. Auf Reichsebene existierten im Jahre 1877 insg. 93 öffentliche Anstalten, von denen nur ein geringer Teil kommunaler Natur war (vgl. *Blasius,* „Einfache Seelenstörung", S. 64 f.). Bezogen auf Preußen standen im Jahre 1885 37 Provinzialanstalten lediglich 11 Kommunalanstalten gegenüber (s. *Erlenmeyer,* Die Irrenanstalten im preussischen Staate, Zentralblatt für Nervenheilkunde und Psychiatrie 1890, S. 34 (34)).

Kommunalanstalten ursprünglich als reine Heilanstalten konzipiert, verloren diesen Nimbus jedoch spätestens durch die erwähnte Novelle des Unterstützungswohnsitzgesetzes.[527] Um ihrer Unterbringungsverpflichtung (zumindest formell) nachzukommen, sicherten sich die preußischen Gemeinden und Kreise die Unterstützung privater konfessioneller Einrichtungen.[528]

5) Überblick über die Gesetzeslage

Unterbringungsrelevante Regelungen fanden sich im Kaiserreich, wie schon in der vorangehenden Epoche, weit verstreut. Zentrale Bedeutung kamen der Zivilprozessordnung mit dem Entmündigungsverfahren, der VO und später dem BGB zu, aus denen sich die Einweisungskompetenz des gesetzlichen Vertreters wenigstens ableiten ließ. Ausdrücklich wurde die Unterbringung hingegen in den Einzelerlassen und Anstaltsreglements thematisiert.

a) Zivilprozessordnung

Die Schaffung einer einheitlichen Zivilprozessordnung bedurfte gleich mehrerer Anläufe, bis sie gelang.[529] Mit der Reichsgründung von 1871 war schließlich auch verfassungsrechtlich der Boden für eine gemeinsame Prozessordnung bereitet. Zwischen 1871 und 1874 entstanden so insgesamt drei Entwürfe, deren letzter nach ausgiebigen Beratungen der Reichsjustizkommission am 21. Dezember 1876 vom Reichstag angenommen und schließlich am 30. Januar 1877 veröffentlicht wurde.[530] Zusammen mit den übrigen Reichsjustizgesetzen (Gerichtsverfassungsgesetz, Strafprozessordnung und Konkursordnung) trat die Zivilprozessordnung am 1. Oktober 1879 in Kraft. Obwohl sie die prozesshistorische Entwicklung in Deutschland berücksichtigte, entsprach sie mit ihren Grundsätzen von Mündlichkeit, Öffentlichkeit, Unmittelbarkeit, freier Beweiswürdigung und der stark ausgeprägten Dispositionsmaxime dem modernen liberalen Zeitgeist des 19. Jahrhunderts.[531] Dennoch mehrten sich alsbald

527 *Blasius*, „Einfache Seelenstörung", S. 65; *Müller*, Verbrechensbekämpfung im Anstaltsstaat, S. 87.

528 Exemplarisch: Archiv des LVR Rheinland, Nr. 4139, Verträge über die Unterbringung von geisteskranken Pfleglingen aus den Rheinischen Provinzial-Irren-Anstalten in Privat-Irrenanstalten (zitiert nach: *Blasius*, „Einfache Seelenstörung", S. 66).

529 *Henckel*, Gedanken zur Entstehung und Geschichte der Zivilprozeßordnung, S. 111 f.

530 RGBl. S. 186; *Prütting*, Die geschichtliche Entwicklung des deutschen Zivilprozeßrechts, S. 4.

531 *Prütting*, Die geschichtliche Entwicklung des deutschen Zivilprozeßrechts, S. 5.

Reformwünsche, deren Kern eine Stärkung der Richterstellung und damit die Abkehr von der absoluten Parteifreiheit bildete.[532]

Die §§ 593 ff. der ZPO[533] in ihrer ursprünglichen Fassung[534] regelten das Entmündigungsverfahren. Dieses war traditionell mit der Unterbringung verknüpft: In der ersten Hälfte des 19. Jahrhundert bildete, wie oben dargestellt,[535] die Entmündigung in Gestalt der prozessualen „Wahn- und Blödsinnigkeitserklärung" gar eine zwingende Unterbringungsvoraussetzung, bis hiervon 1850 Abstand genommen wurde.[536] Die ZPO hielt an dieser Trennung fest, wie sich bereits aus den Motiven ergibt.[537] Dennoch wurden in der Praxis Entmündigungsanträge weiterhin von Unterbringungserwägungen beeinflusst,[538] meist mit sicherheitspolizeilichem Hintergrund, sodass sich 1899 der Justizminister gezwungen sah, mittels Verfügung auf die Unterschiede beider Komplexe hinzuweisen:[539] Eine Entmündigung durfte demnach ausschließlich unter Fürsorgegesichtspunkten stattfinden[540] und sagte noch nichts über die Unterbringungsbedürftigkeit des Betroffenen aus.

---

532 Ausführlich zum Verhältnis von Richter und Parteien: *Adler*, Richter und Parteien in der Zivilprozessgesetzgebung, S. 373. So sollte der Prozessverschleppung und Überlastung der Gerichte Einhalt geboten werden. Zunächst war jedoch am 17.05.1898 die Anpassung der ZPO an das BGB und HGB zu gewährleisten, in Zuge derer zugleich eine Neunummerierung stattfand. Mit der sog. Amtsgerichtsnovelle vom 01.06.1909 wurde schließlich den Reformforderungen Rechnung getragen und die Position des Richters im amtsgerichtlichen Verfahren gestärkt (*Prütting*, Die geschichtliche Entwicklung des deutschen Zivilprozeßrechts, S. 5).

533 Die seit 1903 gebräuchliche Gesetzesbezeichnung ZPO (anstelle CPO) wird hier aus Gründen der Übersichtlichkeit einheitlich verwendet.

534 Im Zuge der Neunummerierung 1898 wurde das Entmündigungsverfahren seither in den §§ 645 ff. ZPO behandelt. Im Folgenden wird ohne weitere Kenntlichmachung stets die zeitgenössische Nummerierung verwendet.

535 Vgl. S. 73.

536 Ministerialerlass v. 18.03.1850 (Fn. 307).

537 *Daude*, Das Entmündigungsverfahren, S. 9.

538 Diese Verknüpfung existierte auch in umgekehrter Form, indem einige Regularien vorsahen, dass die Entmündigung nach der Entlassung rückgängig zu machen sei (*Schultze*, Psychiatrische Kritik, Archiv für Psychiatrie und Nervenkrankheiten 1932, S. 468 (519)).

539 Vgl. § 2 der Verfügung v. 28.11.1899 (JMBl. S. 388).

540 So auch *Bernhöft*, Gutachten, S. 219 f.; *Moeli*, Bestimmungen über die Entlassung aus den Anstalten für Geisteskranke, S. 10 ff. Zum Fürsorgebegriff vgl. auch unten S. 117.

b) *Vormundschaftsordnung*

Der gesellschaftliche Wandel in der zweiten Hälfte des 19. Jahrhunderts verlangte auch auf dem Gebiet des Vormundschaftsrechts nach einer zeitgemäßen Lösung.[541] Am 5. Juli 1875 trat die neu erlassene preußische Vormundschaftsordnung an, das Vormundschaftswesen von Grund auf zu reformieren.[542] Gemäß § 102 VO waren das bisher geltende französische, gemeine und preußische Familienrecht zu ersetzen, sofern dessen Fortbestand nicht ausdrücklich angeordnet war. Diese Streichung beschränkte sich indes nur auf Normen mit vormundschaftlichen Wurzeln,[543] sodass die Bestimmungen des ALR über die Sorge für die „Wahn- und Blödsinnigen" (§§ 341–348, II, Tit. 18 ALR) aufgrund ihres teilweise polizeilichen Charakters unberührt blieben.[544] Inhaltlich kehrte die Vormundschaftsordnung zur Selbstständigkeit des Vormunds zurück und löste dessen Abhängigkeit vom Gericht. Ausschlaggebend war fortan allein das Interesse des Mündels.[545] Der Beitrag der Vormundschaftsordnung zur „Irrenfrage" war jedoch verschwindend gering: Zwar stellte § 81 Nr. 1 VO eine Abkehr von der Terminologie des ALR dar, indem er nunmehr von „Geisteskranken" sprach,[546] denen ein Vormund zu stellen ist. Ausdrückliche Bezugspunkte zur Unterbringung fehlten indes gänzlich – obwohl dies angesichts der tief greifenden Änderungen durchaus denkbar gewesen wäre.[547]

c) *BGB*

Knapp dreißig Jahre nach der Reichsgründung sollte auch auf privatrechtlicher Ebene eine Vereinheitlichung stattfinden. Mit dem Anspruch, einen Dom *„nationaler Herrlichkeit"*[548] zu erschaffen und so dem als vorbildlich geltenden

---

541 *Roth,* HKK, BGB, §§ 1896–1921, Rn. 13.

542 Drucksache des Herrenhauses 1875, Bd. 1, Nr. 7, S. 29 ff.

543 *Dernburg/Schultzenstein,* Das preußische Vormundschaftsrecht, S. 30.

544 *Rehbein/Reincke,* ALR, Bd. 4, S. 808, Anm. 28; OVG Preußen, Urteil v. 13.12.1912 – I. A. 154/11, OVGE 65, 247 (251).

545 *Bulling,* Erwachsenenfürsorge, S. 88; *Husen,* Freiheitsentziehende Maßnahmen, S. 9.

546 Die Unterteilung des ALR in „blödsinnig", „wahnsinnig" und „rasend" (§ 27, I, Tit. 1 ALR) hatte sich in der Vergangenheit als unzureichend bewiesen und war daher mehrfach kritisiert worden (hierzu: *Hardeland,* Die Behandlung der Geisteskranken im Privatrecht, S. 124; *Neumann,* Der Arzt und die Blödsinnigkeits-Erklärung).

547 Entsprechend überrascht zeigten sich daher auch die zeitgenössischen Kommentierungen: *Anton,* Die Vormundschaftsordnung vom 5. Juli 1875, S. 166; *Dernburg/Schultzenstein,* Das preußische Vormundschaftsrecht, S. 219.

548 *Windscheid,* Das römische Recht in Deutschland, S. 48.

Handelsgesetzbuch (ADHGB) eine weitere Gesamtrechtskodifikation folgen zu lassen, begannen die ehrgeizigen Vorarbeiten. Nach der Ausweitung der Reichsgesetzgebungskompetenz vom Schuldrecht auf das gesamte Zivilrecht im Jahre 1873 bedurfte es dreier Entwürfe bis zur endgültigen Fertigstellung und Verkündung des BGB am 18. August 1896.[549] Bis zum Inkrafttreten am 1. Januar 1900 war der Praxis Gelegenheit gegeben, sich auf das neue Recht einzustellen.[550]

Das Vormundschaftsrecht des BGB, geregelt in den §§ 1896 ff. a.F.[551], basierte im Wesentlichen auf der preußischen Vormundschaftsordnung, die unter den Mitgliedern der Kommission angesichts ihrer Aktualität, logischen Konzeption und Praxisbewährtheit als vorbildlich galt.[552] Der nunmehr etablierte Terminus der „Geisteskrankheit" fand sich in § 6 I Nr. 1 BGB betreffs der Entmündigungsgründe wieder, als Anknüpfungspunkt für die Geschäftsunfähigkeit (§ 104 Nr. 3 BGB) sowie als Ehescheidungsgrund nach § 1569 BGB. Die Unterbringung blieb indes im Zivilrecht weiterhin unerwähnt. Dies mag in erster Linie mit der nahezu unveränderten Übernahme der Vormundschaftsordnung zusammenhängen, die ihrerseits bereits auf eine zivilrechtliche Normierung der Unterbringung verzichtete. Denkbar ist außerdem, dass die zuständige Kommission der parallel stattfindenden Diskussion über die Vereinheitlichung des „Irrenrechts" nicht vorgreifen wollte. Jedenfalls war das praktische Regelungsbedürfnis ohnehin gering, da die Unterbringung durch den Vormund von dessen Aufenthaltsbestimmungsrecht als mitumfasst galt.[553]

---

549 Zunächst wurde eine Kommission mit der Erfassung und Systematisierung des geltenden Rechts beauftragt, deren Resultat öffentlich zur Diskussion gestellt wurde. Dabei überwog die Enttäuschung über die hölzerne und umständliche Sprache, die Vielzahl an Verweisungen sowie die mangelnden sozialen Tendenzen. Die Befürworter der Kodifikation hatten sich ein Buch erhofft, „*mit dem sich auch Nichtjuristen auf einen Blick über all ihre Rechte informieren könnten*" (*Stolte*, Bürgerliches Gesetzbuch, S. 62). Stattdessen richtete es sich exklusiv an den juristisch gebildeten Rechtsanwender. Zu dem von *Otto von Gierke* angemahnten fehlenden „*Tropfen sozialistischen Öls*": *Repgen,* Was war und wo blieb das soziale Öl, Zeitschrift für neuere Rechtsgeschichte 2000, S. 406 (406 ff.).
Ein zweiter Entwurf beachtete die Fachkritik und gewann daher insbesondere an Einfachheit und Klarheit in der Sprache.

550 *Meder*, Rechtsgeschichte, Bd. 2299, S. 324.

551 Im Folgenden wird ohne weitere Kenntlichmachung stets die zeitgenössische Nummerierung verwendet.

552 *Bulling,* Erwachsenenfürsorge, S. 128 (m.w.N.).

553 Vertieft hierzu unten S. 126.

d) *Einzelne Erlasse*

Die größte Regelungsdichte entfaltete das Unterbringungsrecht jedoch nach wie vor auf Landes- und nicht Reichsebene, ungeachtet dessen Gesetzgebungskompetenz.[554] Aktuell blieb die bereits erwähnte Diskussion über die Verfassungsmäßigkeit der Regelung in Form von Erlassen.[555]

Die Adressaten waren überwiegend Privatanstalten, welche im Gegensatz zu den öffentlichen Einrichtungen nicht über ministeriell bewilligte individuelle Regularien verfügten, sondern den einheitlichen Weisungen des Verordnungsgebers unterlagen.[556] Dies wurde insbesondere aufgrund der großen inhaltlichen Unterschiede der einzelnen Konzessionen notwendig, die deshalb nur noch schwer miteinander vergleichbar waren.[557] Hinzu trat das Misstrauen der Regierung, die die Betreiber von Privatanstalten verdächtigte, infolge ihres Gewinnstrebens der eigentlichen „Geisteskrankenversorgung" nur einen untergeordneten Stellenwert beizumessen.[558]

Angesichts der Änderungen im Entmündigungsverfahren seit Einführung der Zivilprozessordnung, wonach das Gericht seine Antragsbefugnis verloren hatte, erinnerte der Runderlass der Innen- und Medizinalminister die Betreiber von Privatanstalten am 6. Dezember 1879[559] daran, fortan nur noch dem Staatsanwalt als Antragsberechtigtem im Entmündigungsprozess (§ 595 II ZPO) Anzeige von der Aufnahme „Geisteskranker" zu erstatten.[560] Mit Erlass vom 19. Januar 1888 wurden die inzwischen veralteten und uneinheitlichen Rechtsverhältnisse in den preußischen Privateinrichtungen umfassend neu geregelt.[561] Im Aufnahmeverfahren galt es fortan, ungerechtfertigte Einweisungen einerseits und langwierige Unterbringungsprocedere andererseits zu vermeiden.

---

554 Gem. Art. 4 Ziff. 15 RV v. 16.04.1871 (Fn. 427) fielen die Maßregeln der „Medicinal- und Veterinär-Polizei", wozu auch das „Irrenwesen" zählte, in den Zuständigkeitsbereich des Reiches. Diesbezüglich: *Engelmann*, Zur Reform des Irrenrechts, S. 5.

555 Oben S. 66. *Schreber* spricht ihnen die Verbindlichkeit ab und lässt sie nur als richterliche Auslegungshilfe gelten (Denkwürdigkeiten eines Nervenkranken, S. 253).

556 So die Begründung des Erlasses v. 07.12.1889 (abgedr. bei *Unger*, Die Irrengesetzgebung in Preussen, S. 81).

557 Hierzu oben S. 70.

558 Hierzu schon der Erlass v. 25.04.1862 (Fn. 96).

559 MBliV 1880 S. 6 (abgedr. bei *Unger*, Die Irrengesetzgebung in Preussen, S. 20 f.).

560 Ausgeweitet auch auf öffentliche Anstalten am 24.09.1880 (abgedr. bei *Unger*, Die Irrengesetzgebung in Preussen, S. 21).

561 MBliV S. 399 ff. (abgedr. bei *Pistor*, Das Gesundheitswesen in Preussen nach deutschem Reichs- und preussischem Landesrecht, Bd. 1, S. 938 ff.).

Ein ärztliches Aufnahmeattest des Kreisphysikus wurde zur Grundvoraussetzung.[562] Die Entlassung war abhängig von der Mitwirkung derjenigen Stellen beziehungsweise Personen, die bereits in die Einweisung involviert waren. So zeichnete sich insbesondere eine immer stärkere Einflussnahme der Polizei auf das Verfahren ab.

Im Zuge der juristischen Aufarbeitung des „Alexianer-Skandals" 1895, in dessen Zentrum der als freiwilliger Pensionär untergebrachte Alexander Forbes stand,[563] verschärfte ein Runderlass vom 20.09. desselben Jahres die Aufnahmebedingungen jener Klientel in private Anstalten.[564] Darüber hinaus wurden die Konzessionierungsanforderungen sowie die Anzeigepflichten angehoben.

Für private wie öffentliche Anstalten gleichermaßen galt hingegen die Verfügung des Justizministers vom 28. November 1899.[565] Neben ihrer bereits erwähnten klarstellenden Funktion für die Beziehung von Entmündigungs- und Unterbringungsverfahren,[566] stärkte sie die Bedeutung der Pflegschaft in diesem Zusammenhang, indem sie als Alternative zur Vormundschaft hervorgehoben wurde. Die Anstaltsleiter hatten gegebenenfalls beim Vormundschaftsgericht hierauf hinzuwirken.[567]

Am 26. März 1901 erfolgte, betreffend die Privatanstalten, eine Modifizierung der Regeln einstweiliger Einweisungen, dem sogenannten Dringlichkeitsverfahren, das nunmehr eine kreisärztliche Untersuchung des Betroffenen binnen 24 Stunden vorschrieb[568] und fortan auch ohne „*erhebliche äußere Unruhe oder Gewalttätigkeit des Kranken*" (§ 4) indiziert sein konnte. Die Bestimmungen galten für sämtliche Patienten, unabhängig deren Verpflegungsklasse.[569]

---

562 Vgl. die bei *Unger* abgedr. ärztlichen Fragebögen für das Attest (Die Irrengesetzgebung in Preussen, S. 114 ff.); zu der Ausnahme hiervon im sog. Dringlichkeitsverfahren (unter der Prämisse alsbaldiger Nachholung) S. 133.

563 Siehe oben S. 97.

564 Abgedr. bei *Unger*, Die Irrengesetzgebung in Preussen, S. 82 ff.; ausführliche Besprechung bei *Rapmund*, Zur Anweisung über Aufnahme und Entlassung von Geisteskranken, Zeitschrift für Medizinalbeamte 1895, S. 589.

565 Vgl. oben Fn. 539.

566 Oben S. 108.

567 Gemeinsamer Erlass des Medizinalministers und des Ministers des Innern v. 05.03.1900 (bei *Moeli*, Bestimmungen über die Entlassung aus den Anstalten für Geisteskranke, S. 19).

568 MBliV S. 104 (Fn. 111). Davor betrug die Zeitspanne 48 Stunden (vgl. § 4 des Erlasses v. 20.09.1895 – Fn. 227).

569 Dies hob die Verfügung v. 20.07.1903 (MBliV S. 200) hervor, nachdem Berichte über die uneinheitliche Umsetzung des vorangehenden Erlasses v. 26.03.1901 die

Die staatlichen Regelungen erfassten indes nicht nur die innerhalb der Anstalten befindlichen „Geisteskranken". So thematisierten Verordnungen in den Jahren 1894, 1896 und 1904 die Registrierung der übrigen nicht untergebrachten psychisch Kranken.[570] Tatsächlich gelang es den Behörden jedoch aufgrund des auslegungsbedürftigen Begriffes der „Geisteskrankheit" und den daraus resultierenden Klassifizierungsschwierigkeiten nicht, belastbares Zahlenmaterial zu erlangen.[571]

e) Regelungen auf Anstaltsebene

Nachdem, wie festgestellt, die privaten Psychiatrien zunehmend den zentralen Regelungen des Verordnungsgebers unterlagen, konnten sich einzig die öffentlichen Einrichtungen ein Mindestmaß an regionaler Individualität bewahren. Ihre Regularien wurden auf den Provinziallandtagen beschlossen und erstreckten sich entweder auf eine einzelne oder aber auf sämtliche öffentliche Anstalten der Provinz.[572] Dennoch lässt sich für Preußen ein weitgehender inhaltlicher Gleichlauf feststellen.[573]

f) Exkurs: Gesetzgebung in den übrigen deutschen Ländern

In den meisten anderen Ländern des Deutschen Reiches war die Unterbringung, wie in Preußen, durch Verordnungen geregelt. Unter dem Schirm des Bürgerlichen Gesetzbuches kannten sie seit 1900 zwar alle die Einweisung Volljähriger durch den gesetzlichen Vertreter, doch zeigten sich Unterschiede im Verfahren

---

zuständigen Ministerien erreicht hatten. Zum Dringlichkeitsverfahren siehe auch unten S. 134.

570 *Blasius*, „Einfache Seelenstörung", S. 86 ff.; *Moeli*, Die Fürsorge für Geisteskranke, S. 65 ff.; vgl. hierzu bereits oben S. 94.

571 *Moeli*, Die Fürsorge für Geisteskranke, S. 198.

572 Vgl. hierzu auch § 31b des UWohnG v. 11.07.1891 (Fn. 524): *„Die Bestimmungen über die Aufnahme und Entlassung der Anstaltspflegebedürftigen sowie die Höhe der zu erstattenden Kosten werden in Reglements getroffen, welche der Genehmigung der zuständigen Minister unterliegen"*. Näher zum Verfahren: *Rittershaus*, Die Irrengesetzgebung in Deutschland, S. 32. Siehe auch oben S. 70.

573 Dieser Umstand führte nach Ansicht *Rittershaus'* (Die Irrengesetzgebung in Deutschland, S. 32, 53) zum Wegfall des Bedürfnisses einer reichseinheitlichen Regelung der Irrenfrage (zur parlamentarischen Diskussion vgl. oben S. 102). Einen Überblick über den typischen Reglementinhalt gibt *Moeli*, Die Fürsorge für Geisteskranke, S. 137. Beispielhafte Regularien finden sich bei *Unger*, Die Irrengesetzgebung in Preussen, S. 100 ff.

sowie im Verhältnis von zivil- zu öffentlich-rechtlicher Unterbringung zueinander. Im Folgenden sollen in der gebotenen Kürze die Grundzüge einiger exemplarischer Regelungen umrissen werden.

Im Königreich Württemberg war für die öffentlichen Anstalten das Statut vom 20. März 1899 maßgeblich.[574] Es postulierte einen humanen Umgang mit den Patienten und wies eine liberale Konzeption hinsichtlich Einweisung sowie Entlassung auf.[575] Neben einem ärztlichen Attest bedurfte es bei einer Einweisung grundsätzlich einer Zustimmungserklärung der nächsten Angehörigen und, falls vorhanden, des Vormundes (§ 12 Nr. 4). Im Anschluss war die Mitwirkung des Medizinalkollegiums notwendig. Bis auf letzteren Punkt wurde hieran auch in dringenden Fällen festgehalten (§ 15). Ausdrücklich räumte das Statut auch der privatrechtlichen Einweisung Vorrang gegenüber der öffentlich-rechtlichen ein (§ 16). Von der Entlassung hatte die Anstaltsleitung der Polizeibehörde nach eigenem Ermessen Mitteilung zu machen.[576] Dergestalt nahm die Verordnung der Anstalt „den Charakter eines polizeilichen Verwahrungshauses"[577] und ersetzte ihn durch den einer menschenfreundlichen Heil- beziehungsweise Pflegeanstalt. Für private Psychiatrien galt der „Erlass betreffend den Betrieb und die Überwachung der Privatirrenanstalten" vom 18. November 1899.[578]

Für Hessen wurde das „Irrenwesen", ähnlich wie in Preußen, in einzelnen Verfügungen geregelt, die nur für einzelne öffentliche Anstalten galten. Das Regulativ vom 9. Dezember 1911[579] richtete sich hingegen an alle vier großherzoglichen Landes-Heil- und Pflegeanstalten.[580] Sämtliche Stadien der Anstaltsbehandlung wurden hiervon ausführlich reglementiert,[581] wobei der Kostentragung ein besonderer Stellenwert eingeräumt wurde. Sofern die Unterbringung nicht aus sicherheitspolizeilichen Gründen geschah, bedurfte es der schriftlichen

574 RegBl. S. 249 (abgedr. bei *Mandry*, Das württembergische Privatrecht, Bd. 2, S. 186 ff.). Das Statut trat an die Stelle des bisherigen Status v. 21.01.1875 u. der Ministerialverfügung v. 05.11.1894.

575 *„Die möglichst sorgfältige und menschenfreundliche Behandlung der Kranken bildet die erste Pflicht aller Beamten und Bediensteten der Anstalt."* (§ 23).

576 *Rittershaus*, Die Irrengesetzgebung in Deutschland, S. 44.

577 *Rittershaus*, Die Irrengesetzgebung in Deutschland, S. 45.

578 RegBl S. 983; *Lustig*, Gesetz und Recht im Krankenhaus, S. 55.

579 HessRegBl. S. 570.

580 Alzey, Gießen, Heppenheim und Goddelau. Die Zuweisung zu den Anstalten war abhängig von Wohnort, psychischer Krankheit und einem etwaigen strafrechtlichen Hintergrund (vgl. § 4 des Regulativs v. 09.12.1911).

581 Für *Rittershaus* zeugt das Gesetz *„von außergewöhnlicher Sachlichkeit und modernen Empfinden"* (Die Irrengesetzgebung in Deutschland, S. 46).

Zustimmung des gesetzlichen Vertreters zur Einweisung und Kostenübernahme (§ 5 Ziff. 2). Freiwillige Pensionäre konnte die Anstalt indes ohne Nachweise aufnehmen. Die Entlassung beziehungsweise Beurlaubung lag grundsätzlich im Ermessen der Direktion, erforderte aber als actus contrarius zur Einweisung die Mitwirkung derjenigen Stellen, die bereits die Aufnahme verfügt hatten. Insgesamt wird deutlich, dass das hessische Regulativ weitestgehend deckungsgleich mit seinen preußischen Pendants war.

In Bayern war die „Irrenfürsorge“ seit 1846 eine Kreisangelegenheit.[582] Die zunächst geringen formalen Aufnahmehürden wurden im Zuge des überregional aufsehenerregenden „Alexianer-Prozesses“ deutlich erhöht.[583] Fortan stimmten die Voraussetzungen im Kern mit denen der vorerwähnten Länder überein. Deutlich wird allerdings die starke Einbindung der Polizei in das Unterbringungsverfahren, in deren Zuständigkeit neben der Einweisung aus öffentlichem Interesse seit 1851 auch die Registrierung und Überprüfung der außerhalb der Anstalt lebenden „Geisteskranken“ fiel.[584]

In Hamburg fehlte eine Regelung privatrechtlicher Unterbringungen gänzlich, sodass die vertretereigene Unterbringungsbefugnis gewohnheitsrechtlich ausgestaltet wurde. Im Reichsvergleich hervorstechend sind die erweiterten Polizeibefugnisse aufgrund § 22 des sogenannten Verhältnisgesetzes.[585] Demnach war die Polizei berechtigt, „Geisteskranke“ bei Fremd- wie auch Selbstgefährdung in eine der beiden hanseatischen Anstalten einzuweisen.[586] Erst am 8. Oktober 1923 wurde die Aufnahme der Betroffenen durch die Ärzteverordnung abhängig gemacht vom Vorliegen eines ärztlichen Attests über Art und Ausmaß der „Geisteskrankheit“ nebst der Versicherung, den Patienten auch persönlich untersucht zu haben. In Eilfällen oblag es den Anstaltsärzten, ein

---

582 Vgl. Art. 1 des Gesetzes v. 23.05.1846 (GBl. S. 45). Die Kreise entsprachen den preußischen Regierungsbezirken.

583 Ministerialentschließung v. 01.01.1895 (MABl. S. 2); *Rittershaus*, Die Irrengesetzgebung in Deutschland, S. 53. Die Unterbringung im privaten Interesse richtete sich laut *Lustig* nach der Verfügung 03.12.1895 (Gesetz und Recht im Krankenhaus, S. 54).

584 Gesetz v. 20.12.1851 (Näheres bei *Erlenmeyer*, Unser Irrenwesen, S. 12). Zudem stellten Art. 80 f. des Polizeistrafgesetzbuchs v. 10.11.1861 (GBl. S. 321) die mangelhafte Aufsicht über „Geisteskranke“ außerhalb der Anstalt unter Strafe und ermächtigten die Polizei zur Unterbringung dieser Kranken.

585 Gesetz, betreffend das Verhältnis der Verwaltung zur Rechtspflege v. 23.04.1879 (GS I S. 110).

586 Es handelte sich um die öffentlichen Anstalten Friedrichsberg und Langenhorn. Erstere war mit rund 2.000 Aufnahmen im Jahr eine der größten Einrichtungen im Reich.

sogenanntes Dringlichkeitsattest auszustellen.[587] Hier war nach erfolgter Aufnahme die Polizeibehörde zu benachrichtigen, die eine zeitnahe Nachuntersuchung des Eingewiesenen durch einen beamteten Arzt veranlasste.[588] Diese Bestimmungen galten unabhängig von der einweisenden Stelle, also auch für Unterbringungen nach dem BGB. Gegen polizeiliche Maßnahmen nach § 22 des Verhältnisgesetzes stand dem Betroffenen die Zivilklage offen (§§ 24 ff. Verhältnisgesetz), mit der auch ein Entschädigungsbegehren verbunden werden konnte (§ 29 Verhältnisgesetz). Eine unabhängige Kommission, bestehend aus medizinischen Laien, Psychiatern und Amtsärzten, bearbeitete sämtliche Beschwerden und war befugt, nach freiem Ermessen Anstaltsvisitationen durchzuführen.[589]

Bremen regelte die Unterbringung psychisch Kranker in den §§ 47–50 der Medizinalordnung (MedO) vom 2. August 1878.[590] Erfasst wurde sowohl polizeiliches als auch privates Tätigwerden. Erforderlich war stets ein ärztliches Attest eines nicht der Anstalt zuzurechnenden Mediziners (§ 47 MedO). In Eilfällen war dieses binnen acht Tagen nachzureichen. Unterbringungen in einer Privatanstalt[591] hingen zusätzlich noch von der behördlichen Unbedenklichkeitsbescheinigung ab. § 48 der Verordnung drückte, ähnlich wie der einstige § 344, II, Tit. 18 ALR,[592] die Subsidiarität polizeilicher Maßnahmen auf dem Gebiet der „Geisteskrankenpflege“ aus: „*Für die einstweilige Sicherung und zweckmäßige Behandlung gefährlicher Geisteskranker bis zu deren Aufnahme in eine Irrenanstalt hat das zuständige Medicinalamt zu sorgen, wenn Angehörige des Kranken dazu nicht Willens oder im Stande sind.*“ Den unvernünftigen Willen des Kranken selbst oder dessen Vertreters, sei es bei der Einweisung oder Entlassung, konnte die Polizei nur mit einem amtsärztlichen Gutachten überwinden, welches sowohl auf einer Fremd- als auch Selbstgefährdung gründen konnte (§ 49 MedO).[593]

---

587 *Rittershaus*, Die Irrengesetzgebung in Deutschland, S. 48.

588 *Adler*, Unterbringung Geisteskranker, S. 48.

589 Die hanseatische Beschwerdekommission ähnelte damit dem im Kreuzzeitungsaufruf 1892 geforderten unabhängigen Rat zur Überwachung der Anstaltsunterbringung (hierzu oben S. 101).

590 Medizinalordnung v. 02.08.1878 (Brem. GBl. S. 113). Unverändert übernommen in §§ 10 ff. der Medizinalordnung v. 07.06.1933 (Brem. GBl. S. 195) – teilw. abgedr. bei *Adler*, Unterbringung Geisteskranker, S. 75 f. Als öffentlicher Unterbringungsort kam das St. Jürgen-Asyl vor den Toren der Stadt in Frage.

591 Gemeint war damit die Privatanstalt Rockwinkel.

592 Hierzu oben S. 76.

593 Näher zum Vollzug der Unterbringung: *Adler*, Unterbringung Geisteskranker, S. 48.

Einer der wenigen Staaten (neben Weimar und Sachsen), der die Unterbringung psychisch Kranker in einem Gesetz regelte, war Baden. Das „Irrenfürsorgegesetz" vom 25. Juni 1910 galt für öffentliche wie private Anstalten gleichermaßen und blieb bis in die 1950er Jahre in Kraft.[594] Die Aufnahme Kranker war grundsätzlich antragspflichtig und hing von der Zustimmung des Bezirksamtes (und damit von medizinischen Laien) ab, was je nach Betrachter entweder als Zugeständnis an die persönliche Freiheit der Betroffenen[595] oder als *„schwere Kränkung des irrenärztlichen Standes"*[596] aufgefasst wurde. Berechtigt, den Antrag zu stellen, war bei Entmündigten der gesetzliche Vertreter (§ 2 Ziff. 1) und hilfsweise auch die öffentlichen Fürsorgeorgane oder Familienmitglieder (§ 2 Ziff. 2).[597] Zudem bedurfte es eines ärztlichen Attests über die „Geisteskrankheit" und Anstaltsbedürftigkeit (§ 3). Berufen hierzu war jeder in Deutschland approbierte Arzt und nicht wie beispielsweise in Preußen lediglich der Kreisphysikus. In dringenden Fällen wurden diese Vorschriften entsprechend abgesenkt (§ 7). Neben der Unterbringung auf Antrag regelte das Gesetz zudem die Unterbringung von Amts wegen (§ 6). Ein Rangverhältnis zwischen beiden Möglichkeiten lässt sich dem Gesetz nicht entnehmen. Auffällig ist jedoch der weite Anwendungsbereich der öffentlich-rechtlichen Einweisung, die nicht nur bei Gefährdung der öffentlichen Sicherheit oder Ordnung zulässig war, sondern auch bei drohender Vernachlässigung von Schutz, Aufsicht, Verpflegung oder ärztlicher Unterstützung des „Geisteskranken". Sämtliche freiheitsbeschränkenden Vorschriften enthielten zugleich Verweise auf mögliche Rechtsbehelfe, was den in sich geschlossenen Charakter des Gesetzes erneut unterstrich.

6) Unterbringungsrechtlicher Fürsorgebegriff

Während unter dem ALR der Vormund mehr als Interessenvertreter des Staates denn seines Mündels agierte,[598] war es das zentrale Anliegen der preußischen

594 GVBl. S. 299. Ergänzt wurde das Gesetz durch eine Vollzugsanordnung v. 30.06.1910 (GVBl. S. 303).

595 *Henneberg*, Zur Irrengesetzgebung, Monatsschrift für Psychiatrie und Neurologie 1919, S. 121 (139 f.). Zur Bewährung des Gesetzes in der Praxis vgl. auch *Fischer*, Das Aufnahmeverfahren für Geisteskranke, Allgemeine Zeitschrift für Psychiatrie und psychisch-gerichtliche Medizin 1933, S. 120 (121 f.).

596 *Rittershaus*, Die Irrengesetzgebung in Deutschland, S. 61. Der Autor sieht in dem Gesetz ein Werk der „Antipsychiatriebewegung" (S. 60).

597 Erläuterungen hierzu bei *Adler*, Unterbringung Geisteskranker, S. 33 f.

598 Siehe oben S. 70.

Vormundschaftsordnung, diesen Zustand umzukehren.[599] Die fortan bestehende Verpflichtung einzig dem Mündelinteresse lässt prima facie eine parallele Wandlung des Fürsorgeverständnisses im Umgang mit psychisch Kranken vermuten. So hob § 2 des Erlasses vom 28. November 1899[600] bezogen auf das Entmündigungsverfahren wegen „Geisteskrankheit" hervor, dass dieses nur zum Wohle des Betroffenen sowie seiner nächsten Angehörigen und nicht etwa „*aus polizeilichen Rücksichten oder im ausschließlichen Interesse anderer Personen*" geschehen dürfe.[601] Entsprechendes galt auch für die vormundschaftliche Unterbringung.

Dennoch waren Allgemeininteressen nach wie vor im Vormundschaftsrecht zu berücksichtigen. Für das private Unterbringungsrecht bedeutete dies, dass auch diejenige Einweisung im Mündelinteresse stattfand, die den Kranken von Ordnungsverstößen abhalten beziehungsweise vor den damit verbundenen Konsequenzen schützen wollte.[602] Ein weiterer Begründungsansatz stützte sich auf die Ersatzpflicht des Vormundes für Schäden, die einem Dritten durch den Mündel widerrechtlich zugefügt worden waren.[603] Hiermit habe der Gesetzgeber zum Ausdruck gebracht, dass die Aufsicht des Vormundes nicht allein dem Schutz des „Geisteskranken" diene, sondern auch den Interessen anderer.[604] Zugespitzt ausgedrückt, kam dergestalt die vormundschaftliche Abwehr einer als Selbstgefährdung getarnten Fremdgefährdung in Betracht, was die eingangs vermutete Wandlung des Fürsorgebegriffs widerlegt. Seine eher präventive Konnotation ist sinnbildlich für die staatlichen Bemühungen, mittelbar auch durch

---

599 *Bulling,* Erwachsenenfürsorge, S. 87 f.; vgl. unten S. 123.

600 Vgl. oben Fn. 539.

601 So auch OLG Dresden, Urteil v. 14.07.1902 – O.I. 152/01. Nr. 22: „[…] *die Entmündigung ist in erster Linie Schutzmaßnahme. Sie will demjenigen zu Hilfe kommen, der sich gegen die nachteiligen Folgen seiner Einsichtslosigkeit und gegen deren Ausbeutung durch andere nicht selbst zu schützen vermag*".

602 *Roth,* Erman, BGB, § 1906, Rn. 12; *Bulling,* Erwachsenenfürsorge, S. 131 f.; *Husen,* Freiheitsentziehende Maßnahmen, S. 56; *Rohde,* Die Sorge für die Person volljähriger Mündel nach dem Bürgerlichen Gesetzbuche, Zentralblatt für freiwillige Gerichtsbarkeit und Notariat 1912, S. 253 (262); a.A. *Brunswig,* Die Handlungsfähigkeit der Geisteskranken, S. 29.

603 Die Haftung war geregelt in §§ 57, 56, I, Tit. 6 ALR und später in § 832 I BGB (hierzu: *Mugdan,* Materialien zum BGB, Bd. 2, S. 410).

604 *Rohde,* Die Sorge für die Person volljähriger Mündel nach dem Bürgerlichen Gesetzbuche, Zentralblatt für freiwillige Gerichtsbarkeit und Notariat 1912, S. 253 (260); *Fuchs,* Hölder, BGB, § 1901, Anm. 1b.

das Vormundschaftsrecht, die scheinbar bedrohte soziale Ordnung aufrechtzuerhalten.[605]

7) Ablauf der Unterbringung

Parallel zur vorangehenden Epoche ist auch im Folgenden die Unterbringung in drei Stadien einzuteilen: Das Vorverfahren, der Vollzug sowie die Entlassung und Nachsorge.

a) Vorverfahren

Im Zusammenhang mit dem Vorverfahren stellt sich zu Beginn die Frage, wer berechtigt war, die Unterbringung nach privatrechtlichen Regeln zu beantragen und wie sich diese zur öffentlich-rechtlichen Einweisung verhielt. Den gesetzlichen Regelfall bildete die Unterbringung durch den Vormund. Indes existierte in der Zivilrechtspraxis das Bedürfnis nach einer Umgehung des langwierigen Entmündigungsverfahrens, was die vermehrte Anwendung einstweiliger Maßnahmen zur Folge hatte. Auch diese, seinerzeit in der Rechtswissenschaft nicht unumstrittene Genese, wird im Folgenden näher beleuchtet.[606]

aa) Unterbringung durch den gesetzlichen Vertreter

Die Unterbringung Volljähriger nach zivilrechtlichen Maßstäben konnte zunächst durch den gesetzlichen Vertreter erfolgen. Hierfür kamen der Vormund und, nach teilweise vertretener Ansicht, auch der Gebrechlichkeitspfleger in Betracht. Darüber hinaus erweiterten manche Anstaltsregularien den Kreis der unterbringungsberechtigten Privatpersonen noch auf Verwandte.[607] Sofern der Kranke hiermit einverstanden war und demnach eine freiwillige Unterbringung vorlag, gab es dagegen nichts zu erinnern. Galt es jedoch einen

---

605 *Kammeier*, Maßregelrecht, S. 14. Vom *„Irrenhaus als Sanktionsmechanismus für nichtangepaßtes Verhalten"* spricht *Blasius* (Der verwaltete Wahnsinn, S. 95). Hierin reiht sich auch der Versuch ein, alle außerhalb der Anstalten lebenden „Geisteskranken" listenmäßig zu erfassen, siehe oben S. 94.

606 Dabei werden die VO und das BGB aufgrund ihrer inhaltlichen Nähe zueinander gemeinsam behandelt.

607 Etwa § 14 des Reglements für die Provinzialanstalten Brandenburgs v. 03.03.1893 (abgedr. bei *Unger*, Die Irrengesetzgebung in Preussen, S. 100 ff.); arg. ex § 9 Ziff. 3 Reglement für Provinzialanstalt Owinsk (Posen) v. 27.06.1895 (abgedr. bei *Unger*, Die Irrengesetzgebung in Preussen, S. 125 ff.).

entgegenstehenden Willen zu überwinden, stellte sich die bereits angesprochene Frage nach der Vereinbarkeit mit Art. 5 PrVU.[608]

Der weitere Verfahrensgang sah einen Aufnahmeantrag des Vertreters vor, der bei Provinzialanstalten entweder an den Landeshauptmann, in den Städten und den privaten Einrichtungen hingegen direkt an den Anstaltsdirektor gerichtet wurde.[609] Dem Antrag war eine Verpflichtung zur Kostenübernahme und, bei öffentlichen Anstalten, ein ärztliches Zeugnis beizufügen.

(1) Tätigwerden des Vormundes

Die Unterbringung durch den Vormund setzte grundsätzlich eine Entmündigung des Kranken voraus. Unter der Geltung des BGB war zudem eine vorläufige Vormundschaft schon während des laufenden Entmündigungsverfahrens möglich.

(a) Entmündigungsverfahren

Wenngleich Unterbringungserwägungen im Entmündigungsverfahren präkludiert waren, blieben jene Komplexe auf dem Boden des Privatrechts beim Tätigwerden des Vormundes auch nach der 1899 erlassenen Ministerialverfügung[610] miteinander verbunden. Anders als die überkommene „Wahn- und Blödsinnigkeitserklärung" der AGO konnte gemäß §§ 593 II, 595 ZPO eine Person nicht von Amts wegen, sondern nur auf Antrag von dritter Seite oder des Staatsanwaltes für „geisteskrank" befunden werden.[611] Maßgebliches Gewicht kam dabei dem Sachverständigengutachten zu (§ 599 ZPO).[612] Bei Zweifeln am Geisteszustand hielt seit 1898 § 656 ZPO die Möglichkeit einer maximal sechswöchigen Anstaltsbeobachtung bereit.[613] Ihre Wirksamkeit entfaltete die Entmündigung bereits ab Mitteilung des Beschlusses an die Vormundschaftsbehörde (§ 603 II ZPO) und war damit unabhängig von der Einsetzung eines Vormundes,[614] den das zuständige Gericht sodann zu bestellen hatte.[615]

---

608 Ausführlich oben S. 66. *Diamand*, Vorläufige Vormundschaft und Gebrechlichkeitspflegschaft, S. 71.

609 Vgl. *Moeli*, Die Fürsorge für Geisteskranke, S. 137. Zur Rechtsnatur der staatlichen Statthafterklärungen siehe (am Bsp. des „Badischen Irrenfürsorgegesetzes"): *Adler*, Unterbringung Geisteskranker, S. 31 f.

610 Zur Verfügung v. 28.11.1899 siehe oben S. 108.

611 Zur „Wahn- und Blödsinnigkeitserklärung" nach der AGO siehe oben S. 73.

612 Dazu ausführlich unten S. 142.

613 Näheres bei *Cramer*, Gerichtliche Psychiatrie, S. 80 f.

614 *Bulling*, Erwachsenenfürsorge, S. 91.

615 Insoweit galt nach Reichsrecht also das Bestellungsprinzip. Eine gesetzliche Vormundschaft existierte nicht (*Endemann*, Lehrbuch des Bürgerlichen Rechts, Bd. 2, S. 939; *Bulling*, Erwachsenenfürsorge, S. 199 f.).

(b) Vorläufige Vormundschaft

Bereits während des Entmündigungsverfahrens bestand mit § 1906 BGB die Möglichkeit, einstweilige Maßnahmen im Rahmen einer vorläufigen Vormundschaft zu treffen. Der Gesetzgeber sah es als notwendig an, dem zu Entmündigenden einen über die Pflegschaft hinausgehenden, umfassenden Schutz zu bieten.[616] Zudem sollten Beweisschwierigkeiten hinsichtlich derjenigen Geschäfte, die vor der Entmündigung getätigt wurden, beseitigt werden: Besaßen „Geisteskranke" bereits während des Entmündigungsverfahrens durch die nach § 104 Nr. 2 BGB eintretende (wenngleich beweispflichtige) Geschäftsunfähigkeit einen gewissen Schutz im Rechtsverkehr, blieben „Geistesschwache", „Verschwender" und „Trunksüchtige" in diesem Zeitraum voll geschäftsfähig und waren demnach besonders gefährdet.[617] Die Voraussetzungen einer vorläufigen Vormundschaft über „Geisteskranke" waren gemäß § 1906 BGB eine beantragte Entmündigung sowie die auf demselben Grund basierende Gefährdung des Kranken in persönlicher oder finanzieller Hinsicht.[618] Eingeleitet wurde das Verfahren vor dem Vormundschaftsgericht entweder auf Veranlassung der Staatsanwaltschaft oder auf Hinweis des Entmündigungsrichters.[619] Hinsichtlich der Person des Vormundes war der Richter von der üblichen Bestellungsreihenfolge der §§ 1899 f. BGB aufgrund der Dringlichkeit der in Betracht kommenden Fälle entbunden (§ 1907 BGB).[620] Da die vorläufige Vormundschaft akzessorisch zum Entmündigungsantrag war, endete sie mit dessen Stattgabe, Abweisung oder Rücknahme (§ 1908 I, II BGB). Der nach § 1906 BGB bestellte Vormund hatte bei der Ausübung seines Amtes, so die Motive, auf Maßnahmen mit Dauerwirkung tunlichst zu verzichten und stattdessen den Status quo zu sichern, war jedoch ansonsten in seiner Rechtsstellung einem endgültigen Vormund gleichgeordnet.[621] Für die Praxis entscheidend war letzterer Punkt: So konnte der vorläufige Vormund insbesondere unter Berufung auf das noch näher zu

616 Motive zum BGB, Bd. 4, S. 1247.

617 *Bulling,* Erwachsenenfürsorge, S. 210; *Fuchs,* Das deutsche Vormundschaftsrecht, S. 238.

618 Ausführlich: *Diamand,* Vorläufige Vormundschaft und Gebrechlichkeitspflegschaft, S. 10 ff.; andere Gründe außer Fürsorgeerwägungen waren unbeachtlich (*Bulling,* Erwachsenenfürsorge, S. 211 f.).

619 *Diamand,* Vorläufige Vormundschaft und Gebrechlichkeitspflegschaft, S. 33.

620 *Kuhlenbeck,* BGB, § 1907.

621 Motive zum BGB, Bd. 4, S. 1247.

erläuternde Aufenthaltsbestimmungsrecht den „Geisteskranken" zwangsweise und ohne richterliche Genehmigung einer Anstalt zuführen.[622] Nach Untersuchungen des Rechtswissenschaftlers *Werner Diamand* stellte dies den häufigsten Anwendungsfall von § 1906 BGB dar.[623] Geäußerte Zweifel an der Vereinbarkeit der Einweisung mit dem Vorläufigkeitscharakter der Vormundschaft blieben unbeachtet.[624] Über den ursprünglichen Gesetzgeberwillen hinaus entwickelte sich die vorläufige Vormundschaft dergestalt zu einem Entmündigungssurrogat,[625] das eine rasche und prozessökonomische Lösung ohne die belastenden Wirkungen einer Entmündigung versprach. Da es jedoch nach wie vor auf das Fortdauern des Entmündigungsverfahrens ankam, wurde dieses in der Gerichtspraxis zum Teil entweder künstlich in die Länge gezogen oder aber für die Dauer der Unterbringung des „Geisteskranken" ganz ausgesetzt.[626]

Existierte allerdings noch kein Vormund oder war er verhindert, so konnte nach § 1846 BGB in Eilfällen jedes Amtsgericht, in dessen Bezirk das Schutzbedürfnis hervortrat, als Vormundschaftsgericht selbstständig im Mündelinteresse tätig werden.[627] Dies umfasste auch das Recht der Anstaltsunterbringung.[628] Alternativ kam auch die Ernennung eines Pflegers in Betracht.

---

622 So die ganz herrschende Rspr. (vgl. *Diamand*, Vorläufige Vormundschaft und Gebrechlichkeitspflegschaft, S. 24 m.w.N.; *Brink*, Grenzen der Anstalt, S. 140); zur Genehmigungsfreiheit: KG, Beschluss v. 01.09.1916, Zentralblatt für freiwillige Gerichtsbarkeit und Notariat 1917, 525 (525).

623 *Diamand*, Vorläufige Vormundschaft und Gebrechlichkeitspflegschaft, S. 63.

624 Z.B. LG Hamburg (HansGZ 25, Beil., 231 Nr. 151, zitiert nach: *Diamand*, Vorläufige Vormundschaft und Gebrechlichkeitspflegschaft, S. 24, Fn. 2).

625 Ausführlich aus zeitgenössischer Sicht: *Diamand*, Vorläufige Vormundschaft und Gebrechlichkeitspflegschaft, S. 43 ff. Neuere Betrachtungen: *Bulling*, Erwachsenenfürsorge, S. 215; *Gernhuber*, Lehrbuch des Familienrechts, S. 1074.

626 Es handelte sich dabei um reines Richterrecht. Eine Stütze in der ZPO, insbesondere für die Verfahrensaussetzung, existierte nicht (§ 681 ZPO i.d.F. v. 17.05.1898 beschränkte sich auf „Trunksucht". (*Diamand*, Vorläufige Vormundschaft und Gebrechlichkeitspflegschaft, S. 59 ff. m.w.N.).

627 RG, Beschluss v. 13.05.1909 – IV 248/08, RGZ 71, 162 (168); vgl. auch Motive zum BGB, Bd. 4, S. 1155; *Baumann*, Unterbringungsrecht, S. 162.

628 *Husen*, Freiheitsentziehende Maßnahmen, S. 17; KG, Urteil v. 12.06.1918, Monatsschrift für Psychiatrie und Neurologie, 1919 (129); *Rohde*, Die Sorge für die Person volljähriger Mündel nach dem Bürgerlichen Gesetzbuche, Zentralblatt für freiwillige Gerichtsbarkeit und Notariat 1912, S. 253 (265). Vgl. auch unten S. 132.

(c) Bestellung und Rechtsposition des Vormundes

Nach erfolgter Entmündigung war dem volljährigen „Geisteskranken" gemäß § 81 Nr. 1 VO vom Vormundschaftsgericht ein Vormund als gesetzlicher Vertreter zu bestellen. § 83 I VO sah hierfür ipso iure den Vater des Kranken vor. Erst wenn dieser nicht vorhanden oder zur Amtsführung außerstande war, wurde die Vormundschaft nach den allgemeinen Vorschriften eingeleitet (§ 83 III i.V.m. § 17 VO).[629] Im Gegensatz zum Landrecht, hatte sich mit der VO der Vormund vom Gericht emanzipiert und übte sein Amt nun selbstständig aus. Hierdurch sollte die alte Schwerfälligkeit bei der Geschäftsbesorgung vermieden und eine vollständige Konzentration auf das Mündelinteresse gewährleistet werden.[630] Zwar führte das Gericht nach § 51 VO die Aufsicht über den Vormund, konnte jedoch nur mittelbar in die Amtsführung eingreifen, indem es ihm bei Pflichtwidrigkeiten Ordnungsstrafen auferlegen und äußerstenfalls seine Entlassung anstrengen konnte.[631] Mitunter erschien es schwierig, die gerichtliche Aufsichtsgewalt mit der Selbstständigkeit des Vormundes in Einklang zu bringen: Zweifelte das Gericht an der Zweckmäßigkeit einer Maßregel, so war umstritten, ob es über eine bloße Belehrung des Vormundes hinausgehen und verbindliche Ratschläge erteilen durfte.[632] Die wohl herrschende Literatur verneinte diese Frage,[633] während die Rechtsprechung zu keiner eindeutigen Linie fand.[634]

Unter dem BGB erhielt der „Geisteskranke" nach seiner Entmündigung einen Vormund als gesetzlichen Vertreter (§ 1896 BGB). Dabei verfolgte das Gesetz konsequent das Bestellungsprinzip und verzichtete im Gegensatz zu seinem Vorgänger auf die gesetzliche Vormundschaft des Vaters.[635] Gemäß § 1899 I BGB waren, sofern keine Unfähigkeit vorlag, nacheinander Vater, Mutter und Großvater des Mündels als Vormund berufen. War der Entmündigte verheiratet,

---

629 *Hesse,* Die Vormundschafts-Ordnung, S. 259 ff.

630 *Dernburg/Schultzenstein,* Das preußische Vormundschaftsrecht, S. 72.

631 *Dernburg/Schultzenstein,* Das preußische Vormundschaftsrecht, S. 69.

632 Mit ausführlicher Streitdarstellung: *Dernburg/Schultzenstein,* Das preußische Vormundschaftsrecht, S. 71 ff.

633 So *Dernburg/Schultzenstein,* Das preußische Vormundschaftsrecht, S. 70, Fn. 6 (m.w.N.).

634 Gegen ein Weisungsrecht: KG, Beschluss v. 04.05.1881, Jahrbuch für Entscheidungen des Kammergerichts, 1882 (47); KG, Beschluss v. 04.09.1881, Jahrbuch für Entscheidungen des Kammergerichts, 1882 (45 f.). Dafür: KG, Beschluss v. 29.01.1883, Jahrbuch für Entscheidungen des Kammergerichts, 1883 (52 f.); KG, Beschluss, Jahrbuch für Entscheidungen des Kammergerichts, 1884 (86 f.).

635 Motive zum BGB, Bd. 4, S. 1035; *Endemann,* Lehrbuch des Bürgerlichen Rechts, Bd. 2, S. 939.

gebührte dem Ehegatten der Vortritt (§ 1900 II BGB). Im Übrigen waren die Unterschiede der Erwachsenenvormundschaft des BGB zu der unter der VO gering.[636] Die Diskussion über den Umfang des gerichtlichen Aufsichtsrechts bestand fort (nunmehr betreffend § 1837 BGB), allerdings hatte sich mittlerweile die insgesamt herrschende Meinung gegen eine richterliche Zweckmäßigkeitsprüfung ausgesprochen.[637] Ein weiteres Aufsichtsrecht kam, sofern bestellt, dem Gegenvormund zu. War er vor 1900 noch auf die Vermögenssorge beschränkt, bereitete das BGB den Tätigkeitsbereich des Gegenvormundes auch auf die Personensorge aus.[638] Dieser hatte laut § 1799 I BGB das Gericht von Pflichtwidrigkeiten des Vormundes unverzüglich zu informieren.

(d) Unterbringung durch den Vormund

Zentrale Bedeutung kommt hier dem Unterbringungsrecht des Vormundes zu. Beginnend mit der Rechtslage der VO, existierten in den wenigen Paragraphen zur Erwachsenenvormundschaft (§§ 81–85 VO) keinerlei Regelung hierzu.

Zwar waren die §§ 341–348, II, Tit. 18 ALR, wie oben gesehen,[639] aufgrund ihrer teilweise polizeilichen Natur von der Neuregelung des Vormundschaftsrechts unberührt geblieben, doch fand in rein familienrechtlichen Belangen ein Rückgriff auf sie nicht mehr statt. Vielmehr erklärte § 83 III VO die Regelungen über Minderjährige auch bei Volljährigen für entsprechend anwendbar.[640] Damit war zugleich auf § 27 VO verwiesen, der dem Vormund die Personensorge zusprach.[641] Hierauf ließ sich letztlich ein Unterbringungsrecht des Vormundes stützen, das notfalls auch gegen den Willen des Mündels durchgesetzt werden konnte. Einer gerichtlichen Genehmigung bedurfte die Unterbringungsmaßnahme nicht: Der Genehmigungskatalog des § 42 VO schwieg sich hierzu

636 Das BGB hatte die Vormundschaftsordnung im Wesentlichen in das 4. Buch übernommen (hierzu schon oben S. 110).

637 Vgl. nur: *Engelmann*, Familienrecht, BGB, § 1901, S. 1391; KG, Beschluss v. 20.04.1905, Angelegenheiten der freiwilligen Gerichtsbarkeit und des Grundbuchrechts, 1906 (15 ff.); KG, Beschluss v. 26.07.1905, Rspr. d. OLG, 1906 (346 f.). Bei gravierenden Pflichtwidrigkeiten konnte allerdings das Gericht anstelle des Vormundes im Mündelinteresse tätig werden und nach h.M. im äußersten Fall eine Unterbringung durchsetzen (hierzu unten S. 133).

638 Motive zum BGB, Bd. 4, S. 1034.

639 Vgl. S. 109.

640 Die pauschale Verweisung auf die entsprechend anwendbaren Vorschriften der Vormundschaft über Minderjährige kritisierend: Motive zum BGB, Bd. 4, S. 1238 f.

641 *Dernburg/Schultzenstein*, Das preußische Vormundschaftsrecht, S. 400.

aus und war aufgrund seiner Abweichung vom Leitgedanken der Selbstständigkeit des Vormundes ohnehin restriktiv zu interpretieren.[642]

Ob eine Unterbringung aus Fürsorgegesichtspunkten erforderlich war, entschied also einzig der Vormund. Doch schien der Weg des „Geisteskranken" in die Anstalt bereits dort vorgezeichnet zu sein, wo entgegen ministerieller Weisungen in der Praxis nach wie vor der Unterbringungsbedarf überhaupt erst ursächlich für die Entmündigung und spätere Vormundsbestellung war. Zudem ist davon auszugehen, dass der Vormund auch durch den behandelnden oder begutachtenden Arzt in seiner Entscheidung beeinflusst wurde. Aus psychiatrischer Sicht waren heilbare „Geisteskranke" schnellstmöglich unterzubringen, um sie dort bei regelmäßiger Überwachung einer reizarmen Umgebung auszusetzen.[643] Nur in seltenen Fällen erschien eine Pflege im familiären Kreis der Anstaltsbehandlung vorzugswürdig. Dies galt erst Recht für unheilbar psychisch Erkrankte. Vorgeschalteten Therapieversuchen, etwa Kaltwasserkuren oder zerstreuenden Reisen, erklärte die herrschende medizinische Meinung eine Absage.[644] Unausweichlich war die Unterbringung bei einer Selbst- oder Fremdgefährdung des Kranken,[645] worauf an späterer Stelle noch gesondert einzugehen ist.[646] Im Übrigen war die Entscheidung des Vormundes abhängig von Einzelfaktoren wie Störungsgrad und Kostenlastverteilung.[647]

Auch das BGB sah von einer ausdrücklichen Normierung der Unterbringung Volljähriger ab. Stattdessen fanden gemäß § 1897 BGB die Minderjährigenregelungen entsprechende Anwendung. Als Schnittstelle für die Befugnisse des Vormundes diente § 1901 I BGB,[648] der den Umfang der Personensorge an den Bestellungsgrund koppelte und dergestalt für eine größere Einzelfallgerechtigkeit

---

642 *Dernburg/Schultzenstein,* Das preußische Vormundschaftsrecht, S. 83; im Gegensatz dazu die überkommene Regelung des § 238, II, Tit. 18 ALR (einschränkend zu deren praktischer Bedeutung allerdings oben S. 76).

643 *Lewald*, Sonderanstalten und Fürsorge für Geisteskranke, S. 395 f.

644 Statt vieler: *Kraepelin*, Psychiatrie, S. 303; *Lewald*, Sonderanstalten und Fürsorge für Geisteskranke, S. 398.

645 *Lewald*, Sonderanstalten und Fürsorge für Geisteskranke, S. 396.

646 Zur Differenzierung zwischen Selbst- und Fremdgefährdung unten S. 134. Wie bereits oben (S. 118) gesehen, konnte auch die Gefährdung von Drittinteressen unter Fürsorgegesichtspunkten eine vormundschaftliche Unterbringung rechtfertigen.

647 Vgl. schon oben S. 94 f.

648 § 1901 I BGB lautete: *„Der Vormund hat für die Person des Mündels nur insoweit zu sorgen, als der Zweck der Vormundschaft es erfordert."* Hierzu ausführlich: *Rohde,* Die Sorge für die Person volljähriger Mündel nach dem Bürgerlichen Gesetzbuche, Zentralblatt für freiwillige Gerichtsbarkeit und Notariat 1912, S. 253 (256).

sorgte. So beschränkte sich beispielsweise bei einem „Verschwender" die vormundschaftliche Fürsorge auf die rechtsgeschäftliche Ebene, während sie sich bei „Geisteskranken" (unter Verweis auf die elterliche Gewalt, § 1800 BGB) auch auf das Aufenthaltsbestimmungsrecht nach § 1631 I BGB erstreckte. Letzteres verlieh, analog zum alten Recht, dem Vormund die Unterbringungsbefugnis[649] – nötigenfalls auch gegen den Mündelwillen[650]. Hierbei war er unabhängig von der Mitwirkung des Vormundschaftsgerichts.[651] Damit dieses aber seiner Aufsichtspflicht uneingeschränkt nachkommen und gegebenenfalls durch geeignete Gebote und Verbote einschreiten konnte,[652] hatte die Anstaltsleitung, gleich ob privat oder öffentlich, das Gericht umgehend von der Aufnahme in Kenntnis zu setzen.[653] Eine lokale, dennoch erwähnenswerte Beschränkung des Unterbringungsrechts, zeigt sich betreffs der brandenburgischen Provinzialanstalten. Dort war die vormundschaftliche Einweisung gemäß § 14 des Reglements vom 3. März 1893 von der Zustimmung der nächsten Verwandten abhängig. Der Widerspruch zum Grundverständnis der Selbstständigkeit des Vormundes überrascht, ist jedoch als Einzelfall zu betrachten.[654]

Der Vormund hatte, sofern das Mündel nicht hilfsbedürftig im Sinne des Unterstützungswohnsitzgesetzes war, mit dem Unterbringungsantrag die Kostenübernahme zuzusichern. Außerdem war bei öffentlichen Anstalten ein Attest eines psychiatrisch qualifizierten Arztes mit einzureichen, wovon nur in Eilfällen abgewichen werden durfte.[655] Private Anstalten waren hiervon in den Erlassen

649 Allgemein anerkannt. Vgl. nur: *Engelmann,* Familienrecht, BGB, § 1901, S. 1390; *Moeli,* Die Fürsorge für Geisteskranke, S. 78; *Planck,* Bürgerliches Gesetzbuch, BGB, § 1901, S. 638; *Schröder,* Das deutsche Vormundschaftsrecht, S. 482.

650 Die Zwangsbefugnis wurde dogmatisch auf den Zweck der „Geisteskrankenvormundschaft" zurückgeführt (§ 1901 I BGB) und nicht etwa auf das gegenüber minderjährigen Mündeln bestehende Erziehungs- und Züchtigungsrecht, da dieses wesensmäßig nicht auf die Erwachsenenvormundschaft anwendbar war (Motive zum BGB, Bd. 4, S. 1238; ausführlich: *Bulling,* Erwachsenenfürsorge, S. 132 f.).

651 Statt vieler: KG, Beschluss v. 26.07.1905, Rspr. d. OLG, 1906 (346 f.).

652 Vgl. schon oben S. 124.

653 Für die Privatanstalten: Erlass v. 26.03.1901 (Fn. 291) (davor bereits die Erlasse v. 19.01.1888 (Fn. 530) u. 20.09.1895 (Fn. 227). Für die öffentlichen Anstalten z. B.: Berliner Reglement v. 26.04.1893 (abgedr. bei *Unger,* Die Irrengesetzgebung in Preussen, S. 119 ff.).

654 Reglement v. 03.03.1893 (abgedr. bei *Unger,* Die Irrengesetzgebung in Preussen, S. 100 ff.).

655 Dann war das Attest eines jeden im Reich approbierten Arztes ausreichend. Sofern es gänzlich fehlte, war es binnen kurzer Zeit nachzureichen. Details sind den einzelnen Reglements zu entnehmen.

seit 1888 befreit und boten somit dem Vormund die größtmögliche Freiheit im Unterbringungsverfahren.[656]

(2) Tätigwerden des Pflegers

Denkbar war schließlich ein Tätigwerden des Pflegers im Unterbringungsverfahren. Sahen die Schöpfer der VO dem Fürsorgebedürfnis „Geisteskranker" durch Bestellung eines Vormundes Genüge getan, behalf sich die Praxis bei nur partieller Hilfsbedürftigkeit oder in Eilfällen mit Anwendung des § 90 VO – einer Auffangnorm für ungeregelte Pflegschaftsfälle.[657] Im Lichte der hierdurch erfolgten Ausdehnung der Pflegschaft zur Ersatzvormundschaft,[658] verbunden mit der gesetzgeberischen Anerkennung eines partiellen Fürsorgebedürfnisses, ist § 1910 BGB zu interpretieren, nach dessen zweitem Absatz dem Volljährigen, der „in Folge geistiger oder körperlicher Gebrechen einzelne seiner Angelegenheiten oder einen bestimmten Kreis seiner Angelegenheiten" nicht zu besorgen vermochte, ein Pfleger gestellt werden konnte. Gemäß § 1910 III BGB durfte dies grundsätzlich nur mit Einwilligung des Gebrechlichen erfolgen. Eine Ausnahme bestand dann, wenn eine Verständigung mit ihm nicht möglich war.[659]

(a) Bestellung und Rechtsposition des Pflegers

Die Anordnung der Pflegschaft erging stets durch das Vormundschaftsgericht. Unter der VO lag die Entscheidung im Ermessen des Richters, einwilligungsunabhängig vom Pflegling.[660] Der so bestellte Kurator hatte ohne weitere Differenzierung innerhalb seines Aufgabenbereichs die Rechtsstellung eines gesetzlichen Vertreters.[661]

Seit 1900 erging die Anordnung im Verfahren der freiwilligen Gerichtsbarkeit.[662] Wie schon im alten Recht war der Richter auch unter dem BGB bei der

---

656 Siehe bereits Fn. 653.

657 § 90 VO lautete: „*Außer in den Fällen der §§. 86–89. können Personen, welche selbst zu handeln außer Stande sind und der väterlichen oder vormundschaftlichen Vertretung entbehren, für einzelne Angelegenheiten oder für einen bestimmten Kreis von Angelegenheiten einen Pfleger erhalten*". Darunter war auch die Pflegschaft für „Geisteskranke" zu subsumieren (*Hesse,* Die Vormundschafts-Ordnung, S. 278).

658 Motive zum BGB, Bd. 4, S. 1253; zur Entstehungsgeschichte: *Bulling,* Erwachsenenfürsorge, S. 219 ff.

659 Ausführlich unten S. 131.

660 *Anton,* Die Vormundschaftsordnung vom 5. Juli 1875, S. 178.

661 *Dernburg/Schultzenstein,* Das preußische Vormundschaftsrecht, S. 402.

662 Näheres bei *Bulling,* Erwachsenenfürsorge, S. 228 f. und *Diamand*, Vorläufige Vormundschaft und Gebrechlichkeitspflegschaft, S. 75.

Pflegerwahl an die allgemeinen Bestimmungen gebunden (§ 1915 BGB i.V.m. §§ 1899 f. BGB).[663] Hinsichtlich der Rechtsstellung des Pflegers war zu differenzieren: Bei unbeschränkt geschäftsfähigen Gebrechlichen war der Pfleger Spezialbevollmächtigter kraft hoheitlicher Bestellung, blieb aber vom Willen des Pflegebefohlenen abhängig; bei einem Geschäftsunfähigen, etwa aufgrund von „Geisteskrankheit" (§ 104 Nr. 2 BGB), fungierte er hingegen als dessen gesetzlicher Vertreter.[664] Das Verhältnis zum Gericht war seit der VO, analog zur Vormundschaft, von der weitgehenden Selbstständigkeit des Pflegers geprägt,[665] sodass ein Einschreiten des Gerichts –von den Genehmigungsfällen einmal abgesehen– nur bei Pflichtwidrigkeiten des Kurators denkbar war.

(b) Unterbringung durch den Pfleger

Die Frage, ob § 90 VO Unterbringungsmaßnahmen des Pflegers deckte, kann anhand einer Gesamtschau bejaht werden: Der Gesetzgeber hatte § 90 VO entsprechend seiner Funktion als Auffangregelung eine durchgreifende und vor allem lückenfüllende Bedeutung zugedacht,[666] die nur dadurch erreicht werden konnte, dass der Pfleger mit entsprechendem Aufgabenkreis auch die (zwangsweise) Unterbringung durchzusetzen imstande war. Folglich lehnte der Reichstag die Petition des „Vereins der Deutschen Irrenärzte" 1875 über die Einführung des Instituts einer vorläufigen Vormundschaft unter Verweis auf den bereits ausreichenden § 90 VO ab.[667]

Im Ausgangspunkt verschieden stellte sich die Frage nach Unterbringungsmaßnahmen im Rahmen des § 1910 BGB dar. War auch die Pflegschaft ihrer Grundkonzeption nach nicht auf die Unterbringung oder Zurückhaltung „Geisteskranker" in Anstalten anwendbar, gelangte die Praxis durch eine extensive Auslegung des § 1910 II, III BGB dennoch zu derartigen Ergebnissen und damit,

663 Hierin lag ein Gegensatz zur vorläufigen Vormundschaft!

664 In den Motiven zum 1. Entwurf des BGB blieb die Frage nach der Rechtsstellung noch unbeantwortet. Teils wurde der Pfleger als gesetzlicher Vertreter, teils als von Staatswegen bestellter Spezialbevollmächtigter bezeichnet (Motive zum BGB, Bd. 4, S. 1252, 1256). Später kristallisierte sich in der Rspr. die oben genannte Differenzierung abhängig von der Geschäftsfähigkeit des Pfleglings heraus (z. B.: KG, Beschluss v. 11.05.1903, KGJ, 1904 (A 24); RG, HRR 1929, Nr. 1651). Ausführlich zur Entwicklung *Bienwald,* Rechtsstellung des Gebrechlichkeitspflegers, S. 195 ff.

665 Insoweit sei auf die obigen Ausführungen zur Vormundschaft (S. 123) verwiesen.

666 JMBl. 1878 S. 9; so auch *Dernburg/Schultzenstein,* Das preußische Vormundschaftsrecht, S. 419.

667 Motive zum BGB, Bd. 4, S. 1246 (m.w.N.).

wie schon unter der VO, zu einem Entmündigungssurrogat.[668] Hierzu galt es allerdings zunächst drei juristische Hürden argumentativ zu bewältigen:

So sprach der Wortlaut des § 1910 II BGB im Gegensatz zu Absatz 1 vom Unvermögen, *einzelne* oder *einen Kreis* von Angelegenheiten besorgen zu können. Dies erschien dort zweifelhaft, wo eine fortgeschrittene „Geisteskrankheit" den Betroffenen in *sämtlichen* Bereichen beeinträchtigte und bereits einen Unterbringungsbedarf ausgelöst hatte. Die Rechtsprechung insbesondere des Reichsgerichts sah hierin keinen Widerspruch, solange die Pflegebedürftigkeit nur einzelne Angelegenheiten betreffe und nicht umfassender Natur sei.[669] Das Reichsgericht stützte diese Auffassung in seinem Beschluss 1902 auf den 1. Entwurf des BGB, der in dem § 1910 II BGB zugrunde liegenden § 1739 unter dem Titel Pflegschaft folgendes bestimmte: „*Ein Volljähriger, welcher durch seinen geistigen oder körperlichen Zustand ganz oder teilweise verhindert ist, seine Vermögensangelegenheiten zu besorgen, kann zur Besorgung dieser Angelegenheiten, soweit das Bedürfnis reicht, auch wenn die Voraussetzungen einer Bevormundung* [...] *nicht vorliegen, einen Pfleger erhalten.*" Diese Formulierung zeige, dass schon § 1739 des 1. Entwurfs keine Einschränkungen des Unvermögens auf nur einzelne Angelegenheiten vorsah, was sich im übrigen in den Motiven vielfach bestätigt finde. Hieran habe auch die zweite Lesung nichts geändert, lediglich sollte die in § 1739 vorgesehene Fürsorge nicht bloß zur Besorgung von Vermögensangelegenheiten, sondern überhaupt zur Besorgung einzelner Angelegenheiten eintreten dürfen. Durch die nachträgliche Einschiebung des Absatzes 1 habe kein Gegensatz zu Absatz 2 geschaffen werden sollen, dass bei umfassendem Unvermögen Absatz 1, bei partiellem hingegen Absatz 2 einschlägig sei. Vielmehr bestünde der Gegensatz darin, dass sich die Pflegschaft im Falle des Absatz 1 auf alle Angelegenheiten erstrecke, im Falle des Absatzes 2 nur auf einzelne. Auch bestünde kein Widerspruch zu § 6 BGB, da dieser die Entmündigung nur fakultativ vorsehe, wie das Wort „kann" zeige.[670]

---

668 *Diamand*, Vorläufige Vormundschaft und Gebrechlichkeitspflegschaft, S. 74.

669 RG, Beschluss v. 06.10.1902 – IV 270/02, RGZ 52, 240; RG, Urteil v. 21.02.1907 – IV 51/07, RGZ 65, 199; KG, Beschluss v. 18.11.1901, Zentralblatt für freiwillige Gerichtsbarkeit und Notariat, 1901 (549); a.A.: LG Hamburg, Beschluss v. 24.10.1900, Zentralblatt für freiwillige Gerichtsbarkeit und Notariat, 1901 (786).

670 RG, Beschluss v. 06.10.1902 – IV 270/02, RGZ 52, 240. Bemerkenswert erscheint, dass einige Gerichte nach Untersuchungen Boxbergers noch über die Rechtsprechung des RG hinausgingen und eine Pflegerbestellung bei geistigen Gebrechen für *sämtliche* Angelegenheiten anordneten (Pflegschaft wegen Geisteskrankheit und Geistesschwäche nach dem Bürgerlichen Gesetzbuch, Zentralblatt für freiwillige Gerichtsbarkeit und Notariat 1910, S. 269 (289)); vgl. auch RG, Urteil v. 23.02.1925 – IV 495/24, RGZ

Die Gegner dieser Rechtsprechung hielten dem Reichsgericht vor, bei seiner entstehungsgeschichtlichen Betrachtung des § 1910 II BGB ausschließlich auf den ersten Entwurf eingegangen zu sein und dabei den dritten sowie dessen Denkschrift außer Acht gelassen zu haben.[671] Dieser, dem BGB unmittelbar zugrunde liegende Entwurf, widerlege in nachfolgender Ausführung das Auslegungsergebnis des Reichsgerichts: „*Was die geistigen Gebrechen anlangt, so ist, wenn durch solche ein Volljähriger an der Besorgung seiner gesammten* [sic] *Angelegenheiten gehindert wird, der Fall der Entmündigung (§ 6 Abs. 1) und die Anordnung einer Vormundschaft* [...] *gegeben. Sind dagegen die geistigen Gebrechen von der Art, daß der Gebrechliche nur einzelne seiner Angelegenheiten nicht zu besorgen vermag, so erhält er gleichfalls einen Pfleger.*"[672]

Folgt man dem Rechtswissenschaftler *Werner Diamand*, war das Grundmotiv bei der extensiven Auslegung, den Betroffenen ein strapaziöses Entmündigungsverfahren und die damit einhergehende Stigmatisierung zu ersparen[673]. Hinzu trat der prozessökonomische Vorteil des Verzichts auf ein Entmündigungsverfahren, der bei der Pflegschaft noch deutlicher als bei der vorläufigen Vormundschaft ausfiel. Der Verordnungsgeber unterstützte diese Entwicklung, indem er in Erlassen die Anstaltsleiter und die Staatsanwälte darauf hinwies, neben der herkömmlichen Vormundschaft verstärkt auch die Pflegschaft in Erwägung zu ziehen.[674] Die Befolgung dieser Anweisung sollte im Rahmen der Anstaltsvisitationen gesondert überprüft werden.[675] Unter den Psychiatern erfreute sich die Pflegschaft bereits vor Inkrafttreten des BGB einiger Beliebtheit, wie die

---

110, 228 (229). Dort wird unwidersprochen im Tatbestand ausgeführt: „*Auf ihren Antrag wurde ihr vom Vormundschaftsgericht zu ihrer Vertretung in allen persönlichen und vermögensrechtlichen Angelegenheiten ein Pfleger bestellt*"; ebenso bei KG, Beschluss v. 26.07.1905, Rspr. d. OLG, 1906 (346): „*Der Frau des X* [...] *ist gemäß § 1910 für ihre persönlichen und Vermögensangelegenheiten* [...] *ein Pfleger bestellt worden*".

671 *Boxberger*, Pflegschaft wegen Geisteskrankheit und Geistesschwäche nach dem Bürgerlichen Gesetzbuch, Zentralblatt für freiwillige Gerichtsbarkeit und Notariat 1910, S. 269 (275).

672 Denkschrift zum Entwurf eines Bürgerlichen Gesetzbuchs, S. 369.

673 *Diamand*, Vorläufige Vormundschaft und Gebrechlichkeitspflegschaft, S. 85; *Wedemeyer*, Zur Praxis der Entmündigung wegen Geisteskrankheit und Geistesschwäche, S. 58.

674 Erlass v. 28.11.1899, Erlass v. 05.03.1900, Erlass v. 22.06.1903 – auszugsweise abgedr. bei *Moeli*, Bestimmungen über die Entlassung aus den Anstalten für Geisteskranke, S. 19. Siehe auch oben S. 112.

675 Erlass v. 22.06.1903 (Fn. 674).

Forderung *Schröters* 1892 zeigt, dieses Rechtsinstitut künftig als Regelfall bei „Geisteskranken" anzuwenden.[676]

Die zweite Auslegungshürde betraf den Einwilligungsvorbehalt in § 1910 III BGB, von dem nur dann abgewichen werden durfte, wenn eine Verständigung mit dem Gebrechlichen unmöglich war. Die herrschende Meinung,[677] dominiert von der Rechtsprechung, erblickte in der Einwilligung eine rechtsgeschäftliche Erklärung und hielt folglich eine Verständigung mit Geschäftsunfähigen für ausgeschlossen. Nach dieser Lesart konnten unterbringungsbedürftige „Geisteskranke" aufgrund ihrer Geschäftsunfähigkeit (gemäß § 104 Nr. 2 BGB) einen Zwangspfleger erhalten. Die Gegenansicht verwies auf den Wortlaut des § 1910 III BGB, der die einwilligungsfreie Pflegschaft allein von der Verständigung mit dem Gebrechlichen, nicht aber von dessen Geschäftsfähigkeit, abhängig mache und ließ daher den natürlichen Willen, sofern er irgendwie artikuliert werden konnte, genügen.[678] Um der Pflegschaft ihren zugedachten Platz als Entmündigungsalternative zu sichern, war es jedoch essentiell, Praktikabilitätshindernisse, etwa ein Widerstreben des Gebrechlichen, zu vermeiden, sodass sich letztgenannte Meinung nicht durchsetzen konnte.[679]

Damit ist der Boden für die Beantwortung der Ausgangsfrage bereitet, ob auch dem Pfleger unter dem BGB ein Unterbringungsrecht zukam. Gemäß § 1915 I BGB fanden „*auf die Pflegschaft die für die Vormundschaft geltenden Vorschriften entsprechende Anwendung* [...]" und somit insbesondere §§ 1901 BGB i.V.m. §§ 1897, 1800, 1631 BGB, wodurch, wie schon gesehen, dem Vormund auch das zur Einweisung erforderliche Aufenthaltsbestimmungsrecht zugesprochen wurde.[680] Verbunden mit der engen Wesensverwandtschaft zwischen beiden

---

676 Verhandlungen psychiatrischer Vereine, Allgemeine Zeitschrift für Psychiatrie und psychisch-gerichtliche Medizin 1892, S. 182 (182); *Schultze*, Bürgerliches Gesetzbuch, S. 324; kritisch hingegen: *Jahrmärker*, Zur Praxis der Entmündigung wegen Geisteskrankheit und Geistesschwäche, S. 18.

677 Statt vieler: KG, Beschluss v. 29.01.1900, Deutsche Juristen-Zeitung 1900, 142 (142 f.); RG, Urteil v. 21.02.1907 – IV 51/07, RGZ 65, 199 (202); *Vokastner*, Forensische Beurteilung, S. 318.

678 *Diamand*, Vorläufige Vormundschaft und Gebrechlichkeitspflegschaft, S. 78; *Boxberger*, Pflegschaft wegen Geisteskrankheit und Geistesschwäche nach dem Bürgerlichen Gesetzbuch, Zentralblatt für freiwillige Gerichtsbarkeit und Notariat 1910, S. 269 (284 f.); kritisch auch die Stellungnahme Simons v. 19.03.1932 (abgedr. bei *Küster/Kersting*, Quellen zur Geschichte der Anstaltspsychiatrie, Bd. 2, S. 268).

679 So drückt es *Diamand* aus (Vorläufige Vormundschaft und Gebrechlichkeitspflegschaft, S. 80).

680 Oben S. 124 f.

Rechtsinstituten[681] hätte dergestalt ein Unterbringungsrecht begründet werden können. In der Literatur wandten Stimmen hiergegen jedoch ein, dass Zwangsbefugnisse des Pflegers mit dem Grundcharakter der Pflegschaft unvereinbar seien, da diese die Geschäfts- und Handlungsfähigkeit des Gebrechlichen gerade unberührt lasse und lediglich unterstützender Natur sei. Der Pflegling müsse sich daher in keine Richtung fügen.[682] Dieses Verständnis ließ sich durch einen Vergleich von § 1910 II BGB und § 90 VO untermauern: Mit Inkrafttreten des BGB erhielt die Gebrechlichkeitspflegschaft eine neue Bedeutung. Sie war nicht mehr die einzige Entmündigungsalternative, sondern reihte sich nun neben die neu aufgenommene vorläufige Vormundschaft ein. Waren derart weiterreichende Rechtsfolgen wie eine Anstaltsunterbringung gewünscht, bot sich der Rückgriff auf die vorläufige Vormundschaft an. Und wie verhielt sich die Rechtsprechung zu dieser Frage? Das Kammergericht etwa begriff in seinem Beschluss vom 26. Juli 1905 die Pflegschaft als einen Spezialfall der Vormundschaft und gelangte im weiteren Verlauf über die Verweisungen in §§ 1915, 1800 BGB ebenso schlüssig wie unkritisch zur Bejahung des Aufenthaltsbestimmungsrechts nach § 1631 BGB.[683] Veröffentlichte Entscheidungen dieser Art sind rar, spiegeln in der Sache jedoch eine verbreitete Spruchpraxis wider, wie zeitgenössische Berichte und die Befragungen *Diamands* zeigen.[684]

bb) Sonderformen der Unterbringung

Als weitere Unterbringungsmöglichkeit kam seit Erlass des BGB eine gerichtliche Einweisung in Betracht. Es handelte sich dabei um fürsorgerische Maßnahmen für den Fall, dass entweder ein Vormund noch nicht bestellt beziehungsweise er verhindert war (§ 1846 BGB)[685] oder aber sonstige dringende Umstände ein

---

681 Denkschrift zum Entwurf eines Bürgerlichen Gesetzbuchs, S. 370.

682 Etwa: *Diamand*, Vorläufige Vormundschaft und Gebrechlichkeitspflegschaft, S. 87 f.; *Boxberger*, Pflegschaft wegen Geisteskrankheit und Geistesschwäche nach dem Bürgerlichen Gesetzbuch, Zentralblatt für freiwillige Gerichtsbarkeit und Notariat 1910, S. 269 (287).

683 KG, Beschluss v. 26.07.1905, Rspr. d. OLG, 1906 (346).

684 *Diamand*, Vorläufige Vormundschaft und Gebrechlichkeitspflegschaft, S. 83; *Moeli*, Bestimmungen über die Entlassung aus den Anstalten für Geisteskranke, S. 18; *Wedemeyer*, Zur Praxis der Entmündigung wegen Geisteskrankheit und Geistesschwäche, S. 57. Dagegen: *Hartmann*, Die Entmündigung als Mittel der Verbrechensverhütung, S. 74.

685 § 1846 BGB lautete: „*Ist ein Vormund noch nicht bestellt oder ist der Vormund an der Erfüllung seiner Pflichten verhindert, so hat das Vormundschaftsgericht die im Interesse des Mündels erforderlichen Maßregeln zu treffen.*" Hierzu schon oben S. 122.

Eingreifen des Vormundschaftsgerichts erforderten (§ 1838 I S. 1 BGB).[686] Die Anwendung letzter Variante auch auf volljährige „Geisteskranke“ war indes nicht unumstritten. Hiergegen wurde mit dem erzieherischen Wesensgehalt der Norm argumentiert, der allein bei Minderjährigen greife und einer entsprechenden Anwendung (über § 1897 BGB) nicht zugänglich sei.[687] Demgegenüber sah die herrschende Meinung auch bei erwachsenen Mündeln den Anwendungsbereich des § 1838 I S. 1 BGB eröffnet.[688] Den Erziehungsanordnungen entsprächen hier die zur Sicherung, Pflege und Heilung erforderlichen Maßnahmen.[689] Dabei waren jedoch die zu § 1837 BGB aufgestellten Grundsätze der Selbstständigkeit des Vormundes zu beachten, sodass nur bei gravierenden Pflichtwidrigkeiten der Weg zur Ersatzvornahme offen stand.[690]

cc) Hoheitliche Unterbringung

Seit Mitte des 19. Jahrhunderts hatte sich eine alleinige polizeiliche Einweisungskompetenz unabhängig von gerichtlicher Mitwirkung etabliert.[691] Allen politischen und gesetzlichen Veränderungen zum Trotz blieb dieses öffentliche Unterbringungsrecht in Preußen epochenübergreifend eine statische Materie und basierte auch im Kaiserreich noch auf der Generalklausel des § 10, II, Tit. 17 ALR beziehungsweise deren Konkretisierung durch § 6 PVG, die den allgemeinen Gefahrenabwehrauftrag weiter in Personen- und Eigentumsschutz sowie die Sorge für Leben und Gesundheit auffächerte. Hiervon konkret betroffen waren „gemeingefährliche Geisteskranke“, zu denen bekanntlich neben fremdgefährlichen auch sich selbst gefährdende Personen, etwa infolge (drohender)

---

686 § 1838 I S. 1 BGB lautete: „*Das Vormundschaftsgericht kann anordnen, daß der Mündel zum Zwecke der Erziehung in einer geeigneten Familie oder in einer Erziehungsanstalt oder einer Besserungsanstalt untergebracht wird.*“.

687 *Schultheis*, Der deutsche Vormundschaftsrichter, S. 202; *Brand/Hensel*, Familienrecht in der gerichtlichen Praxis, S. 414, die die Anwendung von § 1838 BGB mit der Selbstständigkeit des Vormundes verneinen.

688 OLG Karlsruhe, Beschluss v. 14.11.1908, Zentralblatt für freiwillige Gerichtsbarkeit und Notariat 1909, 415; *Rohde*, Die Sorge für die Person volljähriger Mündel nach dem Bürgerlichen Gesetzbuche, Zentralblatt für freiwillige Gerichtsbarkeit und Notariat 1912, S. 253 (276); *Engelmann*, Familienrecht, BGB, § 1901, S. 1390; *Planck*, Bürgerliches Gesetzbuch, BGB, § 1901, Anm. 3.

689 KG, Beschluss v. 07.01.1910, Monatsschrift für Kriminalpsychologie und Strafrechtsreform 1912, 587.

690 *Engelmann*, Familienrecht, BGB, § 1901, S. 1390; zu § 1837 BGB vgl. oben S. 124.

691 *Moeli*, Die Fürsorge für Geisteskranke, S. 47 ff.; dies wird auch deutlich bei OVG Preußen, Urteil v. 13.12.1912 – I. A. 154/11, OVGE 65, 247.

Verwahrlosung, gezählt werden konnten. Jedoch spielte ein Handeln primär zum Wohle des Kranken in der Praxis nur eine äußerst geringe Rolle, da hierfür, dem allgemeinen Rechtsgedanken des § 344, II, Tit. 17 ALR entsprechend, zuvorderst der gesetzliche Vertreter zuständig war.[692]

Um in Fällen von „Gemeingefährlichkeit" noch rascher handeln zu können, schuf der Verordnungsgeber am 26. März 1901 für die Privatanstalten das sogenannte Dringlichkeitsverfahren.[693] Es handelte sich dabei um eine vorläufige Einweisung, für die das Attest eines jeden approbierten Arztes genügte (§ 4).[694] Abgeschlossen wurde das Vorverfahren mit der Genehmigung durch den Kreisarzt und der Meldung an die Ortspolizeibehörde (§ 7).

dd) Differenzierung nach Unterbringungsgrund

Eine Differenzierung zwischen Fremd- und Selbstgefährdung fand im zivil- und öffentlich-rechtlichen Kontext wie bereits in der vorherigen Epoche statt, ohne dabei das Unterbringungsverfahren dem einen oder anderen Rechtsgebiet strikt zuzuteilen.

Das Familienrecht der VO und des BGB hatte den Vormund in Abkehr zum alten Recht zwar unmittelbar an die Seite seines Mündels und dabei staatsfern gestellt, dennoch ließ das weite Fürsorgeverständnis auch Unterbringungen wegen Fremdgefährdungen zu, wenn diese etwa in Form strafrechtlicher Sanktionen auf den Mündel zurückzufallen drohten.[695]

Auch die preußische Polizei konnte, wie gesehen, aufgrund der § 10, II, Tit. 17 ALR und § 6 PVG in beide Richtungen tätig werden. Hier lässt sich die Zuständigkeit bei Selbstgefährdung jedoch nur durch Auslegung ermitteln, während die entsprechenden Gesetze etwa in Baden, Sachsen-Weimar oder Hessen diesen Fall bereits explizit der Polizei zuwiesen und somit, wie schon oben dargelegt,[696] für mehr Rechtsklarheit sorgten. In der Praxis zeigte sich jedoch spätestens seit Beginn des 20. Jahrhunderts flächendeckend eine Ausrichtung des Aufgabenbereichs auf die Abwehr von Fremdgefährdungen. Sich selbst gefährdende

---

692 Entsprechend reduzierte das OVG Preußen in seinem Urteil v. 02.07.1907 die Aufgabe der Ortspolizeibehörde darauf, dass sie *„für den dauernden Schutz gegen die von dem Gkr. ausgehenden* [eigene Hervorhebung] *Gefahren sorgen muß"*. (OVGE 51, 223).

693 MBliV S. 104 (Fn. 111) – abgedr. bei *Moeli*, Die Fürsorge für Geisteskranke, S. 170 ff.

694 *Klaeden*, Das Recht der Verwahrung und Unterbringung, S. 62 f.: *„In solchen Fällen entschied allein der Wissenstand der Psychiatrie nahezu unbeeinflußt vom Urteil der Justiz oder der Verwaltung, ob ein psychisch Kranker eingewiesen wurde oder nicht."*

695 Vgl. oben S. 117.

696 Siehe oben S. 113; sowie *Moeli*, Die Fürsorge für Geisteskranke, S. 51.

„Geisteskranke" fielen in den Zuständigkeitsbereich des Vormundes, sofern dieser Abhilfe schaffen konnte.

Auf Kostenebene war die Unterscheidung nach Gefährdungsarten schon seit Ende des 19. Jahrhunderts etabliert. Hier lag nach ständiger Rechtsprechung des Bundesamtes für das Heimatwesen (BAH) Hilfsbedürftigkeit im Sinne des § 28 UWohnG nur dann vor, wenn die Selbstgefährdung des „Geisteskranken" dominierte. Bei überwiegender Fremdgefährdung handelte es sich um eine Polizeisache.[697]

b) Vollzug der Unterbringung

Um sich der vielen „Geisteskranken" im Kaiserreich annehmen zu können, bedurfte es gerade im Vollzugsstadium detaillierter und praktikabler Regelungen. Dabei waren in der Zeit nach dem „Alexianer-Skandal" auch die Patientenrechte von Bedeutung. Hierdurch versuchte der preußische Gesetzes- und Verordnungsgeber den Vorwürfen einer bloßen Verwahrung der Betroffenen entgegen zu treten.

aa) Transport und Aufnahme

Die Art und Weise des Transports richtete sich nach der die Unterbringung veranlassenden Stelle. Geschah die Einweisung aus sicherheitspolizeilichen Gründen, hatte die Ortspolizeibehörde konsequenterweise auch die Zuführung des Kranken in die Anstalt zu begleiten. Die fürsorgerische Unterbringung hingegen bedurfte nur in Ausnahmefällen der Mitwirkung durch die Sicherheitskräfte. So konnte der Vormund bei Widerstand des Kranken das Vormundschaftsgericht um Beistand ersuchen,[698] welches seinerseits die Polizei zur Unterstützung verpflichten konnte. Grundlage hierfür war die Verordnung vom 2. Januar 1849, wonach sich Gerichte und Verwaltungsbehörden bei der Erledigung ihrer Amtsgeschäfte gegenseitig Hilfe zu leisten hatten.[699]

---

697 Statt vieler: BAH, Urt. v. 09.01.1886 – Entscheidungen des BAH, Heft 18, S. 56 ff. Unter der Geltung des vorangehenden Armenpflegegesetzes (1842/1855) war eine derartige Differenzierung noch unüblich gewesen (*Hoffarth*, Die gemeingefährlichen Geisteskranken, S. 31).

698 Mit Inkrafttreten des BGB existierte hierfür auch eine gesetzliche Stütze in § 1631 II S. 2 BGB: „*Auf seinen* [des Vormundes] *Antrag hat das Vormundschaftsgericht ihn durch geeignete Zuchtmittel zu unterstützen.*" (ausführlich: *Rohde,* Die Sorge für die Person volljähriger Mündel nach dem Bürgerlichen Gesetzbuche, Zentralblatt für freiwillige Gerichtsbarkeit und Notariat 1912, S. 253 (266 ff.)).

699 Vgl. § 38 der Verordnung über die Aufhebung der Privatgerichtsbarkeit (PrGS S. 1 ff.).

Unabhängig davon, ob die Polizei in ihrer originären Tätigkeit oder im Wege der Amtshilfe auftrat, war sie angehalten, ihre Aufgabe möglichst unauffällig zu verrichten.[700] Hierzu gehörte seit 1900 auch der Verzicht auf Uniformierung.[701]

Neuzugänge hatten sich einer Eingangsuntersuchung zu unterziehen, deren Erkenntnisse in der Patientenakte festgehalten wurden. Danach gelangten sie in die sogenannte Wachabteilung, einer Interimsstation mit durchgängiger Betreuung zur näheren Beobachtung des körperlichen und geistigen Zustandes.[702] Hiervon hing ab, ob der Kranke anschließend in eine geschlossene oder offene Abteilung verbracht wurde.[703] Parallel hierzu hatten die Anstaltsleiter verschiedene Meldepflichten zu erfüllen, deren Umfang je nach Anstaltsart variierte.[704] Besonders streng waren diese für private Einrichtungen, die der Verordnungsgeber als Reaktion auf den bereits thematisierten „Alexianer-Skandal" mit Erlass vom 20. September 1895 anwies,[705] Neuaufnahmen binnen 24 Stunden der Ortspolizeibehörde zu melden (§ 8). Darüber hinaus war bei noch nicht entmündigten Kranken innerhalb derselben Frist die Staatsanwaltschaft in Kenntnis zu setzen, anderenfalls das Vormundschaftsgericht. In einer Novelle vom 26. März 1901[706] wurde bei fürsorglichen Einweisungen zudem die Anzeige an den Kreisarzt verlangt.[707] In öffentlichen Anstalten hingegen beschränkten sich die Pflichten auf eine Mitteilung an die Staatsanwaltschaft und das Vormundschaftsgericht.[708] Schließlich waren in Preußen öffentliche- und Privatanstalten gleichermaßen von 1875 an verpflichtet, zu Statistikzwecken vorgefertigte Zählkarten bei Aufnahme sowie bei Entlassung eines Patienten auszufüllen und dem Königlich Statistischen Bureau zukommen zu lassen.[709]

---

700 Hierzu schon für die vorangehende Epoche oben S. 80.

701 Erlass v. 17.11.1900 (*Moeli,* Die Fürsorge für Geisteskranke, S. 145).

702 *Lewald,* Sonderanstalten und Fürsorge für Geisteskranke, S. 406; *Paetz,* Über die Einrichtung von Überwachungsstationen, Allgemeine Zeitschrift für Psychiatrie und psychisch-gerichtliche Medizin 1888, S. 424 (432).

703 *Lewald,* Sonderanstalten und Fürsorge für Geisteskranke, S. 405 ff. Zu den für offene Abteilungen typischen Kolonien vgl. oben S. 60.

704 Vgl. schon oben S. 126.

705 Siehe oben S. 97.

706 MBliV S. 104 (Fn. 111).

707 Die Stellung des Kreisarztes regelte die Verordnung v. 16.09.1899 (PrGS S. 172 – abgedr. bei *Joachim/Korn,* Deutsches Ärzterecht, Bd. 1, S. 123 ff.).

708 Vgl. Erlass v. 24.09.1880 (abgedr. bei *Unger,* Die Irrengesetzgebung in Preussen, S. 21).

709 Erlass v. 13.07.1875 (abgedr. bei *Unger,* Die Irrengesetzgebung in Preussen, S. 164); abgewandelt durch Erlass v. 19.06.1883 (abgedr. bei *Königlich Statistisches Bureau in Berlin,* Preussische Statistik, Bd. 108, IX).

bb) Regeln innerhalb der Anstalt

Mit der Aufnahme unterwarf sich der Betroffene (konkludent) der jeweiligen Hausordnung, deren Regelungsinhalt sich im Vergleich zur vorher besprochenen Epoche kaum verändert hatte, sodass in weiten Teilen auf die dortigen Ausführungen verwiesen werden kann.[710]

Hervorzuheben ist allerdings das im Zuge der BGB-Gesetzgebung und der „Irrenrechtsreformbewegung" neu definierte Arzt-Patienten-Verhältnis, was insbesondere Fragen zu Datenschutz und Zwangsmaßnahmen aufwarf. Rechtsdogmatisch ließ sich das Verhältnis bei einer fürsorglichen Unterbringung als ein sogenannter lästiger Vertrag gemäß § 869, I, Tit. 11. ALR klassifizieren beziehungsweise, seit der Jahrhundertwende, als typengemischter Vertrag mit Schwerpunkt im Dienstvertragsrecht (§ 611 BGB).[711] Dabei wurde auf Patientenseite der gesetzliche Vertreter tätig.[712]

(1) Datenschutz

Die Pflicht des Arztes zur Diskretion schützte den Patienten nicht allein vor der Enthüllung vertraulicher Informationen an die Öffentlichkeit, sondern sicherte ihm auch eine private Geheimnissphäre zu. Den gesetzlichen Rahmen bildeten hier insbesondere die §§ 299 f. RStGB.

In das von § 299 RStGB geschützte Briefgeheimnis[713] wurde indes durch die weitreichenden Befugnisse der Anstaltsleitung eingegriffen, die die Kontrolle der Patientenpost als unabdingbar für einen geregelten Einrichtungsbetrieb erachtete.[714] Zwar hatte sich hiermit der Kranke ohnehin durch Anerkennung der Hausordnung einverstanden erklärt, doch galt das Einverständnis nicht grenzenlos, wie der Erlass vom 23. Dezember 1895 klarstellte.[715] Demnach waren individuelle Beschränkungen des Schriftverkehrs pauschalen Restriktionen vorzuziehen. Unbehelligt sollten nach Möglichkeit *„die brieflichen Mitteilungen an*

---

710 Vgl. oben S. 81.

711 *Moeli*, Die Fürsorge für Geisteskranke, S. 90; *Joachim/Korn*, Deutsches Ärzterecht, Bd. 1, S. 349; RG, Urteil v. 27.11.1917 – III 257/17, RGZ 91, 263.

712 Ausführlich: *Joachim/Korn*, Deutsches Ärzterecht, Bd. 1, S. 349 f.

713 § 299 RStGB lautete: *„Wer einen verschlossenen Brief oder eine andere verschlossene Urkunde, die nicht zu seiner Kenntnisnahme bestimmt ist, vorsätzlich oder unbefugter Weise eröffnet, wird mit Geldstrafe bis zu 300 Mark oder mit Gefängnis bis zu 3 Monaten bestraft."* Grundlegend hierzu: *Reichardt*, Das Recht an Briefen.

714 Vgl. Erlass v. 26.08.1893 (abgedr. bei *Unger*, Die Irrengesetzgebung in Preussen, S. 142).

715 Abgedr. bei *Unger*, Die Irrengesetzgebung in Preussen, S. 142.

den gesetzlichen Vertreter der Kranken, an die nächsten Angehörigen, bei Entmündigten ausserdem an die zuständigen Gerichtsbehörden, eventuell einen Rechtsanwalt"[716] bleiben.

Verschwiegenheit gegenüber Dritten stellte eine essentielle Pflicht des Arztes dar, deren Verletzung nicht nur den Bruch des hippokratischen Eides bedeute, sondern gemäß § 300 RStGB auch strafbewehrt war.[717] Auskünfte über den gesundheitlichen Zustand des Kranken durfte der Arzt nur an den gesetzlichen Vertreter, (bei öffentlichen Anstalten) an die vorgesetzte Behörde und an die Krankenkasse machen.[718] Im Übrigen war er verpflichtet, das Einverständnis des Kranken beziehungsweise dessen Vertreters einzuholen.

(2) Zwangsmaßnahmen

In der vorangehenden Epoche waren Zwangsmaßnahmen durch *Griesingers* „non-restraint-Prinzip" bereits auf ein Minimum reduziert worden,[719] wo sie jedoch als unumgänglich angesehen wurden, fanden sie problemlos statt. Im Kaiserreich rückten noch stärker die Rechte des Betroffenen in den Blickwinkel, sodass es nunmehr darum ging, inwiefern die mit der Einweisung gegen den Willen des Betroffenen einhergehenden tatbestandlichen Freiheitsberaubungen und Körperverletzungen gerechtfertigt waren.

Mit der fürsorglichen Unterbringung ging die ursprünglich beim gesetzlichen Vertreter konzentrierte Personensorge auf den Anstaltsdirektor über. Dieser war somit befugt, das Aufenthaltsbestimmungsrecht durchzusetzen und Zwangsmaßnahmen zu ergreifen, sollte sich der Kranke der Behandlung verweigern.[720] Ansonsten stand dem Arzt aber kein besonderes Berufsrecht zu derartigen Eingriffen zu, wie das Reichsgericht in einer Grundsatzentscheidung am 31. Mai 1894 urteilte.[721] Es sei fernliegend anzunehmen, allein die Approbation

---

716 Erlass v. 23.121895 (Fn. 715).

717 § 300 RStGB lautete: „*Rechtsanwälte, Advokaten, Notare, Verteidiger in Strafsachen, Ärzte, Wundärzte, Hebammen, Apotheker, sowie die Gehülfen dieser Personen werden, wenn sie unbefugt Privatgeheimnisse offenbaren, die ihnen kraft ihres Amtes, Standes oder Gewerbes anvertraut sind, mit Geldstrafe bis zu eintausendfünfhundert Mark oder mit Gefängnis bis zu drei Monaten bestraft* […].".

718 Detailliert zur Reichweite der Auskunftspflicht: *Moeli,* Die Fürsorge für Geisteskranke, S. 134 sowie OLG Dresden, Urteil v. 03.02.1911, Deutsche Medizinische Wochenschrift 1913, 518.

719 Oben S. 60.

720 *Rohde,* Die Sorge für die Person volljähriger Mündel nach dem Bürgerlichen Gesetzbuche, Zentralblatt für freiwillige Gerichtsbarkeit und Notariat 1912, S. 253 (259).

721 RGSt, Urteil v. 31.05.1894 – 1406/94, RGSt 25, 375.

begründe ein Rechtsverhältnis, das den Arzt zu Eingriffen in die Rechte des Patienten berechtige.[722] Einzelfallabhängig war hingegen die Frage, ob ein ärztliches Handeln unter dem Gesichtspunkt der Nothilfe gerechtfertigt war.[723] Bei Verletzungen des Kranken durch unsachgemäße Behandlung und Aufsicht unterlag der behandelnde Arzt neben den herkömmlichen strafrechtlichen Haftungsnormen auch einer vertraglichen Haftpflicht, sofern ein Dienstvertrag bejaht werden konnte und die Aufnahme nicht der öffentlichen Fürsorgepflicht diente.[724]

c) Entlassung

Nach wie vor galt die Regel, dass die Entlassung erfolgen solle, sobald der Betroffene genesen sei. Hierbei handelte es sich jedoch mehr um einen ärztlichen Grundsatz als um eine Rechtspflicht. Tatsächlich stellte sich das Entlassungsverfahren zum Teil wesentlich komplizierter dar.

Die Entlassung unfreiwillig Untergebrachter erfolgte entweder auf Initiative des Anstaltsleiters oder aber des gesetzlichen Vertreters.[725] Ein Vetorecht stand dem Arzt grundsätzlich nicht zu.[726] Verweigerte er dennoch den Wunsch des Vertreters, musste differenziert werden: Sprachen lediglich medizinische Gründe gegen eine Entlassung, hatte er sich auch einem unvernünftigen Entlassungswunsch zu beugen.[727] Andernfalls lag eine widerrechtliche Vorenthaltung des Mündels vor, welcher der Vormund mit dem Herausgabeanspruch aus § 1632 BGB (über §§ 1897, 1800 BGB) entgegen treten konnte.[728] Dies galt

---

722 RGSt, Urteil v. 31.05.1894 – 1406/94, RGSt 25, 375 (380); hierzu auch: *Joachim/Korn,* Deutsches Ärzterecht, Bd. 1, S. 95.

723 Vgl. *Moeli,* Die Fürsorge für Geisteskranke, S. 112.

724 RG, Urteil v. 27.11.1917 – III 257/17, RGZ 91, 263.

725 Für freiwillig Untergebrachte gilt das bereits zur der vorherigen Epoche Gesagte, S. 89 sowie *Moeli,* Über die Rechtsverhältnisse der in Anstalten gelangten Geisteskranken in Preußen, Monatsschrift für Kriminalpsychologie und Strafrechtsreform 1914, S. 417 (421).

726 *Moeli,* Bestimmungen über die Entlassung aus den Anstalten für Geisteskranke, S. 9.

727 *Moeli,* Über die Rechtsverhältnisse der in Anstalten gelangten Geisteskranken in Preußen, Monatsschrift für Kriminalpsychologie und Strafrechtsreform 1914, S. 417 (421). In derartigen Fällen wurden die zur Übernahme der Fürsorge bereiten Personen umfassend über die Risiken aufgeklärt und erhielten nicht selten besondere Verpflegungspflichten auferlegt.

728 *Rohde,* Die Sorge für die Person volljähriger Mündel nach dem Bürgerlichen Gesetzbuche, Zentralblatt für freiwillige Gerichtsbarkeit und Notariat 1912, S. 253 (264).

freilich dort nicht, wo das Vormundschaftsgericht die Einweisung verfügt hatte oder die öffentliche Sicherheit und Ordnung gefährdet waren.

In letzterem Fall hing die Entlassung von der Entscheidung der Ortspolizeibehörde des künftigen Aufenthaltsortes ab. Gleiches galt, wenn bereits die Einweisung durch die Polizei veranlasst worden war. Für die Privatanstalten regelten diese Fragen die §§ 11 f. des Erlasses vom 26. März 1901.[729] Entsprechendes sah eine Verfügung vom 15. Juni 1901 betreffend öffentlicher Anstalten vor.[730] Hauptanwendungsfall des polizeilichen Zustimmungserfordernisses war eine diagnostizierte „Gemeingefährlichkeit". Diese kam, wie gesehen, nicht einzig bei Fremd- sondern auch bei Selbstgefährdung in Betracht (etwa bei suizidalen Patienten). Somit weitete sich unter dem unbestimmten Rechtsbegriff der „Gemeingefahr" die Polizeizuständigkeit auch auf der Entlassungsebene aus und verdrängte dort die vorherige ärztliche Deutungs- und Entscheidungshoheit. Dies manifestierte sich auch in den Entscheidungen des preußischen Oberverwaltungsgerichts, das am 29. September 1913 ausführte: „[...] *hat somit die Polizei die Aufgabe mit verbindlicher Wirkung auch für die Anstalten bezw. den Kommunalverband die Unterbringung des Gkr. durchzuführen, so kann er auch nicht ohne ihre Genehmigung entlassen werden, denn die Entscheidung darüber, ob das polizeiliche Interesse die Festhaltung in der Anstalt nicht mehr erheischt, steht lediglich der Polizei selbst, vorbehaltlich der gesetzlich vorgesehenen Rechtsmittel zu.*"[731] Damit löste sich das Gericht von seiner vorherigen Rechtsprechung, die dem Anstaltsleiter auch bei sicherheitsrelevanten Entlassungen noch ein Mitspracherecht eingeräumt hatte.[732]

Die Möglichkeit der Beurlaubung existierte als Vorstufe zur Entlassung weiter fort. Handelte es sich um einen gefährlichen Kranken, bestand auch hier eine behördliche Genehmigungspflicht.[733]

---

729 MBliV S. 104 (Fn. 111). Vgl. auch den vorangehenden Erlass v. 19.01.1888 (Fn. 561), der zwar bei polizeilich begründeten Aufnahmen die Entlassung auch zustimmungspflichtig machte, bei „gemeingefährlichen Geisteskranken" jedoch dem Anstaltsleiter lediglich eine Benachrichtigungspflicht an die Polizei auferlegte.

730 MBliV S. 197 – abgedr. bei *Rixen,* Die Gemeingefährlichen Geisteskranken, S. 26. Hieran knüpften die Erlasse v. 16.12.1901 (MBliV 1902 S. 18) u. 20.05.1904 (MBl f. MedAng. S. 247) an.

731 OVG Preußen, Urteil v. 29.09.1913 – IA 135/11, OVGE 65, 259. Vgl. hierzu auch die Besprechung bei *Moeli,* Über die Rechtsverhältnisse der in Anstalten gelangten Geisteskranken in Preußen, Monatsschrift für Kriminalpsychologie und Strafrechtsreform 1914, S. 417 (417 ff.).

732 Etwa: OVG Preußen, Urteil v. 02.07.1907, OVGE 51, 223.

733 *Moeli,* Die Fürsorge für Geisteskranke, S. 147.

Um den noch nicht entmündigten Kranken eine Entlassung oder Beurlaubung zu ermöglichen und rechtliches Gehör in dieser Angelegenheit zu verschaffen, regte der Justizminister mit Erlass vom 28. November 1899 die Anordnung einer Pflegschaft gemäß § 1910 II, III BGB an.[734]

Auch nach der Entlassung bestanden verschiedentliche Unterstützungsangebote, um die Wiedereingliederung in die Gesellschaft und Selbstständigkeit des Betroffenen zu fördern. Hierzu zählten etwa die Beiratstellen, ein Zusammenschluss Ehrenamtler sämtlicher Gesellschaftsschichten, die unter ärztlicher Leitung den Entlassenen und deren Familien bei Bedarf zur Seite standen.[735] Daneben existierte eine Vielzahl weiterer Hilfsvereine, die ebenfalls ohne Zwang von den Betroffenen in Anspruch genommen werden konnten.

8) Rolle der Gutachter

Seit Anbeginn der rechtlichen Regelung von Unterbringungen war die Rolle der Ärzte nicht allein kurativer Art, sondern erstreckte sich auch auf die Interaktion mit der Justiz, was besonders in der Zivilprozessordnung zum Ausdruck kam. So konnte eine Entmündigung nach § 655 ZPO[736] „*nicht ausgesprochen werden, bevor das Gericht einen oder mehrere Sachverständige über den Geisteszustand des zu Entmündigenden gehört* [hatte].“[737] Dabei begegneten die Ärzte oft der Schwierigkeit, die vielfältigen psychiatrischen Störungsbilder auf die juristisch relevanten Termini zu reduzieren.[738] Entsprechend traten sie während des BGB-Entwurfsprozesses für eine rechtliche Übernahme des medizinischen Krankheitsbegriffes ein.[739] Gleichwohl war den Bemühungen der Erfolg verwehrt und der in § 6 BGB getroffenen Differenzierung zwischen „Geisteskrankheit“ und

---

734 Hierzu schon oben S. 112.

735 Hierzu näher am Beispiel der Berliner Beiratstelle: *Roemer/Kolb/u.a.*, Die Offene Fürsorge, S. 63 ff. Außerdem: *Moeli*, Die Fürsorge für Geisteskranke, S. 188 f.

736 i.d.F. v. 01.01.1900. Gleiches gilt für die weiteren in diesem Kapitel zitierten ZPO-Normen.

737 In dieser Hinsicht war das deutsche Recht weitgehend einzigartig im europäischen Vergleich (*Levis*, Die Entmündigung Geisteskranker, S. 227 f.). Allgemein zur Rolle der Sachverständigen vgl. auch *Schultze*, Psychiatrische Kritik, Archiv für Psychiatrie und Nervenkrankheiten 1932, S. 468 (483 f.).

738 *Brasch*, Die Geisteskranken im Bürgerlichen Gesetzbuch für das Deutsche Reich, S. 13; *Schultze*, Bürgerliches Gesetzbuch, S. 274.

739 *Mendel*, Die Geisteskranken in dem Entwurf des bürgerlichen Gesetzbuches für das deutsche Reich, Vierteljahresschrift für gerichtliche Medizin 1889, S. 252; vorher schon: *Zitelmann*, Irrtum und Rechtsgeschäft, S. 18 f.

„Geistesschwäche" der Vorzug gegeben. Es handelte sich hierbei nach *Holzhauer* um Begrifflichkeiten aus dem „Leben", die nicht die medizinische Ursache eines abweichenden Zustandes beschreiben, sondern allein auf die Folge, die eingeschränkte Handlungsfähigkeit, hinweisen sollten.[740]

Als Sachverständige bestellt werden sollten nach dem Erlass vom 10. Mai 1887[741] in erster Linie Ärzte mit ausgewiesener psychiatrischer Kompetenz.[742] Erst wenn solche nicht zur Verfügung standen, war auf die Gerichtsärzte (Kreisärzte, Bezirksärzte, etc.) zurückzugreifen. Der Gutachter hatte sodann nach § 654 I ZPO den Betroffenen persönlich zu untersuchen, sofern dies für den Explorانden keine erheblichen gesundheitlichen Nachteile bedeutete (§ 654 III ZPO).[743] Bei Zweifeln am Geisteszustand hielt seit 1898 § 656 ZPO zudem die Möglichkeit einer maximal sechswöchigen Anstaltsbeobachtung bereit.[744] Hier kam anders als bei der ansonsten ähnlichen strafrechtlichen Beobachtung (§ 81 StPO) auch die Unterbringung in einer Privatanstalt in Betracht. Außerdem stand dem Betroffenen sowie allen im Entmündigungsverfahren Antragsberechtigten das Recht der sofortigen Beschwerde zu.

Inhaltlich hatte nach *Schultze* das Gutachten vier Fragen zu klären:

„1. *Ist der zu Entmündigende überhaupt geisteskrank?*
2. *Wenn ja, ist die Geistesstörung eine voraussichtlich dauernde (auch ihrem Grade nach)?*
3. a) *Wenn ja, beeinflusst die Geistesstörung die Willensentschlüsse und Handlungen des alltäglichen Lebens?*
   b) *und zwar in solchem Umfange, dass für den Staat die Verpflichtung zu einer Fürsorge erwächst?*
4. *Geht diese Beeinflussung so weit, dass der Wille keine rechtliche Beachtung beanspruchen kann, oder kann dem zu Entmündigenden eine gewisse Bewegungsfreiheit (cf. §§ 110, 112, 113) eingeräumt werden?* […]"[745]

740 *Holzhauer*, Gutachten B für den 57. DJT, S. 21. Hierzu siehe auch: *Levis*, Die Entmündigung Geisteskranker, S. 61 ff.

741 JMBl. S. 120 – abgedr. bei *Moeli*, Die Fürsorge für Geisteskranke, S. 84.

742 *Levis*, Die Entmündigung Geisteskranker, S. 231.

743 Beispiele für letztere Einschränkung bringt *Cramer*, Gerichtliche Psychiatrie, S. 79.

744 Ausführlich hierzu: *Cramer*, Gerichtliche Psychiatrie, S. 80 f.; *Levis*, Die Entmündigung Geisteskranker, S. 236 ff.; eine Statistik der seit 1904 durchgeführten Beobachtungen findet sich bei *Moeli*, Die Fürsorge für Geisteskranke, S. 200.

745 *Schultze*, Bürgerliches Gesetzbuch, S. 272. Für exemplarische Gutachten vgl. *Raecke*, Gerichtliche Psychiatrie, S. 40 ff.

In formeller Hinsicht konnte die Expertise sowohl schriftlich, als auch mündlich erfolgen.[746] Eine richterliche Bindung an die Aussagen des Sachverständigen bestand nicht, vielmehr konnte im Zweifelsfalle ein Obergutachten des Medizinalkollegiums der jeweiligen Provinz eingeholt werden.[747]

Ging es einzig um äußere Wahrnehmungen ohne Abgabe einer Prognose, konnte der Arzt auch als sogenannter sachverständiger Zeuge (§ 414 ZPO) vernommen werden. Im Einzelnen näherte sich diese Figur mitunter der des Sachverständigen an, was zu prozessualen Schwierigkeiten hinsichtlich Vereidigung, Vergütung und Ablehnungsgesuch führen konnte.[748]

9) Rechtsschutzmöglichkeiten

Ebenso wie in der vorangegangenen Epoche war die Frage nach dem Rechtsschutz auch im Kaiserreich untrennbar damit verknüpft, ob der volljährige Betroffene freiwillig, auf Betreiben des gesetzlichen Vertreters oder aber der Polizei in die Anstalt gelangt war.

a) Vertreterseits initiierte Unterbringung

Einer bevorstehenden Einweisung durch den gesetzlichen Vertreter (Vormund, Pfleger) konnte sich der Kranke mit einem Antrag an den Vormundschaftsrichter erwehren. Dieser hatte ein Aufsichtsrecht inne und konnte bei Pflichtwidrigkeiten des Vertreters durch geeignete Ge- oder Verbote einschreiten (§ 51 VO beziehungsweise § 1837 BGB).[749] Blieb der Antragsteller auf diesem Wege erfolglos, stand ihm, solange er noch nicht entmündigt war, gegen den ablehnenden richterlichen Bescheid noch das Beschwerderecht aus §§ 57 ff. des Gesetzes über die freiwillige Gerichtsbarkeit (FGG) zu.[750]

---

746 Zur etwaigen Gutachtenhaftung des Arztes siehe *Moeli,* Die Fürsorge für Geisteskranke, S. 91.

747 *Joachim/Korn,* Deutsches Ärzterecht, Bd. 1, S. 73.

748 *Joachim/Korn,* Deutsches Ärzterecht, Bd. 1, S. 67 ff.; zur Differenzierung zwischen Zeugen und Sachverständigen: RG, Urteil v. 19.10.1896, Juristische Wochenschrift 1896, 638.

749 Das Verhältnis zwischen Vormund und Gericht wurde bereits oben auf S. 123 f. dargestellt.

750 RGBl. S. 189.
Des Weiteren fanden sich im Schrifttum Überlegungen, ob nicht nach badischem Vorbild (oben S. 117) bei Unterbringungen jeder Art eine behördliche Mitwirkung stattfinden solle, um so stets für verwaltungsgerichtlichen Rechtsschutz zu sorgen (*Moeli,* Über die Rechtsverhältnisse der in Anstalten gelangten Geisteskranken in

Praxisrelevanter dürfte hingegen die Möglichkeit gewesen sein, über die Anfechtung oder Aufhebung der Entmündigung die Entlassung zu erzwingen.[751] Fast alle Anstalten enthielten in ihren Regelungen den Passus, dass die Ablehnung oder die Aufhebung der Entmündigung eine Entlassung nach sich ziehen müsse.[752] Der Betroffene erhielt zunächst den Status eines freiwilligen Pensionärs und konnte dann selbst über die Fortsetzung oder die Unterbrechung der Anstaltsbehandlung entscheiden. Bei genauerer Betrachtung stellten diese Vorschriften indes einen Widerspruch zu der gesetzgeberseits proklamierten Trennung von Entmündigung und Anstaltsunterbringung dar.[753] Was im Schrifttum vielfach als Inkonsequenz kritisiert wurde,[754] versuchte *Moeli* (wenig überzeugend) zu verteidigen, indem er darauf hinwies, dass zwar der Entmündigungsantrag nicht von Einweisungserwägungen geleitet werden dürfe, jedoch umgekehrt eine aufgehobene Entmündigung der Unterbringung die Legitimation entzöge, da der Betroffene nunmehr neben seiner rechtlichen auch die persönliche Handlungsfähigkeit, einschließlich der Fürsorge über den eigenen Gesundheitszustand, zurückerlangt habe.[755] Der Gesetzgeber zeigte sich unbeeindruckt ob dieser Diskussionen und hielt an den Regelungen fest. Konkret konnte sich der Betroffene gegen seine Entmündigung gemäß § 664 ZPO mit

---

Preußen, Monatsschrift für Kriminalpsychologie und Strafrechtsreform 1914, S. 417 (420 f.); ebenso die Empfehlungen des 25. Deutschen Juristentages: *Olshausen*, Der deutsche Juristentag, S. 98 ff.). Dieser Ansatz konnte sich jedoch hauptsächlich aus zweierlei Gründen nicht durchsetzen: Erstens wäre hierdurch das Diskretionsinteresse der Beteiligten deutlich eingeschränkt worden und zweitens hätte die eine polizeiliche Mitwirkung bei der Aufnahme auch stets die Entscheidungskompetenz im Entlassungsverfahren zugesichert (zu dieser Korrelation bereits oben S. 140).

751 So auch im Falle Daniel Schrebers (oben S. 100). Lesenswert hierzu der Tatbestand nachfolgender Entscheidung: OLG Dresden, Urteil v. 14.07.1902 – O.I. 152/01. Nr. 22.

752 Für Privatanstalten vgl. § 10 Nr. 3 des Erlasses v. 26.03.1901 (Fn. 111). Für die öffentlichen Anstalten vgl. exemplarisch: § 31c des Reglements für die brandenburgischen Anstalten v. 03.03.1893; § 15b des Reglements für die städtischen Berliner Anstalten v. 27.03.1893; § 9 Nr. 1 des Reglements der Provinzialanstalt Owinsk v. 05.03.1895; § 5 des Reglements für die Provinz Posen v. 07.03.1893.

753 Siehe § 2 der Verfügung v. 28.11.1899 (Fn. 539). Zur Trennung beider Verfahren bereits oben S. 108.

754 Etwa *Rittershaus*, Die Irrengesetzgebung in Deutschland, S. 36, der den Verfassern derartiger Vorschriften „*Weltfremdheit*“ vorwirft; *Schultze*, Entlassungszwang und Ablehnung oder Wiederaufhebung der Entmündigung, Psychiatrische Wochenschrift 22/1901, S. 219 (219 ff.).

755 *Moeli*, Bestimmungen über die Entlassung aus den Anstalten für Geisteskranke, S. 13 f.

der Anfechtungsklage zur Wehr setzen. Maßgeblicher Beurteilungszeitpunkt war hierbei nach herrschender Meinung die Sach- und Rechtslage bei Entmündigungsbeschluss.[756] Bei nachträglichen positiven Veränderungen der geistigen Verfassung des Untergebrachten konnte auf bloße Aufhebung der Entmündigung geklagt werden (§ 675 ZPO).[757] Nach § 664 I ZPO konnte die Anfechtungsklage nur binnen eines Monats erhoben werden. Für den wegen „Geisteskrankheit" Entmündigten begann diese Frist mit dem Zeitpunkt, in dem er von der Entmündigung Kenntnis erlangt hatte (§ 664 III S. 1 ZPO).[758] Erkannte das Prozessgericht die Entmündigung für rechtswidrig, so trat diese mit ex-tunc-Wirkung außer Kraft (§ 672 ZPO).

Neben den oben aufgezeigten Möglichkeiten konnte der Betroffene Strafanzeige wegen Freiheitsberaubung (§ 239 StGB) stellen beziehungsweise die Verletzung des Rechtsgutes der persönlichen Freiheit über § 823 BGB rügen, um im Wege der Naturalrestitution seine Entlassung zu erwirken.[759]

b) *Polizeiliche Unterbringung*

Wurde die Einweisung nicht durch den gesetzlichen Vertreter, sondern von der Polizei durchgeführt, so stellte diese Maßnahme eine Verfügung im Sinne des §§ 30 ff. des Gesetzes betreffend die Zuständigkeit der Verwaltungsbehörden vom 26. Juli 1876[760] dar und konnte demnach angefochten werden.[761] Hieran änderte auch die am 30. Juli 1883[762] vorgenommene Neuregelung durch das Landesverwaltungsgesetz nichts.[763]

Folglich kann zwar durchaus von einem bestehenden Rechtsschutz die Rede sein, der jedoch bei näherem Betrachten für den Betroffenen wenig effektiv war. So erstreckte sich einerseits die gerichtliche Kompetenz nicht auf die Prüfung

---

756 So *Levis*, Die Entmündigung Geisteskranker, S. 298 (m.w.N.).

757 *Levis*, Die Entmündigung Geisteskranker, S. 299.

758 Ausführlich: *Levis*, Die Entmündigung Geisteskranker, S. 302 ff..

759 *Moeli*, Regelungen der Rechtsverhältnisse der Geisteskranken in Preußen, Monatsschrift für Kriminalpsychologie und Strafrechtsreform 1913, S. 449 (451).

760 PrGS S. 297 ff.

761 Der Betroffene konnte wählen zwischen einem zweistufigen Verfahren mit vorgelagerter behördlichen Kontrolle (sog. Beschwerde) und anschließender Klagemöglichkeit (§ 30 ZustG) sowie der direkten Klage zum Verwaltungsgericht (§ 31 ZustG). Siehe hierzu *Ibler*, Rechtsschutz im Verwaltungsrecht, S. 226.

762 PrGS S. 195.

763 § 127 Landesverwaltungsgesetz entsprach § 30 ZustG und § 128 Landesverwaltungsgesetz § 31 ZustG.

von Ermessensentscheidungen[764] und konnte andererseits, im Falle einer festgestellten Rechtswidrigkeit, nicht zur direkten Anstaltsentlassung, sondern lediglich zur Aufhebung der Polizeiverfügung führen.[765]

c) *Freiwillige Pensionäre*

Naturgemäß besaßen freiwillige Pensionäre die weitreichendsten Möglichkeiten, die Entlassung zu erwirken. Hierzu gehörten, wie gesehen,[766] auch die ursprünglich auf Initiative eines gesetzlichen Vertreters eingewiesenen Kranken, deren Entmündigung jedoch rechtskräftig aufgehoben worden war. Die Regelungen der öffentlichen und der privaten Anstalten stellten freiwilligen Pensionären anheim, eigenständig über ihre Entlassung zu entscheiden, solange hieraus weder eine Selbst- noch eine Fremdgefährdung erwuchs.[767]

10) Fazit

Die Entwicklung der zivilrechtlichen Unterbringung tat im 19. Jahrhundert einen bedeutenden Schritt in Richtung Eigenständigkeit. Ausschlaggebend war hierfür der gesellschaftliche Wandel. Die anhaltenden Verstädterungstendenzen seit der Industrialisierung führten zur Aufweichung familiärer Strukturen, die vormals in der Lage gewesen sein mögen, ein krankes Familienmitglied zu verpflegen. Im Verbund mit weiteren Faktoren ließ dies die „Irrenzahlen" in die Höhe schnellen, die seit 1875 mittels präziser Zählkarten ermittelt wurden.[768] Die Antwort des Staates war pragmatischer Natur und neben dem Bestreben, die Unangepassten aus dem Blickfeld der öffentlichen Wahrnehmung verschwinden zu lassen, nicht zuletzt von der Furcht geprägt, zusätzlich zur vermeintlichen sozialdemokratischen Bedrohung eine weitere Front auf Fürsorgeebene zu eröffnen. So senkte die Unterstützungswohnsitzgesetzgebung erheblich die finanzielle Schwelle für Bedürftige, in Anstalten einzutreten, was die Anzahl der „Geisteskranken" dort abermals emportrieb.

---

764 Zweckmäßigkeitserwägungen konnten lediglich i.R.d. Beschwerde (sofern das Verfahren gem. § 30 ZustG bzw. § 127 Landesverwaltungsgesetz gewählt wurde) angestellt werden.

765 OVG Preußen, Urteil v. 13.12.1912 – I. A. 154/11, OVGE 65, 247; *Klaeden,* Das Recht der Verwahrung und Unterbringung, S. 75.

766 Vgl. oben S. 144.

767 Da sich an diesem Grundsatz im Vergleich zur vorangehenden Epoche nichts geändert hat, sei auf die dortigen Ausführungen verwiesen (S. 89).

768 *Moeli,* Die Fürsorge für Geisteskranke, S. 2.

Den gesetzlichen Rahmen für eine Anstaltsaufnahme aus fürsorglichen Motiven bildete in Preußen zunächst die Vormundschaftsordnung, konkret § 83 III VO, der die Regelungen über Minderjährige auch bei Volljährigen für entsprechend anwendbar erklärte und somit zugleich auf den Personensorgeparagraphen des Vormundes (§ 27 VO) verwies. Eine ausdrückliche Erwähnung oder gar Regelung der Unterbringung war in der VO aber inexistent, sodass diesbezüglich nach wie vor Erlasse des Verordnungsgebers sowie die Regularien der einzelnen Anstalten den Ausschlag gaben. Zu einer Rechtszersplitterung führte dieser Zustand dennoch nicht, da sich die Regelungen in den zentralen Punkten der Aufnahme und der Entlassung weitestgehend deckten. Lediglich private Einrichtungen wurden vom Staat mit besonderem Argwohn betrachtet, seit Berichte über ungerechtfertigte Internierungen und rücksichtslosem Gewinnstreben der Leitungen vermehrt an die Öffentlichkeit gedrungen waren und letztlich zum Entstehen einer eigenen Reformbewegung geführt hatten. Die daraufhin erlassenen Verordnungen sahen engmaschigere Anstaltsrevisionen durch sogenannte Besuchskommissionen vor sowie umfangreichere Meldepflichten an die Behörden bei Aufnahme, Entlassung oder Zurückhaltung der Kranken. Mit dem am 1. Januar 1900 in Kraft getretenen BGB setzten sich die Bestimmungen der Vormundschaftsordnung weitestgehend fort, sodass die Unterbringungsbefugnis – ohne konkret genannt zu werden – auch künftig dem Aufenthaltsbestimmungsrecht des gesetzlichen Vertreters zu entnehmen war (§§ 1897, 1800, 1631 I BGB).

Die Subsumtion des vorgefundenen Zustandes unter die aufgestellten Kriterien einer zivilrechtlichen Unterbringung,[769] zeichnet folgendes Bild:

Dem gesetzlichen Vertreter, sei es der Vormund oder der Pfleger, standen nach der VO und dem BGB kraft seiner Personensorge freiheitsentziehende Maßnahmen zu, sofern diese dem Zweck der Fürsorge entsprachen. Im Gegensatz zur vorangehenden Epoche erfüllten seit 1875 der Vormund und der Pfleger einzig fürsorgliche Aufgaben und waren daher allein dem Mündelinteresse verpflichtet. Daraus zu schließen, dass die vertreterseits initiierte Unterbringung, wie heute, nur bei Selbstgefährdungen möglich gewesen war, wäre jedoch zu kurz gegriffen: Es entsprach dem Mündelinteresse vielmehr auch, Schutz zu erhalten vor möglichen strafrechtlichen Sanktionen, die als Reaktion auf bestehende Fremdgefährdungen drohten. Anders gesprochen bedeutete dies die

769 Vgl. oben S. 30: (1.) Freiheitsentziehende Maßnahme (2.) des gesetzlichen Vertreters zur (3.) Abwehr einer Selbstgefährdung, (4.) die sich zur behördlichen Unterbringung abgrenzen lässt.

Abwehr einer Fremdgefährdung unter dem Deckmantel der Selbstgefährdung. Damit zeigt sich allerdings zugleich, dass die Gefährdung Dritter im Rahmen der fürsorglichen Unterbringung keine tragende Rolle spielte, sondern nur über Umwege beachtlich werden konnte.

Neben dem Vertreter blieb nach wie vor die Polizei unterbringungsberechtigt. Die potentielle Zuständigkeitsüberschneidung bei „gemeingefährlichen" Kranken, sofern dies auch im Fall von Selbstgefährdung angenommen wurde, war jedoch mehr theoretischer Natur. Hier hatte sich in der Praxis seit 1900 ein Anwendungsvorrang der zivilrechtlichen Unterbringung herauskristallisiert,[770] sodass ein Rückgriff auf die Behörden nur dann noch stattfand, wenn der gesetzliche Vertreter nicht zeitnah Abhilfe schaffen konnte. Folglich zeigte sich eine deutlichere Trennlinie zwischen zivil- und polizeilicher Unterbringung als noch in der vorangehenden Epoche.[771]

Zusammenfassend kann also spätestens seit dem 20. Jahrhundert trotz fehlender gesetzlicher Normierung der Einweisung und abweichendem Fürsorgeverständnis von einer zivilrechtlichen Unterbringung im fortgeschrittenen Entwicklungsstadium gesprochen werden.

---

770 *Baumann*, Unterbringungsrecht, S. 24: „*Ehe noch eine Gefahr für die Allgemeinheit auftritt, besteht zumeist schon ein Behandlungsbedürfnis. Wird schon hierbei eingegriffen, so ist die U*[nterbringung] *zur Behandlung an die Stelle (späterer) U*[nterbringung] *zur Gefahrenabwehr getreten*".

771 Überdies war auch für eine klare Abgrenzung zum Tätigkeitsbereich des Vormundschaftsgerichtes gesorgt, dem weder ein Genehmigungsvorbehalt noch Zweckmäßigkeitsüberlegungen zustanden.

C) Die Unterbringung in der ersten Hälfte des 20. Jahrhunderts

I) Die Weimarer Republik

1) Allgemeinhistorische Einbettung

Im November 1918 sah sich das Deutsche Reich sowohl innen- wie außenpolitischer Umbrüche gegenüber. Während die alliierten Siegerstaaten über die Friedensbedingungen für Deutschland verhandelten, stellte der von Kiel ausgehende Matrosenaufstand die bisherige politische Ordnung im gesamten Reich auf den Kopf: Mit Ausrufung der Republik am 9. November 1918 durch *Philipp Scheidemann* wich die überkommene konstitutionelle Monarchie einer parlamentarischen Demokratie.

Die Folgen des verlorenen Krieges lasteten jedoch schwer auf der Republik, was sich vor allem in der gewalttätigen politischen Stimmung[772] sowie der durch Reparationsforderungen und Währungsschwankungen angespannten Haushaltslage äußerte. Der als „schwarzer Freitag" in die Geschichte eingegangene Verfall der Aktienkurse an der New Yorker Börse 1929 hatte auch auf die mit den USA wirtschaftlich eng verknüpfte Weimarer Republik dramatische Auswirkungen: Firmenzusammenbrüche, Massenarbeitslosigkeit und existenzbedrohende Lebensumstände, setzten die Demokratie unter Druck und bescherten der NSDAP bei der Reichstagswahl 1930 einen beachtlichen Erfolg, der sich in den künftigen Wahlen wiederholte. Mit der Ernennung *Adolf Hitlers* zum Reichskanzler am 30. Januar 1933 war die Weimarer Republik endgültig „zu Grabe getragen" worden.

Unverändert blieb die streng hierarchische Gesellschaftsgliederung,[773] wenngleich eine gewisse Klassenmobilität festzustellen war.[774] Die Masse bildete

---

772 Nach der Ermordung des Außenministers Walter Rathenau, die ebenso wie die vorangegangen Morde an Kurt Eisner und Matthias Erzberger politisch motiviert war, wurde 1922 das „Republikschutzgesetz" erlassen, um staatsfeindliche Organisationen einzuschränken oder gar zu verbieten (vertiefend hierzu: *Bollmeyer*, Der steinige Weg zur Demokratie, S. 374 ff.).

773 *Winkler*, Weimar, S. 295.

774 So eröffnete die parlamentarische Demokratie auch einfachen Politikern den Zugang zur Oberschicht (1 %), die ehemals im Kaiserreich ausschließlich dem Adel, höheren Bürgertum und Offizierskorps vorbehalten war. Die von der Inflation hart getroffene Mittelschicht tat sich mitunter schwer, ihren Status zu halten. Facharbeiter und

jedoch nach wie vor die Unterschicht,[775] bestehend hauptsächlich aus einfachen Arbeitern, Arbeitslosen und Kriegsversehrten. Sie waren das Rückgrat von Sozialdemokratie und Kommunismus. Die 1927 geschaffene Arbeitslosenversicherung gewährleistete den Anspruchsberechtigten ein Mindestmaß an sozialer Absicherung und verhinderte die Inanspruchnahme der oftmals als entwürdigend empfundenen Armenfürsorge.

In juristischer Hinsicht war die Weimarer Epoche besonders von Notverordnungen gemäß Art. 48 II WRV geprägt.[776] Sie ermöglichten dem Reichspräsidenten bei erheblichen Störungs- oder Gefährdungslagen Legislativaufgaben auf sich zu übertragen und zentrale Grundrechte, wie etwa die in Art. 114 WRV normierte Freiheitsgarantie, außer Kraft zu setzen.[777] Das Zivilrecht hingegen blieb in seinem Kern unverändert.[778]

Als Teil der Leistungsverwaltung hatte die Wohlfahrtspflege Eingang in die Verfassung gefunden (Art. 151 WRV[779]). Mit der sogenannten Kriegswohlfahrtspflege etablierte sich zugunsten der Kriegerfamilien und Invaliden ein zweites öffentliches Fürsorgesystem neben der herkömmlichen Armenpflege.

Büroangestellte trugen indes dazu bei, dass sie sich zahlenmäßig kaum veränderte (26 %).

Hinweis: Die hier und in Fn. 775 verwendeten Prozentangaben basieren auf Berechnungen des Soziologen Theodor Geiger (siehe *Wehler*, Deutsche Gesellschaftsgeschichte, Bd. 3, S. 704).

775 Dieser Schicht gehörten 73 % der Bevölkerung an.

776 *Gmür/Roth*, Grundriss der deutschen Rechtsgeschichte, S. 187.

777 Die Rechtshistorikerin *Susanne Hähnchen* spricht in diesem Zusammenhang von einer „Präsidialdiktatur“ (Rechtsgeschichte, S. 366 f.).

778 Um der Wohnungsnot der Nachkriegszeit beizukommen, wurden Sonderbestimmungen zum Kündigungsschutz und Mietbegrenzungen erlassen, sodass das Mietrecht, abgekoppelt vom BGB, eine eigenständige Entwicklung nahm (*Hähnchen*, Rechtsgeschichte, S. 362 f.).

Ähnlich wie im Zivilrecht, blieb auch das Arbeitsrecht im Wesentlichen unverändert. Obwohl Art. 157 WRV proklamierte „*Das Reich schafft ein einheitliches Arbeitsrecht*“, blieb eine geschlossene Regelung aus. Zu würdigen ist jedoch die Einführung des Achtstundentages (1919), die Anerkennung der Gewerkschaften als Arbeitnehmervertreter, die Schaffung einer arbeitsrechtlichen Sondergerichtsbarkeit (1926) sowie die bereits erwähnte obligatorische Arbeitslosenversicherung (1927) (näher hierzu: *Gmür/Roth*, Grundriss der deutschen Rechtsgeschichte, S. 220 ff.).

779 Art. 151 WRV lautete: „*Die Ordnung des Wirtschaftslebens muß den Grundsätzen der Gerechtigkeit mit dem Ziel der Gewährleistung eines menschenwürdigen Daseins für alle entsprechen.*“. Während die Arbeitslosenversicherung an eine vorangegangene Erwerbstätigkeit anknüpfte, war die Wohlfahrtspflege hiervon unabhängig.

Letztere erschien mit ihren geringeren Leistungen, der Anknüpfung an den Unterstützungswohnsitz und dem zeitweiligen Verlust des Wahlrechts umso diskriminierender.[780] Eine Gesetzesnovellierung fasste 1924 beide Gruppen formal zusammen, ließ den Kriegsbeschädigten und Hinterbliebenen jedoch ihren Sonderstatus.[781]

2) Wahrnehmung von „Geisteskrankheit"

Die gesellschaftliche Wahrnehmung von „Geisteskrankheit" erfuhr mit dem Schrecken des Krieges eine Wandlung. Angesichts des millionenfachen Sterbens und des Elends der Versehrten sowie der anschließenden Weimarer Krisenjahre stand in der Bevölkerung das eigene Fortkommen im Vordergrund. Die zunehmende Determination des sozialen Status durch die Erwerbstätigkeit drängte die „unproduktiven" Kranken vollends an den äußersten gesellschaftlichen Rand, was sich auch im kulturellen Bereich bemerkbar machte, wo die in Zeiten der „Irrenrechtsreformbewegung" noch typischen Theaterstücke und Fallveröffentlichungen längst der Vergangenheit angehörten.[782] Der Hospitalisierungsschub um die Jahrhundertwende hatte eine durch die Anstaltsmauern geteilte Gesellschaft geschaffen mit nur wenigen Berührungspunkten. Entsprechend forderte der Nervenarzt *Peter Rixen* 1921: „*Wir müssen endlich das in noch sehr vielen Köpfen spukende Wahngebilde aus der Welt schaffen, daß Sünde und Schuld Ursachen geistiger Störungen sind, wir müssen dahin wirken, daß psychische Erkrankungen genau so als Krankheiten bewertet werden, wie innere und chirurgische Krankheiten, wir müssen die Tore der Irrenanstalten weit öffnen, damit die breite Öffentlichkeit sich davon überzeugen kann, daß die Behandlung mit Zwangsjacke und Gummizelle längst einer vergangenen Epoche angehört, und an deren Stelle eine durchaus humane, sinnvoll ausgebaute Therapie getreten ist.*"[783] Weiterhin forderte *Rixen*, verleumderische Behauptungen in den Zeitungen konsequent zu berichtigen und nötigenfalls rechtlich zu ahnden.[784] Die in der Folgezeit vermehrt angebotenen öffentlichen Anstaltsführungen waren indes unter allen Beteiligten umstritten,[785] stellten sie doch nüchtern betrachtet eine „Werbeveranstaltung"

---

780 *Rudloff*, Die Wohlfahrtsstadt, Bd. 1, S. 344; ausführlich zu den einzelnen Differenzierungen: *Redder*, Die Entwicklung von der Armenhilfe zur Fürsorge, S. 147 ff.

781 *Redder*, Die Entwicklung von der Armenhilfe zur Fürsorge, S. 176 f.

782 *Dörner* spricht in diesem Zusammenhang vom Verlust der „Geisteskranken" im Menschenbild der Gesellschaft (Tödliches Mitleid, S. 26).

783 *Rixen*, Die Gemeingefährlichen Geisteskranken, S. 99.

784 *Rixen*, Die Gemeingefährlichen Geisteskranken, S. 100.

785 *Brink*, Grenzen der Anstalt, S. 232.

der Psychiatrie zulasten der Patienten dar. Vermag das Bild der Bevölkerung von „Geisteskranken" zu Beginn des Ersten Weltkrieges noch als neutral bezeichnet werden, trat spätestens in den Krisenjahren 1919–1923 eine negative Veränderung ein, als sich Klagen darüber mehrten, dass Schwache und Unproduktive „durchgezogen" würden, während das gemeine Volk unter einem existenzbedrohenden „Joch" von Sparzwängen und Arbeitslosigkeit litt.[786] Angeheizt durch rechte Propaganda verfingen sich in den späten 20er Jahren zunehmend eugenische Denkmuster in den Köpfen der Menschen.

In politischer Hinsicht befand sich die „Geisteskrankenfürsorge" eingezwängt zwischen den Bemühungen des Weimarer Wohlfahrtsstaates einerseits und drastischen Sparzwängen andererseits. Bereits während des Ersten Weltkrieges war die öffentliche Fürsorge für den Staat existentiell, um im Inneren den Zusammenhalt zu gewährleisten. *„Soziale Fürsorge wurde zum Massenphänomen, das nur durch eine leistungsfähige Bürokratie bewältigt werden konnte. Die Not des Einzelnen wurde damit zum Gegenstand bürokratischer Entscheidungen von fachlich ausgebildeten, beruflichen Kräften; sie war einem Verrechtlichungsprozeß unterworfen, der zu einer gesetzlichen Feinregulierung und bürokratischen Standardisierung von Leistungen und Verfahren führte."*[787] Von dem bereits existenten *Bismarck'schen* Sozialversicherungssystem profitierten nur wenige „Geisteskranke", da dieses an eine vorangegangene Erwerbstätigkeit anknüpfe, die der überwiegende Teil der Kranken nicht vorweisen konnte.[788] Folglich blieb allein der Rückgriff auf eigene Mittel oder aber, für den Großteil, die Inanspruchnahme der Armenfürsorge, die aufgrund ihres Almosencharakters für die Leistungsempfänger oft als entwürdigend galt. Eine Ausnahme betraf bedürftige Soldaten, deren „Geisteskrankheit" kriegsindiziert war: Sie unterfielen der Kriegswohlfahrtspflege und erlangten hierdurch einen privilegierten Zugriff auf staatliche Unterstützungen.[789] Auch mit der Neuregelung der Wohlfahrtspflege durch die Reichsfürsorgepflichtverordnung (RFV) vom 13. Februar 1924,[790] der am 4. Dezember 1924 die „Reichsgrundsätze über Voraussetzung, Art und Maß der öffentlichen Fürsorge" (RGr) folgten,[791] hielt der Staat an der Zweiklassenfürsorge fest und leistete somit einen wesentlichen Beitrag zur gesellschaftlichen Ausgrenzung der Gruppe der „Geisteskranken". Gleichzeitig wurde hierdurch

786 *Schott/Tölle*, Geschichte der Psychiatrie, S. 303.
787 *Walter*, Psychiatrie und Gesellschaft in der Moderne, S. 192.
788 *Brink*, Grenzen der Anstalt, S. 113 f.
789 Hierzu bereits oben S. 151.
790 PrGS, S. 210–218 – abgedr. bei *Muthesius*, Die Wohlfahrtspflege, S. 128 ff.
791 RGBl. I S. 765 – abgedr. bei *Muthesius*, Die Wohlfahrtspflege, S. 138 ff.

aber auch die Eintrittsschwelle in die Anstalt gesenkt, indem das Prinzip des Unterstützungswohnsitzes aufgegeben wurde und sogenannte Landes- und Bezirksfürsorgeverbände an die Stelle der Armenverbände als Fürsorgeträger traten.[792] Entsprechend dem hohen Stellenwert von Arbeitskraft bestand das Ziel der Weimarer „Geisteskrankenfürsorge" darin, die Erwerbstätigkeit des Betroffenen möglichst umfassend und zeitnah wieder herzustellen.[793] So formulierte § 1 der Reichsgrundsätze: „[Die Fürsorge] *soll den Hilfsbedürftigen tunlichst in den Stand setzen, sich und seinen unterhaltsberechtigten Angehörigen den Lebensbedarf selbst zu beschaffen.*" Möglichst rasch sollte sie daher zum Einsatz kommen (§ 2).

Die bereits in der Medizin geführten eugenischen Diskussionen weiteten sich in den 30er Jahren auch auf die politische Ebene aus und traten in Konkurrenz zur sozialstaatlichen Ausrichtung der Weimarer Republik. So forderte am 26. Oktober 1931 der „Initiativantrag über eugenetische Maßnahmen" des Staatsratsmitgliedes *Wilhelm Struve* die preußische Regierung auf, angesichts der Sparzwänge Eugenik in der „Geisteskrankenfürsorge" gesetzlich zu verankern.[794] Vertieft wurde der Gegenstand auf der Tagung des Preußischen Landesgesundheitsrates am 2. Juli 1932. Der Teilnehmerkreis beschränkte sich indes nicht allein auf die politische Klasse, sondern rekrutierte sich darüber hinaus aus Kirchenvertretern, Ärzten, Juristen und Mitgliedern verschiedener Interessensverbänden. Am 30. Juli 1932 stellte das Gremium den Entwurf eines Sterilisierungsgesetzes vor, das eine Unfruchtbarmachung auf freiwilliger Basis vorsah.[795] Wenngleich der Entwurf keine Gesetzeskraft mehr erlangte, bildete er dennoch eine wesentliche Grundlage für das spätere nationalsozialistische „Gesetz zur

792 In Preußen übernahmen die Provinzialverbände die Aufgaben der Landesfürsorge, während die Bezirksfürsorge auf Kreisebene organisiert wurde (*Walter*, Psychiatrie und Gesellschaft in der Moderne, S. 196 f.). Zahlen zur gestiegenen Anstaltspopulation hält *Brink* bereit (Grenzen der Anstalt, S. 210).

793 *Walter*, Psychiatrie und Gesellschaft in der Moderne, S. 205.

794 *Walter*, Psychiatrie und Gesellschaft in der Moderne, S. 396.

795 § 1 des Entwurfes lautete: *„Eine Person, die an erheblicher Geisteskrankheit* [...] *leidet, kann operativ sterilisiert werden, wenn sie einwilligt und nach den Lehren der ärztlichen Wissenschaft bei ihrer Nachkommenschaft mit großer Wahrscheinlichkeit schwere körperliche oder geistige Erbschäden vorauszusehen sind.*
Der Einwilligung hat eine Aufklärung über die Folgen der Sterilisation vorauszugehen. Über die Sterilisierung einer Person, die einen gesetzlichen Vertreter hat, oder für die ein Pfleger bestellt ist, dem die Sorge für die Person zusteht, bedarf es auch deren Einwilligung." (abgedr. bei *Müller*, Sterilisation und Gesetzgebung, S. 127 f.).

Verhütung erbkranken Nachwuchses".[796] Dass die Sterilisation „Minderwertiger" in der Weimarer Republik jedoch nicht nur theoretisch diskutiert, sondern ungeachtet der fehlenden Gesetzesgrundlage auch praktisch umgesetzt wurde, zeigt die Historikerin *Cornelia Brink* auf: Demnach führte etwa *Ewald Meltzer* in seiner Eigenschaft als Leiter der sächsischen Heil- und Pflegeanstalt Katharinenhof Sterilisationen durch.[797] Sie wurden von der Ortskrankenkasse als Teil der Gesundheitsfürsorge übernommen.[798] Eine zeitgenössische Untersuchung 95 deutscher Städte mit mehr als 50.000 Einwohnern belegte, dass es sich hierbei nicht um Einzelfälle handelte.[799] Den theoretischen Unterbau für eugenische Maßnahmen lieferte die Sozialhygiene, ein in der Weimarer Republik bereits etablierter Wissenschaftszweig.[800] Der Anspruch seiner Hauptvertreter *Alfons Fischer* und *Alfred Grotjahn* war es, die Volksgesundheit durch Veränderung der sozialen Umwelt zu bessern und für die nachkommende Generation aufrecht zu halten.[801] Nach *Fischer* ließ sich die Sozialhygiene in drei Teilbereiche gliedern: Pathologie, Prophylaxe sowie Therapie.[802] Auf dem Boden der „Geisteskrankenfürsorge" wirkten sich die sozialhygienischen Lehren in Form von Reihenuntersuchungen, Isolierungen und Früheinweisungen aus.[803] Aus Sozialhygiene und Eugenik ging schließlich die „Rassenhygiene" hervor, die eine Verbindung sozialdarwinistischer Theorien und völkischem Denken schuf und durch die Bemühungen ihrer Gründerväter *Wilhelm Schallmeyer* und *Alfred Ploetz* zu einer anerkannten wissenschaftlichen Fachrichtung heranwuchs.[804]

---

796 RGBl. I S. 529, ausführlich hierzu unten S. 180; *Schmuhl*, Grenzüberschreitungen, S. 148.

797 *Brink*, Grenzen der Anstalt, S. 241.

798 *Weingart/Kroll/u.a.*, Rasse, Blut und Gene, S. 265.

799 *Fetscher*, Die Sterilisierung aus eugenischen Gründen, Zeitschrift für die gesamte Strafrechtswissenschaft 1932, S. 404 (419).

800 *Thissen*, Die Entwicklung der Terminologie auf dem Gebiet der Sozialhygiene, S. 60 ff. Ausführlich auch: *Walter*, Psychiatrie und Gesellschaft in der Moderne, S. 370 ff.

801 *Thissen*, Die Entwicklung der Terminologie auf dem Gebiet der Sozialhygiene, S. 63.

802 *Fischer*, Neue Fragestellungen auf dem Gebiete der Hygiene, S. 19 f.; in der Konsequenz stiegen die Belegungszahlen in den Anstalten sprunghaft an und gefährdeten dadurch letztlich die Therapie (vgl. die genannten Zahlen bei *Hildebrandt*, Offene Fürsorge und psychische Hygiene in der Weimarer Republik, Psychologie und Gesellschaftskritik 1986, S. 7 (11)). Den Schulterschluss mit der Eugenik vollzog die Sozialhygiene über ihre Teildisziplin der Prophylaxe (*Ferdinand*, Der „faustische Schulterschluss" in der Sozialhygiene Alfred Grotjahns (1869–1931): Soziale Hygiene und ihre Beziehungen zur Eugenik und Demographie, S. 6).

803 *Walter*, Psychiatrie und Gesellschaft in der Moderne, S. 210.

804 Hierzu schon oben S. 22 sowie ausführlich *Sauerteig*, Gesundheitspolitik, S. 42 ff.

Die Psychiatrie als medizinische Disziplin befand sich mit dem Ende des Ersten Weltkrieges auf einem Tiefpunkt.[805] In den Kriegsjahren waren in den Heilanstalten des Reiches 71.786 Menschen meist an Hunger und Unterversorgung gestorben[806] und wesentliche Erkenntnisgewinne in der Ursachenforschung psychischer Krankheiten ließen sich nicht verzeichnen. Angesichts der Hilflosigkeit der Ärzte erschienen Sozialhygiene und Eugenik als willkommene neue Betätigungsfelder, ging es hier nicht um einzelne Kranke, sondern vielmehr um das Wohlergehen einer ganzen Generation. Schon früh propagierte *Emil Kraepelin* die Vererbung von „Geisteskrankheit": „*Überblicken wir die lange Reihe von Kulturschädigungen, deren ursächliche Beziehungen zu bestimmten Formen des Entartungsirreseins kaum verkannt werden können, so müssen wir uns vor allem darüber Klarheit verschaffen, wie weit durch sie nicht nur der Einzelne, sondern unsere ganze Rasse beeinflußt werden kann. Angesichts der Vererbungstatsachen werden wir annehmen müssen, daß diejenigen Lebenserfahrungen, die eine Einwirkung auf das Gesamtleben des Körpers ausüben, auch die heranwachsenden Keimzellen nicht unberührt lassen, sondern auf irgendeine Weise in die Lebenseigenschaften des kommenden Geschlechtes eingreifen können.*"[807] Zum Schutz der Bevölkerung und künftiger Generationen forderte *Kraepelin* daher eine enge Zusammenarbeit von Ärzten und Behörden, um die statistische Erfassung aller mit „Geisteskrankheit" vermeintlich in Zusammenhang stehenden Faktoren zu realisieren: „*Die Anzeichen sind wahrlich drohend genug; an uns ist es, Volk und Regierungen auf sie hinzuweisen und ihnen zugleich die Wege zu zeigen, die zur Gesundung unserer Rasse beschritten werden müssen.*"[808]

In der Therapie setzte sich bereits zur Jahrhundertwende die Bettbehandlung durch, deren Hauptbefürworter *Clemens Neisser* sie zum „*souveräne*[n] *Mittel zur Bekämpfung der psychischen Erregungszustände*" auserkoren hatte und gar von der „*Krönung und* [dem] *Abschluss der idealen Reformen eines Pinel und Conolly*"[809] sprach. Hierin ist jedoch auch der Versuch zu erblicken, psychisch

805 Ausführlich zu den Folgen des Ersten Weltkrieges für die Psychiatrie: *Küster/Kersting*, Quellen zur Geschichte der Anstaltspsychiatrie, Bd. 2, S. 5 ff.

806 *Brink*, Grenzen der Anstalt, S. 209; *Faulstich*, Hungersterben in der Psychiatrie, S. 41 ff.

807 *Kraepelin*, Zur Entartungsfrage, Zeitschrift für die gesamte Neurologie und Psychiatrie 1908, S. 745 (750).

808 *Kraepelin*, Zur Entartungsfrage, Zeitschrift für die gesamte Neurologie und Psychiatrie 1908, S. 745 (751).

809 *Neisser*, Die Weiterentwicklung der praktischen Psychiatrie, insbesondere der Anstaltstherapie im Sinne Griesingers, Monatsschrift für Psychiatrie und Neurologie 1927, S. 314 (323).

Kranke den körperlich Kranken so weit wie möglich gleichzustellen und nicht zuletzt die Anstaltsorganisation zu vereinfachen.[810] Von diesem fragwürdigen Therapiekonzept rückte in den 20er Jahren der Leiter der Gütersloher Anstalt *Hermann Simon* ab, der strikte Bettruhe in vielen Fällen für kontraindiziert hielt und stattdessen zu einer „aktiveren Krankenbehandlung“ zurückkehrte, die den Patienten weniger disziplinieren als mobilisieren sollte.[811] Im Zentrum stand die Arbeitstherapie, deren vorausgesetzter ökonomischer Nutzen, anders als in den vorangehenden Epochen, sich auch dem Kranken erschließen und dergestalt eine rasche Rückführung in das normale Leben ermöglichen sollte.[812] Gepaart mit weiteren Therapieelementen besaß das „Gütersloher-System“ Modellcharakter und wurde auch im Ausland vielfach adaptiert. Neue Impulse gingen ebenfalls von der noch an späterer Stelle zu vertiefenden offenen Fürsorge aus, die eine durch Auslagerung der Anstaltsbehandlung zugleich kosten- und therapieeffizienter wirken sollte.[813] Der größte Teil der deutschen Anstalten verharrte jedoch letztlich in der traditionellen Verwahrfunktion,[814] was sich wohl weniger auf eine ablehnende Haltung gegenüber Neuerungen zurückführen lies, sondern eher dem strengen Spardiktat geschuldet war, das sämtliche innovative Methoden, die mit einer finanziellen Mehrbelastung verbunden waren, verhinderte. Auch psychotherapeutische Behandlungsverfahren, wie etwa die Psychoanalyse oder die Hypnose, fanden so nur vereinzelt Eingang in die Anstaltspsychiatrie.[815] In den 20er und 30er Jahren wurden schließlich Methoden entwickelt, die von der Beobachtung ausgingen, dass psychotische Symptome nach künstlich ausgelösten Krampfanfällen zurückgehen können.[816]

3) Psychiatrische Einrichtungen

Zahlenmäßig lässt sich für die Weimarer Zeit ein Rückgang der Anstalten konstatieren. Dies ist einerseits auf die im Versailler Vertrag beschlossenen Gebietsabtretungen und andererseits auf die kriegsbedingte Schließung privater

---

810 *Schott/Tölle*, Geschichte der Psychiatrie, S. 275.

811 Ausführlich: *Schott/Tölle*, Geschichte der Psychiatrie, S. 441 ff.

812 *Blasius*, „Einfache Seelenstörung“, S. 137.

813 Siehe hierzu auch unten S. 158 im Zusammenhang mit der Darstellung der Anstaltslandschaft in der Weimarer Republik.

814 *Blasius*, „Einfache Seelenstörung“, S. 138.

815 *Schott/Tölle*, Geschichte der Psychiatrie, S. 456.

816 Ab 1927 Insulinkur, 1929 Cardiazolkrampfbehandlung, 1938 Elektrokrampfbehandlung. Diese Verfahren dominierten über zwei Jahrzehnte lang die Schizophrenietherapie (*Schott/Tölle*, Geschichte der Psychiatrie, S. 473 ff.).

Anstalten sowie die Einziehung ärztlichen Personals zum Heeresdienst zurückzuführen.[817] Erst mit der Neuregelung der Wohlfahrtspflege 1924 konnte wieder ein leichter Aufwärtstrend von reichsweit 9,1 Prozent verzeichnet werden.[818] Die Trägerschaft verteilte sich auf staatliche, religiöse, genossenschaftliche, stiftungsfinanzierte und private Träger. Preußischen Statistiken des Jahres 1928 entnimmt *Walter* eine Dominanz der öffentlichen Hand auf diesem Gebiet (67,6 Prozent).[819]

Die Finanzkrise lähmte die noch junge Republik auf sämtlichen Ebenen. Stark betroffen waren unter anderem der Fürsorgesektor und damit auch die (öffentliche) „Geisteskrankenversorgung".[820] Hier gingen die Sparzwänge zunächst vom Reich und den Kommunen aus. Am 22. Dezember 1929 legte der Sparkommissar der Reichsregierung ein Gutachten über die Hessische Staatsverwaltung vor, das deutschlandweit eine Debatte über die finanzielle Lage der Anstalten auslöste.[821] Darin beschrieb er die öffentlichen Anstalten als reine Verwahrungseinrichtungen ohne Heilansprüche mit allenfalls zufälligen Genesungen. Angesichts des Minimums an Therapie, Unterkunft und Verpflegung böten einzig die Personalkosten noch Einsparpotential. Eine derart niederschmetternde Bestandsaufnahme führte zu heftigen Reaktionen vonseiten der Ärzte.[822] Obgleich die folgenden Gutachten betreffend die übrigen Bundesländer mit der Anstaltspsychiatrie weniger scharf ins Gericht gingen als im hessischen Ausgangsfall, rissen auch in der Folgezeit die einmal angestoßenen Diskussionen nicht ab. Die Sparbemühungen der Anstaltsleiter wurden durch die „störenden" Patienten konterkariert. Hierbei handelte es sich um sozial unangepasste chronisch Kranke, die einen geordneten Anstaltsbetrieb durch aufbrausendes oder renitentes Verhalten erschwerten.[823] 1931 lobte der Deutsche Verein für Psychiatrie gar einen

---

817 Für eine detaillierte Darstellung der Ursachen (u.a. mit Grafiken) vgl. *Walter*, Psychiatrie und Gesellschaft in der Moderne, S. 170 ff.

818 *Walter*, Psychiatrie und Gesellschaft in der Moderne, S. 169.

819 *Walter*, Psychiatrie und Gesellschaft in der Moderne, S. 177.

820 *Brink*, Grenzen der Anstalt, S. 205 ff.

821 *Saemisch*, Gutachten Hessen; als Reichssparkommissar hatte Saemisch allgemein die Haushalte und Haushaltsführung der einzelnen Ministerien zu überprüfen und der Regierung hierüber in einem Gutachten nebst Einsparungsvorschlägen Bericht zu erstatten (*Schulz*, Zwischen Demokratie und Diktatur, Bd. 1, S. 528).

822 Etwa: *Friedländer*, Eine Gefahr für die Deutsche Irrenfürsorge, Allgemeine Zeitschrift für Psychiatrie und psychisch-gerichtliche Medizin 1930, S. 194.

823 Vgl. die Ausführungen des sächsischen Anstaltsarztes *Carrière*, Gründe der Überfüllung der Anstalten und Vorschläge zur Abhilfe, Allgemeine Zeitschrift für Psychiatrie und psychisch-gerichtliche Medizin 1931, S. 130 (160 f.).

Preis aus für die beste Lösungsstrategie der bestehenden finanziellen Misere.[824] Die daraufhin eingehenden Vorschläge befassten sich im Kern allesamt mit der Einweisung und Entlassung. Wesentliches Gewicht kam dabei der offenen Fürsorge, also der Betreuung psychisch Kranker, soweit möglich, außerhalb der Anstalten, zu.[825] Im Jahre 1921 verfügte das Ministerium für Volkswohlfahrt den Aufbau einer Fürsorge, die sich um entlassene beziehungsweise noch nicht anstaltsbedürftige Patienten sowie *„für die nach dem Kriege stark angewachsene Zahl von seelisch abnormen Psycho- und Neuropathen"* kümmern sollte.[826] Sie versprach neben Kostenvorteilen auch einen Abbau von Vorurteilen und wurde bis 1930 in den meisten deutschen Anstalten eingeführt.[827] In therapeutischer Hinsicht war dieser Schritt jedoch dort, wo er lediglich auf finanziellen Motiven fußte, nicht von Erfolg gekrönt. Hinzu trat die Schwierigkeit, Angehörige und Arbeitgeber inmitten der Wirtschaftskrise von der Betreuung beziehungsweise Beschäftigung der Betroffenen zu überzeugen.

4) Überblick über die Gesetzeslage

Das Unterbringungsrecht der Weimarer Republik stellte im Großen und Ganzen eine statische Materie dar. Die beibehaltenen Regelungen des BGB und der ZPO hatten sich bewährt und wurden, soweit erforderlich, durch Auslegung den Bedürfnissen der Praxis angepasst.[828] Solange jedoch eine eigenständige Normierung der zivilrechtlichen Unterbringung fehlte, ist stets auch der Bereich der polizeilichen Unterbringung von Relevanz. Hier sorgten das neue Preußische Polizeiverwaltungsgesetz (PVG) vom 1. Juni 1931[829] sowie der darauf beruhende Runderlass vom 21. Januar 1932[830] für Kontroversen um die Aufnahme und die Entlassung der Patienten, was sich über die Grenzen der Fremdgefahr auch auf selbstgefährdende Patienten auswirkte.

---

824 Mehr hierzu bei *Schmuhl,* Die Gesellschaft Deutscher Neurologen und Psychiater, S. 40 ff.

825 Ausführlich: *Brink*, Grenzen der Anstalt, S. 224 ff.; *Blasius*, „Einfache Seelenstörung", S. 139.

826 Erlass d. Wohlfahrtsministeriums v. 08.11.1921 (Nr. IM II 3388). Ausführlich zur Gruppe der psychisch Kriegsbeschädigten: *Neuner*, Politik und Psychiatrie.

827 *Brink*, Grenzen der Anstalt, S. 226.

828 So etwa bei der vorläufigen Vormundschaft oder dem Wirkungskreis des Gebrechlichkeitspflegers (s.o.).

829 PrGS S. 77 ff.

830 MBliV S. 89 – abgedr. bei *Schultze,* Psychiatrische Kritik, Archiv für Psychiatrie und Nervenkrankheiten 1932, S. 468 (476 ff.).

a) Polizeiverwaltungsgesetz

Das Preußische Polizeiverwaltungsgesetz vom 1. Juni 1931[831] sollte nach Absicht der Regierung die Materie vereinheitlichen und vereinfachen und trat an die Stelle der polizeirechtlichen Regelungen des ALR.[832] Von besonderem Interesse für die vorliegende Untersuchung sind zwei Normen: Die allgemeine Generalklausel des § 14 PVG und die Voraussetzungen für Eingriffe in die persönliche Freiheit gemäß § 15 PVG. § 14 PVG[833] löste die Aufgabenzuweisung des § 10, II, Tit. 17 ALR ab, der seine zentrale Stellung dem „Kreuzbergurteil" des OVG Preußen 1882 verdankt hatte.[834] Mit § 15 PVG war ferner die vormals im Gesetz zum Schutz der persönlichen Freiheit von 1850 geregelte Schutzhaft ins Polizeirecht aufgenommen worden:

> (1) *„Personen in polizeiliche Verwahrung zu nehmen sind die Polizeibehörden nur dann befugt, wenn diese Maßnahme erforderlich ist:*
> a) *zum eigenen Schutze dieser Personen;*
> b) *zur Beseitigung einer bereits eingetretenen Störung der öffentlichen Sicherheit oder Ordnung oder zur Abwehr einer unmittelbar bevorstehenden polizeilichen Gefahr, falls die Beseitigung der Störung oder die Abwehr der Gefahr auf andere Weise nicht möglich ist.*
>
> (2) *Die in polizeiliche Verwahrung genommenen Personen müssen, soweit es sich nicht um gemeingefährliche Geisteskranke handelt, spätestens im Laufe des folgenden Tages aus der polizeilichen Verwahrung entlassen werden."*[835]

Wenngleich die Unterbringung aus Selbstgefährdungsgründen an der Spitze stand, kann hierin keine grundlegende gesetzgeberische Wertungsentscheidung gesehen werden.[836] Lehre und Rechtsprechung setzten bei der polizeilichen Unterbringung zum Schutze des Betroffenen noch eine gleichzeitige Gefährdung

---

831 Vgl. Fn. 829.

832 In seiner zeitgenössischen Betrachtung wurde es als das *„einzige Gesetz von grundlegender Bedeutung* [...]" bezeichnet, *„das in der Nachkriegszeit parlamentarisch verabschiedet werden konnte."* (*Kerstiens,* Zur Kritik des Preußischen Polizeiverwaltungsgesetzes, Reichsverwaltungsblatt und Preußisches Verwaltungsblatt 1933, S. 181 (183)). Lesenswert zur Entstehungsgeschichte: *Naas,* Die Entstehung des PVG.

833 § 14 PVG lautete: *„Die Polizeibehörden haben im Rahmen der geltenden Gesetze die nach pflichtgemäßem Ermessen notwendigen Maßnahmen zu treffen, um von der Allgemeinheit oder dem einzelnen Gefahren abzuwehren, durch die die öffentliche Sicherheit oder Ordnung bedroht wird."*

834 OVG Preußen, Urteil v. 14.06.1882, OVGE 9, 353.

835 Zu § 6 des Gesetzes zum Schutz der persönlichen Freiheit oben S. 65.

836 *Baumann,* Unterbringungsrecht, S. 20 f.

der öffentlichen Sicherheit und Ordnung voraus.[837] Anders als sein historisches Vorbild[838] war der Adressatenkreis des § 15 PVG nunmehr ausschließlich auf „Geisteskranke“ beschränkt, wie die ganz herrschende Meinung der allgemeinen Aussage in Absatz 2 entnahm.[839] In diesem Kontext bedeutete „*Verwahrung*“ wohl in den meisten Fällen die Anstaltsunterbringung.[840] Gemäß §§ 45 f. PVG stand dem polizeilich Eingewiesenen ein unverzügliches Anfechtungsrecht gegen diese Maßnahme zu. Konkretisiert wurde § 15 PVG durch den sogleich zu besprechenden Erlass vom 21. Januar 1932, der seinerseits auf die ständige Rechtsprechung des Preußischen OVG rekurrierte.[841]

Wenngleich das PVG in rechtlicher Hinsicht weitestgehend an die bisherigen Regelungen anknüpfte,[842] zeigte sich in der Praxis dennoch rasch ein zahlenmäßiger Anstieg derer, die als „gemeingefährlich“ eingewiesen wurden.[843]

b) Einzelregelungen

Wie schon Art. 5 PrVU stellte auch Art. 114 WRV die persönliche Freiheit unter Gesetzesvorbehalt.[844] Offen blieb dabei die Frage nach der Verfassungsmäßigkeit von entsprechenden Einzelregelung innerhalb dieses Komplexes. Darauf können im Wesentlichen die bereits an anderer Stelle getätigten Ausführungen

---

837 Hierbei galt ein großzügiger Maßstab: *Baumann*, Unterbringungsrecht, S. 20; *Holzhauer*, Gutachten B für den 57. DJT, S. 96; *Konrad*, Die zivilrechtliche Unterbringung, S. 10.

838 Zu dem Personenkreis, der nach § 6 des Gesetzes zum Schutz der persönlichen Freiheit in Gewahrsam genommen werden konnte vgl. *Roth*, Kriminalitätsbekämpfung in deutschen Großstädten 1850–1914, S. 304.

839 *Baumann*, Unterbringungsrecht, S. 21.

840 So auch *Schultze*, Psychiatrische Kritik, Archiv für Psychiatrie und Nervenkrankheiten 1932, S. 468 (483).

841 Unten S. 161, ausführlich zur OVG-Rspr.: *Hartmann*, Die Entmündigung als Mittel der Verbrechensverhütung, S. 24 ff.

842 *Holzhauer*, Gutachten B für den 57. DJT, S. 96. „Konfliktpotential“ schuf erst der nachfolgende Erlass des Ministeriums für Volkswohlfahrt und des Innenministeriums v. 21.01.1932 – abgedr. bei *Schultze*, Psychiatrische Kritik, Archiv für Psychiatrie und Nervenkrankheiten 1932, S. 468 (476 ff.) (dazu ausführlich sogleich S. 161).

843 *Kammeier*, Maßregelrecht, S. 46 f. Hintergrund dessen war das häufige Bestreben der Ärzte, anstaltsbedürftige Kranke (um jeden Preis) möglichst rasch und vor allem rechtssicher unterzubringen (vgl. schon oben S. 68).

844 Art. 114 WRV lautete: „*Die Freiheit der Person ist unverletzlich. Eine Beeinträchtigung oder Entziehung der persönlichen Freiheit durch die öffentliche Gewalt ist nur auf Grund von Gesetzen zulässig*“.

übertragen werden[845]. Während zuvor § 10, II, Tit. 17 ALR oder § 6 des Polizeiverwaltungsgesetzes die Ermächtigungsgrundlage für polizeiliche Einweisungen bildeten, galten nunmehr die §§ 14, 15 PVG als „Gesetze" im Sinne des Art. 114 WRV. Sofern sich eine Einzelregelung hieraus ableiten ließ, war sie verfassungsgemäß. Analog dazu waren im zivilrechtlichen Bereich Erlasse möglich, die das gemeinhin anerkannte Unterbringungsrecht des gesetzlichen Vertreters konkretisierten. Einzelregelungen oder Anstaltsreglements, die anderen als den genannten Personen beziehungsweise Stellen ein Einweisungs- oder Zurückhaltungsrecht zusprachen, galten spätestens seit den 1930er Jahren als unvereinbar mit Art. 114 WRV.[846]

Der Erlass vom 21. Januar 1932 der Ministerien für Volkswohlfahrt und des Innern betreffend die polizeiliche Unterbringung „Geisteskranker" in öffentlichen Heil- und Pflegeanstalten[847] konkretisierte die §§ 14 f. PVG. Regelungsinhalt waren im Wesentlichen die Aufnahme und Entlassung der Kranken sowie deren Rechtsschutz. Die Diagnose „Gemeingefährlichkeit" begründete die Polizeizuständigkeit, was für sich genommen keine Änderung im Vergleich zum bestehenden Recht darstellte. Doch ging dies mit einem massiven Kompetenzverlust aufseiten der Ärzte und, sofern vorhanden, der Vertreter einher. So war die behördliche Unterbringungsanordnung für alle Beteiligten verpflichtend und deren Nichtbeachtung strafbewehrt, was insbesondere auf die Anstaltsdirektoren abzielte. Außerdem konnte die Polizei in dringenden Fällen ohne vorheriges ärztliches Attest und schriftliche Anordnung eine Einweisung verfügen.[848] Als actus contrarius konnte dann auch die Entlassung nicht ohne polizeiliche Zustimmung angeordnet werden. Die Kritik der Psychiater an dem Erlass konzentrierte sich vor allem auf die weite Auslegung der „Gemeingefährlichkeit". Unter Bezugnahme auf die ständige Rechtsprechung des preußischen Oberlandesgerichtes, welcher der Erlass Richtliniencharakter zuschrieb, lag sie vor, „*wenn der Geisteskranke vermöge seiner Krankheit oder unter deren Einfluß für sich oder andere oder für die öffentliche Sicherheit, Ruhe und Ordnung sich als gefährlich* [erwies]"[849]. Der Düsseldorfer Psychiater *Walter Creutz* kritisierte die „Gemeingefahr" als unbestimmten Praxisbegriff, der weder juristischen noch

845 Oben S. 66.

846 *Schultze,* Psychiatrische Kritik, Archiv für Psychiatrie und Nervenkrankheiten 1932, S. 468; Erlass v. 21.01.1932 (oben Fn. 842); *Fabian,* Sicherungsmaßnahmen gegen geisteskranke, gemeingefährliche Rechtsbrecher, S. 25.

847 Vgl. oben Fn. 842.

848 *Schmuhl,* Die Gesellschaft Deutscher Neurologen und Psychiater, S. 41.

849 OVG Preußen, Urteil v. 12.06.1922, OVGE 77, 342. Vgl. auch oben S. 37.

medizinischen Maßstäben genüge und folglich ein enormes Missbrauchspotential in sich berge.[850] Zur Zurückhaltung und sorgfältigen Einzelfallprüfung hielt der westfälische Landeshauptmann *Schulte-Himmelpforten* mit Rundschreiben vom 1. März 1932 die Behörden und Anstaltsleiter an.[851] „Gemeingefährlichkeit" sah er überdies nur bei einer Drittgefährdung gegeben, sodass etwa eine Selbstmordgefahr in der Regel als Grund ausscheide. Ein weiterer Kritikpunkt betraf die Machtkonzentration bei der Polizei, die besonders im Dringlichkeitsverfahren zutage trat. *Johannes Enge* bezeichnete diesen Umstand als *„Polizeipsychiatrie in Reinkultur"*[852]. Auch der Reformpsychiater und Vater des Gütersloher Modells,[853] *Hermann Simon*, befürchtete in der Praxis eine Bevorzugung der verkürzten Dringlichkeitseinweisung gegenüber dem regulären (umständlicheren) Verfahren. *„Jeder Ortsbürgermeister wird jeden Geisteskranken oder angeblich Geisteskranken, der Krach schlägt oder sich sonst störend oder auffällig bemerkbar macht, kurzerhand der Anstalt zuführen lassen und es der Anstalt überlassen, den Nachweis zu führen und dafür die Verantwortung zu übernehmen, dass Geisteskrankheit und Anstaltspflegebedürftigkeit im öffentlichen Interesse wirklich vorliegen."*[854] Eine Resolution, getragen vom „Reichsverband beamteter deutscher Irrenärzte" und dem „Deutschen Verein für Psychiatrie", formulierte im Mai 1932 die Ablehnung der Ärzteschaft wie folgt:

> *„der Runderlaß des Ministeriums für Volkswohlfahrt und des Ministeriums des Innern vom 21.01.1932 betreffend die polizeiliche Unterbringung der Geisteskranken in offenen Heil- und Pflegeanstalten bedeutet eine erhebliche Schädigung der in den Anstalten unterzubringenden oder untergebrachten Kranken. Es ist notwendig, den Erlaß aufzuheben oder auf kriminelle Kranke zu beschränken."*[855]

Zur geforderten Aufhebung kam es jedoch nicht. Allerdings verstummte die Kritik in den Folgejahren, woraus zu schließen ist, dass sich die Praxis schon bald

---

850 *Creutz,* Gemeingefährlichkeit und polizeiliche Mitwirkung bei der Anstaltsunterbringung Geisteskranker auf Grund der bisherigen und der neuerdings veränderten verwaltungsrechtlichen Lage, Psychiatrisch-neurologische Wochenschrift 1932, S. 141 (142).

851 Rundschreiben v. 01.03.1932 – abgedr. bei *Küster/Kersting,* Quellen zur Geschichte der Anstaltspsychiatrie, Bd. 2, S. 260 ff.

852 *Enge,* Erfolge psychiatrischer Aufklärungsarbeit, Psychiatrisch-neurologische Wochenschrift 1932, S. 307 (309).

853 Vgl. oben S. 156.

854 Stellungnahme Simons v. 19.03.1932 (abgedr. bei *Küster/Kersting,* Quellen zur Geschichte der Anstaltspsychiatrie, Bd. 2, S. 267).

855 Zitiert nach *Brink*, Grenzen der Anstalt, S. 260.

mit den neuen Bestimmungen abgefunden hatte.[856] Vielfach behielten die Psychiater die Deutungshoheit über „Gemeingefährlichkeit" und „Anstaltsbedürftigkeit", sodass der Erlass in dieser Hinsicht nur formale Relevanz gewann.[857] Wo eine Einweisung ungeachtet medizinischer Indikation am Widerstand des Betroffenen oder seines Vertreters scheiterte, ermöglichte es die (vorgeschobene) „Gemeingefährlichkeitsdiagnose" den Psychiatern, eine schnelle und rechtssichere Einweisung beziehungsweise Anstaltszurückhaltung zu erwirken.[858]

c) Gesetzesentwürfe

Der Wunsch nach einer reichseinheitlichen Regelung des „Irrenrechts" blieb auch in der Weimarer Republik bestehen. Traditionell standen sich hier das juristische und das psychiatrische Lager gegenüber. Ersteres legte den Schwerpunkt auf die Rechtssicherheit der Anstaltsunterbringung, während Letzteres ein möglichst schnelles unbürokratisches Verfahren forderte, um den akut Betroffenen möglichst rasch therapieren zu können.[859]

aa) „Irrengesetz"

1923 wurden die politischen Bestrebungen, ein einheitliches „Irrenrecht" zu schaffen, erneut aufgenommen.[860] Der Entwurf eines sogenannten Irrenschutzgesetzes war als Synthese anderer gleichartiger Gesetze zu verstehen, der jedoch nur bedingt seinem Namen als Schutzgesetz für „Geisteskranke" gerecht wurde.

---

856 *Fischer,* Schutz der Gemeinschaft, S. 67.

857 *Fabian,* Sicherungsmaßnahmen gegen geisteskranke, gemeingefährliche Rechtsbrecher, S. 25 f.

858 Entsprechend lässt sich vielerorts eine Steigung der Anstaltseinweisungen wegen Gemeingefährlichkeit konstatieren. So etwa in Düsseldorf (*Creutz,* Gemeingefährlichkeit und polizeiliche Mitwirkung bei der Anstaltsunterbringung Geisteskranker auf Grund der bisherigen und der neuerdings veränderten verwaltungsrechtlichen Lage, Psychiatrisch-neurologische Wochenschrift 1932, S. 141 (149)) und Gütersloh (*Walter,* Psychiatrie und Gesellschaft in der Moderne, S. 362).

859 So forderte etwa der Psychiater *Rittershaus* (Die Irrengesetzgebung in Deutschland, S. 173) *„möglichst freie, von keinerlei juristischen oder verwaltungsrechtlichen Formalitäten behinderte Aufnahme in jede öffentliche oder private Irrenanstalt auf Grund eines Zeugnisses jedes in Deutschland approbierten Arztes* […]".

860 Abgedr. bei *Rittershaus,* Die Irrengesetzgebung in Deutschland, S. 130 ff. Hinter den wenigen parlamentarisch diskutierten Entwürfen standen zahlreiche inoffizielle Abfassungen, die alsbald in der Bedeutungslosigkeit verschwanden (vgl. etwa *Rittershaus,* Die Irrengesetzgebung in Deutschland, S. 214 ff.).

So kehrte er zurück zur weiten Auslegung des „Gemeingefährlichkeitsbegriffs" (Punkt 7), indem er hierunter diejenigen Personen fasste, die *„für sich selbst oder für andere Kranke oder in wesentlichem Umfange für das Eigentum gefährlich oder für die öffentliche Sicherheit anstößig sind"*. Jedoch strebte der Entwurf eine Verlagerung der Entscheidungsgewalt im Unterbringungsverfahren von der Polizei zurück auf das (Amts-)Gericht an, dessen Beschluss für die Einweisung maßgeblich sein sollte (Punkt 2). „Gemeingefährliche" Kranke sollten in Eilfällen jedoch weiterhin durch die Behörden untergebracht werden können (Punkt 8). Im psychiatrischen Lager erntete der Entwurf vehemente Kritik. Als rückständig und inkonsequent mit der Tendenz, die Anstalt in ein *„polizeiliches Verwahrungshaus [...] fast ausschließlich für gemeingefährliche Geisteskranke"*[861] zu verwandeln, wird er beispielsweise von *Rittershaus* bezeichnet. Es verwundert daher nicht, dass die Gesetzgebungsbestrebungen des Reiches im Frühjahr 1924 abermals aufgeben wurden.[862] Dies galt jedoch nicht für Preußen, wo es auf Landesebene 1924/25 zu zwei weiteren Entwürfen, einem Referenten- und einem Gegenentwurf, kam, die sich eng an das „Badische Irrenfürsorgegesetz" vom 25. Juni 1910 anlehnten.[863] Der Gegenentwurf fiel bereits durch seine Terminologie auf, da in ihm nicht mehr von „Verwahrung", sondern von „Unterbringung" die Rede war, was das moderne Selbstverständnis des Psychiaters unterstrich, nicht die Rolle eines Wärters oder Aufsehers einzunehmen, sondern vielmehr die des Arztes.[864] Indem er die Entscheidung über die Zulässigkeit der Aufnahme in die Hände der Landesfürsorgeverbände legte, nahm er der Unterbringung ihren dominierenden Polizeicharakter. Zu einer Umsetzung eines der beiden Entwürfe kam es jedoch nicht. Im psychiatrischen Alltag stieß der Status quo auf keinen Widerstand, hielten doch sämtliche Verordnungen ein verkürztes unbürokratisches Verfahren für „Eilfälle" bereit, dessen sich die Ärzte großzügig bedienten.[865] Hinzu traten äußere Umstände, wie etwa die parallel laufenden Beratungen über ein sogenanntes Bewahrungsgesetz bezüglich „Gemeingefährlicher", und schließlich die angespannte finanzielle Lage, in der sich Preußen wie auch das Reich befanden.[866]

861 *Rittershaus*, Die Irrengesetzgebung in Deutschland, S. 122.
862 *Klaeden*, Das Recht der Verwahrung und Unterbringung, S. 88.
863 Beide abgedr. bei *Rittershaus*, Die Irrengesetzgebung in Deutschland, S. 148 ff. Zum badischen „Irrengesetz" bereits oben S. 117.
864 *Rittershaus*, Die Irrengesetzgebung in Deutschland, S. 143.
865 *Rittershaus*, Die Irrengesetzgebung in Deutschland, S. 40 (m.w.N.).
866 *Brink*, Grenzen der Anstalt, S. 257.

bb) Bewahrungsgesetz

In der Nachkriegszeit wurden Forderungen laut, den Kreis der Unterbringungsbedürftigen um die von Verwahrlosung betroffenen beziehungsweise hiervon bedrohten Personen zu erweitern. Konkret ging es um soziale Randgruppen wie Bettler, Landstreicher und Prostituierte, doch auch „gemeingefährliche Geisteskranke" sollten nach einer (umstrittenen) Meinung hierunter fallen.[867] In Abgrenzung zur bestehenden Möglichkeit strafrechtlicher Arbeitshauseinweisungen Randständiger gemäß §§ 361 f. RStGB, sollte das Bewahrungsgesetz diese Klientel zwar entkriminalisieren, gleichzeitig aber ihr normabweichendes Verhalten mit verwaltungsrechtlichen Mitteln sanktionieren.[868] Als Gesetzesinitiatorin gilt die Zentrumsabgeordnete *Agnes Neuhaus* (1854–1944), die 1921 den „Entwurf eines Gesetzes, betreffend Überweisung zur Verwahrung" in das Parlament einbrachte. Unter anderem „Geisteskranke" und „Geistesschwache" sollten demnach in Anstaltsverwahrung gelangen, soweit sie in körperliche oder sittliche Verwahrlosung zu verfallen drohten.[869] Zwar entsprach dieser Ansatz dem Zeitgeist der Sozialhygiene, doch verhinderten die unsteten parlamentarischen Verhältnisse seinen politischen Erfolg.[870] In den darauffolgenden Legislaturperioden entstanden weitere Ausarbeitungen, die insbesondere den Kreis der Betroffenen enger fassten und eine Verknüpfung von Bewahrung und Entmündigung herstellten.[871] Dass die Gesetzgebungsbestrebungen letztlich scheiterten, lag, formal betrachtet, an der Auflösung des Reichstages im Jahre 1933. In inhaltlicher Hinsicht ausschlaggebend waren jedoch der unbestimmte Adressatenkreis und die damit verbundenen finanziellen Unwägbarkeiten für Reich, Länder und Kommunen.[872]

5) Unterbringungsrechtlicher Fürsorgebegriff

Die Unterbringung auf Grundlage des BGB wurde, wie bereits gesehen, in Abgrenzung zur polizeilichen, auch als fürsorgliche Unterbringung bezeichnet. Doch darf die alleinige Verpflichtung von Vormund und Pfleger dem Mündelinteresse gegenüber nicht darüber hinwegtäuschen, dass auch Drittinteressen bei

---

867 Hierzu *Holzhauer*, Gutachten B für den 57. DJT, S. 96 (m.w.N.).
868 *Ebbinghaus*, Helene Wessel und die Verwahrung, S. 193.
869 *Willing*, Frauenbewegung und Bewahrungsgesetz, S. 281.
870 *Willing*, Frauenbewegung und Bewahrungsgesetz, S. 281.
871 *Eiserhardt* berichtet, dass in Hamburg die Bewahrung bereits auf der Basis des § 6 BGB durchgeführt wurde (Ziele eines Bewahrungsgesetzes, S. 13).
872 *Holzhauer*, Gutachten B für den 57. DJT, S. 96; *Willing*, Das Bewahrungsgesetz, S. 57.

der zivilrechtlichen Unterbringung eine Rolle spielen konnten, sofern es um den Schutz des Betroffenen vor etwaigen strafrechtlichen Konsequenzen seines Handelns ging. Diese als Selbstgefährdung getarnte Fremdgefährdung führte bereits in der vorangehenden Epoche zum Fazit, dass der Fürsorgebegriff bei näherem Hinsehen präventiv konnotiert war.

Jene Feststellung lässt sich auch auf den vorliegenden Untersuchungszeitraum übertragen.[873] Verstärkend wirkte sich nun jedoch die sozialhygienische Beeinflussung des Fürsorgesystems aus. Private Unterbringungen geschahen nicht allein zum Besten des Betroffenen, sondern auch um der Volksgesundheit willen. Durch eine möglichst rasche Gesundung sollte der Kranke schon bald wieder in der Lage sein, seinen Beitrag zur Volkswirtschaft zu leisten. Bei negativen Heilungschancen war die Gesellschaft vor „degenerativen Einflüssen" durch dauerhafte Verwahrung oder eugenische Maßnahmen zu schützen.[874] Auf entsprechend fruchtbaren Boden fielen daher auch die Entwürfe eines Bewahrungsgesetzes, die ebenfalls durch (Zwangs-)Erziehung einzelner Individuen einen Beitrag zur Volksgesundheit zu leisten gedachten.

Insgesamt war der unterbringungsrechtliche Fürsorgebegriff auch in der Weimarer Republik von präventiven Elementen durchzogen und wies eine deutliche paternalistische Prägung auf, die das gesetzgeberische Leitbild einer Unterbringung einzig basierend auf dem Mündelinteresse klar infrage stellte.

6) Ablauf der Unterbringung

Vorverfahren, Vollzug und Entlassung im zivilrechtlichen Unterbringungsverfahren erfuhren im Vergleich zum Kaiserreich nur wenige Neuerungen, sodass es im Folgenden umso mehr darauf ankommt, die bestehenden Unterschiede herauszuarbeiten. Soweit Überschneidungen zwischen den Unterbringungsarten existierten, wird auch die Einweisung nach dem PVG noch einmal aufgegriffen.

---

873 Vgl. nur die Aussage *Fischers*: *„Der Geisteskranke hat aber auch ein menschliches Anrecht darauf, vor Gefahren, die von ihm infolge seines gestörten Innenlebens bzw. seines krankhaft geleiteten Willens für andere ausgehen, behütet zu werden, weil die Folgen davon mittelbar auch wieder für ihn selbst schwere materielle Nachteile bringen können.*" (Das Aufnahmeverfahren für Geisteskranke, Allgemeine Zeitschrift für Psychiatrie und psychisch-gerichtliche Medizin 1933, S. 120 (124)).

874 Vgl. oben S. 155.

a) Vorverfahren

Ihre Einweisungsbefugnis schöpften Vormund und Pfleger nach wie vor aus §§ 1897, 1800, 1631 I BGB.[875] Auf ihren berechtigten Antrag hin war der Betroffene in einer geeigneten Anstalt unterzubringen. Abgesehen von der polizeilichen Unterbringung war dies die einzig legale Möglichkeit, eine psychisch kranke Person gegen ihren Willen einer Anstaltsbehandlung zuzuführen.[876]

Die Polizei konnte sich zur Abwehr einer von psychisch Kranken ausgehenden „Gemeingefahr" auf die neu geschaffenen §§ 14, 15 PVG berufen, die jedoch mehr geltendes Recht übernahmen, denn inhaltliche Neuerungen aufstellten. Die nach dem Wohnort des Betroffenen zuständige Behörde hatte grundsätzlich vor der Einweisung ein ärztliches Attest über die Anstaltsbedürftigkeit des Kranken einzuholen, konnte aber in Dringlichkeitsfällen, wie bereits gesehen,[877] eine Direkteinweisung verfügen, der sich auch die Anstaltsärzte nicht widersetzen konnten.[878] Für die Form der Polizeiverfügung ordnete ein Erlass im Jahr 1932 die Vermeidung des Ausdrucks „gemeingefährlich" an, um den Kranken nicht unnötigerweise zu provozieren und eine ruhige Einweisung zu gewährleisten.[879]

Für Privatanstalten blieb es bei der Gültigkeit des Grunderlasses vom 26. März 1901[880], der bis ins Jahr 1923 kontinuierlich ergänzt wurde.[881]

b) Vollzug der Unterbringung

Die Zuführung zur Unterbringung war spätestens mit dem präzisierenden Runderlass vom 21. Januar 1932 klar geregelt: Einzig bei „Gemeingefährlichkeit" konnte polizeiliche Unterstützung in Anspruch genommen werden. In allen anderen Fällen musste auch der Krankentransport von privater Seite organisiert werden. Die ohnehin extensive Anwendung der „Gemeingefährlichkeitseinweisung"

---

875 Vgl. dazu ausführlich oben S. 119.

876 In Ausnahmefällen konnte auch das Vormundschaftsgericht anstelle des eigentlich zuständigen Vormundes eine Einweisung anordnen. Hierzu bereits oben S. 132. Soweit die Anstaltsreglements Dritten ein Einweisungs- oder Zurückhaltungsrecht zusprachen, lag hierin ein Verstoß gegen Art. 114 WRV (siehe S. 160).

877 Oben S. 161.

878 In diesem Fall konnte das fehlende vorherige Attest durch das Zeugnis eines Arztes der Anstalt ersetzt werden.

879 Erlass d. Wohlfahrtministeriums v. 25.07.1932 (Nr. IM II 1601/32).

880 Erlass v. 26.03.1901 (Fn. 111).

881 Vgl. die Nachträge v. 25.01.1902, 03.10.1904, 29.04. u. 24.12.1909, 29.12.1910, 31.10.1911 u. 15.12.1923 (zu alldem: *Ebermayer/Philipsborn*, Krankenhausrecht, Bd. 1, S. 43).

führte auch dazu, bei Transporthindernissen den Kranken kurzerhand für „gemeingefährlich" zu erklären, um so auf behördliche Hilfe zurückgreifen zu können, wie *Brink* berichtet.[882] Um dabei jedoch nicht unnötig Aufsehen zu erregen, blieb es bei der aus dem Kaiserreich stammenden Vorgabe, auf Uniformen tunlichst zu verzichten.

Die Dringlichkeitseinweisung durch die Polizei kam ohne vorheriges ärztliches Attest und Ankündigung an die Anstalt aus. Stattdessen hatte ein Anstaltsarzt bei der Aufnahme des Betroffen dessen „Geisteskrankheit" zu bescheinigen. Dem war nach Ansicht des Psychiaters *Hermann Simon* eine Missbrauchsgefahr immanent: „*Der Transporteur hat vielleicht einen Ausweis seiner amtlichen Funktion, vielleicht aber auch noch nicht einmal das. Er sagt nur, der von ihm überbrachte Mensch werde wegen gemeingefährlicher Geisteskrankheit der Anstalt hiermit zugeführt. Vielleicht gibt er auch einen – angeblichen – Auftraggeber, also eine Behörde, an. Der angeblich Kranke benimmt sich bei der Aufnahme ruhig und anständig, protestiert nur lebhaft gegen die Einsperrung, bestreitet krank zu sein. Zuverlässiges Aktenmaterial ist auch nicht zur Stelle; über die Vorgeschichte weiß der Arzt nichts, als was der – wirkliche oder angebliche – Transporteur erzählt. Eine in die Augen springende Geisteskrankheit offenbart sich auch zunächst nicht so deutlich. Wie soll denn der Anstaltsarzt in solchem Falle ein so schwerwiegendes Gutachten begründen, durch das ein Mensch gegen seinen Willen eingesperrt werden soll?*"[883] Um seine Kritik zu untermauern, verglich *Simon* diese Situation mit dem Entmündigungsverfahren, wo § 656 ZPO bei Zweifeln am Geisteszustand des Exploranden die Möglichkeit einer sechswöchigen Anstaltsbeobachtung bereithielt.[884]

Über die stationäre Belegung und alle anderen gewichtigen Maßnahmen innerhalb der Anstalt entschied ausschließlich deren Direktor.[885]

c) Entlassung

Die Entlassung eines ohne polizeiliche Mitwirkung Untergebrachten, erfolgte laut Runderlass bei öffentlichen Anstalten dann, „*wenn dies der gesetzliche Vertreter des Kranken oder, falls ein solcher nicht vorhanden* [war], *der Kranke selbst*

882 *Brink*, Grenzen der Anstalt, S. 262 (m.w.N.).

883 Stellungnahme Simons v. 19.03.1932 (abgedr. bei *Küster/Kersting*, Quellen zur Geschichte der Anstaltspsychiatrie, Bd. 2, S. 267).

884 Hierzu schon oben S. 120.

885 Am Beispiel Westfalens: *Kersting*, Anstaltsärzte zwischen Kaiserreich und Bundesrepublik, S. 53.

beantragt[e]“[886]. Dabei musste auch ein Entlassungswunsch gegen die ärztliche Überzeugung akzeptiert werden, denn jede weitere Zurückhaltung gegen den Willen der genannten Personen erfüllte den Straftatbestand der Freiheitsberaubung, die selbst durch anderslautende Anstaltsregularien nicht gerechtfertigt werden konnte, da diese, wie bereits erläutert, keine „Gesetze“ im Sinne des Art. 114 WRV darstellten. Dem Direktor standen jedoch andere Möglichkeiten zur Verfügung, um eine aus seiner Sicht unvernünftige Entlassung zur verhindern: War ein gesetzlicher Vertreter noch nicht vorhanden, so konnte er dessen Bestellung beim Vormundschaftsgericht in die Wege leiten.[887] Da es sich hierbei jedoch um ein langwieriges Verfahren handelte, dem unter Umständen noch eine Entmündigung vorausging, eignete es sich im Alltag nicht zur kurzfristigen ärztlichen Intervention und kam nur entsprechend selten zum Einsatz.[888] Umso häufiger wurde dafür auch im Entlassungskontext auf den unkomplizierten „Problemlöser“ der „Gemeingefährlichkeitsdiagnose“ zurückgegriffen. Begründet oder nicht, war die Entlassung nunmehr von der Zustimmung der Polizei abhängig, die ihre Entscheidung regelmäßig in Übereinkunft mit dem Anstaltsdirektor traf.[889] Die unter Umständen missbräuchliche Verwendung des Rechtsbegriffes der „Gemeingefahr“ wurde dabei, wie schon im Vorverfahren, von den Akteuren als notwendiges Übel hingenommen.[890]

Sofern der Kranke von Anfang an polizeilich untergebracht war, blieb die Behörde, wie schon gesehen, auch letztentscheidungsberechtigt hinsichtlich der Entlassung. Sie hatte sich davon zu überzeugen, dass die „Gemeingefahr“ nicht

---

886 Erlass v. 21.01.1932 (oben Fn. 842). Gegen die Machtkonzentration des gesetzlichen Vertreters in Entlassungs- u. Zurückhaltungsfragen spricht sich der Anstaltspsychiater *Herrmann Simon* deutlich aus: *„Alle Verfügungen und Verhandlungen mit örtlichen Fürsorgestellen und Behörden, mit der Außenfürsorge werden illusorisch. Es gibt nur noch eine Person, die bestimmt: der Vormund oder Pfleger für die Person.*“ (Stellungnahme Simons v. 19.03.1932 – abgedr. bei *Küster/Kersting,* Quellen zur Geschichte der Anstaltspsychiatrie, Bd. 2, S. 267).

887 Denkbar war natürlich auch, dass der Anstaltsdirektor zunächst die Entlassung des gegenwärtigen Vertreters aufgrund von Pflichtwidrigkeiten beim Vormundschaftsgericht zu erwirken versuchte (vgl.: *Schultze,* Psychiatrische Kritik, Archiv für Psychiatrie und Nervenkrankheiten 1932, S. 468 (517)).

888 *Schultze,* Psychiatrische Kritik, Archiv für Psychiatrie und Nervenkrankheiten 1932, S. 468 (518).

889 *Schultze,* Psychiatrische Kritik, Archiv für Psychiatrie und Nervenkrankheiten 1932, S. 468 (518).

890 *Schultze,* Psychiatrische Kritik, Archiv für Psychiatrie und Nervenkrankheiten 1932, S. 468 (518).

mehr bestand. Ob dies mündlich durch Rücksprache mit dem Anstaltsdirektor oder im Wege eines in Auftrag gegebenen umfassenden Gutachtens geschah, war eine Frage des Einzelfalles.[891]

d) Rechtsschutzmöglichkeiten

Hinsichtlich der Rechtsschutzmöglichkeiten ist erneut auf die Ausführungen zum Kaiserreich zu verweisen.[892] Speziell für polizeilich Eingewiesene statuierten §§ 45 f. PVG das Recht der unverzüglichen Anfechtung.

7) Fazit

Die Epoche der Weimarer Republik beweist einmal mehr, dass die Erforschung der zivilrechtlichen Unterbringung nicht ohne Berücksichtigung der zeitgeschichtlichen Zusammenhänge geschehen kann.[893]

Gezeichnet von den Folgen des verlorenen Krieges, sah sich der Staat fortwährend innen- wie außenpolitischen Belastungsproben ausgesetzt, die den Wunsch der Bevölkerung nach Ruhe, Ordnung und finanzieller Sicherung umso drängender werden ließen. Im Fokus stand das eigene Fortkommen oder gar Überleben, sodass die Lage gesellschaftlicher Randgruppen, wie den psychisch Kranken, zunächst drastisch an Bedeutung verlor. Eine ähnlich facetten- und einflussreiche „Irrenrechtsreformbewegung" wie zur Jahrhundertwende fehlte. Gleichwohl waren „Geisteskranke" nicht unsichtbar: Insbesondere die Masse psychisch kranker Kriegsheimkehrer drängte die Politik zum Handeln. Die Novellierung des Fürsorgesystems durch die Reichsfürsorgepflichtverordnung vom 13. Februar 1924 und den daran anknüpfenden Reichsgrundsätzen führte, vergleichbar mit der UWohnG-Reform 1891, zu einem Einweisungsschub und dem Ausbau der Anstaltslandschaft. Leitgedanke dieser Entwicklung war die Erhöhung der gesellschaftlichen Produktivität durch schnellstmögliche Wiederherstellung der persönlichen Arbeitskraft – einerseits des genesenen Kranken selbst und andererseits der Angehörigen, die ihre Kapazitäten während der Unterbringung des Betroffenen nicht mehr auf dessen Pflege zu konzentrieren brauchten. Mit der Finanzkrise 1929 wurde dem (öffentlichen) Anstaltswesen ein strenges Spardiktat auferlegt, das lediglich die nötigsten Behandlungs- und Verpflegungsformen beibehielt und mit der öffentlichen Fürsorge schließlich

891 Insb. zur geübten Praxis in Göttingen: *Schultze*, Psychiatrische Kritik, Archiv für Psychiatrie und Nervenkrankheiten 1932, S. 468 (513).

892 Oben S. 143.

893 So auch: *Walter*, Fürsorgepflicht und Heilungsanspruch, S. 97.

ein neues Therapiekonzept hervorbrachte. In die Produktivitäts- und Sparbemühungen mischten sich in den 20er Jahren verstärkt eugenische Denkansätze, die sich zunehmend im medizinischen und dem politischen Lager etablierten und fortan auch die Unterbringungspraxis beeinflussten.

Die Weimarer Republik knüpfte in unterbringungsrechtlicher Sicht weitestgehend an die vorgefundene Rechtslage des Kaiserreichs an und gewährleistete so ein gewisses Maß an Kontinuität in einer politisch wie wirtschaftlich turbulenten Zeit. Die wieder aufgenommenen Reformbemühungen für ein einheitliches „Reichsirrengesetz" scheiterten ebenso wie das geplante Bewahrungsgesetz unter anderem an den politischen Gegebenheiten. Somit war weiterhin der gesetzliche Vertreter (sowohl Vormund als auch Pfleger) eines volljährigen Kranken kraft seines Aufenthaltsbestimmungsrechts (§§ 1897, 1800, 1631 I BGB) unterbringungsbefugt, ohne dass das Gesetz dies gesondert hervorhob. Bei hinzutretender „Gemeingefährlichkeit" verlagerte sich das Verfahren auf die verwaltungsrechtliche Ebene und begründete gemäß §§ 14 f. PVG die Polizeizuständigkeit. Zwar ließ sich diese Ermächtigungsgrundlage rein äußerlich auf das 1931 geschaffene Polizeiverwaltungsgesetz zurückführen, doch übernahm sie im Wesentlichen die seit ALR- Zeiten geübte Rechtspraxis. Besonders betont wurde nun jedoch die polizeiliche Entscheidungshoheit, was Einweisungen und Entlassungen[894] „gemeingefährlicher Geisteskranker" betraf.

Doch in welchem Entwicklungsstadium befand sich die zivilrechtliche Unterbringung in der Weimarer Republik? Subsumiert man die gefundenen Zustände unter die eingangs aufgestellten Merkmale des zivilrechtlichen Unterbringungsbegriffes,[895] wäre dem Grunde nach angesichts der statischen rechtlichen Rahmenbedingungen ein mit der vorangehenden Epoche deckungsgleiches Urteil zu erwarten. Dem ist jedoch nicht so: Ausschlaggebend hierfür ist der reduzierte Stellenwert des konstitutiven Merkmals der Selbstgefährdung, die zwar schon seit dem Kaiserreich durch Fremdinteressen aufgeweicht,[896] seit den 20er Jahren jedoch zudem von der eugenischen Färbung des Fürsorgebegriffs beeinflusst wurde. Fürsorglich war eine Unterbringung nun nicht mehr allein bei einer bestehenden Selbstgefährdung des Kranken (sei es unmittelbar oder nur mittelbar durch seine strafbaren Handlungen), sondern auch dann, wenn eine

---

894 Gleiches galt für Beurlaubungen.

895 Vgl. oben S. 30: (1.) Freiheitsentziehende Maßnahme (2.) des gesetzlichen Vertreters zur (3.) Abwehr einer Selbstgefährdung, (4.) die sich zur behördlichen Unterbringung abgrenzen lässt.

896 Siehe nur S. 118, 147. Diese Prägung kann auch in der Weimarer Epoche beobachtet werden (vgl. hierzu oben S. 166, Fn. 873).

Schädigung der Volksgesundheit, einschließlich der nachfolgenden Generation, zu befürchten stand.

Neben den geringen Stellenwert der Selbstgefährdung bei der fürsorglichen Unterbringung trat ein seit Erlass des PVG 1931 und der darauffolgenden Ministerialverfügung 1932 zu beobachtender Verlust an Selbstständigkeit gegenüber der polizeilichen Unterbringung. So war es Berichten zufolge gängige Praxis, einen Kranken, der einzig sich selbst gegenüber gefährlich war, bei Aufnahme- oder Entlassungsschwierigkeiten kurzum für „gemeingefährlich" zu erklären und dadurch die Hilfe der Polizei zu erlangen.

Insgesamt betrachtet, kann man, gemessen an den vorgegebenen Kriterien,[897] von einer Zurückentwicklung der zivilrechtlichen Unterbringung sprechen, die an das im Kaiserreich vorgefundene fortgeschrittene Entwicklungsstadium nicht mehr anzuknüpfen vermochte.

II) Das Dritte Reich

Das Dritte Reich brach, was die Behandlung und die Stellung von „Geisteskranken" anbelangte, mit allen Kontinuitäten der vorherigen Epochen.

1) Allgemeinhistorische Einbettung

Das Erstarken des Nationalsozialismus ist als Antwort auf die vorherrschenden politischen und wirtschaftlichen Verhältnisse der Weimarer Republik zu betrachten.[898] Als „*große*[s] *Auffangbecken für alle Gegner des demokratischen Systems, für alle Enttäuschten, Verbitterten und Fanatisierten*"[899] bot sich die NSDAP an, deren Vorsitzender *Adolf Hitler* am 30. Januar 1933 zum Reichskanzler ernannt wurde.

---

897 Siehe oben Fn. 895.

898 Lesenswert dazu *Büttner* (Weimar. Die überforderte Republik 1918 – 1933, S. 509): „*Die Weimarer Republik mußte in der kurzen Zeit ihres Bestehens mit enormen Schwierigkeiten fertig werden. Wegen ihrer großen strukturellen ‚Vorbelastungen', der vielfältigen sozialen Spannungen, der Schwächen ihrer Eliten und der überzogenen Erwartungen ihrer Bürger war sie dafür schlecht gerüstet. Den letzten Stoß aber erhielt sie durch den revisionistischen Ehrgeiz einer konservativen politischen Führung, die seit der Ära Brüning inmitten einer dramatischen Wirtschafts- und Staatskrise danach strebte, die außen- und innenpolitische Niederlage von 1918 zu überwinden*".

899 *Kolb*, Geschichte der Weimarer Republik, S. 162. Eine Darstellung der sozialen Parteistruktur gibt *Broszat*, Der Staat Hitlers, S. 51.

Um die gewonnene Macht zu konsolidieren und weiter in Richtung eines Führerstaates auszubauen, gingen gesetzgeberische Maßnahmen Hand in Hand mit Säuberungs- und Vergeltungsaktionen. Hierzu zählte die systematische Verfolgung und Vernichtung der europäischen Juden in den Konzentrationslagern des Reiches sowie die Ermordung politischer Gegner und von der „Herrenrasse“ abweichender Personengruppen, wie Sinti und Roma, Homosexuelle und nicht zuletzt die hier im Fokus stehenden psychisch Kranken.[900]

Durch gezielten staatlichen Protektionismus und Ausrichtung der Industriekapazitäten auf einen bevorstehenden Krieg gelang es *Hitler*, binnen eines Jahres die Arbeitslosenzahlen zu halbieren und sich so das Vertrauen vieler Deutscher zu sichern.[901] Der am 1. September 1939 durch den Angriff auf Polen entfesselte Weltkrieg sollte einerseits den Zugang zu wirtschaftlich bedeutsamen Rohstoffquellen sichern und andererseits die Germanisierung in den eroberten Ostgebieten vorantreiben. Doch aus dem totalen Krieg erwuchs, anfänglicher Erfolge der Wehrmacht zum Trotze, eine totale Niederlage, die am 7. August 1945 der zwölfjährigen nationalsozialistischen Herrschaft ein Ende setzte.

Auf der Gesetzgebungsebene ging die nationalsozialistische Machtfestigung einher mit einer Fülle von Erlassen, während förmliche Gesetze eher selten waren. In das Zivilrecht fand die neue Weltanschauung hauptsächlich durch unbestimmte Rechtsbegriffe und Generalklauseln Eingang.[902]

Zentraler Baustein zum Führerstaat war die „Verordnung zum Schutz von Volk und Staat“ vom 28. Februar 1933.[903] Daneben trat am 23. März 1933 das

---

900 *Wehler*, Deutsche Gesellschaftsgeschichte, Bd. 5, S. 767 f.

901 *Wehler*, Deutsche Gesellschaftsgeschichte, Bd. 4, S. 710. Ob diese Leistung als „Wirtschaftswunder“ bezeichnet werden kann, ist angesichts der vollständigen ökonomischen Ausrichtung auf einen bevorstehenden Krieg und dem ausgeprägtem staatlichen Protektionismus äußerst fraglich (*Haffner*, Anmerkungen zu Hitler, S. 31 f.; *Wesel*, Geschichte des Rechts, S. 467).

902 Die wenigen inhaltlichen Änderungen des BGB betrafen insbesondere das Familienrecht: Die Eheverbote der Nürnberger „Rassengesetze“ von 1935 sowie die Einführung des Zerrüttungsprinzips bei der Ehescheidung 1938. Zu diesen Rechtsgebieten vgl. die umfangreiche Quellensammlung von *Schubert*, Das Familien- und Erbrecht unter dem Nationalsozialismus.

903 RGBl. I S. 83, auch als „Reichstagsbrandverordnung“ bezeichnet. Als Antwort auf den Reichstagsbrand vom Vortag, der dem niederländischen Kommunisten *van der Lubbe* angelastet wurde, setzte sie *„bis auf weiteres“* (§ 1), also zeitlich unbegrenzt, elementare Grundrechte außer Kraft und führte unter anderem für Brandstiftung die Todesstrafe ein. Zu ihrer Auswirkung auf psychisch Kranke vgl. unten S. 192.

Ermächtigungsgesetz,[904] welches der NS-Regierung ermöglichte, unabhängig von den übrigen Verfassungsorganen Gesetze zu erlassen und damit faktisch die Demokratie abschaffte.

Die 1935 auf dem Nürnberger Reichsparteitag verabschiedeten Regelungen weiteten die ohnehin schon bestehenden Repressalien gegen „Nicht-Arier“ auf sämtliche Gesellschaftsschichten bis in den höchstpersönlichen Lebensbereich aus, indem die Bevölkerung allgemein nach „Rassenzugehörigkeit“ untergliedert wurde (Reichsbürgergesetz[905]) und intime Verbindungen zwischen Deutschen und Juden sanktionsbewehrt waren (Blutschutzgesetz[906]). Eine weitere „rassenhygienische“ Maßnahme betraf sogenannte Erbkranke, darunter auch die psychisch Kranken. Für sie sah das „Gesetz zur Verhütung erbkranken Nachwuchses“ vom 14. Juli 1933 die Sterilisation vor.[907]

2) Neuorganisation des Gesundheitswesens

Unmittelbar nach der Machtübernahme begann das Regime mit der Umstrukturierung des Gesundheitswesens. Dieses hatte nicht nur Effizienzgesichtspunkten zu genügen, sondern auch der nationalsozialistischen „Rassentheorie“, die unter anderem psychisch Kranken als „Ballastexistenzen“[908] ihren Platz in der Volksgemeinschaft verwehrte. Von tragender Bedeutung war das „Gesetz über die Vereinheitlichung des Gesundheitswesens“ (kurz: Vereinheitlichungsgesetz) vom 3. Juli 1934, das am 1. April 1935 in Kraft trat und einen zentralistischen öffentlichen Gesundheitsdienst schuf. Der Gedanke war nicht neu: Ähnliche Bestrebungen hatte es bereits in der Weimarer Republik gegeben, wo das Nebeneinander von kommunalen Gesundheitsämtern und staatlicher Gesundheitsaufsicht zu erheblichen Finanzierungsproblemen geführt hatte,[909] doch letztlich hatte es am politischen Willen gefehlt, das Vorhaben auch umzusetzen[910]. Mit der Machtübernahme der Nationalsozialisten war diese Zeit gekommen. Zum Verantwortlichen hierfür bestimmte Reichsinnenminister *Wilhelm Frick* 1933 den

---

904 RGBl. I S. 141.

905 RGBl. I S. 1146.

906 „Gesetz zum Schutze des deutschen Blutes und der deutschen Ehre“ v. 15. 09.1935 (RGBl. I S. 1146).

907 Ausführlich hierzu unten S. 180.

908 Hierbei handelt es sich um einen von Alfred Hoche geprägten Begriff (*Klee*, „Euthanasie“ im Dritten Reich, S. 26).

909 *Lindner*, Chronische Gesundheitsprobleme, S. 22 f.

910 *Labisch/Tennstedt,* Weg zum „Gesetz über die Vereinheitlichung des Gesundheitswesens“, S. 366.

preußischen Kreisarzt *Arthur Gütt*, der als Parteimitglied und Autor einschlägiger Schriften kein Unbekannter war.[911] Zwar regelte das Vereinheitlichungsgesetz nur den Behördenaufbau sowie das entsprechende Verwaltungsverfahren, doch lässt sich seine Bedeutung im Gefüge nationalsozialistischer „Rassenhygiene" mit der Schaffung des öffentlichen Gesundheitsdienstes begründen, dem eine Schlüsselrolle bei der Ausführung der Erbgesundheits- und „Rassenpflegegesetze" zukam.[912] Seine wichtigsten Einrichtungen waren die für jeden Stadt- und Landkreis geschaffenen Gesundheitsämter, denen regelmäßig ein staatlicher Amtsarzt vorstand.[913] Dieser war antragsberechtigt in Sterilisationsverfahren und vereinte hierin die Aufgaben des Gutachters, Richters und Kontrolleurs in einer Person.[914] Eine derartige Machtposition, über die Rolle des Fachgutachters hinausgehend, war in der Medizin bis dato unbekannt gewesen.[915] Zentrale Einheit der Gesundheitsämter war die „Beratungsstelle für Erb- und Rassenpflege". Ihrem Namen als Beratungsstelle wurde diese Abteilung indes kaum gerecht, wie der Historiker *Johannes Vossen* feststellt: In erster Linie wurden hier (meist unfreiwillige) Untersuchungen durchgeführt, bei denen Erbgesundheit die entscheidende Rolle spiele.[916]

Von den Siegermächten als unbedenklich eingestuft, blieb das Vereinheitlichungsgesetz auch nach 1945 in Kraft und wurde erst im August 2006 als Bundesgesetz aufgehoben.[917]

3) Wahrnehmung von „Geisteskrankheit"

Die Lage psychisch Kranker befand sich im Nationalsozialismus auf einem historischen Tiefpunkt. Abgetan als „Ballastexistenzen", die den „gesunden

911 *Walter*, Psychiatrie und Gesellschaft in der Moderne, S. 478.

912 *Labisch/Tennstedt*, Weg zum „Gesetz über die Vereinheitlichung des Gesundheitswesens", S. 370; Für ein Organisationsschema siehe *Gütt*, Der Aufbau des Gesundheitswesens im Dritten Reich.

913 *Vossen*, Extreme Typen- Die öffentlichen Gesundheitsdienste in Thüringen und Warthegau im Vergleich, Das Gesundheitswesen 2013, S. 721 (722). Bei bereits bestehenden kommunalen Gesundheitsämtern kam es jedoch auch vor, dass die bisherigen Leiter vom Staat anerkannt und übernommen wurden.

914 *Kersting*, Anstaltsärzte zwischen Kaiserreich und Bundesrepublik, S. 261.

915 *Kersting*, Anstaltsärzte zwischen Kaiserreich und Bundesrepublik, S. 261 f.

916 *Vossen*, Extreme Typen- Die öffentlichen Gesundheitsdienste in Thüringen und Warthegau im Vergleich, Das Gesundheitswesen 2013, S. 721 (722).

917 In Österreich stellt es auch gegenwärtig noch geltendes Recht dar.

Volkskörper" bedrohen, wurde es für die Betroffenen von Tag zu Tag schwerer, unbehelligt außerhalb der Anstalten zu leben.[918]

Aktuell blieb die politische Debatte um die Einführung eines Reichsbewahrungsgesetzes. Nachdem das Vorhaben in den zwanziger Jahren trotz umfangreicher Vorarbeit nicht zur Verabschiedung gelangt war, hofften seine Befürworter nun aufgrund der *„veränderten weltanschaulichen Grundeinstellung"* im Dritten Reich auf ein Gelingen.[919] Ein solches „Gemeinschaftsfremdengesetz" hatte jedoch im Gegensatz zu seinem Weimarer Vorbild nicht dem fürsorgerischen Schutz des Bewahrten zu dienen, sondern getreu der Maxime „Du bist nichts – Dein Volk ist alles" einzig dem Schutz der Volksgemeinschaft.[920] Am Ende sollte aber auch dieses Gesetz mit seinem weit gefassten Adressatenkreis ein bloßer Entwurf bleiben.[921]

Im Ganzen zeugte die Einstellung der Politik gegenüber psychisch Kranken von einer steigenden Radikalisierung. Unter Beibehaltung der Weimarer Internierungspraxis erfolgte im Juli 1933 mit dem Gesetz zur Verhütung erbkranken Nachwuchses die Legalisierung von Sterilisationsmaßnahmen, die während des gesamten Dritten Reiches bis zu 360.000 Menschen erdulden mussten.[922] Mit Kriegsausbruch ging das Regime, gestützt auf einen formlosen Führerbefehl, zur Tötung der Kranken über. Betroffen hiervon waren nicht nur Erwachsene, sondern auch Kinder und Jugendliche. Verschieden in Gestalt und Ausmaß gingen die Vernichtungsaktionen bis Kriegsende weiter. *„Insgesamt erwies sich die Geschichte der Anstaltspsychiatrie in der NS- Zeit als kontinuierlicher Prozeß der Überformung der traditionellen psychiatrischen Versorgungsstrukturen unter rassenhygienischen Vorzeichen, der erst die körperliche Unversehrtheit der Kranken, dann das Lebensrecht von Krankengruppen, schließlich nahezu das gesamt psychiatrische Versorgungssystem der Politik opferte."*[923]

---

918 *Brink*, Grenzen der Anstalt, S. 285.

919 *Hartmann*, Die Entmündigung als Mittel der Verbrechensverhütung, S. 31.

920 *Hartmann*, Die Entmündigung als Mittel der Verbrechensverhütung, S. 32; *Gerl*, Bewahrungsbedürftige Verwahrloste im Sinne des künftigen Bewahrungsgesetzes, Deutsche Juristen-Zeitung 1935, S. 1274 (1276).

921 Die Gründe hierfür sind in Kompetenzunstimmigkeiten zwischen den beteiligten Stellen sowie in dem entfallenen Regelungsbedürfnis zu suchen. Ein weiter Hinderungsgrund war der *„totale Kriegseinsatz"*, wie aus einem Vermerk des Oberlandesgerichtsrats im Reichsjustizministerium Karl Meinhof hervorgeht (abgedr. bei *Ayaß*, „Gemeinschaftsfremde", S. 381).

922 *Brink*, Grenzen der Anstalt, S. 284.

923 *Walter*, Psychiatrie und Gesellschaft in der Moderne, S. 785.

Die bereits seit den 20er Jahren praktizierte Sparpolitik[924] im Fürsorgewesen wurde fortgeführt und mit Inkrafttreten des Vierjahresplanes im August 1936, der die Wirtschaft kriegstauglich machen sollte, gar intensiviert. Die steigenden Belegungszahlen[925] wurden seit 1933 nicht mehr nach dem alten System der „Reichsirrenstatistik“ registriert, sondern gemäß dem sogenannten Würzburger Schlüssel, der eine differenzierte Klassifikation zuließ und damit dem aktuellen Forschungsstand Rechnung trug[926]. Eine weitere, inoffizielle, Unterscheidung erfuhren die Kranken nach ihrer Unterbringung: Während Akutfälle und als heilbare eingestufte Patienten die volle medizinische Aufmerksamkeit, einschließlich modernster Behandlungsmethoden (insbesondere die Schocktherapie), genossen, wurden Unheilbare bis bedingt Heilbare ausgesondert und in günstigere Anstalten abgeschoben, wo ihnen einzig Verpflegung und ein Schlafplatz sicher war. Von Pflegeeinrichtungen im Wortsinne waren diese weit entfernt, treffender erscheint hier der überkommene Begriff der „Verwahrungseinrichtungen“. Sie waren, um wirtschaftlich arbeiten zu können, stets auf eine gewisse Auslastung angewiesen, was große Patientenverlegungen erforderlich machte[927]. Unter dem Eindruck der Sparmaßnahmen und der nationalsozialistischen Ideologie wurde die Gruppe der psychisch Kranken somit zur reinen Verschiebemasse, die, reduziert auf ihre Brauchbarkeit im Anstaltskosmos, je nach Bedarf von der einen in die andere Anstalt transportiert wurde. Das individuelle Schicksal trat dabei völlig in den Hintergrund[928].

Besonders hervor tat sich Hessen bei den Patientenverlegungen. Hier verfolgte der Bezirksverband eine *„spezifische, ideologisch fundierte öffentliche Fürsorgepolitik* […], *die* […] *in ihrer Konsequenz und ihrem Ausmaß nirgends sonst erreicht wurde.*“[929] Insbesondere aus konfessionellen Anstalten wurden Kranke

---

924 Hierzu oben S. 157.

925 *Siemen*, Menschen blieben auf der Strecke, S. 144 f.

926 Vertiefend hierzu: *Dörries/Vollmann*, Medizinische und ethische Probleme der Klassifikation psychischer Störungen. Dargestellt am Beispiel des „Würzburger Schlüssels“ von 1933, Fortschritte der Neurologie und Psychiatrie 1997, S. 550 (551).

927 *Brink*, Grenzen der Anstalt, S. 290 f.

928 *Brink*, Grenzen der Anstalt, S. 294.

929 *Sandner*, Verwaltung des Krankenmordes, S. 185. Auch in anderen Teilen des Reiches fanden, wenngleich in geringerem Ausmaß, Patientenverlegungen statt: Etwa in Hamburg, wo 1934/35 zwischen den Anstalten Friedrichsberg, Langenhorn und den Anstalten im Umland ein Ringaustausch stattfand (*Rönn*, Die Entwicklung der Anstalt Langenhorn in der Zeit des Nationalsozialismus, S. 48). Ähnliches gibt es über Berlin zu berichten (*Faulstich*, Hungersterben in der Psychiatrie, S. 181.

in die Landesheilanstalten verlegt, was neben dem offiziellen Ziel der Wirtschaftlichkeit auch machtpolitische Gründe hatte. So sah der Bezirksverband Nassau in der Kirche einen möglichen politischen beziehungsweise weltanschaulichen Gegner, dessen Einfluss unter jedem Umstand einzudämmen war.[930] Waren im Frühjahr 1934 noch 2.100 Patienten in staatlichen Anstalten untergebracht, stieg die Zahl bis zum Herbst 1937 auf 3.900 Personen.[931] Trotz des ideologiekonformen Vorgehens des Bezirksverbandes regte sich Widerstand im Innenministerium, das im Kriegsfalle nicht auf die kirchliche Unterstützung im Pflege- und Lazarettbereich verzichten mochte und daher dem hessischen Modell einer Entkonfessionalisierung des Anstaltswesens letztlich Einhalt gebot.[932]

Doch welche Sicht hatten die Psychiater selbst auf ihre Patienten? Trotz der grausamen Sterilisations- und „Euthanasieaktionen" lässt sich hieraus nicht pauschal auf eine in sich geschlossene und linientreue NS-Ärzteschaft schließen.[933] Vielmehr ist zu differenzieren zwischen Haupttätern, bloßen Mitläufern und Widerständlern sowie zwischen Anstaltsärzten und Amtsärzten. Je nach Position ergibt sich so ein unterschiedliches Beteiligungsprofil. Zwar hatte in Fachkreisen eugenisches Denken seit der Weimarer Republik eine gewisse Tradition, an die der zum Staatsziel avancierte „Rassenhygiene-Gedanke" des Dritten Reichs nahtlos anzuknüpfen konnte. Doch billigten, abgesehen von überzeugten NS-Ärzten[934] und Karrieristen, längst nicht alle Psychiater die Sterilisierungen und die Patiententötungen. Wenngleich aktives Aufbegehren ausblieb, nahm manch einer im Sinne passiven Widerstandes berufliche Nachteile in Kauf, indem er leitende Stellungen ausschlug, sich freiwillig an die Front meldete oder aber gänzlich den Anstaltsdienst quittierte.[935] *Kersting* berichtet in seiner regionalgeschichtlichen Medizinalforschung von den starken Gewissenskonflikten eines Münsteraner Oberarztes, der innerhalb der Normalärzteschaft sicherlich keinen Einzelfall darstellte.[936] Im Gegensatz dazu traten die Amtsärzte: *„Sie stellten sich voll in den Dienst der nationalsozialistischen Weltanschauung, die keine Skrupel aufkommen ließ, das Irrenhaus auch als Mittel politischer Disziplinierung*

---

930 *Sandner*, Verwaltung des Krankenmordes, S. 185 ff.

931 *Sandner*, Verwaltung des Krankenmordes, S. 223 f.

932 *Sandner*, Verwaltung des Krankenmordes, S. 234.

933 Für eine differenzierte Betrachtung siehe auch *Blasius*, Der verwaltete Wahnsinn, S. 165.

934 Zum Beispiel Ernst Rüdin, führender „Rassenhygieniker" und Psychiater des Dritten Reiches.

935 *Schott/Tölle*, Geschichte der Psychiatrie, S. 186.

936 *Kersting*, Anstaltsärzte zwischen Kaiserreich und Bundesrepublik, S. 333.

einzusetzen.“[937] Sofern sich in den Nachkriegsprozessen die strafrechtliche Verantwortlichkeit einzelner Ärzte nicht leugnen ließ, glichen die Verteidigungsmuster einander:[938] Angeführt wurde ein Verbotsirrtum, die Hilflosigkeit angesichts der Überbelegung der Anstalten und/oder die gleichzeitige Rettung anderer Patienten.

Abhängig vom Krankheitszustand wurde den Patienten eine unterschiedliche Behandlung zuteil. Sie reichte, wie gesehen, von der bloßen Verwahrung bis hin zur vollumfänglichen Therapie.[939] Dazu zählten vor allem die seit den 1930er Jahren angewandten Krampfbehandlungen und Insulinkomakuren.[940] Letztere wurden anfangs als besonders wirksame Therapie psychotischer Patienten gepriesen, trat jedoch unter dem Eindruck kriegsbedingter Insulinrationierung sowie ausbleibender Langzeiterfolgen bei gleichzeitig erhöhter Mortalität wieder in den Hintergrund.[941] Eine weitere Behandlungsmethode nutzte den therapeutischen Effekt von Krampfanfällen aus, indem diese entweder pharmakologisch oder elektrisch herbeigeführt wurden. Nachdem sich der Einsatz des krampfauslösenden Cardiazol zwar als wirksam, doch nur schwer dosierbar erwiesen hatte, ging die Psychiatrie um 1940 herum zur Elektrokrampfbehandlung schizophrener und depressiver Patienten über.[942]

Das Verhalten der Bevölkerung psychisch Kranken gegenüber war zwiegespalten: Zwar führte die steigende Politisierung zu einer ablehnenden Grundeinstellung „Geisteskranken“ gegenüber, doch änderte sich dieses Bild häufig, sobald eigene Familienmitglieder von „rassehygienischen“ Maßnahmen betroffen waren. Briefwechsel zwischen der Außenwelt und dem Anstaltsinneren zeugen zum Teil von einer Vorahnung betreffend das weitere Schicksal der internierten Verwandten. In Schreiben an die Anstaltsleitung erkundigten sich besorgte Angehörige über das Befinden der ihrigen und baten um Besuchstermine. Wer aller abweisenden ärztlichen Standardantworten zum Trotz durch

---

937 *Blasius*, Der verwaltete Wahnsinn, S. 165; zur Rolle der Amtsärzte bereits oben S. 175.

938 Der Nürnberger Ärzteprozess 1946/47 etwa wurde eindrucksvoll dokumentiert von *Mitscherlich*, Medizin ohne Menschlichkeit.

939 Vgl. oben S. 177.

940 Vertiefend: *Blasius*, „Einfache Seelenstörung“, S. 165 f.

941 *Schott/Tölle*, Geschichte der Psychiatrie, S. 474.

942 *Schott/Tölle*, Geschichte der Psychiatrie, S. 475 f. In weiter entwickelter Form wird diese Methode auch heute noch vielseitig und mit beachtlichem Erfolg angewandt (vgl. *Batra*, Zum Stellenwert der Elektrokrampftherapie).

unangemeldete Besuche und beharrliche Entlassungsforderungen „unbequem“ wurde, konnte letztlich erfolgreich sein, wie einige regionale Beispiele zeigen.[943]

Die Untersuchung der Gießener Historikerin *Stefanie Coché* zur Einweisungspraxis im Nationalsozialismus zeigt den Vertrauensverlust der betroffenen Angehörigen gegenüber staatlichen Einrichtungen auf.[944] Bevorzugt wurde stattdessen die Unterbringung in den vermeintlich sichereren privaten Einrichtungen.[945]

4) Sterilisation

Die aufgrund des Gesetzes zur Verhütung erbkranken Nachwuchses (GVeN) vom 14. Juli 1933[946] durchgeführten 360.000 Sterilisationen stellten die erste Maßnahme der „rassenhygienischen“ NS-Agenda dar. Zu den Betroffenen zählten nicht allein psychisch Kranke, sondern auch geistig- und körperlich Behinderte sowie Alkoholkranke. Eine Ausnahme von der Sterilisation bestand gemäß Art. 1 der Ausführungsverordnung vom 5. Dezember 1933[947] für diejenigen „Erbkranken“, die wegen Anstaltspflegebedürftigkeit dauerhaft in einer geschlossenen Anstalt untergebracht waren. Dass dies nicht durch medizinisch unbegründete Zurückhaltungen in der Anstalt unterlaufen werden dürfe, hob etwa der westfälische Landeshauptmann *Schulte-Himmelpforten* in einem Rundschreiben an die Provinzialheilanstalten vom 27. Dezember 1933 hervor.[948]

Antragsberechtigt im Sinne des GVeN waren der Betroffene selbst, der Vormund, der Amtsarzt und der Anstaltsleiter (§§ 2 f.). Betreffend die Ärzte legte die Ausführungsverordnung in Art. 3 verschärfend eine Anzeigepflicht fest. Selbst auf *„sonstige Personen, die sich mit der Heilbehandlung, Untersuchung oder*

---

943 Betreffend die Vernichtungsanstalt Hadamar: *Sandner*, „…zum Leben gewiß nicht mehr tauglich gewesen“, Mainzer Geschichtsblätter 1994, S. 89 (125 f.); *Lilienthal*, Patienten aus Mainz als Opfer der NS-„Euthanasie“, S. 403 f.; betreffend die hessische Anstalt Eichberg: *Braß*, Zwangssterilisation und „Euthanasie“ im Saarland, S. 303 ff.

944 *Coché*, Psychiatrie und Gesellschaft, S. 67.

945 *Coché*, Psychiatrie und Gesellschaft, S. 69 (m.w.N.).

946 RGBl. I S. 529. Federführend bei der Gesetzgebungstätigkeit war hier, wie schon in Zusammenhang mit der Einführung des öffentlichen Gesundheitsdienstes, Arthur Gütt (*Walter*, Psychiatrie und Gesellschaft in der Moderne, S. 481).

947 RGBl. I S. 1021.

948 Rundschreiben v. 27.12.1933 – abgedr. bei *Küster/Kersting*, Quellen zur Geschichte der Anstaltspsychiatrie, Bd. 2, S. 448 ff. Einschränkend hingegen das Rundschreiben v. 05.07.1934 – abgedr. bei *Küster/Kersting*, Quellen zur Geschichte der Anstaltspsychiatrie, Bd. 2, S. 452 f.

Beratung von Kranken befassen" wurde diese Regelung ausgeweitet (Art. 3 IV der VO).

In der Sache entschieden sogenannte Erbgesundheitsgerichte, die sich aus einem vorsitzenden Richter und zwei beisitzenden fachlich geschulten Ärzten, nicht jedoch zwingend Psychiater, zusammensetzten.[949] Organisatorisch waren sie einem Amtsgericht angegliedert. Den Beteiligten stand binnen eines Monats nach Beschluss die Beschwerde beim Erbgesundheitsobergericht zu (§ 9), das einem Oberlandesgericht zugehörig war.[950] Keines der Verfahren war öffentlich (§ 7). Durchgeführt wurde die Sterilisation in einem speziell hierfür vorgesehenen Krankenhaus. Weigerte sich der Betroffene, war die Polizei zur Anwendung unmittelbaren Zwanges befugt (§ 12).

Psychiaterseits wurde das Gesetz grundsätzlich begrüßt, galt es doch nicht zuletzt als Chance, den eigenen Expertenstatus zu behaupten.[951] Kritisiert wurde indes, dass der Beisitz in den Erbgesundheitsgerichten nicht exklusiv Psychiatern vorbehalten war, sondern auch Ärzten der übrigen Fachrichtungen offenstand.[952] Bei der Umsetzung des GVeN spielten die Anstaltsärzte jedoch eine nicht zu unterschätzende Rolle, indem ihre Patienten etwa ein Drittel aller Sterilisierten ausmachten.[953]

Bei Betrachtung der offiziellen Sterilisationsstatistiken, fällt auf, dass rund 60 Prozent aller Eingriffe aufgrund „angeborenen Schwachsinns" (§ 1 II Nr. 1) erfolgten.[954] Als unbestimmter Rechtsbegriff wurde er in der Praxis entsprechend extensiv ausgelegt.[955] Neben den Ergebnissen einer Intelligenzüberprüfung[956] waren auch Lebens- und Verhaltensformen beachtenswert (kurz: „Bewährung

949 Zuständiges Erbgesundheitsgericht für die Region Mainz war etwa das AG Worms (*Sandner*, „…zum Leben gewiß nicht mehr tauglich gewesen", Mainzer Geschichtsblätter 1994, S. 89 (102)).

950 Ein Verfahren vor dem Erbgesundheitsobergericht schildert etwa *Blasius*, Der verwaltete Wahnsinn, S. 162 f.

951 *Siemen*, Psychiatrie im Nationalsozialismus, S. 23.

952 *Brink*, Grenzen der Anstalt, S. 280.

953 *Brink*, Grenzen der Anstalt, S. 283.

954 *Brink*, Grenzen der Anstalt, S. 279 f.

955 Dies gab auf einer Versammlung der Regierungs- und Medizinalräte Preußens im Februar 1935 Grund zur Beanstandung (*Walter*, Psychiatrie und Gesellschaft in der Moderne, S. 569).

956 Ein exemplarischer Intelligenzprüfungsbogen findet sich bei *Küster/Kersting*, Quellen zur Geschichte der Anstaltspsychiatrie, Bd. 2, S. 467 ff.

im Leben")[957], sodass letztlich sozialschädliches Verhalten mit der Sterilisierung sanktioniert werden konnte.

Gegen das GVeN formierte sich insbesondere in Kreisen der Katholischen Kirche Widerstand, die seit der päpstlichen „Enzyklika Casti connubii" vom 31. Dezember 1930 eindeutig Stellung gegen eugenische Maßnahmen bezogen hatte.[958] Immer wieder lehnten es daher katholische Krankenhäuser ab, Sterilisationen durchzuführen.[959] Ein Erlass des Reichsministers des Innern, *Wilhelm Frick*, vom 8. Juli 1935 gerichtet an alle Regierungspräsidenten und den Berliner Polizeipräsident, thematisierte das Problem der kirchlichen „Propaganda": *„Auch die kirchliche Lehrfreiheit geht keinesfalls so weit, daß aus ihr eine Berechtigung hergeleitet werden könnte, zum Ungehorsam gegen Staatsgesetze aufzufordern.* [...] *Das Gesetz zur Verhütung erkranken Nachwuchses richtet* [...] *auch nach Konkordatsrecht Schranken auf, die für jeden deutschen Katholiken Geltung beanspruchen.* [...] *Ich ersuche, in allen bekannt werdenden Fällen einer Hetze gegen das Gesetz auf Grund der vorstehend angezogenen Bestimmungen Strafanzeige zu erstatten* [...]. *Unter Umständen kann auch die Aufforderung, alle Rechtsmittel auszuschöpfen, bevor den staatlichen Anforderungen Folge geleistet wird, von strafrechtlicher Bedeutung sein.*"[960] Der Runderlass schloss mit der Aufforderung, künftig detailliert Bericht über die ergriffenen Maßnahmen zur Eindämmung der Kritik zu erstatten, was die dergestalt unter Druck gesetzten Regierungspräsidenten veranlasste, fortan umso entschiedener gegen die Gesetzesgegner vorzugehen.

---

957 *Braß*, Zwangssterilisation und „Euthanasie" im Saarland, S. 97 f.: *„Neben dem Bruch strafrechtlicher Regeln und der Vernachlässigung ‚bürgerlicher Tugenden' in Haushaltsführung und Beruf spielten vor allem Verletzungen der Sexualmoral eine wichtige Rolle in der sozialen Diagnostik des Zwangssterilisationsverfahrens"*. Ein Geheimerlass des Reichsjustizministers v. 22.04.1936 legte die Leitlinien des Verfahrens fest und wies die Gerichte zur äußerst sorgfältigen Prüfung bei Anträgen wegen angeborenen Schwachsinn an (*Walter*, Psychiatrie und Gesellschaft in der Moderne, S. 572 f.).

958 *Blaschke*, Die Kirchen und der Nationalsozialismus.

959 Für das Rheinland: *Blasius*, Der verwaltete Wahnsinn, S. 161. Für Westfalen: *Lahrkamp*, Zur Auseinandersetzung zwischen katholischer Kirche und Nationalsozialismus, Westfälische Zeitschrift 1986, S. 111 (172); *Küster/Kersting*, Quellen zur Geschichte der Anstaltspsychiatrie, Bd. 2, S. 455 (Verbot der Teilnahme von Ordensschwestern an Sterilisationsoperationen).

960 Erlass des Reichsministers des Innern v. 08.07.1935 – abgedr. bei *Blasius*, Der verwaltete Wahnsinn, S. 160 f.

5) Krankenmord

Der im Dritten Reich verübte Krankenmord[961] hatte viele Gestalten. Er zielte, jeweils getrennt organisiert, einerseits auf Kinder- und Jugendliche sowie andererseits auf Erwachsene ab. Letztere Gruppe soll im Folgenden, dem Fokus der Arbeit entsprechend, betrachtet werden.[962]

Den Auftakt der „Erwachsen-Euthanasie", sofern nicht bereits die Sterilisationen als Vorstufe hierzu betrachtet wird, markierte die sogenannte Aktion T4. Durchgeführt von Januar 1940 bis August 1941 aufgrund formloser Führerermächtigung,[963] fanden mehr als 70.000 „lebensunwerte" Männer und Frauen in den sechs dafür ausgebauten Vernichtungsanstalten des Reiches den Tod.[964] Nur ein kleiner Kreis von etwa 50 Personen, so schätzt *Dirk Blasius*, kannte das ganze Ausmaß der Tötungen.[965] Die Aktion wurde als „Geheime Reichssache" eingestuft und sollte keinesfalls mit der Reichskanzlei oder sonstigen staatlichen Stellen in Verbindung gebracht werden. Daher wurde ein Netz von Tarnorganisationen geschaffen, die mit außerordentlichem bürokratischem Aufwand die Tötungsaktionen zu verschleiern versuchten. Die nach außen sichtbarste Rolle spielte dabei die sogenannte Gemeinnützige Krankentransportgesellschaft GmbH (Gekrat), der die Durchführung der Krankenverlegungen oblag. Ihre grauen Busse wurden zum kollektiven Erinnerungssymbol für die NS-Verbrechen an kranken und behinderten Menschen. Weiter im Hintergrund agierte die „Reichsarbeitsgemeinschaft Heil- und Pflegeanstalten", die mit der Auswahl der „Euthanasiegutachter" die medizinische Seite betreute. Zuständig für den finanziellen Bereich,

---

961 Die synonym anzutreffende Bezeichnung „Euthanasie" (griechisch: Sterbehilfe) ist indes etymologisch betrachtet unzutreffend und daher in Anführungszeichen zu setzen.

962 Bei der „Erwachsenen-Euthanasie", insbesondere der „Aktion T4", handelt es sich um einen der meist erforschtesten Bereiche der NS- Geschichte. Die folgenden Ausführungen können daher nur ein Schlaglicht auf die Materie werfen. Zur Vertiefung empfehlen sich die Standardwerke von *Aly* (Die Belasteten), *Faulstich* (Hungersterben in der Psychiatrie 1914 – 1949), *Klee* („Euthanasie" im Dritten Reich) und *Schmuhl* (Rassenhygiene, Nationalsozialismus, Euthanasie).

963 Die Rechtsnatur des Führerbefehls v. 01.09.1939 untersucht *Klaeden,* Das Recht der Verwahrung und Unterbringung, S. 144 ff.

964 Es handelte sich dabei um die Anstalten Grafeneck in Württemberg, Brandenburg an der Havel, Hartheim in Oberösterreich, Sonnenstein in Sachsen, Bernburg an der Saale sowie Hadamar in Hessen. Zu den Opferzahlen: *Schott/Tölle,* Geschichte der Psychiatrie, S. 177 f.

965 *Blasius,* Der verwaltete Wahnsinn, S. 168.

insbesondere die Abrechnung mit den Kostenträgern und die Verwaltung der Arbeitsverträge der Anstaltsbeschäftigten, war die „Gemeinnützige Stiftung für Anstaltspflege". Alle drei Organisationen residierten in der Berliner Tiergartenstraße 4, die, verkürzt, Namenspate für die „Aktion T4" stand.

Meldebögen forderten die Anstaltsärzte zunächst auf, chronisch Kranke, die im Einrichtungsbetrieb nicht zu gebrauchen waren, Langzeitpatienten und Nichtdeutsche (unter Angabe von „Rasse" und Staatsangehörigkeit) zu erfassen. Danach wählte eine zentrale Gutachterkommission, mehrheitlich bestehend aus Psychiatrieprofessoren, die zu tötenden Patienten aus. Mit Mitteln der Gekrat wurde sodann die Abholung durchgeführt. Nur selten blieb die Krankenverlegung von der Umwelt unbemerkt, sodass in diesem Stadium die Verschleierungsmaßnahmen besonders aufwendig sein mussten.[966] So wurde seit 1940 zunächst ein Zwischenhalt in umliegenden Einrichtungen eingelegt, bevor die Deportation in eine der sechs Gas-Vernichtungsanstalten stattfand.[967] Todesursache, -datum und -ort wurden gefälscht. Die Selektierung anhand der Meldebögen galt anfangs auch für jüdische Kranke, bis sie ab 1940, unabhängig spezieller Kriterien, ausschließlich aufgrund ihrer Identität im Rahmen des Holocausts umgebracht wurden.[968]

Die Rolle der Anstaltsärzte in dem Selektionsverfahren muss differenziert betrachtet werden: Zwar führten sie nicht unmittelbar die Tötungen aus, doch unterstützen sie durch Ausfüllen der Meldebögen die Haupttat und leisteten damit grundsätzlich, nach gegenwärtigem Strafrechtsmaßstab, (physische) Beihilfe.[969] Gleichzeitig besaßen die Psychiater aber auch einen gewissen Handlungsspielraum, der es ihnen erlaubte, bestimmte Patienten nach eigenem Ermessen, unabhängig von der Entscheidung des „T4"-Gremiums, zurückstellen zu lassen.[970]

---

966 Selbst die Patienten ahnten mitunter, was es mit den Verlegungen durch die Gekrat auf sich hatte (*Kersting*, Anstaltsärzte zwischen Kaiserreich und Bundesrepublik, S. 333).

967 *Brink*, Grenzen der Anstalt, S. 302 ff.

968 *Brink*, Grenzen der Anstalt, S. 309.

969 Zur „Euthanasieeinstellung" innerhalb der Ärzteschaft und der späteren juristischen Aufarbeitung: *Schott/Tölle*, Geschichte der Psychiatrie, S. 180 ff. Eine lesenswerte strafrechtliche Analyse der „Aktion T 4" liefert *Burkhardt*, Das NS-Euthanasie-Unrecht vor den Schranken der Justiz.

970 Seit 1940 wurde den Ärzten ein Rückstellungsrecht hinsichtlich bereits zur Tötung vorgesehener Kranken zugestanden, etwa dann wenn diese für den Anstaltsbetrieb nützlich waren (*Seidel/Sueße*, Werkzeuge der Vernichtung, S. 257).

Am 24. August 1941 wurde die „Aktion T4“ auf fernmündlichen Befehl *Hitlers* eingestellt.[971] Hierfür gibt es jedoch keine monokausale Erklärung. Zum einen führten das mysteriöse Verschwinden von Kranken und Nachforschungen Angehöriger zu Spekulationen in der Bevölkerung, wie die Lageberichte der Oberlandesgerichtspräsidenten und Generalstaatsanwälte an den Reichsjustizminister deutlich machen.[972] Im Jahre 1940 erstattete der Brandenburger Vormundschaftsrichter *Lothar Kreyßig* Strafanzeige wegen Mordes gegen den Chef der Reichskanzlei, *Philipp Bouhler*, nachdem er festgestellt hatte, dass seine behinderten Mündel systematisch umgebracht wurden.[973] Als sich auch in der Kirche die zuvor geübte leise Kritik gegen das „Euthanasieprogramm“ den Weg auf die Kanzel bahnte,[974] war es um die Geheimhaltung endgültig geschehen. Als weiterer Einstellungsgrund wird die Verschärfung der militärischen Lage im Osten und der Heimatfront diskutiert,[975] welche, aus Parteisicht, mehr denn je eine auf dem Boden des Nationalsozialismus stehende Bevölkerung erforderte. Schließlich wird vorgebracht, dass bis 1941 die Zahl der Tötungen bereits ihr Soll erreicht hätte und daher ohnehin kein Interesse mehr an deren Fortführung bestanden habe.[976]

Die formale Einstellung der „Aktion T4“, beendete allerdings nur die Gasmorde erwachsener „Geisteskranker“, nicht jedoch die Patiententötungen überhaupt: Behinderte und kranke Kinder wurden bis zum Kriegsende in ebenfalls systematischer Weise erfasst und umgebracht,[977] in den Konzentrationslagern

971 *Nowak*, Widerstand, Zustimmung, Hinnahme, S. 246.

972 *Klaeden,* Das Recht der Verwahrung und Unterbringung, S. 159 ff. Seit Kriegsbeginn verbreitet war auch die Sorge, dass die Vernichtungsaktion auch auf Alte, Sieche und Kriegsverletzte ausgeweitet werden würden (*Brink*, Grenzen der Anstalt, S. 358).

973 *Strohm*, Die Kirchen im Dritten Reich, S. 93; *Wesel*, Geschichte des Rechts, S. 472. Überraschenderweise bezahlte Kreyßig seine beispiellose Courage nicht mit dem Leben, sondern wurde „nur“ in den vorläufigen Ruhestand versetzt.

974 Hier sticht insbesondere der Protest des Münsteraner Bischofs von Galen heraus, der die Euthanasie in einer Predigt als Mordaktion anprangerte (siehe auch *Gmür/Roth*, Grundriss der deutschen Rechtsgeschichte, S. 193). Ihm schloss sich in seiner Sonntagsmesse auch der Mainzer Bischof Stohr an: „*Wer gibt einem Menschen das Recht zu sagen: Das Leben ist unwert gelebt zu werden?*“ (*Sandner*, „…zum Leben gewiß nicht mehr tauglich gewesen“, Mainzer Geschichtsblätter 1994, S. 89 (114)).

975 *Brink*, Grenzen der Anstalt, S. 311.

976 *Nowak*, Widerstand, Zustimmung, Hinnahme, S. 246; *Schott/Tölle*, Geschichte der Psychiatrie, S. 179.

977 Zur sog. Kinder-Euthanasie ausführlich: *Klee*, „Euthanasie“ im Dritten Reich, S. 334 ff.

wurden Kranke sowie arbeitsunfähige Häftlinge vergast[978] und in überbelegten Krankenhäusern siechende Patienten ohne Genesungschancen durch unauffällige Schlafmittelüberdosierungen getötet.[979] Insgesamt fielen den Krankenmorden während des faschistischen Regimes mehr als 300.000 psychisch Kranke und Menschen mit Behinderungen zum Opfer.

6) Exkurs: Umgang mit psychisch Kranken im nationalsozialistischen Mainz und Umgebung

Auch in Mainz, dem Studienort des Autors, wurden ab 1933 die nationalsozialistischen Vorgaben psychisch Kranker betreffend umgesetzt. Das bereits oben besprochene „Gesetz zur Verhütung erbkranken Nachwuchses"[980] vom 14. Juli 1933 erforderte die Errichtung eines Behördenapparats, diese Menschen lückenlos zu erfassen, verwalten und ihrer Sonderbehandlung zuzuführen vermochte. Das Gesundheitsamt Mainz, seit 1935 dem Reichsgesundheitsamt unterstellt, war mit der „Erb- und Rassenpflege" sowie der Gesundheitsfürsorge befasst. In dieser Eigenschaft untersuchte es Patienten auf ihre Erbgesundheit und verwaltete die Ergebnisse in Erbkarteien. Bei einem Fliegerangriff im August 1942 wurde die Registratur mit sämtlichen Unterlagen vernichtet,[981] was die obrigkeitliche Kontrolle der „Erbkranken" fortan deutlich erschwerte. Über die Sterilisationen entschieden die neu eingerichteten Erbgesundheitsgerichte, bestehend aus einem vorsitzenden Juristen und zwei beigeordneten Ärzten. Zuständig für Rheinhessen einschließlich die Stadt Mainz war das Amtsgericht Worms.[982] Vollstreckt wurde der Beschluss zunächst, je nach Geschlecht, in der Frauenklinik[983] oder dem städtischen Krankenhaus (dem Vorläufer der

---

978 Hierbei handelte sich um die sog. Sonderbehandlung 14f13. Vertiefend: *Grode,* Die „Sonderbehandlung 14f13".

979 „Aktion Brandt" – bezeichnet nach dem Bevollmächtigten für das Sanitäts- und Gesundheitswesen Karl Brandt. Vgl. auch: *Brink*, Grenzen der Anstalt, S. 313 ff.; *Faulstich,* Hungersterben in der Psychiatrie, S. 587 ff.

980 Vgl. S. 180.

981 LWV-Archiv, Bestand 12, K 1898, PA, Bl. 19 (zitiert nach: *Sandner,* „…zum Leben gewiß nicht mehr tauglich gewesen", Mainzer Geschichtsblätter 1994, S. 89 (102), Fn. 53).

982 *Sandner,* „…zum Leben gewiß nicht mehr tauglich gewesen", Mainzer Geschichtsblätter 1994, S. 89 (102).

983 Ausführlich zu den Sterilisationen in der Hebammenlehranstalt Mainz: *Ruckert,* Zwangssterilisationen im Dritten Reich.

heutigen Universitätsklinik).[984] Letzteres verfügte über eine Nervenstation, die für die kurzfristige Behandlung psychisch Kranker vorgesehen war.[985] Nachdem der bereits erwähnte Bombenangriff von 1942 auch die Frauenklinik stark beschädigt hatte, wurden sämtliche Sterilisationen im städtischen Klinikum vorgenommen.[986] Ihrer Untersuchung über die NS-Geschichte der Landesheil- und Pflegeanstalt Alzey fügt die Historikerin *Renate Rosenau* unter anderem einen Beschluss des Erbgesundheitsgerichtes Worms vom 21. April 1938 an. Er betrifft ein 38-jähriges Dienstmädchen, das auf Betreiben ihres gesetzlichen Vertreters untergebracht worden war.

> *„Die Hausangestellte M., geb. am … zu …, kath., ledig, wohnhaft in …, zurzeit in der Landes-Heil- und Pflegeanstalt Alzey, vertreten durch ihren Pfleger …, ist erbkrank im Sinne des § 1 Abs. 2 Zif. 2 des Gesetzes zur Verhütung erbkranken Nachwuchses vom 14.7.1933 und ist deshalb unfruchtbar zu machen.*
> *Gründe: Der Amtsarzt von Alzey hat am 25.11.1937 die Unfruchtbarmachung wegen Schizophrenie beantragt. Dem Antrag ist ein Gutachten eines Assistenzarztes der Heil- und Pflegeanstalt Alzey beigegeben, das die Krankheit bestätigt. Bei ihrer richterlichen Vernehmung war M. mit ihrer Unfruchtbarmachung nicht einverstanden. … Die Schizophrenie ist eine Erbkrankheit im Sinne des § 1 Abs. 2 Zif. 2 des Gesetzes. Nach den Erfahrungen der ärztlichen Wissenschaft ist mit großer Wahrscheinlichkeit zu erwarten, dass Nachkommen des 38-jährigen Mädchens an schweren körperlichen oder geistigen Erbschäden leiden werden. Ihre Unfruchtbarmachung ist sonach in ihrem eigenen Interesse, im Interesse ihrer etwaigen Nachkommenschaft sowie im Interesse des Volksganzen nach § 1 des Gesetzes geboten.“*[987]

Der Beschluss ist sowohl in seiner Kürze als auch Form exemplarisch. Er übernimmt unkritisch das Gutachten des behandelnden Anstaltspsychiaters und erschöpft sich in einer formelhaften Argumentation.[988] Die Diagnose

---

984 Die Vermutung *Sandners*, dass es sich bei den Mainzer Einrichtungen um die einzigen Sterilisationsorte handelte („…zum Leben gewiß nicht mehr tauglich gewesen“, Mainzer Geschichtsblätter 1994, S. 89 (101), Fn. 47), ist mittlerweile widerlegt. So vermerken die Tagebücher der Landesheil- und Pflegeanstalt Alzey unter anderem die Überweisung ins städtische Krankenhaus Worms (*Rosenau*, Die Alzeyer Landes-Heil- und Pflegeanstalt in der Zeit des Nationalsozialismus, S. 70).

985 *Sandner*, „…zum Leben gewiß nicht mehr tauglich gewesen“, Mainzer Geschichtsblätter 1994, S. 89 (93).

986 *Rörig*, Die Mainzer Spitäler und Krankenhäuser, S. 67.

987 Bundesarchiv Berlin, Archivsignatur: R 179/8265 (zitiert nach: *Rosenau*, Die Alzeyer Landes- Heil- und Pflegeanstalt in der Zeit des Nationalsozialismus, S. 70, Fn. 15).

988 Vgl. auch den bei *Sandner* („…zum Leben gewiß nicht mehr tauglich gewesen“, Mainzer Geschichtsblätter 1994, S. 89 (103)) vorgestellten Fall des 25-jährigen Mainzer

Schizophrenie war neben der des „angeborenen Schwachsinns" die am häufigsten gewählte.[989] Mit Beginn der Krankenmorde trat die Sterilisation jedoch in den Hintergrund.[990]

Hielten die Ärzte der städtischen Nervenstation eine dauernde Unterbringung für angezeigt, wurde der Patient in eine der kooperierenden Anstalten überwiesen. Zuständig für die psychiatrische Versorgung in der Region waren die Einrichtungen in Alzey, Goddelau, Heppenheim und Gießen.[991] Hier erfolgte bereits ein erster Schritt zur Vernichtung „lebensunwerten Lebens", indem drastische Sparmaßnahmen im Fürsorgesektor zu einer deutlichen Unterversorgung der Kranken und damit letztlich zu erhöhten Sterblichkeitsraten führten.[992] Im weiteren Verlauf des Krieges und des „Euthanasieprogrammes" verschlechterten sich die Bedingungen der noch lebenden Patienten dramatisch. Insbesondere die Hin- und Herverlegungen seit 1940 zwischen den Anstalten Alzey und Goddelau trugen ihren Teil dazu bei.[993]

In der ersten Phase der Anstaltsmorde, der „Aktion T4", geschah die Selektierung der Betroffenen, wie oben dargestellt, noch anhand von Meldebögen. Als Zwischenanstalten dienten die Einrichtungen Eichberg, Weilmünster und Scheuern. Von hier aus brachten die Busse der Gekrat die Patienten nach Hadamar bei Limburg, wo sie in der anstaltseigenen Gaskammer getötet wurden. Auf diese Weise kamen dort 1941 binnen eines halben Jahres rund 10.000 Menschen ums Leben.[994]

Nach Einstellung der Gasmorde am 24. August 1941 wurden die Tötungen auf subtilere Weise – zum Beispiel durch Nahrungsreduzierung oder schrittweise Giftinjektionen – fortgeführt.[995] Diese Praxis beschränkte sich nicht mehr nur auf Hadamar, sondern erfasste auch die übrigen Einrichtungen in der Region.

Bäckers W. So auch: *Rosenau*, Die Alzeyer Landes- Heil- und Pflegeanstalt in der Zeit des Nationalsozialismus, S. 71.

989 Speziell zu Mainz: *Dumont*, Unter dem Hakenkreuz, S. 377.

990 *Sandner*, „…zum Leben gewiß nicht mehr tauglich gewesen", Mainzer Geschichtsblätter 1994, S. 89 (102).

991 *Lilienthal*, Patienten aus Mainz als Opfer der NS-„Euthanasie", S. 399.

992 Mit Zahlen für die umliegenden Anstalten: *Lilienthal*, Patienten aus Mainz als Opfer der NS-„Euthanasie", S. 399 f.

993 Grund dafür war die gleichzeitige Widmung der Alzeyer Anstalt als Kriegslazarett. Je nach Bettenbedarf wurde die Einrichtung daher geräumt und die Psychiatriepatienten auf die übrigen Anstalten (insb. Goddelsdorf) verteilt (*Lilienthal*, Patienten aus Mainz als Opfer der NS-„Euthanasie", S. 401).

994 *Lilienthal*, Patienten aus Mainz als Opfer der NS-„Euthanasie", S. 400.

995 Hierzu bereits oben S. 186.

Als besonders „effizient“ tat sich hierbei die Eichberger Anstalt hervor: Recherchen des Historikers *Peter Sandners* zufolge, starben dort von 1941 bis zum Kriegsende zwischen 1.500 und 2.000 Menschen.[996]

7) Psychiatrische Einrichtungen

Die Anstaltstypen, sprich die Einteilung in Heil- und Pflegeanstalten, hatten sich auch im Drittem Reich grundsätzlich nicht verändert.[997] Bei Neubauten, so hoben es die Psychiater *Ernst Rüdin*, *Paul Nitsche*, *Carl Schneider*, *Maiximinian de Crinis* und *Hans Heinze* 1943 in ihrer Gedankenschrift hervor, sei die räumliche Nähe zu einer Universitätsklinik und größeren Stadt wünschenswert, um den Anstaltsärzten Teilhabe am wissenschaftlichen Leben zu ermöglichen.[998] Die seit den 20er Jahren anhaltenden Sparzwänge wurden 1936 noch verschärft durch den „Vierjahresplan“, der die Wehrhaftmachung von Armee und Wirtschaft vorsah[999] und zudem die Unterscheidung zwischen Arbeitskräften und „Ballastexistenzen“ auch in die Anstalt trug.[1000] Dort begriff man die Möglichkeit, den hoffnungslos überfüllten Häusern Entlastung zu verschaffen. Chronisch Kranke wurden teilweise in gesonderte Einrichtungen verlegt, die einzig ihrer Verwahrungsfunktion Rechnung trugen, ansonsten jedoch aufgrund der Platzverhältnisse und der geringen Mitarbeiterzahl keinen kurativen Charakter mehr erkennen ließen. Das Platzproblem verschärfte sich mit Ausbruch des Krieges abermals, da für die vielen Verwundeten nicht genügend Betten zur Verfügung standen und gewöhnliche Hospitäler mitunter evakuiert beziehungsweise nur bedingt einsatzfähig waren. Anhand von Aufstellungen der „T4“-Planungsabteilung für das Jahr 1942 rekonstruierte der Historiker *Winfried Süß*, dass im Schnitt mehr als 40 Prozent aller Anstaltsbetten anderweitig genutzt wurden.[1001] *„Gut zwei Fünftel der Fremdbelegungen entfielen auf Reservelazarette, ein weiteres Fünftel auf zivile Hilfs- und Ausweichkrankenhäuser. Etwa jedes zehnte Bett wurde den Streitkräften zur Verfügung gestellt. Den Rest teilten sich Schulen, Umsiedler*

---

996 *Sandner*, „…zum Leben gewiß nicht mehr tauglich gewesen“, Mainzer Geschichtsblätter 1994, S. 89 (118).

997 Zu dem Sonderfall der Vernichtungsanstalten im Rahmen der „Aktion T4“ sogleich unten S. 190.

998 Abgedr. bei *Küster/Kersting*, Quellen zur Geschichte der Anstaltspsychiatrie, Bd. 2, S. 620 ff.

999 Vgl. schon oben S. 177.

1000 *Walter*, Psychiatrie und Gesellschaft in der Moderne, S. 783.

1001 *Süß*, Der „Volkskörper“ im Krieg, S. 318.

[…], *Einrichtungen der Alten- und Sonderfürsorge sowie Lager für Kriegsgefangene und Rüstungsarbeiter.*“[1002]

Mit Beginn der „Aktion T4“ trat neben die herkömmlichen Einrichtungen der Sondertypus der Vernichtungsanstalt. Gemäß der Geheimhaltungsmaxime wurden diese insgesamt sechs reichsweit verteilten Häuser nach außen hin als Heil- und Pflegeanstalten geführt,[1003] waren jedoch mit einer Gaskammer nebst Krematorium ausgestattet. Zur bürokratischen Abwicklung der Tötungen stand ein allein hierfür eingerichtetes Standesamt zur Verfügung, das den Hinterbliebenen die Sterbeurkunde (mit fingierter Todesursache) zusandte.

Außerhalb der Anstaltsmauern wurde die Außenfürsorge wiedereingeführt. Seit sie sich im Verlaufe der Weimarer Republik als ungeeignet zur Senkung der Anstaltsfürsorgekosten erwiesen hatte, war sie in den einzelnen Provinzen nur noch notdürftig aufrechterhalten worden.

Unter der Ägide der neuen nationalsozialistischen „Rassehygiene“ sollte sie jedoch einen nicht unbedeutenden Funktionszuwachs erfahren: Im Rahmen ihrer Visitationen und Beratungssprechstunden konnten die Psychiater einen Eindruck über das „Wahnsinnspotential“ außerhalb der Anstalten erlangen und Erbkrankheitsverdachtsfälle dem Gesundheitsamt melden beziehungsweise die Betroffenen dazu überreden, selbst den Antrag auf Sterilisation zu stellen.[1004] Der ärztliche Leiter der Leipziger Außenfürsorge beschrieb den Bedeutungswandel wie folgt: „*Während früher die individuelle Fürsorge für den Kranken im Vordergrund stand, ist jetzt das Ziel des Außendienstes in erster Linie der Schutz der Allgemeinheit vor den Auswirkungen der Geisteskrankheit einzelner. Während ehedem das Bestreben dahin ging, jeden Kranken so lange wie möglich der Anstalt fern zu halten, muß es jetzt das Ziel sein, die Anstaltsunterbringung zu bewirken, bevor der Kranke in irgendeiner Form seine Umgebung zu schädigen vermag.*“[1005]

8) Unterbringungsrechtlicher Fürsorgebegriff

Der Fürsorgebegriff hatte sich im Nationalsozialismus am weitesten von seinem Ursprungssinne, der Wahrnehmung einzig mündelseitiger Interessen,

---

1002 *Süß*, Krankenmord, S. 62 f.

1003 Vgl. hierzu oben S. 183, Fn. 964.

1004 *Weißer*, Geschichte der Psychiatrie in Westfalen, S. 54; *Walter*, Psychiatrie und Gesellschaft in der Moderne, S. 617.

1005 ABKH Leipzig-Dösen, Nachträglicher Bericht der Anstaltsdirektion Leipzig-Dösen über das Jahr 1940 vom 28.11.1941, S. 22.f. (zitiert nach: *Thom*, Kriegsopfer der Psychiatrie, S. 210).

distanziert. Diese bereits im Kaiserreich festgestellte Genese etablierte sich unter dem Einfluss der Weimarer Sozialhygiene und erreichte ihren Höhepunkt in der nationalsozialistischen Volksgemeinschaftslehre. *Hermann Hoffmann*, Psychiater und Ordinarius an der Universität Gießen, umriss die Aufgaben der „neuen" Fürsorge wie folgt: „*Während* [...] *früher die Fürsorge für das individuelle Wohl der Kranken im Vordergrund stand und vielfach entscheidend war, hat der Psychiater im nationalsozialistischen Staate nicht nur das Recht, sondern die Pflicht, in erster Linie die Interessen der Gemeinschaft zu bedenken und das individuelle Interesse der Kranken in diese Grundhaltung einzubauen, ja, ihr unterzuordnen.* [...] *Nationalsozialistische Erkenntnis, nationalsozialistischer Grundsatz ist es, daß der einzelne nur so viel gilt, wie sein Wert und seine Bedeutung, seine Leistung für das Volksganze einzuschätzen ist.*"[1006]

Die Unterordnung des Einzelnen dem Kollektiv der Volksgemeinschaft bedeutete in den Kategorien des BGB-Unterbringungsrechts, dass die im Gemeinwohl vollzogene Einweisung zugleich dem Interesse des Betroffenen diente. Das Problem sozial unangepassten Verhaltens infolge einer psychischen Erkrankung konnte also auch ohne Rückgriff auf das Polizeirecht durch eine zivilrechtliche Unterbringung gelöst werden.[1007] Bedingt durch die Vorarbeiten in der Weimarer Zeit kristallisierte sich nunmehr ein paternalistischer Fürsorgebegriff in Reinform heraus, der nicht weiter vom heutigen individualistischen Ansatz entfernt hätte sein können.

9) Ablauf der Unterbringung

Der Ablauf der Unterbringung hatte sich im Vergleich zu den beiden vorherigen Epochen kaum verändert. Die nationalsozialistische Ideologie schlug sich am stärksten in den Polizei- und Medizinalgesetzen der Länder nieder, was dort zu einem ausufernden Zugriffsrecht auf „Geisteskranke" führte. Im Zivilrecht wurde für die vertreterseits initiierte Unterbringung auf bekannte

---

1006 *Hoffmann*, Der Psychiater und die neue Zeit, Zeitschrift für psychische Hygiene 1933, S. 161 (161 f.).

1007 Dies war theoretisch sogar unabhängig von einer Anlasserkrankung im klassischen Sinne möglich, wie *Gunter Hartmann* 1937 in seiner Dissertation aufzeigte. Im Wege der Auslegung erweiterte der Autor den Adressatenkreis des § 6 I Nr. 1 BGB um „Asoziale". Die weitere Voraussetzung von der Unfähigkeit, die eigenen Angelegenheiten zu erledigen, fasste Hartmann gleichfalls extensiv auf: „*Unfähigkeit zur Besorgung eigener Angelegenheiten liegt auch dann vor, wenn der zu Entmündigende unfähig ist, sich in die Gemeinschaft einzuordnen.*" (Die Entmündigung als Mittel der Verbrechensverhütung, S. 104).

BGB-Strukturen zurückgegriffen und das Unterbringungsrecht weiterhin aus dem mit der Personensorge einhergehenden Aufenthaltsbestimmungsrecht (§§ 1897, 1800, 1631 I BGB) abgeleitet.[1008] Auch hier regelten landesrechtliche Normen die konkrete Verfahrensausgestaltung.[1009]

a) Vorverfahren

Für das Stadium des Vorverfahrens gelten im Grunde die schon zur Weimarer Epoche getätigten Ausführungen.[1010] Das Amt des Vormundes oder des Pflegers blieb, der nationalsozialistischen Ideologie entsprechend, Juden vorenthalten.[1011] Umgekehrt kamen jedoch „Deutschblütige" als gesetzliche Vertreter jüdischer Kranker in Betracht.[1012]

Sowohl die private als auch die polizeiliche Einweisung bedurften im Vorfeld eines medizinischen Gutachtens, das landesabhängig entweder von einem Amtsarzt oder einem einfach zugelassenen Arzt herrühren musste. Einen Aufschub dieses Erfordernisses gestatteten indes die Dringlichkeitsverfahren.

Der bereits zu dieser Zeit stattfindende Rückgang des vormundschaftlichen Initiativrechts bei der Unterbringung gegenüber behördlichem Tätigwerden wurde durch die Machtfülle der nationalsozialistischen Polizei intensiviert. Trotz des Übergangs der Polizeihoheit auf das Reich am 30. Oktober 1934 galt in Preußen das noch junge Polizeiverwaltungsgesetz weiter fort und damit auch die Schutzhaft gemäß § 15 PVG.[1013] Demnach konnten („gemeingefährliche") „Geisteskranke" zum eigenen Schutz oder zur Abwehr einer gegenwärtigen Störung der öffentlichen Sicherheit beziehungsweise Ordnung oder unmittelbar bevorstehenden Gefahr unter Beachtung der Verhältnismäßigkeit vorübergehend in einer Anstalt untergebracht werden. Einen deutlichen Schritt weiter ging die Reichstagsbrandverordnung vom 28. Februar 1933:[1014] Sie setze unter anderem

---

1008 Vgl. dazu ausführlich oben S. 119; *Hartmann*, Die Entmündigung als Mittel der Verbrechensverhütung, S. 60 (m.w.N.); *Bumke*, Handbuch der Geisteskrankheiten, S. 300.

1009 Die oben auf S. 113 dargestellten Prozedere behielten in der Sache ihre Gültigkeit, wenn auch vereinzelt in neue Verordnungen eingekleidet.

1010 Vgl. oben S. 167.

1011 Ein Jude konnte mithin nicht auf einen jüdischen Vertreter bestehen (*Saar*, Familienrecht im NS-Staat – ein Überblick, S. 100).

1012 *Saar*, Familienrecht im NS-Staat – ein Überblick, S. 100.

1013 Oben S. 159. Unterschiede zwischen den noch bestehenden Polizeigesetzen der Länder traten indes hinter den zentralen Vorgaben des Reichsinnenministeriums zurück.

1014 Verordnung des Reichspräsidenten zum Schutz von Volk und Staat v. 28.02.1933 (RGBl. I S. 83). Die VO erging aufgrund von Art. 48 WRV aus Gründen der „Abwehr

die persönliche Freiheitsgarantie (Art. 114 WRV) und damit den essentiellen Gesetzesvorbehalt für Eingriffe hierin außer Kraft, sodass die Behörden nunmehr, über die Schranken des § 15 PVG hinausgehend, das Mittel der Schutzhaft extensiv anwenden konnten.[1015] Einen noch größeren Entscheidungsspielraum eröffnete der (Geheim-)Erlass vom 14. Dezember 1937,[1016] welcher mit der „Vorbeugungshaft" eine der gerichtlichen Kontrolle entzogene polizeiliche Internierungsmöglichkeit gegen pauschal als „Asoziale" bezeichnete Personen bereithielt.

Die vorangegangenen Ausführungen verdeutlichen, dass sich hinter dem nur noch formelhaft gebrauchten Schutzgut der öffentlichen Sicherheit und Ordnung die Volksgemeinschaft verbarg,[1017] deren Bestand es um jeden Preis, auch vor psychisch Kranken, zu schützen galt. Diese faktische Allzuständigkeit führte zu Überschneidungen der Wirkungskreise des gesetzlichen Vertreters und der Polizei.

b) Vollzug der Unterbringung

Ob die Polizei die Zuführung zur Anstalt unterstützte, richtete sich für Preußen strikt danach, ob es sich um eine privat oder eine öffentlich veranlasste Unterbringung handelte.[1018] Andere Länder hingegen machten die polizeiliche Hilfe auch dem gesetzlichen Vertreter zugänglich.[1019]

Die Kosten übernahm primär die gesetzliche Krankenversicherung, die dem überwiegenden Teil der Bevölkerung Absicherung im Krankheitsfall bot.[1020] Wurde der Betroffene indes von anderen Stellen als dem Krankenversicherungsträger eingewiesen, kam es streng genommen auf den Unterbringungsgrund an: Maßnahmen zur Wahrung der öffentlichen Sicherheit verpflichteten den

---

kommunistischer staatsgefährdender Gewaltakte". § 1 der VO setzte die Artikel 114, 115, 117, 118, 123, 124 und 153 WRV außer Kraft.

1015 *Baumann,* Unterbringungsrecht, S. 22; *Terhorst,* Polizeiliche Überwachung und Vorbeugungshaft, S. 76 ff.

1016 *Hehl,* Nationalsozialistische Herrschaft, S. 20; Runderlass des Reichs- und preußischen Innenministers Frick v. 14.12.1937 – abgedr. bei *Ayaß,* „Gemeinschaftsfremde", S. 94 ff.

1017 *Terhorst,* Polizeiliche Überwachung und Vorbeugungshaft, S. 50 f.

1018 Insoweit galt die Bestimmung v. 21.01.1932 weiter fort (oben S. 167).

1019 Etwa Bremen und Württemberg (*Adler,* Unterbringung Geisteskranker, S. 48, 55).

1020 *Wendt,* Krankenversicherung oder Gesundheitsversorgung, S. 95.

Fürsorgeverband,[1021] Heilbehandlungszwecke hingegen die gesetzliche Krankenversicherung. Da die Prüfung in diesen Fällen jedoch mit gehörigem Verwaltungsaufwand verknüpft war, bestimmte der sogenannte Halbierungserlass des Reichsarbeitsministers 1942 die gleichmäßige Kostenverteilung auf beide Leistungsträger.[1022]

Ein Sonderschicksal war allerdings jüdischen Kranken beschieden. Seit 1. Januar 1939 galt die öffentliche Fürsorge nur noch subsidiär für jüdische Hilfsbedürftige. Primär waren sie *„auf die Hilfe der jüdischen freien Wohlfahrtspflege zu verweisen"*, wie der neu geschaffene § 35a der Reichsgrundsätze über Voraussetzung, Art und Maß der öffentlichen Fürsorge normierte.[1023] Es folgte am 4. Juni 1939 mit der Zehnten Verordnung zum Reichsbürgergesetz[1024] der Zwangszusammenschluss aller Juden in einer Reichsvereinigung, die als Träger der Wohlfahrtspflege ihre hilfsbedürftigen Mitglieder zu unterstützen hatte, sodass diese unter keinen Umständen die öffentliche Fürsorge in Anspruch nehmen konnten (§ 12).[1025] Am 12. Dezember 1940 verbat der Reichsinnenminister in einem Runderlass die Aufnahme jüdischer Kranker in reichsdeutsche Anstalten.[1026] Stattdessen wurden sie auf die zu diesem Zeitpunkt bereits völlig überfüllte Jacoby'sche Heil- und Pflegeanstalt Bendorf-Sayn bei Koblenz verwiesen.[1027]

Zwischen dem zivilrechtlich Untergebrachten und der Anstaltsleitung bestand ein Pflegevertrag, bei dessen Abschluss der Betroffene durch seinen Vormund oder seinen Pfleger vertreten wurde.[1028]

1021 Ebenfalls dem jeweiligen Fürsorgeverband auferlegt waren die Unterbringungskosten für mittellose Patienten (*Schepker*, Finanzierung von Krankenhausbehandlung, S. 493).

1022 Erlass v. 05.11.1942 – abgedr. bei *Schepker*, Finanzierung von Krankenhausbehandlung, S. 488 f.

1023 RGBl. 1938 I S. 1649.

1024 RGBl. I S. 1097.

1025 Dass die jüdische freie Wohlfahrtspflege mitunter weder organisatorisch noch finanziell in der Lage war, die ihr zugedachte Unterstützung zu gewähren, beschreibt *Gruner*, Öffentliche Wohlfahrt und Judenverfolgung, S. 157 ff.

1026 Abgedr. bei *Löw*, Verfolgung und Ermordung der europäischen Juden, Bd. 3, S. 340 f.

1027 Hierbei handelte es sich um eine jüdische Pflegeeinrichtung. Nach ihrer Schließung durch das Reichsministerium des Innern am 10.11.1942 (MBliV S. 2150) wurden die verbleibenden Patienten in das jüdische Krankenhaus Berlin verlegt. Zur Geschichte der Anstalt: *Schabow*, Die Israelitische Jacoby'sche Anstalt.

1028 *Adler*, Unterbringung Geisteskranker, S. 56.

Innerhalb der Einrichtungen dominierten Sparbemühungen: Insbesondere in Form von Personaleinsparungen und Überbelegungen führten sie sowohl aus Anstalts- wie auch aus Patientensicht zu untragbaren Zuständen. Exemplarisch dafür ist der Brandbrief des Leiters der westfälischen Anstalt Eickelborn bei Lippstadt gerichtet an den Landeshauptmann. „*Nichts ist auf die Dauer bedenklicher, als eine größere Zahl gefährlicher Kranker auf einer Abteilung zusammenzuhalten* [...]. *Es geht nicht an, eine Maßnahme, die als vorübergehender Notstand gerechtfertigt war, unter fortschreitend schwierigeren Verhältnissen auf unabsehbare Zeit aufrechtzuerhalten.*“[1029] Zu einer Personalneueinstellung sollte es jedoch nicht kommen[1030]. Ausweg bot vielmehr, wie auch anderswo,[1031] die Verteilung überzähliger Kranker auf andere Einrichtungen. Damit war zwar dem Anstaltspersonal geholfen, jedoch auf Kosten der unmittelbar betroffenen Patienten, welche bar jeden Rechtsmittels die psychisch belastende Verlegung über sich ergehen lassen mussten.

Sofern die Kranken arbeitsfähig waren und die Anstaltsorganisation es zuließ, wurden sie inner- wie außerhalb der Einrichtung zur Verrichtung handwerklicher oder landwirtschaftlicher Tätigkeiten eingesetzt.[1032]

c) Entlassung

Auch für die Entlassung kann im Grunde auf das zur vorherigen Epoche Gesagte verwiesen werden. Demnach gestaltete sich das Entlassungsverfahren spiegelbildlich zur Einweisung und erforderte die Mitwirkung derjenigen Personen oder Behörden, die schon initiativ beteiligt gewesen waren.

Durch die seit 1934 geltenden Regelungen über die Erbgesundheit erhielt das Verfahren jedoch einen entscheidenden Zusatz: So bestimmte Art. 1 II der Ausführungsverordnung des Gesetzes zur Verhütung erbkranken Nachwuchses,[1033]

1029 Schreiben des Eickelborner Direktors Dr. Hermkes an den Landeshauptmann v. 01.07.1933 – abgedr. bei *Küster/Kersting*, Quellen zur Geschichte der Anstaltspsychiatrie, Bd. 2, S. 560 f.

1030 *Küster/Kersting*, Quellen zur Geschichte der Anstaltspsychiatrie, Bd. 2, S. 561, Fn. 496.

1031 Zur Praxis der Patientenverlegungen bereits oben S. 177, 184.

1032 In der eben genannten Provinzheilanstalt Eickelborn etwa stellten die Kranken in den Werkstätten Kunststeine und Kanalrohre her oder fanden im garten- und landwirtschaftlichen Bereich eine Beschäftigung (*Küster/Kersting*, Quellen zur Geschichte der Anstaltspsychiatrie, Bd. 2, S. 574).

1033 Verordnung zur Ausführung des Gesetzes zur Verhütung erbkranken Nachwuchses v. 5.12.1933 (RGBl. I S. 529).

dass ein „*fortpflanzungsfähiger Erbkranker, der in einer geschlossenen Anstalt verwahrt wird,* [...] *nicht entlassen oder beurlaubt werden* [darf], *bevor der* [Sterilisations-]*Antrag gestellt und über ihn entschieden ist.*" Durch die Verknüpfung mit dem Verfahren vor dem Erbgesundheitsgericht dauerte es weitere Monate, bis der Betroffene die Anstalt schließlich verlassen konnte.[1034] Doch nicht überall wurde diese Vorschrift gleich ausgelegt. Der westfälische Landeshauptmann *Schulte-Himmelpforten* etwa wies die Direktoren seiner Provinzialanstalten an, in der Rechtspraxis über den bloßen Gesetzeswortlaut hinaus auch praktische Gesichtspunkte mit zu beachten.[1035] Um die Zahl einstweiliger Zurückhaltungen derer, die für eine Entlassung oder eine Beurlaubung infrage kamen, möglichst gering zu halten, ersetzte er das Tatbestandsmerkmal der Fortpflanzungs*fähigkeit* kurzum durch das der Fortpflanzungs*gefährlichkeit*.[1036] Nur Letzteres sollte künftig das Abwarten des Sterilisationsprozesses rechtfertigen. Fortpflanzungsfähige Pfleglinge waren hingegen unmittelbar nach Stellung des Sterilisationsantrages zu entlassen.

d) Rechtsschutzmöglichkeiten

Die Möglichkeiten des Betroffenen, sich gegen die Unterbringung zur Wehr zu setzen, deckten sich auch im Nationalsozialismus mit denen der beiden vorangehenden Epochen.[1037] In der zeitgenössischen juristischen Literatur lässt sich jedoch eine ideologisch motivierte Zurückhaltung auf diesem Gebiet erkennen: „*Wichtiger als der Schutz des Einzelnen gegen eine unberechtigte Anstaltsunterbringung ist der Schutz der Gesamtheit der Gesunden, der Volksgemeinschaft, gegenüber Übergriffen der Kranken oder Belastung mit erbkrankem Nachwuchs.*"[1038]

1034 *Brink*, Grenzen der Anstalt, S. 281.

1035 Schreiben v. 23.01.1934 – abgedr. bei *Küster/Kersting*, Quellen zur Geschichte der Anstaltspsychiatrie, Bd. 2, S. 451 f.

1036 Zu Fortpflanzungsgefährlichkeit führte Schulte-Himmelpforten weiter aus: „*Es sind dieses die Pfleglinge, bei denen die Gefahr, dass sie sich nach der Entlassung fortpflanzen, groß ist. Hierüber wird die Anstalt selbst am besten ein Urteil abgehen können. Es sprechen dabei z.B. mit das Vorleben, die Anlage und das Verhalten der betreffenden Kranken.*" (Schreiben v. 23.01.1934 – abgedr. bei *Küster/Kersting*, Quellen zur Geschichte der Anstaltspsychiatrie, Bd. 2, S. 451); vgl. auch *Brink*, Grenzen der Anstalt, S. 281.

1037 Insofern sei auf die ausführliche Darstellung der Rechtsschutzmöglichkeiten in der Kaiserzeit verwiesen (oben S. 143).

1038 *Adler*, Unterbringung Geisteskranker, S. 24.

10) Fazit

Die dunkelste Stunde in der Geschichte der „Geisteskrankenfürsorge“ ist während des Dritten Reichs zu verzeichnen. Das Dogma vom wehrhaften und überlegenen „arischen Herrenmenschen“ drängte psychisch Kranke nicht nur an den äußersten gesellschaftlichen Rand, sondern erklärte sie auch zu „Ballastexistenzen“, die dem gesunden „Volkskörper“ schadeten. Eine derartige „rassenhygienische“ Betrachtung war dabei weder ein neues, noch ausschließlich nationalsozialistisches Phänomen: Weitere eugenische Zentren waren seit Beginn des 20. Jahrhunderts die USA, England und Skandinavien.[1039] In Deutschland jedoch ließ die Symbiose politischer und gesetzlicher Bedingungen die Verfolgung psychisch Kranker in beispiellosem Maße eskalieren.

Unter der Ägide des neu gegründeten Gesundheitsamtes und auf Grundlage des Erbgesundheitsgesetzes (GVeN) vom 14. Juli 1933 wurden bis 1945 rund 360.000 Menschen zwangssterilisiert. Ab 1940 ging der Staat dann unter großem Geheimhaltungsaufwand zur Tötung der Betroffenen über. Der neue Typus der Vernichtungsanstalt besaß eine Gaskammer und ein Sonderstandesamt gab gefälschten Todesmeldungen aus. Die formelle Einstellung der „Aktion T4“ im August 1941 beendete nicht Vernichtung an sich, sondern änderte nur deren Methode, indem Patienten fortan dezentral, etwa durch Schlafmittelüberdosierung oder Nahrungsreduzierung, umgebracht wurden. Insgesamt fielen den Krankenmorden während des faschistischen Regimes mehr als 300.000 psychisch Kranke und Menschen mit Behinderungen zum Opfer.

Der gesetzliche Rahmen der Unterbringung blieb auch unter der nationalsozialistischen Herrschaft unverändert. Für „gemeingefährliche Geisteskranke“ war demnach weiterhin die Landespolizei zuständig. In Preußen stellte § 15 PVG grundsätzlich die einschlägige Eingriffsgrundlage dar. Die Reichstagsbrandverordnung vom 28. Februar 1933 und nachfolgende Erlasse weiteten die Polizeibefugnisse sukzessive aus, was besonders auf dem Gebiet der Schutzhaft deutlich wurde. Sie hatte sich zu einem vielseitigen Sanktionsinstrument „asozialen Verhaltens“ entwickelt, das bei entsprechender Auslegung auch gegen „Geisteskranke“ eingesetzt werden konnte, ohne dabei die umständlichen Voraussetzungen des § 15 PVG zu beachten.

Die vertreterseits initiierte Unterbringung griff auf die bekannten BGB-Strukturen zurück und leitete das Unterbringungsrecht nach wie vor aus §§ 1897, 1800, 1631 BGB her.

1039 *Geulen*, Geschichte des Rassismus, S. 92.

Verfahrensrechtlich betrachtet, erforderte jede Einweisung ein medizinisches Gutachten, das lediglich in dringenden Fällen nachträglich erstellt werden durfte. Die Entlassung hing spiegelbildlich von der Mitwirkung derjenigen Personen oder Behörden ab, die schon initiativ beteiligt gewesen waren. Spätestens zu diesem Zeitpunkt wurde das Erbgesundheitsamt auf die Betroffenen aufmerksam, indem die Ausführungsverordnung zum GVeN jede Entlassung und Beurlaubung „fortpflanzungsfähiger Erbkranker“ von der richterlichen Sterilisationsentscheidung abhängig machte. Wenngleich die Praxis Wege fand, diese Vorschrift abzumildern und somit die Zahl einstweiliger Zurückhaltungen zu senken, zeigt sich hieran besonders deutlich das staatliche Streben nach einer möglichst lückenlosen Erfassung und Überwachung dieses Personenkreises.

Wies die zivilrechtliche Unterbringung bereits in der Weimarer Epoche deutlich degenerative Tendenzen auf, so gilt dies umso mehr für das Dritte Reich. Zwar handelte es sich zweifelsohne um eine freiheitsentziehende Maßnahme des gesetzlichen Vertreters, dieser stand jedoch nur dem äußeren Anschein nach im alleinigen Dienste seines Mündels. Entsprechend dem Grundsatz „Du bist nichts – Dein Volk ist alles“ stand vielmehr das Wohl der Volksgemeinschaft an erster Stelle. Ihr hatte eine Unterbringung nach §§ 1897, 1800, 1631 BGB zu nützen, sodass die Bekämpfung einer Selbstgefährdung im ursprünglichen Sinne bedeutungslos wurde. Ein eigenständiger Tätigkeitskreis war dem Vormund respektive Pfleger dabei nicht beschieden, denn auch die Polizei war der Volksgemeinschaft verpflichtet, die nach nationalsozialistischer Lesart zum Schutzgut der öffentlichen Ordnung zählte.

Eine strikt am Wohle des Betroffenen orientierte zivilrechtliche Unterbringung war folglich angesichts der streng paternalistischen Ausrichtung des Fürsorgewesens unmöglich. Es war dieser historische Tiefpunkt, der den Urhebern zukünftiger Unterbringungsgesetze als Mahnmal und Triebfeder zugleich im Gedächtnis bleiben sollte.

D) Die Unterbringung in der zweiten Hälfte des 20. Jahrhunderts

I) Die Nachkriegszeit

Mit Kriegsende am 8. Mai 1945 begann für Deutschland die „Stunde Null". Sie gab nicht nur den Blick frei auf die enorme Zerstörung und Vernichtung im Allgemeinen, sondern auch auf die Folgen der nationalsozialistischen Willkürherrschaft im Speziellen. Die in den Anstalten verübten Gräueltaten und der damit einhergehende Vertrauensverlust wurden zur schwersten Hypothek der Nachkriegspsychiatrie.

Das degenerierte zivilrechtliche Unterbringungsrecht konnte mithilfe des Grundgesetzes und der bundesverfassungsgerichtlichen Spruchtätigkeit wieder in rechtsstaatliche Bahnen geleitetet werden. Im Folgenden soll diese Entwicklung in der Bundesrepublik bis zum Jahr 1969 näher untersucht werden. Den zeitlichen Rahmen liefert dabei die sozialstaatliche Genese und das sich mit ihr ab 1969 wandelnde Gesellschaftsbild.

1) Allgemeinhistorische Einbettung

Nach seiner Kapitulation wurden Deutschland und spiegelbildlich Berlin in vier Besatzungszonen beziehungsweise Sektoren aufgeteilt. Hauptanliegen der Siegermächte waren die Entnazifizierung des deutschen Volkes sowie die Wiederherstellung einer demokratischen Ordnung.[1040] Der ursprüngliche Gedanke, einen gesamtdeutschen Staat zu schaffen, rückte durch die unterschiedlichen sozialpolitischen Vorstellungen von Ost und West und die zunehmenden Spannungen zwischen beiden Lagern in weite Ferne.[1041]

Auf die Gründung der Bundesrepublik Deutschland (BRD) am 24. Mai 1949 folgte am 7. Oktober die Proklamation der Deutschen Demokratischen Republik (DDR).[1042] Sichtbarstes Zeichen der Trennung war die im August 1961 errichtete

---

1040 *Mitteis/Lieberich*, Deutsche Rechtsgeschichte, S. 493.

1041 Verstärkt wurde dieser Zustand durch das Ausscheiden der Sowjets aus dem Alliierten Kontrollrat im März 1948 sowie die Berlin Blockade als Reaktion auf die westdeutsche Währungsreform im Juni 1948.

1042 *Eggeling/Hartmann*, Sowjetische Präsenz, S. 21.

Berliner Mauer, welche der andauernden Bevölkerungsabwanderung nach Westdeutschland Einhalt gebieten sollte.[1043]

Trotz der hochbrisanten außenpolitischen Lage brachten die folgenden Jahre in der BRD eine moderne und liberale Gesellschaft hervor. Insbesondere die Studentenbewegung stellte das herrschende Staats- und Werteverständnis infrage und forderte eine konsequente Aufarbeitung der nationalsozialistischen Vergangenheit.[1044] Zwar ging von den Nürnberger Kriegsverbrecherprozessen vor dem alliierten Militärtribunal zwischen 1945 und 1949 eine große Signalwirkung aus, doch wurde im weiteren Verlauf die angestrebte Entnazifizierung nur mit mäßigem Erfolg durchgeführt.[1045] Nachdem die Westalliierten den bundesdeutschen Gerichten 1950 die volle Zuständigkeit für die Verfolgung von NS-Verbrechen übertragen hatten, gab es lange Zeit keine nennenswerten Ermittlungsverfahren mehr.[1046]

Die Zerstörung allenthalben, Defizite in der sozialen Sicherung sowie der Zustrom von Vertriebenen und Flüchtlingen stellte die deutsche Zusammenbruchsgesellschaft in den 50er Jahren vor enorme Herausforderungen.[1047] Angesichts dessen gewann die Familie als stabilisierende Institution an Bedeutung hinzu.[1048] Gestärkt werden sollte sie von der westdeutschen Politik durch eine Reihe von Reformen wie etwa dem Mutterschutzgesetz (1952) und dem Kindergeldgesetz (1954). Die finanziellen Mittel zur Entwicklung des Sozialstaats in der BRD stellte der ökonomische Aufschwung – das sogenannte Wirtschaftswunder – zur Verfügung.[1049]

Als prägend für das Selbstverständnis der deutschen Gesellschaft erachtete das Bundesverfassungsgericht die Grundrechte und die hierdurch zum Ausdruck kommende objektive Wertordnung. Eben jene wirke, so das Gericht 1958

1043 Die offizielle Begründung für diesen drastischen Schritt war die Befürchtung eines militärischen Überfalls der BRD auf die DDR.

1044 *Wehler*, Deutsche Gesellschaftsgeschichte, Bd. 5, S. 313 f.

1045 Ausführlich hierzu: *Wehler*, Deutsche Gesellschaftsgeschichte, Bd. 4, S. 958 f.; *Wesel*, Geschichte des Rechts, S. 513 f.

1046 Die bis dato gelebte juristische „Schlussstrichmentalität" fand erst 1958 mit dem sog. Ulmer Einsatzgruppenprozess ein Ende (hierzu unten S. 206, Fn. 1084).

1047 *Hockerts*, Der deutsche Sozialstaat, S. 24.

1048 *Coché*, Psychiatrie und Gesellschaft, S. 239; *Wehler*, Deutsche Gesellschaftsgeschichte, Bd. 4, S. 961.

1049 Dabei traten besonders die Förderung des sozialen Wohnungsbaus, die 1957 beschlossene Rentenreform und das Bundessozialhilfegesetz von 1961 hervor (vgl.: *Hockerts*, Der deutsche Sozialstaat, S. 37; *Wehler*, Deutsche Gesellschaftsgeschichte, Bd. 5, S. 262).

in der wegweisenden „Lüth-Entscheidung", in sämtlichen Bereichen, gleich ob Zivil- oder Strafrecht, Verwaltung oder Rechtsprechung.[1050] Insgesamt gelang es dem BVerfG seit seiner Gründung im Jahre 1951 die Entwicklung der Bundesrepublik maßgeblich zu beeinflussen.[1051]

Auf materiellrechtlicher Ebene zeigte sich sowohl im Zivil-, als auch im Verwaltungsrecht eine schrittweise Liberalisierung,[1052] während die Reformen im Strafrecht eher zögerlich ausfielen.[1053]

2) Wahrnehmung von „Geisteskrankheit"

Die Wahrnehmung von „Geisteskrankheit" hatte sich nicht plötzlich mit Kriegsende gewandelt. Unter dem Eindruck der allgemeinen Notlage waren es erneut die „Geisteskranken", an deren Versorgung gespart wurde. Sinnbildlich dafür ist der Ausspruch des Leiters eines Ernährungsamtes in der Pfalz im Jahre 1946: *„Wir haben nicht genug für die Gesunden, da brauchen die Narren erst recht nichts."*[1054] Dahinter offenbart sich neben dem eklatanten Versorgungsnotstand auch die fortgesetzte Ablehnung psychisch Kranker. Eine „Stunde Null" im Umgang mit „Geisteskranken" fand nicht statt.[1055] Selbst dort, wo der Wille zu helfen existierte, verhinderten die völlig zerstörten Strukturen eine rasche Wiederherstellung.[1056]

Das Verhältnis der Bevölkerung dem Phänomen „Geisteskrankheit" gegenüber war ambivalent: Einerseits waren die seit 1920 propagierten eugenischen Gedankenmuster weiterhin präsent, andererseits bestand ein tiefes Misstrauen

---

1050 BVerfG, Urteil v. 15.01.1958 – 1 BvR 400/51, BVerfGE 7, 198 (205).

1051 *Säcker* erblickt im BVerfG gar die *„Krönung des Rechtsstaats"* (Die Verfassungsgerichtsbarkeit im Konvent von Herrenchiemsee, S. 265).

1052 Im BGB brachte das Gleichberechtigungsgesetz von 1957 eine Neuordnung des ehelichen Güterrechts durch Einführung des Güterstandes der Zugewinngemeinschaft (vgl. *Gmür/Roth*, Grundriss der deutschen Rechtsgeschichte, S. 229). Und auch das Verwaltungsrecht erfuhr als bis dato konstante Materie eine Modernisierung: Die rechtschutzentscheidende Differenzierung zwischen Eingriffs- und Leistungsverwaltung wurde vom BVerwG 1954 aufgegeben, sodass fortan auch die Leistungsverwaltung justiziabel war.

1053 Zwar waren die eindeutigen nationalsozialistischen Modifizierungen aus dem StGB getilgt worden, doch gelangte eine 1952 angebahnte Gesamtreform nicht zur Gesetzesreife (*Gmür/Roth*, Grundriss der deutschen Rechtsgeschichte, S. 227).

1054 Zitiert nach: *Brink*, Grenzen der Anstalt, S. 363.

1055 Stattdessen dominierte die Kontinuität: *Hanrath*, Zwischen „Euthanasie" und Psychiatriereform, S. 463; *Schmuhl*, Einführung, S. 16.

1056 *Schmuhl*, Einführung, S. 16 f. Vgl. hierzu unten S. 208.

gegenüber der Psychiatrie. Letzteres wurde jedoch zumindest in der frühen Nachkriegszeit weitestgehend beiseitegeschoben – zu sehr waren die Familien mit dem eigenen Überleben beschäftigt, um einen psychisch kranken Angehörigen zu pflegen. Die fehlende Arbeitskraft des Betroffenen war dabei ein häufiges Argumentationsmuster von familiär initiierten Einweisungen.[1057] Insgesamt stiegen die Anstaltsbelegungszahlen nach dem Krieg stetig an und erreichten etwa in Westfalen bereits 1954 wieder das Vorkriegsniveau.[1058]

Die NS-Ärzteprozesse unmittelbar nach Kriegsende erweckten zwar ein öffentliches Aufklärungsinteresse an dem erlittenen Schicksal psychisch Kranker, doch wurde dies alsbald von der verbreiteten „Schlussstrichmentalität" aufgezehrt.[1059] Erst mit dem preisgekrönten Film „Die Schlangengrube"[1060], der 1950 die Krankengeschichte einer jungen Psychiatriepatientin in einer staatlichen amerikanischen Anstalt darstellte, hatte die Psychiatrie ihre um die Jahrhundertwende verlorene Aufmerksamkeit zurückerlangt. Entsprechend rege und überregional war die Anteilnahme der Bevölkerung an den beiden großen Psychiatrieprozessen der Zeit, dem „Fall Corten" in Hamburg (1950) sowie dem „Eichbergprozess" in Wiesbaden (1952).[1061] Dies geschah jedoch nicht allein aus Sensationslust, sondern auch aus der Angst heraus, selbst zwangsweise untergebracht zu werden.[1062] Insoweit zeigt sich eine Parallele zur wilhelminischen „Irrenrechtsreformbewegung", der es ebenfalls nicht primär um den Schutz der psychisch Kranken, sondern um den *„Schutz des Gesunden vor der fälschlichen Internierung und Entmündigung"*[1063] ging, wie es der Medizinhistoriker *Thorsten Noack* treffend formuliert.

1057 *Coché*, Psychiatrie und Gesellschaft, S. 238 ff.

1058 *Hanrath*, Strukturkrise und Reformbeginn, S. 41; Für weitere Regionen vgl.: *Brink*, Grenzen der Anstalt, S. 366 f.

1059 Hierzu: *Eichmüller*, Die strafrechtliche Verfolgung von NS-Verbrechen und die Öffentlichkeit in der frühen BRD, S. 60; *Petersen*, Geistigbehinderte Menschen, S. 135 ff. Zu den Ärzteprozessen der späten 40er Jahre siehe unten S. 204.

1060 Originaltitel: „The Snake Pit" (USA 1948). Die deutsche Fassung erreichte im Frühjahr 1950 die Kinosäle. Zu den Hintergründen des Films siehe *Noack*, Über Kaninchen und Giftschlangen, S. 312 ff.

1061 Zu Beidem näher unten S. 206.

1062 *„Es sitzt dem Publikum nicht bloß die Sensation, es sitzt ihm die Angst im Nacken, die ohnehin schon durch moderne Filme und Romane genährte Angst vor* […] *dem Irrenhaus."* (*Marein*, Die ZEIT v. 23.11.1950, S. 11).

1063 *Noack*, Über Kaninchen und Giftschlangen, S. 324. Weitere Parallelen zur „Irrenrechtsreformbewegung" beschreibt der Autor auf S. 332 f.

Innerhalb der Ärzteschaft hatte sich der Blick auf psychisch Kranke kaum verändert. Bereitwillig hatten viele Mediziner die entfesselten Forschungschancen genutzt, die ihnen der Nationalsozialismus insbesondere auf dem Gebiet der „Rassenhygiene" bot und versäumten auch nach Kriegsende eine kritische Auseinandersetzung mit ihrem Handeln. Die Psychiatrie blieb eine abgeriegelte medizinische Fachdisziplin, die sich gegen jegliche Einmischungen verwahrte. Besonders deutlich wurde dies im Rahmen der Diskussion um die richterliche Genehmigung der Unterbringung sowie dem Versuch, Psychologen aus dem klinisch-diagnostischen Sektor fernzuhalten.[1064] In vielen Fällen schien das eilig hervorgebrachte Patientenwohl als Platzhalter für verletzten Standesdünkel herhalten zu müssen.

Kurative Behandlungen waren in den Wirren nach 1945 kaum zu realisieren. Der Fokus lag vielmehr darauf, überhaupt den Fortbestand der Anstalt zu gewährleisten, was zur Ausnutzung der noch körperlich belastbaren Kranken führte und damit die *Simon'sche* Arbeitstherapie einzig auf ihren ökonomischen Nutzen reduzierte.[1065] In der wissenschaftlichen Diskussion dominierten weiterhin die Insulin- und Krampfbehandlungen, bis in den 50er Jahren durch verstärkte chemische und pharmakologische Forschung eine moderne Psychopharmakatherapie zunehmend in den Fokus geriet.[1066]

3) NS-Ärzte-Prozesse

Am 9. Dezember 1946 begann – ebenfalls in Nürnberg – die juristische Aufarbeitung der NS-Medizinverbrechen. Neben seiner punitiven Funktion strebte der Prozess auch die Etablierung einheitlicher völkerrechtlicher Standards für medizinische Menschenversuche an, wie sie später im sogenannten Nürnberger Kodex zum Ausdruck kamen.[1067] Hauptangeklagter war *Karl Brandt*, der als einer der höchsten Gesundheitsfunktionäre des Dritten Reiches mit der Organisation des „Euthanasieprogramms" betraut gewesen war.[1068] Mit ihm hatte sich

---

1064 *Hanrath*, Strukturkrise und Reformbeginn, S. 44.

1065 Zur „aktiveren Krankenbehandlung" nach Hermann Simon siehe bereits oben S. 156.

1066 *Schott/Tölle*, Geschichte der Psychiatrie, S. 480, 485. Die Einführung der Psychopharmaka führte zu einer erheblichen Verkürzung der durchschnittlichen Verweildauer in den Einrichtungen (*Bundestag*, Drucksache Nr. 7/4200, S. 62).

1067 Hierzu ausführlich: *Wunder*, Der Nürnberger Kodex und seine Folgen.

1068 Zu seiner Rolle im „Euthanasie-Programm" bereits oben S. 186, Fn. 979.

in dieser Sache der ehemalige Oberdienstleiter der Kanzlei des Führers, *Viktor Brack*, zu verantworten.[1069]

Beide zeigten sich von der ethischen Rechtmäßigkeit der Patiententötungen überzeugt und bezeichneten diese als Akt des Mitleids.[1070] Überdies sei hierin kein strafbares Verhalten zu erblicken, da der Führererlass vom 1. September 1939 ein Rechtssetzungsakt darstelle, der das Tötungsverbot unheilbarer „Geisteskranker" aufgehoben habe, so *Bracks*' Verteidiger in seinem Plädoyer.[1071] Die Berufung auf einen Befehlsnotstand spielte in der Anklageverteidigung nur eine untergeordnete Rolle, da Art. 8 des Statuts für den Internationalen Militärgerichtshof diesen nur als Strafmilderungs-, nicht aber als Ausschlussgrund zuließ.[1072] *Brandt* und *Brack* wurden der „Euthanasieverbrechen" für schuldig befunden und am 20. August 1947 zum Tode durch den Strang verurteilt. Das Urteil wurde am 2. Juni 1948 im Kriegsverbrechergefängnis Landsberg vollstreckt.

Für die deutsche Ärztekommission begleitete der junge Neurologie-Privatdozent *Alexander Mitscherlich* den Prozess zusammen mit *Alice von Platen* und *Fred Mielke*. Fünf Monate vor Urteilsspruch erschien im März 1947 „Das Diktat der Menschenverachtung"[1073], eine Verhandlungsdokumentation, die jedoch, so *Mitscherlich* rückblickend, ein *„kaum nennenswertes Echo"* unter den deutschen Ärzten auslöste.[1074] Der 1949 publizierte Abschlussbericht „Medizin ohne Menschlichkeit" konnte bereits nicht mehr mit dem Interesse der Öffentlichkeit rechnen,[1075] die sich nach einem Schlussstrich unter die NS-Vergangenheit sehnte, und verschwand alsbald aus den Regalen.[1076]

1069 Den restlichen der insgesamt 24 Angeklagten wurde die Mitwirkung an tödlichen Häftlingsexperimenten vorgeworfen.

1070 *Ebbinghaus*, Strategien der Verteidigung, S. 414.

1071 *Ebbinghaus*, Strategien der Verteidigung, S. 417 f.

1072 Art. 8 des Statuts v. 08.08.1945 lautete: *„Die Tatsache, dass ein Angeklagter auf Befehl seiner Regierung oder eines Vorgesetzten gehandelt hat, gilt nicht als Strafausschließungsgrund, kann aber als Strafmilderungsgrund berücksichtigt werden, wenn dies nach Ansicht des Gerichtshofes gerechtfertigt erscheint."* Ausführlich zum Befehlsnotstand und seine Bedeutung für die Verteidigung in den Nürnberger Prozessen: *Burkhardt*, Das NS-Euthanasie-Unrecht vor den Schranken der Justiz, S. 522 f.

1073 *Mitscherlich/Mielke*, Das Diktat der Menschenverachtung.

1074 Zitiert nach: *Peter*, Unmittelbare Reaktionen auf den Prozeß, S. 459.

1075 Die Gründe für das geringe Interesse der deutschen Öffentlichkeit an dem Prozess untersucht *Krösche*, Abseits der Vergangenheit.

1076 Hartnäckig hält sich das Gerücht, ärztliche Kreise selbst hätten die übrigen Exemplare aufgekauft, um Schaden von der Ärzteschaft abzuwenden, wahrscheinlicher erscheint jedoch die Erklärung, dass die Bücher aufgrund mangelnder Verkaufszahlen letztlich

Neben den Militärprozessen fanden in Deutschland auch Prozesse wegen Krankenmordes vor der ordentlichen Gerichtsbarkeit statt. So verurteilte am 21. Dezember 1946 das Landgericht Frankfurt den Direktor der Anstalt Eichberg, *Friedrich Mennecke*, wegen Mordes zum Tode und den dortigen Leiter der Kinderfachabteilung, *Walter Schmidt*, zu lebenslanger Haft.[1077] Über Letzteren wurde im Revisionsverfahren vor dem Oberlandesgericht Frankfurt ebenfalls die Todesstrafe verhängt.[1078]

Die in der hessischen Vernichtungsanstalt Hadamar begangenen Verbrechen waren ab dem 24. Februar 1947 Gegenstand gerichtlicher Aufarbeitung.[1079] Angeklagt waren unter anderen die Ärzte *Adolf Wahlmann* und *Bodo Gorgass*, die am 26. März 1947 zum Tode verurteilt wurden.[1080] Beide befanden sich nach Ansicht des Gerichts nicht in einem Verbotsirrtum, da sie den Unrechtsgehalt des „Euthanasie-Erlasses" Hitlers und somit auch des eigenen Handelns erkannt hätten.[1081] Die Pfleger, Schwestern und Büroangestellten wurden zu Haftstrafen verurteilt.

Mit Inkrafttreten des Grundgesetzes wurden die ausgesprochenen Todesstrafen in lebenslange Haftstrafen umgewandelt, bevor es in den 50er Jahren zu einer Amnestiewelle kam, die zur frühzeitigen Entlassung der Verurteilten führte.[1082]

Hatte die Öffentlichkeit die Verfahren anfangs noch mit Interesse verfolgt, nahm dieses im weiteren Verlauf stetig ab. Korrespondierend dazu schienen sich in den Folgejahren auch die Ermittlungsbemühungen der Strafverfolgungsbehörden in Grenzen zu halten, sodass entsprechende Prozesse mehr Zufallsprodukten

---

vernichtet wurden (*Freimüller*, Wie eine Flaschenpost, Zeithistorische Forschungen 2010, S. 145 (149)).

1077 *Meusch*, Die strafrechtliche Verfolgung der Hadamarer „Euthanasie"-Morde, S. 308.

1078 *Meusch*, Die strafrechtliche Verfolgung der Hadamarer „Euthanasie"-Morde, S. 309. Mennecke starb im Januar 1947 in seiner Zelle. Schmidts Todesstrafe wurde 1948 in eine lebenslange Haftstrafe umgewandelt. 1953 wurde er entlassen.

1079 Ein zweites Verfahren wurde im Januar 1948 gegen fünf diensthabende Schwestern und einen Pfleger geführt. Es endete mit zwei Freisprüchen und Haftstrafen im unteren Bereich.

1080 *Meusch*, Die strafrechtliche Verfolgung der Hadamarer „Euthanasie"-Morde, S. 309 f. Gorgass wurden mindestens 1.000 Tötungen, Wahlmann mindestens 900 Tötungen zur Last gelegt.

1081 *Meusch*, Die strafrechtliche Verfolgung der Hadamarer „Euthanasie"-Morde, S. 315.

1082 Unter ihnen befanden sich auch die ehemaligen Todeskandidaten Schmidt, Wahlmann und Gorgass (*Meusch*, Die strafrechtliche Verfolgung der Hadamarer „Euthanasie"-Morde, S. 318).

denn dem Werk einer systematisch ermittelnden Justiz glichen.[1083] Dies änderte sich indes 1958 mit der Gründung der Zentralen Stelle der Landesjustizverwaltungen zur Aufklärung nationalsozialistischer Verbrechen. Hierin manifestierte sich ein gewandeltes Bevölkerungsbewusstsein: Aufgerüttelt durch die schockierenden Details aus dem sogenannten Ulmer Einsatzgruppenprozess[1084], setzte sich das Aufklärungsinteresse insbesondere der Nachkriegsgeneration gegenüber dem Vergessen-Wollen der Älteren durch.[1085]

4) Psychiatrieskandale in der frühen BRD

Auch nach dem Krieg war die kustodiale Psychiatrie im Inneren sowohl in personeller als auch medizinischer Sicht weitestgehend statisch geblieben. Erst in den fünfziger Jahren richtete sich das Schlaglicht der öffentlichen Aufmerksamkeit erneut auf sie. Doch anders als vorher ging es nun nicht mehr um eine juristische Vergangenheitsbewältigung, sondern um den Zustand der gegenwärtigen psychiatrischen Unterbringung. Sensibilisiert durch die cineastische Psychiatriekritik[1086] fielen die nachfolgenden Gerichtsverfahren in der Bevölkerung auf fruchtbaren Boden.

Den Auftakt machte 1950 ein vor dem Landgericht Hamburg verhandelter Fall. Dem Arzt *Martin-Heinrich Corten* wurde zur Last gelegt, seine Ehefrau mehrfach unter Vorspiegelung ihrer „Geisteskrankheit" in psychiatrische Kliniken eingewiesen zu haben, um derweil mit seiner Geliebten zusammen zu leben. Da es sich jedoch formaljuristisch um freiwillige Klinikaufenthalte gehandelt hatte, war der zentrale Vorwurf der Freiheitsberaubung nicht aufrechtzuerhalten und *Corten* infolgedessen freizusprechen.

Wenngleich der Prozess somit aus rein unterbringungsrechtlicher Sicht wenig spektakulär war, entfaltete seine öffentliche Rezeption eine bemerkenswerte Eigendynamik, die zu einem, über die gewöhnliche Presseberichterstattung hinausgehenden, Diskurs auf allen gesellschaftlichen Ebenen führte. Der Boulevard zeigte sich schockiert über den Freispruch,[1087] geißelte die Allmacht

---

1083 *Eichmüller*, Die strafrechtliche Verfolgung von NS-Verbrechen und die Öffentlichkeit in der frühen BRD, S. 71.

1084 Ihm lag die Massenerschießung von Juden 1941 in Litauen zugrunde. Näher hierzu: *Müller*, Die Mörder sind unter uns.

1085 *Eichmüller*, Die strafrechtliche Verfolgung von NS-Verbrechen und die Öffentlichkeit in der frühen BRD, S. 72.

1086 Zum Film „Die Schlangengrube" siehe oben S. 202.

1087 *Noack*, Über Kaninchen und Giftschlangen, S. 323.

der Anstaltspsychiater und forderte einen besseren Schutz vor unbegründeten Entmündigungen und Unterbringungen.[1088] Die Psychiater sahen hierin einen Angriff auf ihre Profession und gingen wie schon zu Zeiten der wilhelminischen „Irrenrechtsreformbewegung" zum Gegenangriff über, indem sie die Öffentlichkeit suchten und in Fachpublikationen ihren Standpunkt vortrugen.[1089] Von systemimmanenten Missständen wollte man nichts wissen. Berichte über unrechtmäßige Einweisungen wurden zu „antipsychiatrischer Propaganda" erklärt beziehungsweise als Ausnahmen bezeichnet.[1090] In der geforderten Verschärfung des Unterbringungsverfahrens sahen die Ärzte eine unzulässige Einmischung in den Anstaltskosmos, die auch zulasten der Patienten wirke, indem Akutinterventionen unnötig erschwert werden würden.[1091]

Im Jahre 1952 fand vor dem Wiesbadener Landgericht ein Verfahren statt, das mit 38 Verhandlungstagen und 158 Zeugen das größte seiner Art seit dem Nürnberger Ärzteprozess war.[1092] Angeklagt waren zwei freie Journalisten sowie der „Stern" Chefredakteur wegen Verbreitung falscher Anschuldigungen. Dem Prozess zugrunde lag die Investigativrecherche des jungen Reporters *Michael Heinze-Mansfeld* 1950 in der Landesheilanstalt Eichberg, welche die Klinikleitung schwer belastete.[1093] So sollten entlassungsreife Patienten, deren Arbeitskraft jedoch von Nutzen war, unter Zuhilfenahme physischer und psychischer Gewalt in der Anstalt zurückbehalten worden sein. Außerdem war von mangelnder ärztlicher Aufsicht und antiquierten Therapiemethoden zu lesen.[1094] Die beschuldigten Ärzte wehrten sich hiergegen mit einer Anzeige wegen Beleidigung und Verleumdung. Dass eine derartige Reaktion die verletzte ärztliche Ehre nicht wiederherzustellen vermochte, hätten die Betroffenen bereits dem Ausgang des ähnlich gelagerten Aachener „Alexianer-Prozesses" 1895 entnehmen können. Hier wie dort bestätigten die Verhandlungen Versäumnisse in der

1088 Hierzu schon oben S. 202.

1089 Zum ärztlichen Selbstverständnis vgl. *Brink*, Grenzen der Anstalt, S. 388 f.

1090 Etwa: *Janz*, Stellungnahme zu dem Entwurf des Bundesgesetzes über das gerichtliche Verfahren bei Freiheitsentziehungen und Freiheitsbeschränkungen, Der Nervenarzt 1952, S. 191 (191).

1091 *Brink*, Grenzen der Anstalt, S. 388 (m.w.N.).

1092 *Noack*, Über Kaninchen und Giftschlangen, S. 317.

1093 Ähnlich vorgegangen war der Journalist Hasso Ziegler, der sich im September 1950 unter Vortäuschung einer Morphiumabhängigkeit in die Anstalt Wittenau bei Berlin einweisen ließ und dort recherchierte (*Noack*, Über Kaninchen und Giftschlangen, S. 326 f.).

1094 *O. A. [Heinze-Mansfeld, Michael]*, Der Stern v. 09.07.1950.

Therapie der untergebrachten Kranken und zogen eine enorme Aufmerksamkeit auf sich.

5) Psychiatrische Einrichtungen

Die Übergangszeit nach Kriegsende bis in die 50er Jahre gestaltete sich für die psychiatrischen Einrichtungen als außerordentliche Belastungsprobe. In den teilweise kriegszerstörten Gebäuden mangelte es an Sachgütern und Lebensmitteln. Neben psychisch Kranken hatten zunächst auch Alte, Verwundete und ehemalige KZ-Häftlinge in den Häusern Zuflucht gefunden, sodass therapeutische Konzepte die Ausnahme bildeten und vielmehr existentielle Fragen den Alltag dominierten.[1095] Für das Jahr 1945 überschritten die Sterberaten von bis zu 50 Prozent sogar diejenigen der Kriegszeit.[1096] Nach Schätzungen *Faulstichs* verhungerten in den ersten Nachkriegsjahren mindestens 20.000 deutsche Anstaltspatienten.

In den 50er Jahren normalisierte sich die Lage zunehmend und die Anstalten konnten wieder ihrem originären Zweck zugeführt werden.[1097] Bald schon war vielerorts die Kapazitätsgrenze erreicht, sodass es zu Umverteilungen in weniger ausgelastete Einrichtungen – teilweise innerhalb der ganzen Bundesrepublik – kam.[1098] Ein Mitspracherecht wurde den betroffenen Patienten dabei nicht eingeräumt, sodass sich auch hier das bereits in vorherigen Epochen gewonnene Bild einer „mundlosen Verschiebemasse" aufdrängt.

Für Reformen und Modernisierungen fehlten meist die finanziellen Mittel. Bereits die Deckung der reinen Betriebskosten fiel angesichts der niedrigen Pflegesätze schwer. Vermehrt waren die Anstalten daher auf Zuschüsse ihres Trägers angewiesen oder mussten sich gar verschulden.[1099] Ausdruck der finanziellen Unterversorgung war auch die gemeinsame Unterbringung forensischer und übriger Patienten. Letztere Gruppe war folglich auch den gleichen strengen Kontrollen und Einschränkungen unterworfen.[1100]

1095 *Brink*, Grenzen der Anstalt, S. 364.

1096 Weitere Zahlen und Nachweise bei: *Faulstich*, Die Anstaltspsychiatrie unter den Bedingungen der „Zusammenbruchgesellschaft", S. 24, Fn. 10.

1097 *Schmuhl*, Einführung, S. 17.

1098 *Brink*, Grenzen der Anstalt, S. 367.

1099 *Simon*, Krankenhauspolitik, S. 42 ff.; *Schott/Tölle*, Geschichte der Psychiatrie, S. 303 f.

1100 *Noack*, Über Kaninchen und Giftschlangen, S. 329.

6) Überblick über die Rechtslage

a) Art. 104 II S. 1 GG

Das Grundgesetz vom 23. Mai 1949 hatte eine nicht zu unterschätzende Auswirkung auf die Unterbringung psychisch Kranker. Während Art. 114 der Weimarer Reichsverfassung Freiheitsentziehungen unter Gesetzesvorbehalt stellte, ging Art. 104 GG in zweierlei Hinsicht weiter, indem er nunmehr explizit ein *förmliches* Gesetz (Absatz 1) verlangte und den Eingriff zudem an eine richterliche Entscheidung knüpfte (Absatz 2).[1101] Ob sich Art. 104 II S. 1 GG dabei lediglich auf Akte der öffentlichen Gewalt beschränkte, war bis zur Bestätigung dieser Frage durch den BGH 1955 umstritten.[1102] Fünf Jahre später wurde diese Rechtsauffassung allerdings durch das BVerfG revidiert.[1103]

aa) Der Beschluss des BGH vom 30. März 1955

Bis 1955 war die Reichweite des von Art. 104 II S. 1 GG vorgeschriebenen Richtervorbehalts ungeklärt.[1104] Zweifelsfrei traf dieser auf öffentlich-rechtliche Unterbringungen, also behördliches Handeln, zu. Doch waren auch fürsorgliche Einweisungen vom Anwendungsbereich des Art. 104 II S. 1 GG umfasst?

Bereits in den Beratungen zum Freiheitsentziehungsverfahrensgesetz[1105] wurde diese Frage virulent diskutiert und letztlich vereint. Ein gesteigertes Missbrauchspotential vermochten die Sachverständigen und Politiker bei privaten Unterbringungen nicht zu erkennen. Vielmehr schien ihnen bei Zwischenschaltung eines richterlichen Verfahrensschrittes der rasche Behandlungsbeginn und damit das Patientenwohl gefährdet.[1106]

Am 30. Mai 1955 hatte der BGH über die Beschwerde eines „Trunksüchtigen" zu entscheiden, der von seinem vorläufigen Vormund zwecks Durchführung einer Entziehungskur in eine Heilanstalt eingewiesen worden war und sich auf einen Verstoß gegen Art. 104 II S. 1 GG berief.[1107] Dem trat das Gericht

---

1101 Vgl. hierzu das Protokoll der Sitzung des Parlamentarischen Rats v. 23.09.1948 zur Erörterung der persönlichen Freiheit: *Der Parlamentarische Rat*, Ausschuß für Grundsatzfragen, S. 78 ff.

1102 BGH, Beschluss v. 30.03.1955 – IV ZB 23/55, BGHZ 17, 108.

1103 BVerfG, Beschluss v. 10.02.1960 – 1 BvR 526/53, 1 BvR 29/58, BVerfGE 10, 302.

1104 Zum Meinungsstand: *Erhardt/Villinger*, Forensische und administrative Psychiatrie, S. 291 sowie BGH, Beschluss v. 30.03.1955 – IV ZB 23/55, BGHZ 17, 108 (112 f.).

1105 Dazu ausführlich unten S. 213.

1106 Dazu bereits oben S. 207.

1107 BGH, Beschluss v. 30.03.1955 – IV ZB 23/55, BGHZ 17, 108.

insbesondere mit einem Verweis auf die Systematik der Norm und deren Entstehungsgeschichte entgegen. So könne Art. 104 II S. 1 GG nur im Gesamtzusammenhang mit seinen übrigen Sätzen sowie mit Absatz 3 begriffen werden, denen erkennbar nur solche Eingriffe zugrunde lägen, die von Trägern öffentlicher Gewalt ausgingen.[1108] Weiterhin dränge sich der Vergleich zu Art. 114 WRV auf, dem historischen Vorbild des Art. 104 GG, der seinerseits noch ausdrücklich eine Eingrenzung auf die öffentliche Gewalt enthielt.[1109] Dies zugrunde gelegt, blieb dem BGH noch zu prüfen, ob der Vormund nicht kraft seines Amtes in Ausübung öffentlicher Gewalt handle, was indes mit der Verankerung des Vormundschaftsrechts im Privatrecht abgelehnt wurde.[1110]

In der Folgezeit schlossen sich Rechtsprechung und Literatur dem BGH an, sodass die Frage nach der Reichweite des Art. 104 II S. 1 GG (zunächst) geklärt schien.[1111]

bb) Der Beschluss des BVerfG vom 10. Februar 1960

Eine Abkehr von dieser Rechtsauffassung stellte der Beschluss des BVerfG vom 10. Februar 1960 dar. Das Gericht bejahte zunächst einen Eingriff in den Schutzbereich der persönlichen Freiheit (Art. 2 II S. 2 GG) und hielt der Annahme, eine Freiheitsentziehung scheide bereits begrifflich aus, da nicht der Wille des geschäftsunfähigen Betroffenen, sondern dessen Vertreters maßgeblich sei, entgegen, dass allein der natürliche Wille des Verletzten entscheidend sei.[1112] Sodann arbeitete es den untrennbaren Zusammenhang zwischen Art. 2 II S. 2 GG und Art. 104 GG heraus. Dementsprechend sei der Schutz der persönlichen Freiheit als zentrale Wertentscheidung umfassend zu verstehen und gelte auch für die fürsorgerische Unterbringung. Sie lasse sich, so das BVerfG, trotz der „*Eigentümlichkeit, daß die Fürsorge hier im Rahmen eines personalen Gewaltverhältnisses ausgeübt wird und daß der Staat sich zu ihrer Durchführung einer Privatperson bedient*“[1113], auf die Wahrnehmung einer hoheitlichen Aufgabe, der öffentlichen Fürsorge, zurückführen. Dies manifestiere sich einerseits in der obrigkeitlichen Bestellung des Vormundes sowie dessen staatlicher Überwachung und

---

1108 BGH, Beschluss v. 30.03.1955 – IV ZB 23/55, BGHZ 17, 108 (113).

1109 BGH, Beschluss v. 30.03.1955 – IV ZB 23/55, BGHZ 17, 108 (113 f.).

1110 BGH, Beschluss v. 30.03.1955 – IV ZB 23/55, BGHZ 17, 108 (115).

1111 *Maurer*, Das privatrechtliche Unterbringungsrecht und Art. 104 des Grundgesetzes, FamRZ 1960, S. 468 (468).

1112 BVerfG, Beschluss v. 10.02.1960 – 1 BvR 526/53, 1 BvR 29/58, BVerfGE 10, 302 (309 f.).

1113 BVerfG, Beschluss v. 10.02.1960 – 1 BvR 526/53, 1 BvR 29/58, BVerfGE 10, 302 (324).

andererseits in der Möglichkeit, Vollzugsorgane hinzuzuziehen, sollte sich das Mündel der Einweisung erwehren.[1114] Da der Staat sich jedoch nicht aus seiner Grundrechtsbindung befreien könne, indem er eine originär hoheitliche Aufgabe auf Private auslagere, habe auch bei der vormundschaftlichen Unterbringung der richterliche Genehmigungsvorbehalt nach Art. 104 II S. 1 GG zu greifen.[1115] Dogmatisch betrachtet war es dem Gericht somit möglich, durch Betonung der öffentlich-rechtlichen Komponente die Frage nach einer zivilrechtlichen Ausstrahlung des Art. 104 II S. 1 GG unentschieden zu lassen.[1116]

Kritische Stimmen sahen in der Entscheidung des BVerfG weniger ein schützendes Verhalten des Staates, sondern vielmehr das Eindringen in die Privatsphäre der Betroffenen.[1117] Der Vormund sei regelmäßig nächster Angehöriger und folglich persönlich mit dem Kranken verbunden. Ihm und den übrigen Verwandten gegenüber habe er seine Entscheidung zu rechtfertigen, sodass in aller Regel eine leichtfertige Unterbringung ausscheide.[1118]

b) § 1800 II BGB

In Umsetzung der Entscheidung des BVerfG fand 1962 § 1800 II Eingang in das BGB, der die Unterbringung des Mündels von der Genehmigung des Vormundschaftsgerichts abhängig machte. Damit wurde zugleich erstmalig die Unterbringungsbefugnis des Vormundes erwähnt, die sich bis dato nur durch Auslegung des Aufenthaltsbestimmungsrechts herleiten ließ.[1119]

1114 BVerfG, Beschluss v. 10.02.1960 – 1 BvR 526/53, 1 BvR 29/58, BVerfGE 10, 302 (326 f.).

1115 BVerfG, Beschluss v. 10.02.1960 – 1 BvR 526/53, 1 BvR 29/58, BVerfGE 10, 302 (327).

1116 *Maurer,* Das privatrechtliche Unterbringungsrecht und Art. 104 des Grundgesetzes, FamRZ 1960, S. 468 (469).

1117 *Maurer,* Das privatrechtliche Unterbringungsrecht und Art. 104 des Grundgesetzes, FamRZ 1960, S. 468 (473).

1118 *Maurer,* Das privatrechtliche Unterbringungsrecht und Art. 104 des Grundgesetzes, FamRZ 1960, S. 468 (473).

1119 § 1800 II BGB lautete: „*Eine Unterbringung des Mündels, die mit Freiheitsentziehung verbunden ist, ist nur mit Genehmigung des Vormundschaftsgerichts zulässig; das Vormundschaftsgericht soll den Mündel vor der Entscheidung hören. Ohne die Genehmigung ist die Unterbringung nur zulässig, wenn mit dem Aufschub Gefahr verbunden ist; die Genehmigung ist unverzüglich nachzuholen. Das Gericht hat die Genehmigung zurückzunehmen, wenn das Wohl des Mündels die Unterbringung nicht mehr erfordert.*" Zum vormundschaftsgerichtlichen Verfahren siehe unten S. 220.

Kernbegriff des § 1800 II BGB war die *Freiheitsentziehung*. Sie setzte nach Ansicht des BVerfG, wie eben gesehen, eine Unterbringung gegen den *natürlichen* Willen des Betroffenen voraus. Die Fähigkeit, einen rechtserheblichen Willen zu bilden, blieb ohne Belang. Jedoch musste der Gebrechliche in der Lage sein, Art sowie Bedeutung des angestrebten Freiheitseingriffs zu erkennen.[1120] Die Anwendung von Zwang, Gewalt, Drohung oder arglistiger Täuschung schloss die Wirksamkeit der Einwilligung aus.

Weiteres Merkmal einer Freiheitsentziehung war die völlige Aufhebung der Bewegungsfreiheit, was nach damaliger Rechtsauffassung ausschließlich in einer geschlossenen Anstalt (nicht aber in einer offenen beziehungsweise halboffenen) der Fall sein konnte.[1121]

c) § 55a III FGG

Neu geschaffen wurde 1961 außerdem § 55a FGG, der in seinem Absatz 3 dem Vormundschaftsgericht bei Gefahr im Verzug eine einstweilige Unterbringung ermöglichte.[1122]

d) Landesunterbringungsgesetze

Die Regelung öffentlich-rechtlicher Unterbringungen bleib weiterhin Landessache. Bis 1958 hatten alle Bundesländer Gesetze erlassen, die neben den materiellen Voraussetzungen auch das Verfahren normierten und dort insbesondere dem Richtervorbehalt des Art. 104 II S. 1 GG Rechnung trugen. Aufgrund ihrer gefahrenabwehrrechtlichen Ausrichtung stellten sie zwar, formal betrachtet,

---

1120 *Böning*, Zwangsunterbringung volljähriger Mündel, NJW 1960, S. 1374 (1374); *Dölle*, Familienrecht, Bd. 2, S. 905; *Franke*, Grundlagen der Anstaltsunterbringung Psychischkranker in verfassungs-, privat- und verwaltungsrechtlicher Sicht, NJW 1960, S. 1369 (1369); BGH, Urteil v. 02.12.1963 – III ZR 222/62, NJW 1964, 1177 (1178).

1121 *Franke*, Grundlagen der Anstaltsunterbringung Psychischkranker in verfassungs-, privat- und verwaltungsrechtlicher Sicht, NJW 1960, S. 1369 (1369); *Bohnenberg*, Rosenthal, BGB, § 1800, Rn. 4787; *Saage*, Freiheitsentziehungsverfahren, S. 29. Zur Entstehungsgeschichte des § 1800 II BGB insb. bzgl. des Tatbestandsmerkmals der Freiheitsentziehung vgl. *Schwarzhaupt*, Das Familienrechtsänderungsgesetz von 1961, FamRZ 1962, S. 49 (50).

1122 Näheres bei *Göppinger*, Die vorläufige Anordnung im Verfahren der freiwilligen Gerichtsbarkeit unter Berücksichtigung anderer Verfahrensordnungen, ACP 1969, S. 513; sowie OLG Düsseldorf, Beschluss v. 11.01.1963 – 3 W 441/62, FamRZ 1963, 528 (529).

einen besonderen Teil des Polizeirechts dar,[1123] doch fanden zunehmend auch fürsorgerische Gesichtspunkte Eingang in die Landesunterbringungsgesetze. Am deutlichsten zeigte sich dies im Baden-Württembergischen Unterbringungsgesetz von 1955[1124], welches, anknüpfend an die Tradition des „Badischen Irrenfürsorgegesetzes", in § 3 I auch bei drohender Verwahrlosung eine Zwangseinweisung zuließ. Das Verankern fürsorgerischer Motive im öffentlichen Recht, erschwerte die Abgrenzung zur privatrechtlichen Unterbringung und mündete in der Praxis vielfach darin, den Verfahrensweg des geringsten Widerstandes zu wählen.[1125] In seinem Kommentar zum Unterbringungsrecht kritisierte der Tübinger Ordinarius für Strafrecht, *Jürgen Baumann*, diese Entwicklung mit deutlichen Worten: „*Mehr und mehr konkurrieren der Sache nach polizeirechtliche U*[nterbringungs]*-gesetze, indem sie den Fürsorgegedanken aufnehmen, mit der U*[nterbingung], *die auf Grund der Bundesgesetze möglich ist. Mehr und mehr werden damit die polizeirechtlichen Grundlagen verlassen und wird das Polizeirecht zum bloßen Plafond einer den Sicherungsgedanken überlagernden Fürsorgeunterbringung.*"[1126] Und weiter: „*Eine fürsorgliche Betrachtung dieses Rechtsgebietes würde sowohl der geschichtlichen Entwicklung, als auch dem positivrechtlichen Befund Gewalt antun*".[1127] Gleichwohl hatte sich das Nebeneinander von Fürsorge- und Ordnungsgedanken im öffentlichen Unterbringungsrecht etabliert und wurde schließlich 1981 in einer Grundsatzentscheidung des BVerfG als verfassungsgemäß bestätigt.[1128]

e) FEVG-Entwurf

Zu Beginn der 50er Jahre begann in den politischen Gremien die Erarbeitung eines neuen Unterbringungsverfahrensgesetzes. Ursächlich war hierfür nicht

---

1123 *Baumann*, Unterbringungsrecht, S. 32; *Holzhauer*, Gutachten B für den 57. DJT, S. 99; *Marschner/Lesting/u.a.*, Freiheitsentziehung und Unterbringung, S. 6, Rn. 9.

1124 Gesetz über die Unterbringung von Geisteskranken und Suchtkranken v. 16.05.1955 (GBl. BW S. 87).

1125 *Holzhauer*, Gutachten B für den 57. DJT, S. 100; *Bergener*, Die zwangsweise Unterbringung psychisch Kranker, S. 29, 43; *Bundestag*, Drucksache Nr. 11/4528, S. 54.

1126 *Baumann*, Unterbringungsrecht, S. 24.

1127 *Baumann*, Unterbringungsrecht, S. 26.

1128 BVerfG, Beschluss v. 07.10.1981 – 2 BvR 1194/80, BVerfGE 58, 208. Kritisch hingegen: *Neumann*, Freiheitssicherung und Fürsorge im Unterbringungsrecht, NJW 1982, S. 2588. Zur sog. zweiten Generation der Landesunterbringungsgesetze mit ihrem ausgeprägten Fürsorgegedanken vgl. *Lamberz*, Die Unterbringung psychisch Kranker, S. 12 ff.

allein die antipsychiatrische Stimmung in der Gesellschaft, sondern auch und vor allem Art. 104 II S. 1 GG[1129]. Seiner Voraussetzung, Freiheitsentziehungen an eine richterliche Zustimmung zu knüpfen, wurden die Unterbringungsverfahrensregelungen der Länder nicht gerecht, sodass ein verfassungswidriger Zustand existierte, den es unverzüglich zu beheben galt. Im November 1951 stimmten die Bundestagsfraktionen dem Antrag der Deutschen Partei zu, die Regierung solle baldmöglichst einen Gesetzesentwurf zu einem einheitlichen Unterbringungsrecht einbringen.[1130]

Am 22. Juli 1952 legte die Bundesregierung dem Parlament den ersten Entwurf eines „Gesetzes über das gerichtliche Verfahren bei Freiheitsentziehungen" (kurz: FEVG) vor, in den bereits die Änderungsvorschläge des Bundesrates eingeflossen waren.[1131] Es sollte, wie sein Name schon ausdrückt, nur das Verfahren regeln und das materielle Unterbringungsrecht, unberührt lassen.[1132] § 2 des FEVG Entwurfes bestimmte: *„Über eine Freiheitsentziehung auf Grund bundes- oder landesgesetzlicher Vorschriftgen entscheidet auf Antrag der zuständigen Verwaltungsbehörde das Amtsgericht.*"[1133] Gemeint waren indes damit allein Unterbringungen durch die öffentliche Gewalt, da nur diese – so die damalige Rechtsauffassung –[1134] Art. 104 II S. 1 GG unterfielen. Vertreterseits initiierte Einweisungen gemäß §§ 1897, 1800, 1631 I BGB sollten hingegen zustimmungsunabhängig bleiben. Auf einen entsprechenden Änderungsantrag des Bundesrates entgegnete die Regierung: *„Fälle, in denen der Inhaber der elterlichen Gewalt, Vormünder oder Pfleger ihre Befugnisse bei der Unterbringung von Kindern oder Mündeln in geschlossene Anstalten mißbraucht haben, sind bisher nicht bekannt geworden. Die Vorschrift* [...] *könne leicht dazu führen, daß Inhaber der elterlichen Gewalt, Vormünder oder Pfleger aus Scheu vor der Einschaltung des Gerichts*

1129 Art. 104 II GG lautet: *„Über die Zulässigkeit und Fortdauer einer Freiheitsentziehung hat nur der Richter zu entscheiden. Bei jeder nicht auf richterlicher Anordnung beruhenden Freiheitsentziehung ist unverzüglich eine richterliche Entscheidung herbeizuführen* [...]".

1130 *Bundestag*, Stenographische Berichte, 175. Sitzung vom 15.11.1951, S. 7177 ff.

1131 *Bundestag*, Drucksache Nr. 1/3640.

1132 Daher wurde es in der Literatur auch als Ausführungsgesetz zu Art. 104 GG bezeichnet. Statt vieler: *Barella,* Behandlungszwang bei untergebrachten Personen?, NJW 1959, S. 2291 (2291).

1133 In dringenden Fällen konnte die richterliche Zustimmung jedoch nachgeholt werden (§ 12 II FEVG Entwurf).

1134 Zu dieser Rechtsauffassung und ihrer Änderung durch das BVerfG am 10.02.1960 vgl. ausführlich oben S. 225.

davon absehen, in Fällen, in denen eine Anstaltsunterbringung geboten ist, das Kind oder den Mündel in eine Anstalt unterzubringen. Eine rechtzeitige ärztliche Behandlung würde verhindert oder doch mindestens verzögert werden. Sowohl für den Kranken als auch für die Öffentlichkeit könnte dadurch eine Gefährdung eintreten [...].“[1135] Damit war zumindest teilweise den Sorgen derjenigen Psychiater Rechnung getragen, die in dem Richtervorbehalt vor allem eine Gefahr für den Patienten sahen.[1136]

Zum Erlass des Gesetzes in dieser Form kam es jedoch nicht. Mag auch der ärztliche Widerspruch laut gewesen sein, ausschlaggebend für das Scheitern einer bundeseinheitlichen Verfahrensregelung war primär die Entscheidung der Länder, das öffentliche Unterbringungsrecht in materieller sowie in verfahrensrechtlicher Hinsicht eigenständig zu regeln.[1137] In seiner endgültigen Fassung vom 29. Juni 1956 klammerte das FEVG[1138] sodann die Einweisung psychisch Kranker gänzlich aus und regelte einzig das Verfahren der bundesrechtlichen Freiheitsentziehungen.[1139] Das Verfahren der hoheitlichen Unterbringung wurde fortan in den neu erlassenen Landesunterbringungsgesetzen mitgeregelt.[1140]

7) Unterbringungsrechtlicher Fürsorgebegriff

Mit der Einführung des § 1800 II BGB wurde 1962 erstmalig die vormundschaftlich initiierte Unterbringung positiv gesetzlich verankert, um der Forderung des BVerfG nach richterlicher Genehmigung Rechnung zu tragen. Gemäß § 1800 II S. 3 BGB durfte die Maßnahme allein zum Wohle des Betroffenen angeordnet werden, was zu der hier zentralen Frage nach dem damaligen Begriffsverständnis von fürsorglicher Unterbringung führt.

Befreit von den menschenverachtenden sozialhygienischen Denkmustern der Vergangenheit orientierte sich nunmehr der unterbringungsrechtliche Fürsorgebegriff wieder an der Auslegung, die er im Kaiserreich erfahren hatte.

Dem Mündel- beziehungsweise Pfleglingswohl entsprach eine Einweisung zunächst immer dann, wenn sie einer drohenden Selbstgefährdung abhalf oder

1135 *Bundestag*, Drucksache Nr. 1/3640, S. 23. Zur Gegenmeinung vgl. *Wolff*, Das Verfahren bei Freiheitsentziehungen, DÖV 1951, S. 313 (316).

1136 Hierzu bereits oben S. 207. Außerdem *Noack*, Über Kaninchen und Giftschlangen, S. 329, Fn. 109 (m.w.N).

1137 Vgl. *Marschner/Lesting/u.a.*, Freiheitsentziehung und Unterbringung, S. 7, Rn. 13.

1138 BGBl. I S. 599.

1139 *Ibler*, Rechtsschutz im Verwaltungsrecht, S. 107.

1140 Hierzu schon oben S. 213.

die Möglichkeit einer Heilbehandlung anderer Krankheiten und Suchtzustände bestand.[1141] Weiterhin konnte eine zivilrechtliche Unterbringung geschehen, um den Betroffenen, *„und seinen Leumund davor zu schützen, daß er in der Öffentlichkeit in Mißkredit gerät, weil er sie infolge seiner Krankheit in anstößiger Weise belästigt oder gar gefährdet.*"[1142] Während in den vorangehenden Epochen derartige mittelbare Selbstgefährdungen auch als Sanktionsmechanismus für sozial unangepasstes Verhalten begriffen wurden, grenzte das BVerfG 1967 dieses Verständnis ein, indem es die Unterbringung allein aus Erziehungszwecken für unvereinbar mit dem Grundgesetz erklärte.[1143] In gewissen Grenzen war damit dem Betroffenen die „Freiheit zur Krankheit" zu gewähren.[1144]

Auf politischer Ebene zeugte 1968 der – wenn auch erfolglose –[1145] GG-Änderungsentwurf der Bundesregierung von dem Bestreben, das Unterbringungsrecht (hier insbesondere die öffentlich-rechtliche Variante) von seinen präventiven Strukturen weitestgehend zu befreien, indem die konkurrierende Regelungskompetenz in Art. 74 Nr. 19 GG um die *„Verhütung und Bekämpfung von Krankheiten bei Menschen*" erweitert werden sollte. Angesichts des überragenden Stellenwerts der menschlichen Gesundheit, so die Regierungsbegründung, stelle es einen schweren Mangel dar, dass dem Bund hierfür die Gesetzgebungszuständigkeit fehle.[1146] Dabei fand auch die Versorgung psychisch Kranker Erwähnung:

1141 *Dunz,* Grundrecht und Bevormundung, JZ 1960, S. 475 (477) *Franke,* Richter und Arzt im Unterbringungsrecht, NJW 1961, S. 955 (959); OLG Frankfurt, Beschluss v. 24.02.1965 – 6 W 536/64, OLGZ 1966, 102 (103); *Weber*, Der Einfluß des Betreuungsgesetzes auf die freiheitsentziehende Unterbringung, S. 16.

1142 *Böning,* Zwangsunterbringung volljähriger Mündel, NJW 1960, S. 1374 (1376). So auch: *Scheffler,* RGRK, BGB, § 1800, Anm. 6; *Dölle*, Familienrecht, Bd. 2, S. 905; BayObLG, Beschluss v. 17.08.1960 – WBeschwReg. 41/60, NJW 1960, 2236 (2237).

1143 BVerfG, Urteil v. 18.07.1967 – 2 BvF 3–8, 139, 140, 334, 335/62, BVerfGE 22, 180 (219 f.).

1144 Dieser Grundsatz wurde jedoch erst 1981 vom BVerfG ausdrücklich formuliert: BVerfG, Beschluss v. 07.10.1981 – 2 BvR 1194/80, BVerfGE 58, 208 (224 ff.). Vgl. auch *Baumann*: *„Freiheit ist auch die Freiheit zur Krankheit, jedenfalls solange, wie keine Rechtsgüter Dritter beeinträchtigt werden, und wie auch die eigene Entscheidung des Kranken ernst genommen werden darf.*" (Unterbringungsrecht, S. 24 f.).

1145 *Bundestag*, Drucksache Nr. 5/3515, S. 10 f.; siehe auch: *Holzhauer,* Gutachten B für den 57. DJT, S. 99.

1146 *Bundestag*, Drucksache Nr. 5/3515, S. 3.

„Zu den dringlichen Aufgaben, die nach Verabschiedung der nach Artikel 74 Nr. 19 GG vorgeschlagenen Änderungen in Angriff genommen werden müssen, gehört ferner die Gesundheitshilfe für psychisch Kranke. Die Tätigkeit des Staates auf diesem Gebiete bedarf dringend einer Reform. Gegenwärtig ist sie bei der Unterbringung von psychisch Kranken im wesentlichen von dem Schutz der Gemeinschaft gegenüber gefährlichen Geisteskranken, also von vorwiegend polizeilichen Gesichtspunkten her bestimmt. Hier muß entsprechend den Erkenntnissen der Medizin ein grundlegender Wandel vollzogen werden."[1147]

Insgesamt offenbart sich somit für die Nachkriegszeit ein fortschrittliches Fürsorgeverständnis, dessen Schwerpunkt das individuelle Wohl des Betroffenen bilden sollte. Solange der Gesetzgeber dieses jedoch der Konkretisierung durch die Rechtsprechung überließ, blieb auch die Einflussnahme von Drittinteressen (im Wege der mittelbaren Selbstgefährdung) weiterhin möglich.

8) Ablauf der Unterbringung

a) Vorverfahren

aa) Unterbringung durch den gesetzlichen Vertreter

(1) Tätigwerden des Vormundes

Die Unterbringungsbefugnis des Vormundes leitete sich nach wie vor aus dessen Aufenthaltsbestimmungsrecht ab (§§ 1897, 1800, 1631 I BGB) und war seit 1962 explizit in § 1800 II BGB normiert. Eine Eingrenzung erfuhr dieses Recht mit dem bereits diskutierten Grundsatzbeschluss des BVerfG vom 10. Februar 1960, der die Anstaltsunterbringung gegen den natürlichen Willen des Mündels als Freiheitsentziehung qualifizierte und somit von der Genehmigung des Vormundschaftsrichters (§ 1800 II BGB) abhängig machte.[1148]

(2) Tätigwerden des Pflegers

Mit Inkrafttreten des Grundgesetzes wurde die mittlerweile etablierte Unterbringungspraxis des Pflegers abermals hinterfragt. Die vorgebrachten Bedenken glichen in Teilen denen kurz nach Erlass des BGB geäußerten,[1149] gingen jedoch darüber hinaus, indem sie den hohen Verfassungsrang der persönlichen Freiheit (Art. 2 II S. 2 GG) mit einbezogen.

Die Entwicklung der Aufenthaltsbestimmungspflegschaft hin zur Alternative für vormundschaftliche- und öffentlich-rechtliche Unterbringungen wurde

1147 *Bundestag*, Drucksache Nr. 5/3515, S. 5.

1148 Oben S. 225.

1149 Zum Meinungsstreit vgl. oben S. 128.

von einigen Stimmen als Umgehung der Rechtsschutzgarantien des Entmündigungsverfahrens beziehungsweise des Art. 104 GG kritisiert.[1150] Hiergegen wurde argumentiert, dass sich die Pflegschaft begriffsnotwendig[1151] nur auf einen bestimmten Aufgabenkreis beziehen könne und eine lückenlose Legitimationskette bis zum ernennenden Richter bestehe, sodass der Betroffene keineswegs als rechtsschutzlos anzusehen sei.[1152]

Mit der Grundsatzentscheidung des BVerfG verlagerte sich die Diskussion. Soweit Bedenken gegen eine Umgehung des richterlichen Genehmigungsvorbehaltes nach Art. 104 II S. 1 GG bestanden, wurde diesen mit Einführung des § 1800 II BGB Rechnung getragen, der über die Verweisung des § 1915 BGB auch auf die Anstaltsunterbringung durch den Pfleger Anwendung fand.

Neu angefacht wurde indes die Diskussion um die Zwangspflegschaft, die gemäß § 1910 III BGB bei fehlender Verständigungsmöglichkeit mit dem Betroffenen auch ohne dessen Einwilligung angeordnet werden konnte. Betreffend die Pflegschaft über „Geisteskranke" hatte die Rechtsprechung diesen Ausnahmetatbestand zum Regelfall gemacht.[1153] Dieser Entwicklung lag die überwiegend vertretene Auffassung zugrunde, dass Geschäftsunfähigkeit zugleich zur Verhandlungsunfähigkeit führe. Hiergegen hatten sich zwar schon zu Beginn des 20. Jahrhunderts Stimmen in der Literatur unter Verweis auf den weiten Wortlaut („*Verständigung*") gewandt und stattdessen auf den natürlichen, artikulierbaren Willen abgestellt. Das praktische Bedürfnis der Rechtsprechung nach einer einfach zu handhabenden Entmündigungsalternative setzte sich jedoch durch.[1154] Seitdem das BVerfG 1960 den grundrechtlich gewährleisteten Freiheitsschutz vom natürlichen Willen des Betroffenen abhängig machte, entfachte die alte Diskussion erneut. Die herrschende Meinung lehnte indes eine stärkere Gewichtung des Art. 2 GG im Rahmen von § 1910 III BGB ab,[1155] sodass sich an

---

1150 OLG Hamm, Beschluss v. 17.07.1958 – 15 W 282/58, FamRZ, 1959, 31 (31); *Dunz,* Grundrecht und Bevormundung, JZ 1960, S. 475 (478) – er spricht von einer „Hypertrophie der Pflegschaft"; *Maurer,* Das privatrechtliche Unterbringungsrecht und Art. 104 des Grundgesetzes, FamRZ 1960, S. 468 (474).

1151 Vergleiche § 1910 II BGB!

1152 *Henke,* Freiheitsentziehung durch den Pfleger?, FamRZ 1959, S. 7 (8).

1153 *Dunz,* Grundrecht und Bevormundung, JZ 1960, S. 475 (477).

1154 Vgl. oben S. 131.

1155 H.M.: BGH, Beschluss v. 22.03.1961 – IV ZB 308/60, BGHZ 35, 1; OLG Frankfurt a. M., Beschluss v. 30.03.1965 – 6 W 67/65, FamRZ 1967, 172; KG, Beschluss v. 27.02.1969 – 1 W 201/69, OLGZ 1969, 257; M.M.: *Dölle,* Familienrecht, Bd. 2, S. 938 (m.w.N.); *Dunz,* Grundrecht und Bevormundung, JZ 1960, S. 475 (478).

der bestehenden Rechtspraxis nichts änderte. Sie wurde 1965 schließlich vom BVerfG bestätigt.[1156] Es hielt die kritisierte Ausweitung des Anwendungsbereichs der Pflegschaft für sachgerecht und, verglichen mit der wesentlich einschneidenderen Entmündigungsalternative, für gerechtfertigt. So ermögliche die Pflegschaft eine an die individuellen Bedürfnisse angepasste Unterstützung, ohne die oftmals als diskriminierend empfundene Geschäftsunfähigkeit. Zur Stärkung seiner Verfahrensgarantien wurde dem Pflegling vom BGH im Jahre 1961 ein Beschwerderecht gegen die Anordnung der Pflegschaft zugesprochen,[1157] das 1978 um ein Beschwerderecht gegen die Ablehnung des Aufhebungsantrages (§ 1920 BGB) ergänzt wurde.[1158]

Ein weiterer umstrittener Punkt betraf das Unterbringungsrecht des Pflegers. Hierbei fand eine Differenzierung zwischen der Unterbringung Geschäftsfähiger und Geschäfts*un*fähiger statt.[1159] Während erstere Gruppe im Falle widerstreitender Interessen jederzeit mit einem Antrag auf Aufhebung der Pflegschaft nach § 1920 BGB reagieren und somit die freiheitsentziehende Unterbringung abwenden konnte, stellte sich bei Letzterer die Frage, ob ein gegenläufiger Aufenthaltswunsch des Geschäftsunfähigen rechtlich bedeutsam sei. *Maurer* bejahte dies unter Hinweis auf die Parität von Pfleger und Pflegling und ließ den natürlichen Aufenthaltsbestimmungswillen genügen.[1160] Für die herrschende Meinung blieb hingegen der natürliche Willen, wie bereits bei der Bestellung im Rahmen des § 1910 III BGB, außer Betracht. Sie bejahte folglich ein einseitiges Anordnungsrecht des Pflegers, um den Zweck der übernommenen Aufenthaltspflegschaft nicht zu verhindern.[1161]

Sofern die Unterbringung eine Freiheitsentziehung darstellte, also insbesondere gegen den (natürlichen) Willen des Betroffenen stattfand, war seit der

---

1156 BVerfG, Beschluss v. 29.06.1965 – 1 BvR 289/62, BVerfGE 19, 93.

1157 BGH, Beschluss v. 22.03.1961 – IV ZB 308/60, BGHZ 35, 1. Damit gab der BGH seinen im Beschluss v. 26.11.1954 vertretenen gegenteiligen Standpunkt auf.

1158 BGH, Beschluss v. 25.01.1978 – IV ZB 9/76, BGHZ 70, 252. Der Antrag setzte Geschäftsfähigkeit voraus. Wurde er allerdings von einem Geschäftsunfähigen gestellt, so hatte das Vormundschaftsgericht von Amts wegen den Wegfall des Grundes nach § 1919 BGB zu prüfen.

1159 A.A. *Dölle*, der die Unterscheidung bei Begründung eines rein tatsächlichen Verhältnisses für verfehlt hält (Familienrecht, Bd. 2, S. 944, Fn. 38).

1160 *Maurer*, Das privatrechtliche Unterbringungsrecht und Art. 104 des Grundgesetzes, FamRZ 1960, S. 468 (474); ebenso: LG Bonn, Beschluss v. 25.05.1962 – 4 T 217/62, FamRZ 1962, 483.

1161 BGH, Beschluss v. 28.04.1967 – IV ZB 448/66, BGHZ 48, 147 (160); i.E. auch *Dölle*, Familienrecht, Bd. 2, S. 943 f.

wegweisenden Entscheidung des BVerfG 1960 eine vormundschaftsgerichtliche Genehmigung nach §§ 1915 I, 1800 II BGB erforderlich. Bei geschäftsunfähigen Pfleglingen birgt dies die Erkenntnis, dass zwar bei der initialen Pflegschaftsbegründung ihr Wille (gemäß § 1910 III BGB) unbeachtlich blieb, im Rahmen der Unterbringung jedoch mittelbar – über das Merkmal der Freiheitsentziehung – Berücksichtigung fand. Stimmte der Betroffene daher seiner Unterbringung wirksam zu, war eine richterliche Genehmigung nach § 1800 II BGB mangels Freiheitsentzug nicht erforderlich.[1162]

(3) Verfahrensrechtliche Besonderheiten

Der seit 1962 in § 1800 II BGB verankerte Richtervorbehalt galt, wie gesehen, für jede freiheitsentziehende Unterbringung durch den Vormund oder den Pfleger. Grundsätzlich hatte die Genehmigung *vor* der Unterbringung zu erfolgen. Die örtliche Zuständigkeit bestimmte sich nach § 36 FGG. Vor der Entscheidung war der Unterzubringende persönlich anzuhören.[1163] Der Vormundschaftsrichter sollte hierdurch einen umfassenden Eindruck von dem Betroffenen und der Art seiner Erkrankung erlangen.[1164] Ausnahmen hiervon waren dann anerkannt, wenn eine Verständigung krankheitsbedingt nicht möglich war oder die Konfrontation des Betroffenen mit seiner gegenwärtigen Situation zu einer Intensivierung seines Krankheitszustandes führen würde.[1165] Als Basis für ein Abweichen vom Anhörungsgrundsatz konnte nur der persönliche Eindruck des Richters, nicht aber der ärztliche Bericht gelten.[1166] Entschied das Gericht auf Erteilung der Genehmigung, konnte diese entweder befristet oder unbefristet erteilt werden. Letztere Alternative verlangte jedoch gemäß § 1800 II S. 3 BGB

1162 Bei Zweifeln an der Einwilligungsfähigkeit des Pfleglings wurde empfohlen, sicherheitshalber eine gerichtliche Entscheidung herbeizuführen: *Dölle*, Familienrecht, Bd. 2, S. 944.

1163 Die Bestimmung in § 1800 I S. 1 BGB, dass eine Anhörung vor der richterlichen Entscheidung stattfinden „*soll*", war also streng auszulegen (*Scheffler*, RGRK, BGB, § 1800, Anm. 7).

1164 BVerfG, Beschluss v. 07.10.1981 – 2 BvR 1194/80, BVerfGE 58, 208 (209).

1165 *Husen*, Freiheitsentziehende Maßnahmen, S. 62 (m.w.N.).

1166 Nur so konnte der Richter seiner Pflicht zu genügen, den ärztlichen Gutachten richterliche Kontrolle entgegenzusetzen: OLG Zweibrücken, Beschluss v. 02.05.1985 – 3 W 97/85, NJW 1985, 2768 (2769). In der Praxis wich der Richter jedoch nur in Ausnahmefällen von dem ärztlichen Gutachten ab (*Brink*, Grenzen der Anstalt, S. 403). Kritisch: OLG Celle, Beschluss v. 18.03.1969 – 12 Wx 6/69, OLGZ 1969, 396 (399).

nach einer regelmäßigen Überprüfung, ob das Wohl des Untergebrachten den weiteren Anstaltsverbleib erforderte.[1167]

Maßstab des Richterspruchs bildete stets das Wohl des psychisch Kranken.[1168] Insoweit galt der Amtsermittlungsgrundsatz (§ 12 FGG) in verschärfter Form: Ohne Rücksicht auf verfahrensrechtlichen Mehraufwand hatte sich der Richter ein erschöpfendes Bild über den Gesundheitszustand des Betroffenen zu machen.[1169] Hierzu war ein Sachverständigengutachten unabdingbar.[1170] Der Eingriff in die persönliche Freiheit des Betroffenen musste zudem verhältnismäßig sein. Stand etwa eine offene oder eine halboffene Anstalt gleichermaßen geeignet zur Verfügung, war dieser als milderes Mittel Vorrang gegenüber einer geschlossenen Einrichtung einzuräumen.[1171]

bb) Sonderformen der Unterbringung

Vor Erteilung der Genehmigung konnte der Betroffene nur bei Gefahr im Verzug mittels einstweiliger Anordnung gemäß § 55a III FGG eingewiesen werden.[1172] Die richterliche Entscheidung war dann unverzüglich nachzuholen (§ 1800 II S. 2 BGB). In der Praxis wurde hierauf zurückgegriffen, wenn es dem Gericht aufgrund von Zweifeln am Gesundheitszustand des Betroffenen fraglich erschien, ob eine endgültige Unterbringung notwendig war.[1173]

Als zusätzliche Unterbringungsmöglichkeit bestand § 1846 BGB weiterhin fort,[1174] der in dringenden Fällen bei Verhinderung oder Säumnis des Vertreters

---

1167 *Dölle*, Familienrecht, Bd. 2, S. 945 (m.w.N.); *Franke*, Die Maßgeblichkeit des Willens gesetzlicher Vertreter bei Anstaltsunterbringungen, NJW 1962, S. 1755 (1758).

1168 Inwieweit hierbei auch Fremdinteressen mittelbare Beachtung finden konnten, wurde bereits oben auf S. 215 thematisiert.

1169 OLG Celle, Beschluss v. 18.03.1969 – 12 Wx 6/69, OLGZ 1969, 396 (401); *Franke*, Richter und Arzt im Unterbringungsrecht, NJW 1961, S. 955 (958).

1170 Zu den Anforderungen an ein solches Gutachten: OLG Celle, Beschluss v. 18.03.1969 – 12 Wx 6/69, OLGZ 1969, 396 (399 f.).

1171 BayObLG, Beschluss v. 06.08.1963 – 1 Z 103/63, BayObLGZ 1963, 209 (212).

1172 Voraussetzung hierfür war, dass mit erheblicher Wahrscheinlichkeit davon ausgegangen werden konnte, dass bei der endgültigen Entscheidung die Unterbringung genehmigt wird: BayObLG, Beschluss v. 06.08.1963 – 1 Z 103/63, BayObLGZ 1963, 209 (211); *Dölle*, Familienrecht, Bd. 2, S. 945 (Fn. 46).

1173 *Husen,* Freiheitsentziehende Maßnahmen, S. 60.

1174 Hierzu bereits oben S. 132. Sehr kritisch zum Rückgriff der Gerichte auf § 1846 BGB: *Marschner*, Das Unterbringungsrecht der Bundesländer, S. 99 f.

ein gerichtliches Einschreiten im Mündelinteresse zuließ.[1175] Kraft ihres vorläufigen Charakters war die Entscheidung aufzuheben, sobald der Vormund beziehungsweise Pfleger tätig geworden war.[1176]

Die noch im Kaiserreich vereinzelt praktizierte gerichtliche Unterbringung erwachsener Mündel aus Erziehungszwecken gemäß § 1838 BGB[1177] wurde nun indes einhellig abgelehnt.[1178]

cc) Hoheitliche Unterbringung

Die landesrechtlichen Vorschriften der ersten Generation wiesen bis Anfang der 70er Jahre einen polizeirechtlichen Schwerpunkt auf und begriffen den Kranken in erster Linie als Störer.[1179] Dementsprechend blieben etwa vor- und nachgehende Hilfen zur Vermeidung der Unterbringung unerwähnt.[1180] Gleichwohl knüpften die Gesetze nicht ausschließlich an eine Fremdgefährdung, sondern auch an eine Selbstgefährdung des Betroffenen an, unterschieden sich hierbei aber in einem Detail: Einige Bundesländer forderten einschränkend eine daraus resultierende Bedrohung der öffentlichen Sicherheit oder Ordnung,[1181] was bei Überschreiten einer gewissen Erheblichkeitsschwelle angenommen werden konnte.[1182] Die überwiegende Anzahl der Länder sahen von dieser

---

1175 OLG Hamm, Beschluss v. 13.05.1964 – 15 W 140/64, FamRZ 1964, 380. Beachte auch die dogmatische Besonderheit: „*In diesen Fällen hat das Vormundschaftsgericht nicht zu genehmigen* [= § 1800 II BGB], *sondern selbst einzuweisen*" (*Baumann,* Unterbringungsrecht, S. 162).

1176 OLG Hamm, Beschluss v. 14.03.1968 – 15 W 94/68, OLGZ 1968, 232 (234).

1177 Vgl. oben S. 133.

1178 *Baumann,* Unterbringungsrecht, S. 185 f.. Vgl. auch das Urteil des BVerfG v. 18.07.1967 (oben S. 216, Fn. 1143).

1179 *Marschner/Lesting/u.a.*, Freiheitsentziehung und Unterbringung, S. 6, Rn. 9. Hierzu auch *Kämpfer,* Entwicklung der Unterbringung von Geisteskranken, S. 80.

1180 *Marschner/Lesting/u.a.*, Freiheitsentziehung und Unterbringung, S. 7, Rn. 10.

1181 Es waren dies die Landesunterbringungsgesetze Bayerns (Art. 1), Bremens (§ 2), NRW (§ 2), Hamburgs und des Saarlandes (beide griffen noch auf § 15 PrVG zurück).

1182 So z.B. bei Selbstmord oder Selbstverstümmelung (*Baumann,* Unterbringungsrecht, S. 276). Eine die Öffentlichkeit tangierenden erheblichen Gesundheitsgefährdung lag etwa auch bei einem Betroffenen vor, der als Folgeerscheinung seiner Psychose einen Diabetes nicht behandeln ließ und damit die Gefahr eines Komas heraufbeschwor (OLG Hamm, Beschluss v. 07.11.1975 – 15 W 368/75, NJW 1976, 378 (379)). Weitere Bsp. bei BayObLG, Beschluss v. 06.09.1963 – WBeschwReg. 45/63, BayObLGZ 1963, 235 (237).

Restriktion indes ab und öffneten sich dergestalt vermehrt fürsorgerischen Überlegungen.[1183]

Außerdem geregelt wurden die Rechtsmittel des Betroffenen, dessen Entlassung sowie die Kostenfrage.[1184]

dd) Differenzierung nach Unterbringungsgrund

Der Unterbringungsgrund war für die Wahl des Unterbringungsrechts grundsätzlich entscheidend. Bei ausschließlicher Fremdgefährdung kam nach herrschender Meinung nur eine Einweisung durch die öffentliche Hand in Betracht.[1185] Angesichts der zunehmenden Betonung des fürsorglichen Aspekts in den Landesgesetzen stellte sich indes die Frage, wie bei Selbstgefährdung die Abgrenzung zur zivilrechtlichen Unterbringung nach § 1800 II BGB vorgenommen wurde.

Die Antwort auf die Lösung dieses Konkurrenzproblems war umstritten. Die herrschende Meinung hielt die zivilrechtliche Unterbringung, vorbehaltlich ihrer Effektivität, für vorrangig.[1186] Sie argumentierte mit dem weiten Begriff des Mündelwohles in § 1800 II BGB, der eine flexiblere Handhabung (bis zur Grenze des § 1837 BGB) zulasse und daher im Vergleich zum hoheitlichen Handeln das mildere Mittel verkörpere.[1187] Gestützt wurde diese Auslegung vom „*prinzipiellen Vorrang der Fürsorge vor der Gefahrenabwehr*“[1188]. Zudem konnte sich die herrschende Meinung teilweise auch auf die Landesunterbringungsgesetze selbst berufen: So normierte etwa die rheinland-pfälzische Regelung vom 19. Februar 1959 in § 1 III[1189]:

1183 So etwa § 1 II des rheinland-pfälzischen Unterbringungsgesetzes v. 19.02.1959 (GVBl. S. 91). Zur Kritik an dieser Entwicklung vgl. bereits oben S. 213.

1184 Guter Überblick bei *Kämpfer,* Entwicklung der Unterbringung von Geisteskranken, S. 72 ff.

1185 Nachweise bei *Weber*, Der Einfluß des Betreuungsgesetzes auf die freiheitsentziehende Unterbringung, S. 16, Fn. 40. Unterscheide hiervon die sog. mittelbare Selbstgefährdung (oben S. 213), die nicht in den *ausschließlichen* Anwendungsbereich der öffentlich-rechtlichen Unterbringung fiel.

1186 *Baumann,* Unterbringungsrecht, S. 214; *Bergener*, Die zwangsweise Unterbringung psychisch Kranker, S. 30; *Franke,* Grundlagen der Anstaltsunterbringung Psychischkranker in verfassungs-, privat- und verwaltungsrechtlicher Sicht, NJW 1960, S. 1369 (1372); BayObLG, Beschluss v. 06.09.1963 – WBeschwReg. 45/63, BayObLGZ 1963, 235 (238); LG Mannheim, Beschluss v. 21.10.1963 – 4 T 116/63, NJW 1964, 454.

1187 *Baumann,* Unterbringungsrecht, S. 175.

1188 *Baumann,* Unterbringungsrecht, S. 177.

1189 Vgl. oben Fn. 1183.

„Steht die unterzubringende Person unter elterlicher Gewalt oder unter Vormundschaft, so ist der Wille desjenigen maßgebend, dem die gesetzliche Vertretung in den persönlichen Angelegenheiten zusteht. Dies gilt auch dann, wenn der unterzubringenden Person wegen geistiger Gebrechen ein Pfleger bestellt worden ist, der ihren Aufenthalt bestimmen darf.“

Dies bedeutete, dass es bei dem die Unterbringung determinierenden Merkmal der Freiheitsentziehung nicht auf den entgegenstehenden Willen des Kranken, sondern auf den des gesetzlichen Vertreters ankommt. Stimmte dieser der Einweisung hingegen zu, so waren öffentlich-rechtliche Maßnahmen subsidiär.[1190] In ähnlicher Weise verfuhren die Länder Baden-Württemberg, Berlin, Bremen, Nordrhein-Westfalen und Schleswig-Holstein.

Die Gegenmeinung hielt die öffentlich-rechtliche Unterbringung bei Selbstgefährdung ungeachtet entgegenstehender Landesregelungen stets für spezieller, da sie eine konsequentere Sicherung ermögliche[1191] und zudem die einzelnen Unterbringungsfälle explizit aufführe (Geisteskrankheit, Sucht, etc.), während § 1800 II BGB nur vage vom gefährdeten Mündelwohl ausgehe. Sofern vereinzelt noch mit dem besseren Rechtsschutz argumentiert wurde,[1192] galt diese Position seit der Ausweitung des Richtervorbehalts 1960 auch auf die zivilrechtliche Unterbringung als überholt.[1193]

Wenngleich im Falle einer ausschließlichen Selbstgefährdung des Betroffenen die zivilrechtliche Unterbringung überwiegend als vorrangig anerkannt war, schlug die Praxis unabhängig davon in Konkurrenzsituationen nicht selten den Weg des geringsten Widerstandes ein.[1194]

b) Vollzug der Unterbringung

Während die Landesunterbringungsgesetze den Vollzug der öffentlich-rechtlichen Unterbringung regelten, fehlte eine entsprechende Normierung für die zivilrechtliche Alternative. Weigerte sich der Betroffene, konnte ihn der gesetzliche Vertreter nur nach den allgemeinen Vorschriften mithilfe des Gerichtsvollziehers

1190 *Baumann,* Unterbringungsrecht, S. 214.

1191 OLG Hamburg, Beschluss v. 03.12.1952 – 2 W 351/52, ZBlJugR 53, 171.

1192 OLG Frankfurt a. M., Beschluss v. 23.02.1953 – 6 W 58/53, NJW 1953, 1187 (1188); LG Wiesbaden, Beschluss v. 24.06.1955 – 4 T 366/55, NJW 1955, 1842.

1193 *Baumann,* Unterbringungsrecht, S. 178.

1194 Hierzu schon oben S. 213. Teilweise wurde daher gar die Abkehr vom zweigliedrigen Unterbringungssystem gefordert: *Marschner,* Plädoyer für die Abschaffung der zivilrechtlichen Unterbringung, R&P 1986, S. 47 (47 ff.); *Mrozynski,* Vormundschafts- und Psychischkrankenrecht, R&P 1984, S. 87 (90).

und mittelbar der Polizei der Anstalt zuführen.[1195] Der hiermit verfahrensrechtlich zum Ausdruck kommende Gleichlauf mit der Zwangsvollstreckung zur Erwirkung der Herausgabe einer Sache zeugte nicht nur von einer formal-gesetzgeberischen Fehlleistung, sondern barg darüber hinaus auch die praktische Gefahr der Überforderung der Beteiligten, da weder der Gerichtsvollzieher noch die von ihm unter Umständen hinzugezogene Polizei im Umgang mit psychisch kranken Menschen geschult waren.[1196]

Die Natur des Verhältnisses zwischen zivilrechtlich Untergebrachtem und der öffentlichen Einrichtung qualifizierte der BGH 1962 in seinem Grundsatzurteil als öffentlich-rechtlich.[1197] Er stützte sich dabei maßgeblich auf die weitreichenden staatlichen Machtmittel in der Anstaltshausordnung, der alle Patienten gleichermaßen unterworfen seien.[1198] Die Unterbringung in eine rein private Krankenanstalt hingegen sollte ein bürgerlich-rechtliches Verhältnis kreieren, bei dem sich „*die Insassen (oder ihre gesetzlichen Vertreter) im Rahmen privater Abmachungen der Anstaltsordnung unterwarfen*“[1199].

Für die Bewertung der bedeutsamen Frage nach der Zulässigkeit von Zwangsbehandlungen galt es zwischen öffentlich- und privatrechtlicher Unterbringung zu differenzieren. Bei ersterer sah die herrschende Meinung den Behandlungszwang vom Unterbringungszweck mitumfasst.[1200] Einer materiell-gesetzlichen Grundlage für den Eingriff in die körperliche Unversehrtheit des Patienten (Art. 2 II S. 1 GG) bedurfte es hier nicht, denn zwischen dem Betroffenen und

1195 BVerfG, Beschluss v. 10.02.1960 – 1 BvR 526/53, 1 BvR 29/58, BVerfGE 10, 302 (326 f.). Mit der dogmatischen Konstruktion dieser Unterstützungshandlung setzt sich *Helle* (Zwangsbefugnisse des Vormundes Erwachsener, FamRZ 1984, S. 639) auseinander. Demnach konnten das Gericht und der Vormund nur mittelbar über den Gerichtsvollzieher polizeiliche Unterstützung erlangen.

1196 Statt vieler: *Bundestag*, Drucksache Nr. 11/4528, S. 51, 185; *Zenz/Kulenkampff*, Vormundschaft und Pflegschaft für Volljährige, S. 63.

1197 BGH, Urteil v. 24.09.1962 – III ZR 201/61, BGHZ 38, 49 (53); ebenso (mit Verweis auf BVerfGE 10, 302): BGH, Urteil v. 05.02.1970 – VII ZR 65/68, BGHZ 53, 184 (187).

1198 Vgl. dazu bereits oben S. 28.

1199 BGH, Urteil v. 24.09.1962 – III ZR 201/61, BGHZ 38, 49 (53).

1200 Statt vieler: *Barella*, Behandlungszwang bei untergebrachten Personen?, NJW 1959, S. 2291 (2292); *Baumann*, Unterbringungsrecht, S. 44.

der Anstalt bestand ein „besonderes Gewaltverhältnis", in dem Grundrechte bereits durch exekutive Anordnungen beschnitten werden konnten.[1201]

Auf die zivilrechtliche Unterbringung ließ sich dieser Grundsatz indes nicht übertragen, da dort Fürsorge- und nicht Sicherungserwägungen den Ausschlag gaben.[1202] Zudem stelle die Beeinträchtigung der körperlichen Integrität, so *Baumann*, die Fortsetzung der Unterbringungsentscheidung des gesetzlichen Vertreters dar und könne demnach auch nur mit dessen Einwilligung vorgenommen werden.[1203] Die Grenze bildete einerseits § 1837 BGB, der bei Pflichtwidrigkeiten eine Intervention des Vormundschaftsgerichts vorsah sowie andererseits der Betroffene selbst: Sofern er über ausreichend Einsichtsfähigkeit über die Tragweite der angestrebten Behandlung verfügte, war seine Verweigerung beachtenswert.[1204]

c) *Entlassung*

Die Abhängigkeit der Einweisung von der vormundschaftsgerichtlichen Genehmigung hinderte den gesetzlichen Vertreter nicht daran, die Unterbringung zu beenden, wenn er sie für das Mündelwohl hinderlich hielt.[1205]

Unabhängig davon hatte das Gericht von Amts wegen in regelmäßigen Abständen zu überprüfen, ob die Maßnahme noch aufrechtzuerhalten war (§ 1800 II S. 3 BGB).[1206] Hierbei stützte es sich auf den Bericht des Vormundes beziehungsweise des Pflegers (gegebenenfalls unter Hinzuziehung des Betroffenen selbst) sowie des behandelnden Arztes.[1207]

1201 *Hans,* Zur Kontrolle der Briefe von Geistes- und Suchtkranken, die in Heil- und Erziehungsanstalten untergebracht sind, DÖV 1963, S. 256 (257) m.w.N. Zur Abkehr von der Figur des besonderen Gewaltverhältnisses durch BVerfGE 33,1 unten S. 253.

1202 *Husen,* Freiheitsentziehende Maßnahmen, S. 65, Fn. 207; *Bundestag,* Drucksache Nr. 11/4528, S. 83; a.A. *Marschner/Lesting/u.a.*, Freiheitsentziehung und Unterbringung, S. 13, Rn. 30.

1203 *Baumann,* Unterbringungsrecht, S. 171, 173.

1204 *Baumann,* Unterbringungsrecht, S. 170; *Franke,* Grundlagen der Anstaltsunterbringung Psychischkranker in verfassungs-, privat- und verwaltungsrechtlicher Sicht, NJW 1960, S. 1369 (1371).

1205 Handelte es sich dabei um einen unvernünftigen Willen, der eine Selbst- und/oder Fremdgefährdung bedeute, bestand die Möglichkeit, eine öffentlich-rechtliche Unterbringung an die auslaufende zivilrechtliche anzuknüpfen (LG Bonn, Entschluss v. 12.05.1967 – 9 T 93/67, NJW 1967, 1810; *Parensen,* Unterbringung, S. 132, Fn. 36).

1206 Dazu bereits oben S. 221.

1207 *Arnold,* Erfahrungen mit und Gedanken zu § 1800 Abs. II BGB n.F., FamRZ 1963, S. 484 (487).

Probeweise Entlassungen und Beurlaubungen bedurften allein der Absprache mit dem gesetzlichen Vertreter, nicht aber der gerichtlichen Genehmigung, da es sich hierbei um eine Mindermaßnahme zur Einweisung handelte, wodurch die Rechtsposition des Betroffenen regelmäßig verbessert wurde.[1208]

9) Rechtsschutzmöglichkeiten

Der Rechtsschutz des Betroffenen gegen die Unterbringung zeigte sich bereits im Anhörungsgrundsatz, von dem der Richter nur in Ausnahmefällen abweichen durfte. Zudem konnte der Kranke auch aktiv mit der FGG- Beschwerde gegen den Einweisungsbeschluss vorgehen.[1209] Dabei stellte eine mangelnde Geschäftsfähigkeit kein Prozesshindernis dar, wie das BVerfG in seiner Entscheidung vom 10. Februar 1960 ausführte: „*Es ist ein allgemeiner Grundsatz unserer Rechtsordnung, daß auch Entmündigte und Geisteskranke für Verfahren, in denen über die wegen ihres Geisteszustandes zu treffenden Maßnahmen entschieden wird, zur Wahrung ihrer Rechte als prozeßfähig gelten.*“[1210] Schließlich stand es ihm jederzeit offen, beim Vormundschaftsgericht die Rücknahme der Genehmigung zu beantragen und auch gegen diesen Beschluss gegebenenfalls Beschwerde einzulegen.[1211]

10) Fazit

Die Lage im kriegsgezeichneten Deutschland spiegelte sich in weiten Teilen auch in der Psychiatrie wieder. Zerstörte Strukturen, teils gepaart mit Zweckentfremdung der Liegenschaften als Auffanglager für Vertriebene, Arme und Kranke aller Art, machten bis in die 50er Jahre hinein einen geordneten Anstaltsbetrieb unmöglich. Die dann einsetzende Verbreitung der Psychopharmaka führte zu einer erheblichen Verkürzung der durchschnittlichen Verweildauer in den Einrichtungen.

1208 *Franke*, Grundlagen der Anstaltsunterbringung Psychischkranker in verfassungs-, privat- und verwaltungsrechtlicher Sicht, NJW 1960, S. 1369 (1373).

1209 Ob dabei die sofortige oder einfache Beschwerde einschlägig war, hing davon ab, ob das Gericht die sofortige Wirksamkeit nach § 55a II FGG angeordnet hatte oder nicht (zu dieser im Einzelnen umstr. Frage vgl. OLG Düsseldorf, Beschluss v. 11.01.1963 – 3 W 441/62, FamRZ 1963, 528 (529) m.w.N.).

1210 BVerfG, Beschluss v. 10.02.1960 – 1 BvR 526/53, 1 BvR 29/58, BVerfGE 10, 302 (306).

1211 BGH, Beschluss v. 09.10.1964 – IV ZB 407/64, BGHZ 42, 223 (2305); *Arnold*, Erfahrungen mit und Gedanken zu § 1800 Abs. II BGB n.F., FamRZ 1963, S. 484 (489).

Seit 1946 beschäftigte sich die Justiz mit der Aufarbeitung der nationalsozialistischen Krankenmorde, die in der Öffentlichkeit anfangs noch mit großer Aufmerksamkeit verfolgt wurde, alsbald aber unter dem Eindruck der „Schlussstrichmentalität" an Relevanz verlor. Erst die Psychiatrieskandale der frühen 50er Jahre führten zum Wiedererstarken des öffentlichen Interesses an der Anstaltsunterbringung, allerdings mit dem Unterschied, dass es nunmehr nicht um Vergangenheitsbewältigung ging, sondern darum, die scheinbare Gefahr ungerechtfertigter Einweisungen zu bannen und damit im Kern den eigenen Status zu sichern. Insofern glich der hieran entzündete Protest der „Antipsychiatriebewegung" um die Jahrhundertwende.[1212] Die Diskussion über den Zustand der Psychiatrie wurde auch auf politischer Ebene geführt. Doch scheiterte hier der Versuch, die bestehenden Unterbringungsverfahren in einem Bundesgesetz zu harmonisieren. Einheitlich geregelt blieb die zivilrechtliche Unterbringung, während die öffentlich-rechtliche auf unterschiedlichste Weise in den Ländern normiert wurde.

Von übergeordneter Bedeutung für die Unterbringung, gleich ob zivil- oder öffentlich-rechtlich, war indes Art. 104 II S. 1 GG. Er stellte Freiheitsentziehungen unter den Vorbehalt des Richters, was zunächst nach (umstrittener) herrschender Meinung nur für die hoheitliche Einweisung galt. In einer Grundsatzentscheidung erweiterte das BVerfG 1960 den Anwendungsbereich des Art. 104 II S. 1 GG auch auf fürsorgliche Unterbringungen. Es stellte dabei auf den teilweise öffentlich-rechtlichen Charakter der Vormundschaft ab, wodurch sich die Grundrechtsbindung des gesetzlichen Vertreters ergebe. Der Beschluss veränderte und modernisierte das BGB-Unterbringungsrecht erstmalig seit seinem 60-jährigen Bestehen nachhaltig. Der 1962 eingeführte § 1800 II BGB machte in Umsetzung der Verfassungsgerichtsentscheidung nicht nur die fürsorgliche Unterbringung von der richterlichen Genehmigung abhängig, sondern normierte zugleich erstmalig die Unterbringungsbefugnis des Vormundes ausdrücklich. Entsprechende Befugnisse galten über die Verweisung in § 1915 BGB auch für den Pfleger mit Aufenthaltsbestimmungsrecht.[1213]

Die Unterbringungsgenehmigung orientierte sich ausschließlich am Wohle des Kranken und war von Amts wegen aufzuheben, wenn eine Besserung des Gesundheitszustandes eingetreten war. In dringenden Fällen konnte das Vormundschaftsgericht vorläufige Anordnungen erlassen nach § 55a III FGG oder § 1846 BGB.

1212 Vgl. oben S. 103.

1213 Im Einzelnen indes sehr umstritten, vgl. oben S. 217.

Gemessen an den eingangs aufgestellten konstitutiven Merkmalen einer zivilrechtlichen Unterbringung,[1214] zeigte sich diese in der Nachkriegszeit auf einem fortschrittlichen Entwicklungsstand. Sie hatte die unselige nationalsozialistische Verquickung von Fürsorge und Volkswohl überwunden und stellte das Wohl des Betroffenen durch den Richtervorbehalt mehr denn je an erste Stelle. Ihr Geltungsbereich beschränkte sich auf die Abwehr einer Selbstgefährdung des Kranken, umfasste indes nach wie vor die Fälle mittelbarer Selbstgefährdung, was das Eindringen von Fremdinteressen ermöglichte. Dabei handelte es sich jedoch angesichts der bei Drittgefährdungen unproblematisch verfügbaren öffentlichrechtlichen Unterbringungsalternative mehr um ein theoretisches Problem.

Die Abgrenzung beider Unterbringungsarten wurde zunächst erschwert durch die fürsorglichen Tendenzen der Landesunterbringungsgesetze, was sich in der Aufnahme der Selbstgefährdung als eigenständiger öffentlicher Unterbringungsgrund manifestierte. In den meisten Fällen statuierten ebenjene Gesetze indes den Anwendungsvorrang der zivilrechtlichen Unterbringung. Dort, wo dies nicht geschah, kam die herrschende Meinung unter Verweis auf die Subsidiarität des staatlichen Eingriffsrechts allerdings zum gleichen Ergebnis. Folglich besaß die vertreterseits initiierte Unterbringung nach § 1800 II BGB zumindest auch theoretisch die nötige Trennschärfe zu ihrer öffentlich-rechtlichen Alternative, praktisch wurde dieser Aspekt allerdings durch die häufige Bevorzugung von Effizienz- vor Sachgesichtspunkten bei der Wahl des jeweiligen Unterbringungsrechts wieder relativiert.

II) Der Ausbau des Sozialstaats

Während die Sozialpolitik zu Beginn der BRD vornehmlich auf den „*Abbau des vom Krieg hinterlassenen Spannungspotentials gerichtet war*“[1215] und als Nothilfe verstanden werden konnte, begann 1969 unter der sozialliberalen Regierung *Willy Brandts* (SPD) eine bis dato unbekannte Expansion des Sozialstaates.[1216] Dies hatte direkte Auswirkung auf die Psychischkrankenfürsorge. Die

---

1214 Vgl. oben S. 30: (1.) Freiheitsentziehende Maßnahme (2.) des gesetzlichen Vertreters zur (3.) Abwehr einer Selbstgefährdung, (4.) die sich zur behördlichen Unterbringung abgrenzen lässt.

1215 *Hockerts*, Der deutsche Sozialstaat, S. 29.

1216 *Hockerts*, Der deutsche Sozialstaat, S. 186. „*Ihren Höchststand erreichte die Sozialleistungsquote im Jahre 1975, als das Sozialbudget 33,4 Prozent des Bruttoinlandprodukts in Anspruch nahm – so viel wie nie zuvor und nie wieder danach in der Geschichte der Bonner Republik*“ (*ders.*, Der deutsche Sozialstaat, S. 192).

novellierten öffentlichen Unterbringungsgesetze vollzogen den Schritt hin zu einem Psychisch-Kranken-Recht im eigentlichen Sinne,[1217] soziale Dienste wurden ausgebaut, das Bundessozialhilfegesetz reformiert sowie schließlich, angestoßen durch die Psychiatrieenquete, das Betreuungsgesetz 1992 erlassen.

1) Allgemeinhistorische Einbettung

Ihre bis dahin facettenreichste Epoche, eingerahmt von Sozialreformen und historischen Großereignissen, erlebte die Bundesrepublik in den Jahren zwischen 1969 und 1992.

Ab 1969 intensivierte die neue sozialliberale Koalition unter *Willy Brandt* die Bemühungen um eine friedliche Lösung des Ost-West-Konflikts und akzeptierte daraufhin die Existenz der DDR.[1218] Im Innern sah sich die Bundesrepublik von steigenden Arbeitslosenzahlen herausgefordert sowie dem Linksterrorismus der Roten Armee Fraktion (RAF), der im Herbst 1977 seinen Höhepunkt erreichte. Die Tätigkeit des neuen Bundeskanzlers *Helmut Schmidt* stand daher ganz im Zeichen der Krisenbewältigung.[1219] Erst seinem Nachfolger, *Helmut Kohl*, gelang am 3. Oktober 1990 die Wiedervereinigung von Ost und West[1220].

Der gesellschaftliche Veränderungsdrang, der seinen Ausgangspunkt zu Beginn der 60er Jahre an den Hochschulen hatte, breitete sich weiter aus und brachte neue soziale Strömungen, wie die Öko-Bewegung, die Friedensbewegung oder die Anti-Atom-Bewegung hervor. Insofern hatte sich *Brandts* Wunsch von Teilhabe und Selbstbestimmung innerhalb der Bevölkerung erfüllt – wenngleich meist auf außerparlamentarischen Wegen[1221].

1217 *Marschner/Lesting/u.a.*, Freiheitsentziehung und Unterbringung, S. 6, Rn. 10.

1218 Dies führte über vorbereitende Gipfeltreffen in Erfurt und Kassel (1970) hin zum innerdeutschen Grundlagenvertrag, der 1973 in Kraft trat und in dem sich beide Staaten verpflichteten, unter Achtung der jeweiligen Souveränität „*normale gutnachbarliche Beziehungen zueinander*“ zu entwickeln (Art. 1).

1219 Auch die DDR befand sich in einer innenpolitischen Ausnahmesituation: Erhebliche ökonomische Probleme und ein Reformstau bewegten die Menschen zu immer größeren Protesten, die den Rücktritt des Parteichefs und Staatsratsvorsitzenden Erich Honecker zur Folge hatten und schließlich einen Monat später, am 9.11.1989, die Mauer zu Fall brachten.

1220 Die außenpolitischen Rahmenbedingungen hierfür hatte der „2+4 Vertrag“ zwischen den vier Besatzungsmächten sowie der BRD und der DDR geschaffen.

1221 Vgl. den Sozialbericht 1971: *Bundestag*, Drucksache Nr. 6/2155, S. 5.

Mit tief greifenden Reformen verhalf die sozialliberale Regierung zwischen 1969 und 1974 dem Wohlfahrtsstaat zu seiner Blütezeit.[1222] Kernpunkte waren Arbeitsschutz, Arbeitssicherheit und „*Humanisierung des Arbeitslebens*"[1223]. Hinzu traten beispielsweise das Berufsausbildungsförderungsgesetz (BAföG) 1971 und eine deutliche Erhöhung des Rentenniveaus durch das Reformgesetz 1972[1224]. Der Reformeifer wurde jedoch von der 1973 einsetzenden Weltwirtschaftskrise stark gebremst, die *Brandts* Nachfolger im Amt, *Helmut Schmidt*, zu einem harten Sparkurs zwang, der sich auch auf die Sozialpolitik auswirkte.[1225]

Die zunehmende Liberalisierung spiegelte sich außerdem auf der Normebene wider. So wandelte sich das Strafrecht vom Sitten- zum Rechtsgüterschutz und gab damit etwa die Strafbarkeit von Homosexualität, Ehebruch oder Kuppelei auf.[1226]

Im Bereich des Familienrechts erfüllte der Gesetzgeber in den 1970er Jahren nicht nur die Forderungen nach der Gleichstellung von Mann und Frau, sondern auch von nicht ehelichen und ehelichen Kindern. Im Scheidungsrecht wurde die Einführung des Verschuldensprinzips rückgängig gemacht und durch das bis heute geltende Zerrüttungsprinzip ersetzt.[1227] Besondere Aufmerksamkeit wurde dem Vormundschaftsrecht im Allgemeinen und Unterbringungsrecht im Speziellen zuteil. Eine Enquete-Kommission prangerte 1975 die teilweise menschunwürdige psychiatrische Versorgung an und forderte die Politik zum Handeln auf. Mit der Verabschiedung des Betreuungsgesetzes 1990 trat das Rechtsinstitut der Betreuung an die Stelle der Vormundschaft und verbesserte die Rechtsstellung der Betroffenen deutlich.

1222 *Hockerts*, Der deutsche Sozialstaat, S. 144; *Wehler*, Deutsche Gesellschaftsgeschichte, Bd. 5, S. 265.

1223 *Hockerts*, Der deutsche Sozialstaat, S. 144.

1224 Auch Frauen, die mindestens 25 Jahre lang berufstätig gewesen waren, hatten einen Rentenanspruch, der nicht unter 75 % der allgemeinen Bemessensgrundlage angesiedelt sein durfte (*Boeckh/Huster/u.a.*, Sozialpolitik in Deutschland, S. 126).

1225 *Boeckh/Huster/u.a.*, Sozialpolitik in Deutschland, S. 135; *Hockerts*, Der deutsche Sozialstaat, S. 145.

1226 Hierzu auch: *Finger*, Homophobie und Strafrecht, S. 113.

1227 Vgl. *Gmür/Roth*, Grundriss der deutschen Rechtsgeschichte, S. 230.

2) Wahrnehmung von „Geisteskrankheit"

a) In Gesellschaft und Medizin

In der hochpolitisierten Stimmung der späten sechziger Jahre wurde der Diskurs betreffend „Geisteskrankheit" und deren Behandlung über den reinen Expertenkreis hinausgehend geführt. Grund dafür waren wohl in erster Linie Skandalprozesse und Veröffentlichungen aus dem Anstaltsalltag, wie sie in der vorangehenden Epoche beschrieben wurden. In letztere Kategorie fiel auch *Frank Fischers* „Irrenhäuser" (1969).[1228] Über ein halbes Jahr lang hatte der Autor, ein medizinischer Laie, in fünf deutschen Anstalten Hilfspflegerdienste inkognito verrichtet, um sodann seine Beobachtungen zu veröffentlichen. Dabei verzichtete er auf die Nennung von Namen und Orten; im Mittelpunkt seiner Darstellung stand vielmehr das Anstaltssystem an sich, welches mit seinen *„zugrundeliegenden Strukturen und Ordnungsschemata gar keine menschlichen Lebens- und Behandlungsbedingungen entstehen lassen"*[1229] könne. *Fischers* Werk erfuhr nicht nur in Laienkreisen viel Zustimmung,[1230] sondern fand auch unter Psychiatern einige Beachtung.[1231] Im Gegensatz zu den geschlossen ablehnenden Reaktionen auf die Psychiatriereportagen in den 50er Jahren schien die Fachwelt nun wachgerüttelt worden zu sein und gab sich mitunter überraschend selbstkritisch. Der renommierte Düsseldorfer Psychiatrieprofessor *Caspar Kulenkampff* etwa räumte ein, dass *„alle dargelegten Begebenheiten tatsächlich irgendwo auf psychiatrischem Boden vorkommen"*[1232] und nicht erfunden seien.

Doch das öffentliche Interesse an der Versorgung psychisch Kranker erschöpfte sich nicht nur in der Lektüre von Erfahrungsberichten aus dem Anstaltsalltag oder der Rezeption von Grundlagenwerken, wie denen *Dörners* oder *Foucaults*, sondern spiegelte sich auch in Theaterstücken, politischen Schriften oder Filmen wider.

Diese seinerzeit selbst für Optimisten überraschende Aufmerksamkeit[1233] kann jedoch nicht monokausal erklärt werden. Über die bloße Sensationslust

---

1228 *Fischer*, Irrenhäuser.

1229 *Fischer*, Irrenhäuser, S. 13 f.

1230 Ausführlich: *Lennertz,* Die Reaktion der Bevölkerung.

1231 *Schott/Tölle*, Geschichte der Psychiatrie, S. 312; *Brink*, „Keine Angst vor dem Psychiater.", S. 350.

1232 *Kulenkampff,* Wie schlecht ist die Krankenhauspsychiatrie in diesem Lande?, Der Nervenarzt 1970, S. 150 (152).

1233 *Florsdorf,* Der Behinderte und die Gesellschaft, Caritas 1970, S. 94 (zitiert nach: *Rudloff*, Rehabilitation und Hilfen für Behinderte, S. 559).

hinaus wohnte dem Thema eine starke kultur- und gesellschaftskritische Komponente inne. Mit der von *Freud* und *Weber* um 1900 postulierten Beeinflussung der Persönlichkeit auch durch Umweltbedingungen,[1234] konnte sich jeder angesprochen fühlen, einen Beitrag zur Verbesserung der Verhältnisse zu leisten. Aus psychiatrischer und soziologischer Sicht galt es zunächst, die Öffentlichkeit über psychische Krankheiten aufzuklären, um diese früh genug erkennen und behandeln zu können.[1235] Dort herrschte allzu oft noch das Bild vom „gemeingefährlichen", unbeherrschten, unberechenbaren und triebgesteuerten „Irren" vor.[1236] Entsprechend stigmatisierend wirkte ein Anstaltsaufenthalt.[1237]

Im Gegensatz zu den vergangenen Reformbewegungen bestand seit Ende der 60er Jahre auch unter Psychiatern das Bedürfnis, die offenkundigen Defizite in ihrem Arbeitsfeld zu beseitigen. In Fachzeitschriften und Interessensverbänden wurden verschiedene Reformansätze diskutiert. Als Vorbilder dienten die im Ausland gewonnen Erkenntnisse mit modernen Therapiekonzepten.[1238] Unverzichtbar neben konventionellen Behandlungsformen wie Elektrokrampf- und Insulinschocktherapie, Gehirnchirurgie und Beruhigungsmittel, war mittlerweile der breite Einsatz von Psychopharmaka geworden.[1239] Er ermöglichte über 80 Prozent der neu aufgenommenen Patienten eine Entlassung bereits nach sechs Monaten und erleichterte Pflegern und Ärzten darüber hinaus den Anstaltsalltag.[1240] Gleichwohl handelte es sich dabei „nur" um eine symptomatische Therapie, deren Leitmotiv nicht die Bequemlichkeit des verschreibenden Arztes sein dürfe, wie der Psychiater *Walter Schulte* seinen Kollegen in Erinnerung rief.[1241]

Auch wenn die Reform des Bundessozialhilfegesetzes (BSHG) 1969 in § 39 BSHG den Entlassenen einen Anspruch auf Nachversorgung zugesichert hatte,[1242] mangelte es außerhalb der Anstalten noch bis Mitte der 70er Jahre an

1234 *Brink*, Grenzen der Anstalt, S. 453.

1235 *Bundestag*, Drucksache Nr. 7/4200, S. 79.

1236 *Stumme*, Das Verhältnis der Öffentlichkeit zum Geisteskranken – Vorurteil oder Urteil, S. 43.

1237 *Stumme*, Das Verhältnis der Öffentlichkeit zum Geisteskranken – Vorurteil oder Urteil, S. 46.

1238 *Bundestag*, Drucksache Nr. 7/4200, S. 163.

1239 *Brink*, Grenzen der Anstalt, S. 415; *Schott/Tölle*, Geschichte der Psychiatrie, S. 494 f. Zudem hatte sich seit Ende der 70er Jahre auch die Verhaltenstherapie etabliert.

1240 *Bundestag*, Drucksache Nr. 7/4200, S. 62.

1241 *Schulte*, Klinik der Anstalts-Psychiatrie, S. 113.

1242 Gesetz v. 18.09.1969 – BGBl. I S. 1688. Hierzu: *Welti*, Behinderung und Rehabilitation, S. 93; *Rudloff*, Rehabilitation und Hilfen für Behinderte, S. 495.

ausreichenden Angeboten, was vielfach eine erneute Unterbringung zur Folge hatte und so den Terminus „Drehtürpsychiatrie" prägte.[1243]

b) Politische Reformbemühungen: Von der Psychiatrie-Enquete zum Betreuungsgesetz

Die vielfach vorgetragene Kritik an der Versorgung psychisch Kranker mündete am 23. Juni 1971 in eine vom Bundestag beschlossenen Einsetzung einer Expertenkommission (Psychiatrie-Enquete), die neben der empirischen Erfassung des Status quo auch Reformmöglichkeiten aufzeigen sollte. Beschäftigt mit dieser Aufgabe waren unter der Schirmherrschaft des Ministeriums für Jugend, Gesundheit und Familie rund 200 Psychiater und wissenschaftliche Mitarbeiter, die in einzelne Arbeitsgruppen untergliedert wurden.[1244]

Nach Auswertungen der Kommission befanden sich am Stichtag, dem 30. Mai 1973, 94.197 Patienten in einem der 130 psychiatrischen Fachkrankenhäuser,[1245] deren Kapazitätsgrenze von 98.757 Betten damit fast erreicht war. Rund 30 Prozent der Einrichtungen verfügten über mehr als 1.000 Betten und beherbergten damit den Großteil aller Kranken.[1246] Diese Anstalten hielt der Abschlussbericht indes nicht allein aufgrund ihres Alters überwiegend für ein Relikt des 19. Jahrhunderts; ihre enorme Größe und dezentrale Lage verkörpere zudem den überkommenen Charakter einer Psychiatrie, die sich mehr als schützende denn rehabilitierende Institution sehe und dieses Selbstverständnis durch räumliche Abgeschiedenheit weit vom Lebensort der Patienten entfernt unterstreiche.[1247] „*Vor aller Reform*", so die Enquete-Veröffentlichung, müssten „*die humanen Grundbedürfnisse der in diesen Krankenhäusern lebenden Patienten befriedigt werden*".[1248] Eine Forderung, die verdeutlicht, wie es um die Lage der Psychiatrie in der Bundesrepublik bestellt war.

Neben der stationären Versorgung existierte noch die ambulante Behandlungsmöglichkeit durch niedergelassene Nervenärzte, doch kamen hier auf

---

1243 *Schott/Tölle*, Geschichte der Psychiatrie, S. 304.

1244 *Schott/Tölle*, Geschichte der Psychiatrie, S. 313; Näheres zur Organisation im Zwischenbericht der Enquete: *Bundestag*, Drucksache Nr. 7/1124, S. 28 ff.

1245 *Bundestag*, Drucksache Nr. 7/4200, S. 7.

1246 Hierzu anschaulich *Kulenkampff*, Die Versorgung des psychisch Kranken, S. 2.

1247 *Bruder*, Gutachten C für den 57. DJT, S. 32. Anzustreben war dem Bericht zufolge eine sogenannte gemeindenahe Versorgung.

1248 *Bundestag*, Drucksache Nr. 7/4200, S. 6.

einen Psychiater 68.449 Einwohner, sodass sich insgesamt ein Fehlbedarf von etwa 330 Ärzten ergab.[1249]

Zwischen diesen beiden Versorgungspfeilern bestand ein „*institutioneller Leerraum*“[1250], der eine vollständige Rehabilitation der Entlassenen erschwerte und somit zu ihrer Wiedereinweisung führen konnte. Um dieses Vakuum auszufüllen, forderte der Bericht dazu auf, die gesamte Bandbreite des institutionellen Behandlungsspektrums auszuschöpfen, indem das Angebot an halbstationären (z.B. Tages- und Nachtkliniken), komplementären (z.B. Wohnheime und Patientenclubs) sowie an speziell rehabilitativen Diensten (z.B. beschützende Arbeitsplätze) ausgebaut werde.

In rechtlicher Hinsicht sind folgende Kritikpunkte des Berichts besonders hervorzuheben: Das Nebeneinander verschiedener Unterbringungsarten auf Bundes- und Landesebene mit unterschiedlichen Schwerpunkten und Verfahrensregelungen führe zu einer starken Rechtszersplitterung. Da eine bundeseinheitliche Regelung der Unterbringung psychisch Kranker nach Scheitern des entsprechenden FEVG-Entwurfes 1968 zwar wünschenswert, den Experten aber dennoch unrealistisch erschien,[1251] lautete ihre Empfehlung, die zivilrechtliche- von der öffentlich-rechtlichen Unterbringung stärker abzugrenzen. Letztere solle (ihren polizeirechtlichen Wurzeln entsprechend) lediglich für Einweisungen aus Gründen der öffentlichen Sicherheit und Ordnung gelten.[1252] Die im Gegensatz dazu häufig vollzogene Anreicherung dieser Gesetze mit Schutz- und Hilfsmaßnahmen sei interimistisch jedenfalls solange hinzunehmen, bis der Bundesgesetzgeber das Recht der fürsorglichen Unterbringung nach dem BGB neu geregelt habe.[1253]

Weiterhin wurde die uneinheitliche Rechtssprache im Zusammenhang mit psychisch Kranken kritisiert. Die Begriffe seien veraltet sowie teilweise diskriminierend und entsprächen nicht dem gegenwärtigen psychiatrischen Kenntnisstand.[1254]

Eingegliedert in ein neues abgestuftes System von Betreuungsmaßnahmen, sollte die zivilrechtliche Unterbringung nach dem Willen der

---

1249 Zahlen v. 21.12.1972; die damalige Bedarfsplanung sah ein Verhältnis von 1:50.000 vor (*Bundestag*, Drucksache Nr. 7/4200, S. 84).

1250 *Rudloff*, Rehabilitation und Hilfen für Behinderte, S. 590.

1251 *Bundestag*, Drucksache Nr. 7/4200, S. 369.

1252 *Bundestag*, Drucksache Nr. 7/4200, S. 371.

1253 *Bundestag*, Drucksache Nr. 7/4200, S. 375.

1254 *Bundestag*, Drucksache Nr. 7/4200, S. 375; *Zenz/Kulenkampff*, Vormundschaft und Pflegschaft für Volljährige, S. 33.

Enquete-Kommission das Wohl des Betroffenen stärker beachten und zudem die Rechtsstellung des Untergebrachten näher regeln.

Mit Veröffentlichung des Enquete-Berichts im November 1975 hing die Umsetzung der Vorschläge nun vom Willen der politischen Entscheidungsträger ab. Dort war indes der Reformeifer den mittlerweile vorherrschenden Sparzwängen gewichen,[1255] sodass die von den Ländern zu finanzierende Etablierung einer gemeindenahen Psychiatrie und alternativer Versorgungsformen nur schleppend umgesetzt wurde.[1256]

Die hier interessierende Neuordnung des Vormundschafts- und Pflegschaftsrechts wurde ab 1986 mit Einberufung einer interdisziplinären Arbeitsgruppe vorangetrieben.[1257] Kurz nachdem sich die Teilnehmer des 57. Deutschen Juristentags in Mainz 1988 mehrheitlich für eine Reform ausgesprochen hatten, wurde 1989 der Regierungsentwurf eines Betreuungsgesetzes[1258] vorgestellt, der in seinem ersten Teil deutlich die Mängel des geltenden Rechts aufzeigte und teilweise über den Enquete-Bericht hinausging. Im Zentrum der Kritik standen, bezogen auf das Unterbringungsrecht, die unzureichend geregelten materiellen Unterbringungsvoraussetzungen, was sich etwa in der Diskussion um die Differenzierung zwischen freiheitsentziehenden, mithin genehmigungspflichtigen, Maßnahmen und bloßen Freiheitsbeschränkungen widerspiegelte.[1259] In prozessualer Hinsicht wurde ferner das Nebeneinander von ZPO- und FGG-Verfahren als unökonomisch beanstandet.[1260] Weitere Punkte betrafen den Vollzug der Unterbringung sowie das Kostenrecht.[1261] Verabschiedet wurde das neue Betreuungsgesetz (BtG) schließlich am 12. September 1990[1262].

1255 *Brink*, Grenzen der Anstalt, S. 474.

1256 Zur Entwicklung nach der Enquete: *Bruder*, Gutachten C für den 57. DJT, S. 33.

1257 *Bundestag*, Drucksache Nr. 10/5970, S. 1. Zuvor hatten andere familienrechtliche Reformen (Eherecht, Adoptionsrecht, Recht der elterlichen Sorge, IPR) Priorität (*Bundestag*, Drucksache Nr. 11/4528, S. 48).

1258 *Bundestag*, Drucksache Nr. 11/4528.

1259 *Bundestag*, Drucksache Nr. 11/4528, S. 50.

1260 *Bundestag*, Drucksache Nr. 11/4528, S. 50.

1261 Hierzu: *Weber*, Der Einfluß des Betreuungsgesetzes auf die freiheitsentziehende Unterbringung, S. 28 f.

1262 BGBl. I S. 2002.

3) Psychiatrische Einrichtungen

Erst die Psychiatrie-Enquete vermochte neue Impulse zu geben und trug zu einer Modernisierung im psychiatrischen Sektor bei.[1263] Neben der klassischen stationären Behandlung etablierten sich in den 70er Jahren halbstationäre, komplementäre sowie speziell rehabilitative Dienste. Dies geschah stets unter der Prämisse der gemeindenahen Versorgung. Im Gegensatz zum Einweisungsschub des 19. Jahrhunderts sollte hier der Patient, sofern es seiner Genesung zuträglich war, weitestgehend in seinem vertrauten Umfeld verbleiben können, um so nicht zuletzt von der Einbeziehung Angehöriger und Freunde in die Therapie zu profitieren.

Als Signal der Veränderung galten die Tageskliniken,[1264] ein ursprünglich aus dem englischsprachigen Raum stammendes halbstationäres Modell, das den Patienten fakultativ eine ortsnahe psychiatrische Versorgung, Unterbringung und Verpflegung zu bestimmten Tageszeiten ermöglichte. Bis heute stellen die mittlerweile rund 250 Tageskliniken eine ökonomisch wie therapeutisch günstige Behandlungsalternative dar, „*wenn für das Erreichen des Behandlungsziels eine vollstationäre Behandlung nicht erforderlich, eine ambulante Behandlung aber nicht ausreichend ist.*“[1265] Nicht durchsetzen konnten sich hingegen die Nachtkliniken, welche eine Übernachtungs- und Therapiemöglichkeit für arbeitende psychisch Kranke bilden sollten.[1266]

Seit der Enquete wurde in der Teil- und vollstationären Kliniklandschaft zudem eine verstärkte Binnendifferenzierung deutlich. So entstanden beispielsweise Mutter-Kind-, Kinder-und Jugendpsychatrien oder Häuser mit sucht- oder gerontopsychiatrischem Schwerpunkt.

Das Gesamtversorgungssystem vervollständigten seit Ende der 70er Jahre komplementäre Dienste, wie Wohnheime und Patientenclubs.[1267]

1263 Zur „Therapiefeindlichkeit“ der psychiatrischen Großkrankenhäuser: *Schulte*, Anmerkungen zur Reform des Entmündigungs-, Vormundschafts- und Pflegschaftsrechts, ZRP 1986, S. 249 (249).

1264 *Schott/Tölle*, Geschichte der Psychiatrie, S. 315. Weiterhin sichtbar wurde die Erneuerung in den Umbenennungen der früheren Anstalten in „Nervenkliniken“ oder „Nervenkrankenhäuser“ (*Brink*, Grenzen der Anstalt, S. 421).

1265 *Eikelmann*, Tagesklinische Behandlung in der Psychiatrie, Nervenarzt 2010, S. 355 (356).

1266 *Forsbach*, Die 68er und die Medizin, S. 142; *Schott/Tölle*, Geschichte der Psychiatrie, S. 315.

1267 *Bundestag*, Drucksache Nr. 7/4200, S. 22.

4) Überblick über die Rechtslage

Der defizitären psychiatrischen Lage in der Bundesrepublik um 1975 war ohne gesetzgeberischen Maßnahmen nicht beizukommen. Während zunächst die Auswirkungen der Reformen auf die Unterbringung Volljähriger allein reflektorischer Natur waren, führte das Betreuungsgesetz ab 1. Januar 1992 zu einer umfassenden Änderung auf materiell- sowie verfahrensrechtlicher Seite.

a) Bis zum 1. Januar 1992

Die zivilrechtliche Unterbringung volljähriger psychisch Kranker geschah bis 1980 nach wie vor unter Rückgriff auf die §§ 1897, 1800, 1631 I BGB. Mit dem Sorgerechtsgesetz[1268] änderte sich indes ab dem 1. Januar 1980 die materiellrechtliche Grundlage des richterlichen Genehmigungsvorbehalts, indem § 1800 II BGB aufgehoben und durch den nahezu gleichlautenden § 1631b BGB ersetzt wurde. Hierauf verwiesen die §§ 1897, 1800 BGB aus dem Vormundschaftsrecht beziehungsweise bei Pfleglingen die §§ 1915, 1897, 1800 BGB. Praktische Auswirkungen hatte diese Gesetzesänderung lediglich im Recht der Unterbringung Minderjähriger, wo es nunmehr ebenfalls einer vormundschaftsgerichtlichen Genehmigung bedurfte. Für volljährige psychisch Kranke handelte es sich indes ausweislich der Gesetzesbegründung um eine rein gesetzestechnische Modifizierung.[1269]

Mehr Auswirkungen hatte die Gesetzesreform auf verfahrensrechtlicher Ebene. Spiegelbildlich zum materiellen Recht entschied sich der Gesetzgeber, das Genehmigungsverfahren sowohl für Voll- als auch Minderjährige einheitlich und systematisch zusammenhängend im FGG zu normieren. Die geschaffenen §§ 64a–h FGG enthielten neben den übernommenen Verfahrensgrundsätzen aus § 1800 II BGB a.F. Regeln, die sich bereits im Entmündigungs- und Pflegschaftsrecht bewährt hatten sowie einige Stärkungen der Rechtsposition des Betroffenen.

b) Ab dem 1. Januar 1992

Mit Inkrafttreten des Betreuungsgesetzes[1270] zum 1. Januar 1992 hatte sich das Unterbringungsrecht grundlegend gewandelt. Die damit eng verknüpfte Totalentmündigung wurde abgeschafft und Vormundschaft sowie Pflegschaft durch

---

1268 Gesetz v. 18.07.1979 – BGBl I S. 1072.

1269 *Bundestag*, Drucksache Nr. 8/2788, S. 69.

1270 BGBl. I 1990 S. 2002.

das Rechtsinstitut der Betreuung ersetzt.[1271] Ihre Voraussetzungen fanden sich in § 1896 BGB, der sich durch seine moderne Begrifflichkeit bereits äußerlich von dem überkommenen § 6 I BGB a.F. abhob.[1272] Eine Beschränkung der Betreuung in § 1896 II BGB auf bestimmte *erforderliche* Aufgabenkreise, sollte vorschnelle „Generalvormundschaften", wie sie mitunter in der alten Rechtspraxis zu beobachten gewesen waren, verhindern.[1273] § 1906 BGB enthielt erstmalig eine ausdrückliche Regelung der materiellrechtlichen Unterbringungsvoraussetzungen und bezog überdies auch unterbringungsähnliche Maßnahmen mit ein (§ 1906 IV BGB). Im Gegensatz zum überkommenen § 1631b BGB sorgte § 1906 I BGB vor allem für Klarheit beim Rechtsanwender. So hat die Unterbringung bis zum heutigen Tage namentlich und ausschließlich dem Wohl des Kranken zu entsprechen. Fremdinteressen bleiben damit unberücksichtigt (§ 1906 I BGB).

Verfahrensrechtlich betrachtet bestand seit 1992 für die zivilrechtliche und hoheitliche Unterbringung ein gemeinsames Verfahren in den §§ 70 ff. FGG[1274].

c) *Rechtsprechung*

Die höchstrichterliche Rechtsprechung zu den Einweisungsvoraussetzungen betraf meist die öffentlich- sowie strafrechtliche Variante, ließ sich aber teilweise auch auf die zivilrechtliche Unterbringung ausweiten.

Das Bundesverfassungsgericht wies 1981 in seiner Entscheidung zum Baden-Württembergischen Landesunterbringungsgesetz ausdrücklich auf die „Freiheit zur Krankheit" hin, die dem Betroffenen bei vorhandener Selbstbestimmungsfähigkeit (und damit bei Krankheitseinsicht) grundsätzlich zu gewähren sei:

> *„Die Fürsorge der staatlichen Gemeinschaft schließt auch die Befugnis ein, den psychisch Kranken, der infolge seines Krankheitszustands und der damit verbundenen fehlenden Einsichtsfähigkeit die Schwere seiner Erkrankung und die Notwendigkeit von Behandlungsmaßnahmen nicht zu beurteilen vermag oder trotz einer solchen Erkenntnis sich infolge der Krankheit nicht zu einer Behandlung entschließen kann, zwangsweise in einer*

1271 Damit wurden bestehende Vormundschaften und Gebrechlichkeitspflegschaften gem. Art. 9 BtG zu Betreuungen. Übergangsvorschriften existierten nicht (*Weber*, Der Einfluß des Betreuungsgesetzes auf die freiheitsentziehende Unterbringung, S. 124).

1272 So sprach § 1896 I BGB von einer *„psychischen Krankheit, körperlichen, geistigen oder seelischen Behinderung"*, während in § 6 I Nr. 1 BGB a.F. noch von *„Geisteskrankheit"* und *„Geistesschwäche"* die Rede war.

1273 *Bundestag*, Drucksache Nr. 11/4528, S. 58.

1274 Seit 2009: §§ 312 ff. FamFG.

geschlossenen Anstalt unterzubringen, wenn sich dies als unumgänglich erweist, um eine drohende gewichtige gesundheitliche Schädigung von dem Kranken abzuwenden. Daß dies nicht ausnahmslos gilt, weil schon im Hinblick auf den Verhältnismäßigkeitsgrundsatz bei weniger gewichtigen Fällen eine derart einschneidende Maßnahme unterbleiben muß und somit auch dem psychisch Kranken in gewissen Grenzen die ,Freiheit zur Krankheit' belassen bleibt, drängt sich auf."[1275]

Zweifel an der Verfassungsmäßigkeit des § 1631b BGB (i.V.m. §§ 1897, 1800 BGB) hegte 1985 das AG Frankfurt.[1276] Es erachtete das Aufenthaltsbestimmungsrecht als alleinigen Anknüpfungspunkt für das Unterbringungsrecht des gesetzlichen Vertreters für unzureichend und strengte ein Normenkontrollverfahren an. Das Bundesverfassungsgericht wies den Vorlagebeschluss aus formellen Gründen zwar ab,[1277] doch nahm der Reformgesetzgeber die Kritik des Amtsgerichts zum Anlass, die materiellen Unterbringungsgründe näher festzulegen.[1278]

5) Unterbringungsrechtlicher Fürsorgebegriff

Von der zunehmenden Etablierung fürsorgerischer Motive im öffentlichen Unterbringungsrecht war auch die Auslegung des Fürsorgebegriffes betroffen.[1279] Die Landesrechte verstanden die fürsorgerische Unterbringung als Abwehr einer Bedrohung für die öffentliche Sicherheit oder Ordnung, sofern sie die Selbstgefährdung nicht als eigenständigen Einweisungsgrund nannten.[1280] Der Kranke sollte hierdurch befähigt werden, „*ein der Gemeinschaft angepaßtes Leben zu führen*"[1281]. Das Wohl des Betroffenen wurde also nicht ausschließlich individuell,

---

1275 BVerfG, Beschluss v. 07.10.1981 – 2 BvR 1194/80, BVerfGE 58, 208 (224 ff.). Diese Rechtsprechung übertrug das Bundesverfassungsgericht 1998 ausdrücklich auf § 1906 BGB (BVerfG, Beschluss v. 23.03.1998 – 2 BvR 2270–96, NJW 1998, 1774).

1276 AG Frankfurt a. M., Vorlagebeschluss v. 30.05.1985 – 40 VIII Kr 18342, R&P 1986, 116.

1277 BVerfG, Beschluss v. 24.02.1987 – 2 BvL 7/85, BVerfGE 74, 236.

1278 *Bundestag*, Drucksache Nr. 11/4528, S. 81.

1279 Kritisch hierzu: *Kargl*, Die Jurisprudenz der Geisteskrankheit, Leviathan 1977, S. 301 (316): „*Der Fürsorgebegriff vereinigt in sich auf ideale Weise ein Höchstmaß an kustodialer Befugnis mit einem Höchstmaß gleichzeitiger Verschleierung dieser Machtbefugnis.*"

1280 So etwa nach umstr. Ansicht § 1 II des rheinland-pfälzischen Unterbringungsgesetzes v. 19.02.1959 (Fn. 1183): Vgl. LG Koblenz, Beschluss v. 06.01.1977 – 4 T 697/76, NJW 1978, 1205 (m.w.N.). Gleichwohl war auch in diesem Fall der polizeirechtliche Grundcharakter der Einweisung immanent.

1281 Vgl. der insoweit exemplarische § 2 PsychKG-NRW (Gesetz v. 02.12.1969 – GVBl. S. 872).

sondern auch von gesellschaftlichen Normen bestimmt, was stets die Gefahr einer sozialen Kontrolle in sich barg.[1282]

Doch auch der Fürsorgebegriff im BGB-Unterbringungsrecht konnte sich bis zur Betreuungsgesetzreform 1992 nicht von Drittinteressen lösen. So hielt etwa das OLG Hamm in ständiger Rechtsprechung eine zivilrechtliche Unterbringung auch bei Fremdgefährdung für zulässig: „*Die Unterbringung ist* […] *auch dann zum Wohle des Mündels erforderlich, wenn er außerhalb einer geschlossenen Anstalt aufgrund seiner krankhaften Ideen unüberlegte Handlungen verüben und sich selbst oder andere dadurch gefährden würde.*“[1283] Weiterhin blieb die zivilrechtliche Unterbringung aufgrund mittelbarer Selbstgefährdung möglich.[1284]

Mit Einführung des Betreuungsinstituts erhielt der Fürsorgebegriff im BGB eine neue Prägung. Ausschlaggebend war nunmehr in § 1906 BGB ausschließlich das Wohl des Betroffenen. Fremdinteressen, gleich ob unmittelbar oder nur mittelbar, blieben unberücksichtigt.[1285]

6) Ablauf der Unterbringung

Der Ablauf der Unterbringung hatte sich in der vorliegenden Epoche deutlich gewandelt. Bereits die Sorgerechtsreform von 1980 brachte Neuerungen auf der Verfahrensseite mit sich, doch erst das Betreuungsgesetz (1992) vermochte, zusätzlich zu einem neu geschaffenen FGG-Verfahren auch die materiellen Unterbringungsvoraussetzungen umfassend zu novellieren.

Die Darstellung erfolgt nach dem bekannten Schema, unterteilt in Vorverfahren, Vollzug und Entlassung. Hauptaugenmerk liegt dabei auf der seit 1992 bestehenden Rechtslage.

a) Vorverfahren

aa) Unterbringung durch den gesetzlichen Vertreter

Differenziert werden muss zwischen der Rechtslage vor und nach dem Betreuungsgesetz.

1282 *Brink*, Grenzen der Anstalt, S. 408; *Neumann,* Freiheitssicherung und Fürsorge im Unterbringungsrecht, NJW 1982, S. 2588 (2590).

1283 OLG Hamm, Beschluss v. 18.11.1968 – 15 W 451/68, FamRZ 1969, 437 (438).

1284 Hierzu schon in der vorangehenden Epoche: Oben S. 216.

1285 *Bundestag*, Drucksache Nr. 11/4528, S. 81 f.; *Bienwald*, Betreuungsrecht, S. 369 f., Rn. 10.

(1) Bis 1992

Wie bereits oben gesehen,[1286] änderte sich an den materiellrechtlichen Voraussetzungen der zivilrechtlichen Unterbringung zunächst nichts. Grund für die Einweisung war nach wie vor das gefährdete Wohl des Betroffenen, nähere Ausführungen hierzu fanden sich allerdings nicht im Gesetz[1287] und blieben somit der Rechtsprechung[1288] überlassen.

Unterbringungsbefugt waren der Vormund und der mit dem Aufenthaltsbestimmungsrecht versehene Gebrechlichkeitspfleger[1289]. Beide waren gemäß § 1800 II BGB beziehungsweise ab 1980 gemäß § 1631b BGB grundsätzlich von der vorherigen vormundschaftsgerichtlichen Genehmigung abhängig.

Mit dem Sorgerechtsgesetz wurde 1980 in den §§ 64a–i FGG erstmals ein dezidierter Kanon an Verfahrensregelungen außerhalb von § 1800 BGB für zivilrechtliche Unterbringungen festgelegt. Eingang hierin fanden auch bewährte Elemente aus dem Entmündigungsrecht. So musste der richterlichen Genehmigung die persönliche Untersuchung des Betroffenen durch einen ärztlichen Sachverständigen vorausgehen (§ 64c I FGG; bei Entmündigung § 655 ZPO). Weigerte er sich, konnte er zu Untersuchungszwecken maximal sechs Wochen lang in eine Anstalt eingewiesen werden (§ 64c II, III FGG; bei Entmündigung § 656 ZPO). Eine deutliche Verbesserung der Rechtsposition des Kranken wurde durch die Begrenzung der vormundschaftsgerichtlichen Genehmigung „*bei langer Geisteskrankheit höchstens* [auf] *zwei Jahre, in allen anderen Fällen höchstens* [auf] *ein Jahr*“ (§ 64d II FGG) erreicht.[1290] Strebte der gesetzliche Vertreter eine darüber hinausgehende Verlängerung an, so war die Unterbringung erneut nach den einschlägigen Verfahrensvorschriften zu genehmigen (§ 64d III FGG).

1286 S. 238.

1287 Vgl. *Cuntz*, Von der Vormundschaft zur gesetzlichen Betreuung, S. 88.

1288 Siehe etwa OLG Hamm, Beschluss v. 18.11.1968 – 15 W 451/68, FamRZ 1969, 437.

1289 Beachte hierbei die Differenzierung zwischen geschäfts- und geschäftsunfähigen Pfleglingen, oben S. 219.

1290 Damit verabschiedete sich der Gesetzgeber von der vagen Formulierung in § 1800 II S. 3 BGB, wonach das Gericht die Genehmigung zurückzunehmen habe, „*wenn das Wohl des Mündels die Unterbringung nicht mehr*“ erfordere. Zur Handhabung in der Praxis vgl. oben S. 221.

Konnte der Betroffene sein ihm nach § 64b I FGG zustehendes rechtliches Gehör nicht ausüben, war ihm ein Verfahrenspfleger zu bestellen; dies galt insbesondere dann, wenn durch die Bekanntgabe des Sachverständigengutachtens eine weitere Gesundheitsverschlechterung zur befürchten wäre.[1291]

Aufgrund einfachen ärztlichen Zeugnisses konnte das Gericht zudem gemäß § 64f FGG eine einstweilige Unterbringung anordnen, wenn (kumulativ!) die Genehmigung einer späteren endgültigen Unterbringung wahrscheinlich war und weiteres Zuwarten mit Gefahr verbunden sein würde.[1292] Eine vorherige Anhörung des Kranken selbst war hierbei nicht zwingend notwendig, musste aber innerhalb von zwei Wochen nachgeholt werden (§ 64g II FGG). Insgesamt war die vorläufige Unterbringung auf eine Gesamtdauer von drei Monaten beschränkt (§ 64f II FGG).

An der Duplizität der Verfahrensvorschriften für zivil- und öffentlich-rechtliche Unterbringungen änderte auch das Sorgerechtsgesetz nichts, sodass in der Praxis die Wahl der anzuwendenden Unterbringungsform mitunter weniger von sachlichen Erwägungen abhing, als von der Überlegung, welches Verfahren den geringsten Aufwand bedeutete.[1293]

(2) Ab 1992

Die Abkehr vom Vormundschafts- und Pflegschaftswesen erfolgte 1992. Damit entfiel zugleich die als diskriminierend betrachtete Entmündigung. Bestehende Vormundschaften über Volljährige und Gebrechlichkeitspflegschaften wurden gemäß Art. 9 § 1 BtG in Betreuungsverhältnisse übergeleitet. Für den Betroffenen bedeutete dies in erster Linie eine Stärkung seiner Rechtsposition, da seine Geschäftsfähigkeit von dem richterlichen Betreuungsbeschluss unbeeinträchtigt blieb und auch sein Wille bei der Auswahl und Amtsführung des Betreuers beachtenswert war.

(a) Bestellung und Rechtsposition des Betreuers

Der bis heute gültige Grundtatbestand des Betreuungsrechts, § 1896 BGB, ist seit jeher zweistufig ausgestaltet: Auf der ersten Stufe steht die *subjektive* Betreuungsbedürftigkeit, also eine psychische Krankheit, körperliche, geistige oder eine seelische Behinderung. Doch erst, wenn aufgrund dieser Voraussetzungen der Betroffene seine individuellen Angelegenheiten ganz oder teilweise nicht mehr

---

1291 § 64e FGG; hierzu auch: BayObLG, Beschluss v. 14.12.1989 – 3 Z 163/89, BayObLGZ 1989, 462 (464).

1292 Dies war bereits nach § 55a III FGG a.F. möglich gewesen (vgl. S. 221).

1293 Vgl. *Bundestag*, Drucksache Nr. 11/4528, S. 81, 92. Zur Kritik hierzu unten S. 254.

besorgen kann, ist die *objektive* Betreuungsbedürftigkeit und damit die zweite Stufe erreicht.[1294]

Als zusätzliches, ungeschriebenes, Tatbestandsmerkmal verlangte die Praxis alsbald den Ausschluss der freien Willensbestimmung des Betroffenen aufgrund seiner Krankheit.[1295] Entscheidend komme es dabei, wie schon im Rahmen des § 104 Nr. 2 BGB, auf die Einsichtsfähigkeit des Betroffenen an und dessen Fähigkeit, nach dieser Einsicht zu handeln.[1296] Damit hat die öffentliche Fürsorge innerhalb der aufgezeigten Grenzen hinter dem Recht des Einzelnen auf Krankheit zurückzustehen, was vom Bundesverfassungsgericht 1991 und 1998 wiederholt bekräftigt wurde.[1297]

Neben die genannten Voraussetzungen tritt eine weitere: Der Grundsatz der Erforderlichkeit. Als prägender Gedanke durchzieht er das gesamte Betreuungsrecht und beschränkt nicht nur die Begründung der Betreuung selbst (§ 1896 II BGB – Vorrang anderer Hilfen), sondern auch die einzelnen betreuerischen Maßnahmen, die stets ultima ratio sein sollen.[1298]

§ 1896 I BGB unterscheidet Betreuerbestellungen von Amts wegen und auf Antrag des Betroffenen.[1299] Als Betreuer in Betracht kommen primär natürliche Personen, seien es Verwandte, Vereins- oder Behördenbetreuer (§ 1897 BGB) und nachrangig Betreuungsvereine oder die zuständige Behörde (§ 1900 BGB). Dabei verfügt der Kranke gemäß § 1897 IV BGB über ein Vorschlagsrecht. Von den infrage kommenden Personen wählt das Gericht diejenige aus, die geeignet erscheint, den Aufgabenkreis im konkreten Fall auszufüllen (§ 1897 I BGB). Auf persönliche Bindungen ist hier besondere Rücksicht zu nehmen (§ 1897 V BGB), um anonyme Verwaltungen zu vermeiden. Der Ausgewählte ist sodann zur Übernahme der Betreuung verpflichtet, sofern keine sachlichen oder persönlichen

---

1294 Näher zu den medizinischen Voraussetzungen: *Husen,* Freiheitsentziehende Maßnahmen, S. 30 ff.

1295 Statt vieler: BayObLG, Beschluss v. 19.05.1994 – 3Z BR 70/94, FamRZ 1995, 116.

1296 BayObLG, Beschluss v. 25.11.1993 – 3Z BR 190/93, FamRZ 1994, 720. Fehlt es an einem der beiden Elemente, liegt kein freier, sondern nur ein natürlicher Wille vor, wie er etwa bei der Beurteilung eines Freiheitsentzuges von Relevanz ist.

1297 Hierzu bereits oben S. 239. Seit 2005 ist dieser Grundsatz mit § 1896 Ia BGB auch gesetzlich normiert.

1298 *Jürgens/Kröger/u.a.*, Das neue Betreuungsrecht, S. 14 f.; *Husen,* Freiheitsentziehende Maßnahmen, S. 39.

1299 Auf dessen Geschäftsfähigkeit kommt es dabei ausweislich § 1896 II BGB nicht an.

Hinderungsgründe vorliegen (§ 1898 BGB).[1300] Das Verfahren in Betreuungssachen regelten die neu geschaffenen §§ 65 ff. FGG[1301].

Gemäß § 1896 II S. 1 BGB darf ein Betreuer nur für diejenigen Aufgabenkreise bestellt werden, in denen die Betreuung auch erforderlich ist, wodurch pauschale Zuständigkeitsbereiche, wie im alten Recht, ausgeschlossen werden sollen.[1302] Als Leitlinie dient dem Gericht das Sachverständigengutachten, das sich gemäß § 68b I S. 5 FGG[1303] auch auf die Beschreibung der Aufgabenkreise zu erstrecken hat.

Innerhalb dieses Kreises vertritt der Betreuter den Betreuten gerichtlich und außergerichtlich (§ 1902 BGB) und hat dabei die Stellung eines gesetzlichen Vertreters (arg. ex § 1896 II S. 2 BGB). Daneben kann jedoch auch der Betreute weiterhin – vorbehaltlich § 104 Nr. 2 BGB – wirksame rechtsgeschäftliche Handlungen vornehmen, da die Betreuerbestellung im Gegensatz zum Vormundschaftsrecht seine Geschäftsfähigkeit unberührt lässt.[1304] Die hierdurch entstehende Gefahr kollidierender Rechtsgeschäfte kann nur in engen Grenzen durch Anordnung eines Einwilligungsvorbehaltes nach § 1903 BGB abgewendet werden.[1305]

Umstritten war und ist, ob der Betreuer mit Übertragung eines Aufgabenkreises auch zugleich die Befugnisse zu dessen zwangsweiser Durchsetzung gegenüber dem Betreuten erhält. Das Gesetz überlässt die Beantwortung dieser Frage der Praxis.[1306]

1300 Gleichwohl kann die erforderliche Bereiterklärung des designierten Betreuers (§ 1898 II BGB), anders als bei der überkommenen Vormundschaft, nicht erzwungen werden (*Bundestag*, Drucksache Nr. 11/4528, S. 129). Als einziges Druckmittel verbleibt daher der drohende Schadensersatz für Schäden, die dem Betroffenen dadurch entstehen, dass sich die Betreuerbestellung verzögert (*Schwab,* MüKo, BGB, § 1898, Rn. 12).

1301 Hierzu detaillierter unten S. 251. Seit 2009 ist das Verfahren in den §§ 271 ff. FamFG geregelt.

1302 Zu den „Generalvormundschaften" vgl. oben S. 239.

1303 Seit 2009: § 280 III Nr. 4 FamFG.

1304 *Husen,* Freiheitsentziehende Maßnahmen, S. 37 f.

1305 Ansonsten gilt das Prioritätsprinzip, wonach nur das frühere Geschäft, gleich, ob vom Betreuer oder Betreuten vorgenommen, wirksam ist. Nicht kollidierende Geschäfte hingegen gelten nebeneinander (*Rauscher*, Familienrecht, S. 1135, Fn. 1288).

1306 Zum Streit, der sich erstmals am zwangsweisen Wohnungszutritt (bei bestehender Befugnis zum Betreten der Wohnung) entzündete: *Bieg,* jurisPK, BGB, § 1896, Rn. 94 f. (m.w.N.). Siehe auch: *Grengel*, Zwangsmaßnahmen des Betreuers, S. 254 ff.; *Jürgens/Kröger/u.a.*, Das neue Betreuungsrecht, S. 65 ff.

Der Betreuer nimmt seine Aufgabe als hoheitlich bestellter Treuhänder wahr und ist allein dem Wohl des Betreuten verpflichtet (§ 1901 I BGB).[1307] An der vormundschaftsgerichtlichen Aufsichtsfunktion hat das Betreuungsgesetz nichts geändert. Dem Ziel des Gesetzgebers, das neue Rechtsinstitut möglichst persönlich auszugestalten, trägt § 1901 II BGB mit der Bindungswirkung der Betreutenwünsche Rechnung, soweit diese zumutbar sind und dem Wohl des Betroffenen nicht zuwiderlaufen.

An dem gerichtlichen Aufsichtsrecht über die Tätigkeit des Betreuers änderte das BtG in der Sache wenig. Über die Verweisungsnorm des § 1908i BGB galten die diesbezüglichen vormundschaftlichen Regelungen entsprechend.[1308] Neu statuiert wurde die Beratungspflicht des Vormundschaftsrichters, der dem Betreuer bei Zweifelsfragen innerhalb seines Aufgabenkreises zur Seite stehen sollte (§ 1908i I i.V.m. § 1837 I BGB).

(b) Unterbringung durch den Betreuer

Unter den Voraussetzungen des § 1906 BGB kann der Betroffene auch bei entgegenstehendem Willen von seinem Betreuer untergebracht werden, sofern dieser hierbei im Rahmen seines Aufgabenkreises handelt und das Gericht seine Genehmigung erteilt hat. Wie genau die Unterbringungsbefugnis im Bestellungsbeschluss umrissen sein muss, ist seit Anbeginn des Betreuungsgesetzes streitig.

Zwar verfolgte der Gesetzgeber mit der Einführung des Betreuungsinstituts unter anderem das Ziel, „Generalvormundschaften" wie im alten Recht zu vermeiden,[1309] jedoch sprach er sich gegen Überlegungen aus, Unterbringungen von einer ausdrücklichen betreuerischen Sonderzuweisung abhängig zu machen.[1310] Dem folgte die herrschende Meinung und hält seitdem die Zuweisung der Aufenthaltsbestimmung für ausreichend.[1311] Hiergegen spreche auch nicht, dass

---

1307 *Jürgens/Kröger/u.a.*, Das neue Betreuungsrecht, S. 40, Fn. 155.

1308 Vgl. hierzu bereits die Darstellung oben auf S. 123 f.

1309 Oben S. 239.

1310 *Bundestag*, Drucksache Nr. 11/4528, S. 124. Dies hatte noch der 1. Diskussions- Teilentwurf in § 1897 S. 3 BGB gefordert. Ebenso: *Bienwald*, Betreuungsrecht, S. 377, Rn. 33.

1311 Vgl. etwa: BayObLG, Beschluss v. 10.02.1994 – 3Z BR 15/94, FamRZ 1994, 1416; *Jürgens/Kröger/u.a.*, Das neue Betreuungsrecht, S. 140, Rn. 497; *Weber*, Der Einfluß des Betreuungsgesetzes auf die freiheitsentziehende Unterbringung, S. 79; *Zimmermann/Damrau*, Das neue Betreuungs- und Unterbringungsrecht, NJW 1991, S. 538 (545). Nicht ausreichend: Die Aufgabenkreise der Personensorge oder Gesundheitsfürsorge (hierzu: *Coeppicus*, Die Betreuung mit dem Aufgabenkreis der Aufenthaltsbestimmung, das Selbstbestimmungsrecht der Betroffenen und ihr Wohl, FamRZ 1992,

der Gesetzgeber in § 1896 IV BGB für die vergleichsweise milden Eingriffe in den Fernmelde- und den Postverkehr des Betreuten eine Sonderzuweisung ausdrücklich verlangt, da diese Beschränkungen unabhängig einer gerichtlichen Genehmigung vorgenommen werden könnten.[1312] Zudem sei der Eindruck zu vermeiden, die Entscheidung über die Notwendigkeit der Unterbringung wäre bereits vorweggenommen.[1313]

§ 1906 I BGB verlangt eine mit Freiheitsentziehung verbundene Unterbringung. Der Begriff der Freiheitsentziehung war bereits vor der Gesetzesnovelle (damals noch bezüglich § 1631b BGB) umstritten.

Mitursächlich waren die zu beobachtenden Missbrauchstendenzen im Heimbereich, wo ältere Menschen oftmals ohne Einwilligung des Gerichts und des gesetzlichen Vertreters durch Fixierung, Isolierung oder Sedierung am Verlassen ihres Aufenthaltsortes gehindert wurden.[1314] Entscheidend kam es hierbei auf die Abgrenzung zwischen genehmigungspflichtiger Freiheits*entziehung* und genehmigungsfreier Freiheits*beschränkung* an.[1315] Den Streit entschärfte der Reformgesetzgeber, indem er die eingangs genannten Maßnahmen durch § 1906 IV BGB den freiheitsentziehenden Unterbringungen nach Abs. 1 gleichstellte.

Die herrschende Meinung definiert die freiheitsentziehende Unterbringung seitdem als jedes – nicht nur kurzfristige – Festhalten in einem räumlich begrenzten Bereich einer hierfür geschaffenen Einrichtung gegen oder ohne den natürlichen Willen des Betroffenen, indem er durch besondere Sicherungsvorkehrungen an einem potentiellen freien Ortswechsel und in der Kontaktaufnahme mit Personen außerhalb der Einrichtung eingeschränkt wird.[1316] Ob es

---

S. 741 (751); *Weber*, Der Einfluß des Betreuungsgesetzes auf die freiheitsentziehende Unterbringung, S. 80).

1312 *Jürgens/Kröger/u.a.*, Das neue Betreuungsrecht, S. 140, Rn. 497; *Weber*, Der Einfluß des Betreuungsgesetzes auf die freiheitsentziehende Unterbringung, S. 79.

1313 *Bürgle*, Auf dem Weg zu einem neuen Betreuungsrecht, NJW 1988, S. 1881 (1885); *Weber*, Der Einfluß des Betreuungsgesetzes auf die freiheitsentziehende Unterbringung, S. 79.

1314 *Bundestag*, Drucksache Nr. 11/4528, S. 82, 146; vgl. hierzu die vielbeachteten aber gegensätzlichen Entscheidungen des AG Recklinghausen (Beschluss vom 31.03.1987 – C VIII 721, FamRZ 1988, 653 (657 f.)) und AG Frankfurt a. M. (Beschluss vom 26.08.1988 – 40 VIII B 27574, FamRZ 1988, 1209 (1210)).

1315 Zum Ganzen: *Weber*, Der Einfluß des Betreuungsgesetzes auf die freiheitsentziehende Unterbringung, S. 42 ff.

1316 Vgl. bereits oben S. 25 (m.w.N.).

sich dabei um eine geschlossene oder eine halboffene Einrichtung handelt, ist unerheblich.[1317]

§ 1906 I BGB regelt in zwei Varianten die Unterbringungsmöglichkeiten des Betreuers abschließend. Beide orientieren sich ausdrücklich am Wohl des Betroffenen. Diese Ausprägung des Erforderlichkeitsgrundsatzes verpflichtet den Betreuer, mildere Maßnahmen, etwa ambulante oder teilstationäre Behandlungsalternativen zuvorderst in Erwägung zu ziehen. Weiterhin folgt hieraus, dass eine Unterbringung unzulässig ist, wenn sie – unter Berücksichtigung ihrer Dauer – außer Verhältnis zu den drohenden Nachteilen steht.[1318] Zweifel am Vorliegen der erforderlichen Gesetzesvoraussetzungen wirken sich, wie vom Bundesverfassungsgericht 1983 klargestellt,[1319] gemäß dem Grundsatz „in dubio pro libertate" niemals zulasten des Betroffenen aus.

§ 1906 I Nr. 1 BGB nennt als Unterbringungsgrund die Abwendung der Gefahr, dass sich der Betreute aufgrund seiner psychischen Krankheit, geistigen- oder seelischen Behinderung *„selbst tötet oder erheblichen gesundheitlichen Schaden zufügt"*. Als Gefahr in diesem Sinne kommt nur eine ernstliche und konkrete Gefahr in Betracht.[1320] Wie bereits aus dem Vorstehenden ersichtlich, ist ein kausaler Zusammenhang zwischen Krankheit beziehungsweise Behinderung und Selbstgefährdung erforderlich. *„Wer sich lediglich aus Freude an den Genüssen des Lebens oder aus Leichtsinn selbst gesundheitlich schädigt"*, so der Regierungsentwurf, *„kann nicht zur Abwendung der hiermit verbundenen Gesundheitsgefahren untergebracht werden"*[1321]. Dies ist insbesondere bei Suchtverhalten zu beachten, das grundsätzlich keine psychische Krankheit oder geistige Behinderung bedeutet, solange eine solche nicht in dem missbrauchsbedingten Persönlichkeitsabbau erblickt werden kann.[1322] Ist ein erheblicher Gesundheitsschaden zu befürchten, muss dieser unmittelbar auf dem Verhalten des Betroffenen selbst beruhen, um eine Unterbringung zu rechtfertigen. Gefährdungen Dritter, wie sie

1317 *Jürgens/Kröger/u.a.*, Das neue Betreuungsrecht, S. 139.

1318 *Bundestag*, Drucksache Nr. 11/4528, S. 146; *Bienwald*, Betreuungsrecht, S. 377, Rn. 34.

1319 BVerfG, Beschluss v. 22.03.1983 – 1 BvR 154/82, BVerfGE 63, 340.

1320 *Bundestag*, Drucksache Nr. 11/4528, S. 146. Bloß hypothetische Gefahren sind ungenügend (*Jürgens/Kröger/u.a.*, Das neue Betreuungsrecht, S. 142). Nicht erforderlich ist im Gegensatz zur öffentlich-rechtlichen Unterbringung eine akute, unmittelbar bevorstehende Gefahr für den Betreuten (hierzu bereits oben S. 29).

1321 *Bundestag*, Drucksache Nr. 11/4528, S. 146.

1322 BayObLG, Beschluss v. 08.08.1994 – 3 Z BR 209/94, FamRZ 1994, 1617 (1618 f.); *Roth*, Erman, BGB, § 1906, Rn. 13 (m.w.N.).

vor dem Erlass des BtG insofern den Anwendungsbereich der zivilrechtlichen Unterbringung eröffneten, als sie den Mündel der Gefahr von Notwehrmaßnahmen, Schadensersatzansprüchen oder strafrechtlichen Sanktionen auszusetzen drohten,[1323] konnte nunmehr nur noch durch öffentlich-rechtliches Handeln entgegengewirkt werden.

Problematischer ist hingegen die Unterbringungsalternative zu Heilbehandlungszwecken nach § 1906 I Nr. 2 BGB.[1324] Sie verlangt dreierlei: Die Notwendigkeit der medizinischen Maßnahme, die Erforderlichkeit der Unterbringung sowie das persönliche Unvermögen des Betreuten, eine Entscheidung zu treffen. Ursächlich für die ärztliche Behandlung können laut Regierungsentwurf neben der Krankheit oder der Behinderung, die ursprünglich zur Betreuerbestellung führte (sogenannte Anlasserkrankung), auch Begleiterkrankungen sein.[1325]

Das Ausmaß des drohenden gesundheitlichen Schadens legte der ursprüngliche Gesetzeswortlaut jedoch anders als in Nr. 1 nicht fest, sodass die herrschende Meinung befürchtete, selbst Bagatellerkrankungen könnten zu einer Unterbringung führen und somit die vom Bundesverfassungsgericht 1981 postulierte „Freiheit zur Krankheit"[1326] konterkarieren.[1327] Entsprechend verlangte diese Ansicht, dass die Maßnahme einen drohenden *erheblichen* Gesundheitsschaden von dem Betroffenen abzuwenden beabsichtigt.[1328] Seit 2013 gebietet dies der Gesetzestext auch ausdrücklich.

Die Unterbringung zu Heilbehandlungszwecken muss als schwerwiegender Grundrechtsangriff ferner verhältnismäßig sein. Beispielhaft erwähnt die Gesetzesbegründung Alkoholentwöhnungskuren, die wissenschaftlichen

---

1323 So etwa noch OLG Hamm, Beschluss v. 18.11.1968 – 15 W 451/68, FamRZ 1969, 437 (438): *„Die Unterbringung ist […] auch dann zum Wohle des Mündels erforderlich, wenn er außerhalb einer geschlossenen Anstalt aufgrund seiner krankhaften Ideen unüberlegte Handlungen verüben und sich selbst oder andere dadurch gefährden würde"*. Ebenso BayObLG, Beschluss v. 11.09.1981 – 3 Z 65/81, BayObLGZ 1981, 306 (308) (m.w.N.).

1324 Hier existierte vor dem Jahr 1992 keine Regelung und mithin Rechtsunsicherheit (*Bundestag*, Drucksache Nr. 11/4528, S. 70).

1325 *Bundestag*, Drucksache Nr. 11/4528, S. 147.

1326 BVerfGE 58, 208 (oben S. 239).

1327 Allen voran: *Schumacher,* Rechtsstaatliche Defizite im neuen Unterbringungsrecht, FamRZ 1991, S. 280 (280 f.). Ebenso: *Bienwald*, Betreuungsrecht, S. 381, Rn. 47; *Diederichsen,* Palandt, BGB, 1906, Rn. 5; *Rink,* Kritische Anmerkungen zum Verfahren in Betreuungs- und Unterbringungssachen, R&P 1991, S. 148 (158 f.).

1328 Statt vieler: BVerfG, Beschluss v. 23.03.1998 – 2 BvR 2270–96, NJW 1998, 1774; m.w.N.: *Schwab,* MüKo, BGB, § 1906, Rn. 39.

Erkenntnissen zufolge gegen den Willen des Betroffenen keinen Erfolg versprechen und folglich nicht Gegenstand einer Heilbehandlung im Sinne des § 1906 I Nr. 2 BGB sein können.[1329]

Schließlich muss der Betreute die Notwendigkeit der Unterbringung nicht erkennen oder nicht nach dieser Einsicht handeln können. Entscheidend kommt es hier, wie schon bei der Definition der Freiheitsentziehung, auf den natürlichen – mitunter auch unvernünftigen – Willen an.[1330] Dabei ist zu beachten, dass allein aus der Weigerung, sich einer Behandlung zu unterziehen, nicht auf die fehlende Einsichtsfähigkeit geschlossen kann.[1331]

Liegt eine der beiden Varianten vor, hängt die Zulässigkeit der Unterbringung von der gerichtlichen Genehmigung ab (§ 1906 II BGB). Trotz des Genehmigungserfordernisses ist und bleibt es der Betreuer, der die Unterbringung vornimmt und nicht das Gericht.[1332] Mit anderen Worten befähigt die Genehmigung den Betreuer zur Unterbringung, ohne ihn jedoch hierzu zu verpflichten.[1333]

(c) Sonderformen der Unterbringung

Lässt die Selbstgefährdung des Betreuten keinen zeitlichen Aufschub zu, kann der Betreuer auch vor der Genehmigungserteilung des Gerichts die Unterbringung vollziehen (§ 1906 II BGB). Die Genehmigung ist dann unverzüglich nachzuholen.

Ist hingegen ein Betreuer überhaupt noch nicht bestellt, besteht seit 1992 bei Gefahr im Verzug gemäß § 1908i BGB i.V.m. § 1846 BGB für das Gericht die Möglichkeit, eine einstweilige Unterbringung zu veranlassen. Die rechtliche Kontinuität diesbezüglich mit den vorangehenden Epochen darf indes nicht darüber hinwegtäuschen, dass die Anwendbarkeit des § 1846 BGB auf die Unterbringung Volljähriger im Betreuungsgesetzgebungsverfahren äußerst umstritten war und Konkurrenzfragen zum dem öffentlichen Unterbringungsrecht aufwarf.[1334]

Das Verfahren richtete sich nach dem bis zum Jahre 2009 geltenden § 70h III FGG[1335]. Die Unterbringung war auf eine Höchstzeit von sechs Wochen

1329 *Bundestag*, Drucksache Nr. 11/4528, S. 147.

1330 *Jürgens/Kröger/u.a.*, Das neue Betreuungsrecht, S. 145, Rn. 511.

1331 *Pardey*, Betreuung Volljähriger, S. 136.

1332 *Schwab*, MüKo, BGB, § 1906, Rn. 8.

1333 *Bienwald*, Betreuungsrecht, S. 699, Rn. 7.

1334 *Bundestag*, Drucksache Nr. 11/4528, S. 211.Vertieft hierzu: *Bienwald*, Betreuungsrecht, S. 501, Rn. 157 f.. Überzeugend zur angesprochenen Konkurrenzsituation: *Jürgens/Kröger/u.a.*, Das neue Betreuungsrecht, S. 164, Rn. 564.

1335 Seit 2009: § 334 FamFG (ausführlich zur gegenwärtigen Rechtslage unten S. 272).

beschränkt und konnte nur nach Anhörung eines Sachverständigen auf weitere drei Monate Gesamtdauer verlängert werden (§ 70h III, II FGG[1336]). Neben der eingangs genannten Voraussetzung der Gefahr im Verzug musste weiterhin ein einfachärztliches Zeugnis über den Geisteszustand des Betroffenen vorliegen sowie die hinreichende Wahrscheinlichkeit einer alsbaldigen Betreuerbestellung und Beantragung einer endgültigen Unterbringung bestehen.[1337]

(d) Verfahrensrechtliche Besonderheiten

Das BtG beseitigte zum 1. Januar 1992 den Dualismus von öffentlich- und zivilrechtlichem Unterbringungsverfahren. Fortan galten die §§ 70 ff. FGG[1338] für beide Unterbringungsarten. Durch die verfahrensrechtliche Harmonisierung versuchte der Gesetzgeber, die Wahl der jeweiligen Maßnahme in der Praxis wieder mehr von sachlichen Gründen als von Zweckmäßigkeitserwägungen abhängig zu machen.[1339]

Sachlich zuständig waren die Amtsgerichte als Vormundschaftsgerichte. In örtlicher Hinsicht war bei bereits anhängigem Betreuungsverfahren dasselbe Gericht auch für die Unterbringung zuständig (§ 70 II S. 1 FGG[1340]), andernfalls das Gericht, in dessen Bezirk der Betroffene seinen gewöhnlichen Aufenthalt hatte (§ 70 II S. 2 FGG i.V.m. § 65 I FGG[1341]).[1342]

Gemäß § 70a FGG[1343] war der Betroffene mit Vollendung des 14. Lebensjahres unabhängig seiner Geschäftsfähigkeit voll verfahrensfähig. Unterstützend konnte über § 70b I FGG[1344] ein Verfahrenspfleger bestellt werden. Losgelöst davon war der Unterzubringende grundsätzlich persönlich anzuhören (§ 70c FGG[1345]).[1346]

1336 Seit 2009: §§ 333 f. FamFG.

1337 *Zimmermann*, Das neue Verfahren in Unterbringungssachen, FamRZ 1990, S. 1308 (1314 f.).

1338 Seit 2009: §§ 312 ff. FamFG.

1339 Zum „Praxistrend", das Unterbringungsverfahren des geringstmöglichen Aufwandes zu wählen, oben S. 243.

1340 Seit 2009: § 313 I, II FamFG.

1341 Seit 2009: § 313 I, II FamFG.

1342 Ein anderes galt für die öffentlich-rechtliche Unterbringung, für die gem. § 70 V S. 1 FGG das Gericht örtlich zuständig war, in dessen Bezirk das Unterbringungsbedürfnis hervortrat.

1343 Seit 2009: § 316 FamFG.

1344 Seit 2009: § 317 I FamFG.

1345 Seit 2009: § 319 FamFG.

1346 Daneben hatten Dritte (Angehörige, Betreuer, Vertrauenspersonen etc.) gem. § 70d FGG (seit 2009: § 320 FamFG) die Möglichkeit, sich zu äußern.

Dies hatte, soweit erforderlich, in dessen üblicher Umgebung stattzufinden (§ 70c S. 2 FGG[1347]), um dem Gericht ein möglichst unverfälschtes Bild vom Krankheitszustand zu vermitteln.[1348] Selbst dann, wenn die Anhörung aufgrund zu befürchtender Gesundheitsnachteile für den Betroffenen unterbleiben durfte (§ 70c S. 5 FGG i.V.m. § 68 II FGG[1349]), war das Gericht damit nicht frei von der Pflicht, sich einen unmittelbaren Eindruck zu verschaffen.

Grundlage der richterlichen Entscheidung bildete stets das Sachverständigengutachten dessen Beweisthema die medizinischen Grundlagen der materiellrechtlichen Voraussetzungen des § 1906 BGB war und darüber hinaus auch Alternativen, eine Prognose sowie Rehabilitationsmöglichkeiten thematisieren sollte.[1350] Unterstützend hielt § 70e II FGG i.V.m § 68b FGG[1351] die Möglichkeit bereit, den Exploranden von der zuständigen Behörde vorführen zu lassen oder ihn, als ultima ratio, interimsweise zu Beobachtungszwecken unterzubringen.[1352]

In seiner stattgebenden Entscheidung hatte das Gericht den Beendigungszeitpunkt der Unterbringung konkret zu benennen. Dieser konnte, wie bereits im alten Recht,[1353] höchstens zwei Jahre nach dem Erlass der Entscheidung liegen (§ 70f I Nr. 3 FGG[1354]). Ferner bedurfte es zwingend einer Rechtsmittelbelegung (§ 70f I Nr. 4 FGG[1355]).

bb) Hoheitliche Unterbringung

Wenngleich die Vielzahl der landesrechtlichen Unterbringungsgesetze eine detaillierte Wiedergabe an dieser Stelle unmöglich macht, lassen sich die Voraussetzungen für eine Unterbringung dennoch auf einen gemeinsamen Nenner bringen: Sie war möglich zur Abwendung einer gegenwärtigen Fremdgefahr

---

1347 Seit 2009: § 319 I FamFG.

1348 *Zimmermann,* Das neue Verfahren in Unterbringungssachen, FamRZ 1990, S. 1308 (1311).

1349 Seit 2009: § 319 III i.V.m. § 34 II FamFG.

1350 *Zimmermann,* Das neue Verfahren in Unterbringungssachen, FamRZ 1990, S. 1308 (1312 f.). Ausführlicher zur Rolle der Gutachter unten S. 258.

1351 Seit 2009: § 322 i.V.m. §§ 283 f. FamFG.

1352 Diese Form der Unterbringung war grundsätzlich gem. § 68b IV FGG (seit 2009: § 284 FamFG) auf sechs Wochen begrenzt und durfte nur ausnahmsweise auf eine Gesamtdauer von drei Monaten verlängert werden. Es drängen sich Ähnlichkeiten zum Entmündigungsverfahren gem. § 656 ZPO a.F. auf (vgl. oben S. 120).

1353 § 64d II FGG a.F. – vgl. insoweit oben S. 242, Fn. 1290.

1354 Seit 2009: § 329 I FamFG.

1355 Seit 2009: § 39 FamFG.

oder einer schwerwiegenden Selbstgefährdung.[1356] Etabliert hatte sich die bereits in der vorangegangenen Epoche zu beobachtende fürsorgliche Ausrichtung der Landesgesetze,[1357] die nun zu Recht als „Psychisch-Kranken-Gesetze“ bezeichnet werden konnten und in Abkehr von ihren polizeirechtlichen Wurzeln sowohl Hilfs- als auch Zwangselemente miteinander verbanden.[1358]

Nachdem das Bundesverfassungsgericht in seiner viel beachteten „Strafgefangenenentscheidung“ 1972 für Grundrechtseingriffe während des Freiheitsentzuges eine gesetzliche Grundlage verlangte und den Rekurs auf ein besonderes Gewaltverhältnis für verfassungswidrig erklärte,[1359] wirkte sich dies auch auf dem Gebiet des öffentlichen Unterbringungsrechts aus: Der Vollzug der Einweisung, insbesondere Zulässigkeit und Grenzen einer Zwangsbehandlung, wurde ausführlich geregelt.[1360]

Die Landesunterbringungsgesetze sahen zwar grundsätzlich ebenfalls ein FGG-Verfahren vor, doch enthielten sie Sondervorschriften, die in bedeutenden Punkten von den bundesrechtlichen Regelungen abwichen.[1361] Hierdurch ergab sich die oft kritisierte Praxis, bei Vorliegen der zivilrechtlichen- wie auch öffentlich-rechtlichen Unterbringungsvoraussetzungen die Entscheidung weniger von Sachgründen abhängig zu machen, als vom geringstmöglichen Verfahrensaufwand.[1362] Diese Wahlmöglichkeit beendete 1992 das Betreuungsgesetz, indem es, wie gesehen, beide Verfahren in den §§ 70 ff. FGG[1363] zusammenfasste.

cc) Differenzierung nach Unterbringungsgrund

Determinierend für die Wahl des jeweiligen Unterbringungsrechts blieb der Einweisungsgrund. Ausschließlichen Fremdgefährdungen war nicht privatrechtlich, sondern mit dem öffentlichen Unterbringungsrecht zu begegnen,

---

1356 *Weber*, Der Einfluß des Betreuungsgesetzes auf die freiheitsentziehende Unterbringung, S. 19 (m.w.N.).

1357 Dazu schon oben S. 224.

1358 *Marschner/Lesting/u.a.*, Freiheitsentziehung und Unterbringung, S. 6 f.

1359 BVerfG, Urteil v. 14.03.1972, BVerfGE 33, 1.

1360 Einen Überblick über die Zwangsbehandlungsvoraussetzungen der einzelnen Länder gibt *Weber*, Der Einfluß des Betreuungsgesetzes auf die freiheitsentziehende Unterbringung, S. 21, Fn. 62.

1361 *Bundestag*, Drucksache Nr. 11/4528, S. 80.

1362 *Bundestag*, Drucksache Nr. 11/4528, S. 80, 92; *Bienwald*, Betreuungsrecht, S. 368, Rn. 8.

1363 Seit 2009: §§ 312 ff. FamFG.

während Selbstgefährdungen beiden Rechtsmaterien unterfielen.[1364] Die ganz herrschende Meinung ging dabei von einer Subsidiarität des öffentlichen Rechts aus.[1365] In der Praxis hingegen blieb dieser akademische Streit weitestgehend unbeachtet. Entschieden wurde hier *„nicht ausschließlich nach Sachgesichtspunkten, sondern auch danach, welches Verfahren einfacher ist"*, so der BtG- Entwurf.[1366] Einige Zahlen mögen dies verdeutlichen:[1367] Standen 1977 insgesamt 22.513 zivilrechtlichen Unterbringungen 37.127 öffentlich-rechtliche Unterbringungen gegenüber, hatten im Jahre 1987 die zivilrechtlichen- im Verhältnis zu den öffentlich-rechtlichen Unterbringungen deutlich zugenommen: So fanden 33.008 privatrechtliche Einweisungen und 35.314 öffentlich-rechtliche Einweisungen statt. Der Gesetzgeber führte diese Steigerung auf die novellierten Unterbringungsgesetze der Länder zurück, deren Verfahrensregelungen teilweise strenger als die bundesrechtlichen waren.[1368]

Nach der Gesetzesreform 1992 gewann mit der Begrenzung der zulässigen Ziele im neu geschaffenen § 1906 I BGB die Differenzierung zur öffentlich-rechtlichen Unterbringung noch an Trennschärfe hinzu. Mittelbare Selbstgefährdungen zu unterbinden war fortan alleinige Aufgabe des öffentlichen Rechts.[1369] Überschneidungen blieben allenfalls im Bereich der vorläufigen Maßnahmen bei Verhinderung des Betreuers möglich.[1370]

Ungeachtet vereinzelter Kritik übertrug der Gesetzgeber die Verfahrensharmonisierung von öffentlich- und zivilrechtlicher Unterbringung nicht auch auf die materielle Ebene, was einer Abschaffung der zivilrechtlichen Unterbringung gleichgekommen wäre. Dies begründete der BtG-Entwurf damit, dass Behörden und Gerichte nicht in der Lage seien, eine durchgehende und qualitativ

---

1364 Ein in diesem Zusammenhang oft genanntes Beispiel war die Gefahr der Selbsttötung oder Selbstverstümmelung (vgl. *Bundestag*, Drucksache Nr. 11/4528, S. 80).

1365 Vgl. nur: BVerfG, Beschluss v. 07.10.1981 – 2 BvR 1194/80, BVerfGE 58, 208 (228); *Zimmermann*, Das neue Verfahren in Unterbringungssachen, FamRZ 1990, S. 1308 (1308, Fn. 3). Für die Darstellung des Meinungsstreits kann auf die Ausführungen zur vorangehenden Epoche (oben S. 223) verwiesen werden.

1366 *Bundestag*, Drucksache Nr. 11/4528, S. 50. Eine Untersuchung zeigte deutliche regionale Unterschiede auf, von welcher Unterbringungsmöglichkeit am meisten Gebrauch gemacht wurde: *Zenz/Kulenkampff*, Vormundschaft und Pflegschaft für Volljährige, S. 15 f.

1367 *Bundestag*, Drucksache Nr. 11/4528, S. 43.

1368 *Bundestag*, Drucksache Nr. 11/4528, S. 43.

1369 *Bundestag*, Drucksache Nr. 11/4528, S. 81 f.

1370 Siehe oben S. 250.

zufriedenstellende Begleitung und Unterstützung des Betroffenen zu gewährleisten.[1371] Hierzu bedürfe es zwingend persönlichen (Vertrauens-)Verhältnisses zum Kranken, das nur durch einen Betreuer aufgebaut werden könne.[1372] Ferner trage das Nebeneinander beider Unterbringungsformen auch dem Erforderlichkeitsgrundsatz Rechnung. Während die rasche öffentlich-rechtliche Unterbringung vornehmlich zur akuten Krisenintervention eingesetzt werde, bliebe die Unterbringung durch den Betreuer chronischen Leiden vorbehalten.[1373]

b) Vollzug der Unterbringung

Die vollzugsrelevanten Rechtsfragen, von der Zuführung zur Anstalt bis hin zu weiteren Eingriffen während der Unterbringung, waren weitestgehend ungeregelt und der Ausgestaltung durch die Praxis überlassen. Der Frankfurter Rechtsgelehrte und Psychiatriekritiker *Walter Kargl* konstatierte 1977: „*Das Anstaltsunterbringungsrecht basiert auf förmlichen Gesetzen, als solche decken sie den Freiheitsentzug, als solche tragen sie den Patienten an die Schwelle der Anstalt, ohne ihm allerdings dorthin zu folgen.*“[1374] Aus diesem Zustand ergab sich mitunter eine bedenkliche Rechtsunsicherheit. Beispielsweise war es für den nicht seltenen Fall, dass sich ein Betroffener der Unterbringung widersetzte, umstritten, ob der gesetzliche Vertreter oder das Gericht unmittelbar die Polizei um Hilfe bei der Zuführung bitten konnte oder gemäß § 33 FGG[1375] zunächst auf den Gerichtsvollzieher zurückgreifen musste.[1376]

Bei Zwangsbehandlungen während der Unterbringung war auf die allgemeinen Rechtsgrundsätze über die ärztliche Behandlung gegen den Willen des Patienten zurückzugreifen. Dabei stand jedoch für die Gebrechlichkeitspflegschaft fest, dass sich weder aus der gerichtlichen Unterbringungsgenehmigung noch aus dem Aufenthaltsbestimmungsrecht des Pflegers seine Einwilligungsbefugnis in

---

1371 *Bundestag*, Drucksache Nr. 11/4528, S. 80 f.

1372 *Bundestag*, Drucksache Nr. 11/4528, S. 81. Hierzu auch: *Bienwald*, Betreuungsrecht, S. 369 f., Rn. 10.

1373 *Bundestag*, Drucksache Nr. 11/4528, S. 81; ebenso: *Jürgens/Kröger/u.a.*, Das neue Betreuungsrecht, S. 136 f.

1374 *Kargl*, Die Jurisprudenz der Geisteskrankheit, Leviathan 1977, S. 301 (321).

1375 Seit 2009: § 90 FamFG.

1376 Nach überzeugender Ansicht *Helles* war der Weg über § 33 FGG verpflichtend: Gericht und Vormund könnten lediglich den Gerichtsvollzieher einsetzen, der wiederum auf Mithilfe der Polizei angewiesen sei (Zwangsbefugnisse des Vormundes Erwachsener, FamRZ 1984, S. 639 (641)). Zur Kritik betreffend den Einsatz des Gerichtsvollziehers siehe oben S. 225.

die Zwangsbehandlung herleiten lässt; vielmehr musste der übertragene Aufgabenkreis die jeweilige Maßnahme ausdrücklich erfassen.[1377]

Unterschiedlich bewertet wurde die Rechtsnatur zwischen dem zivilrechtlich Untergebrachten und der Anstalt. Nach ständiger Rechtsprechung des BGH handelte es sich um ein öffentlich-rechtliches Verhältnis.[1378] Die Literatur verwies auf den Vormund beziehungsweise Pfleger als Herr des Einweisungsverfahrens und folgerte hieraus ein zivilrechtliches Verhältnis.[1379]

Die Kostenlast der Unterbringung teilte der weiterhin gültige Halbierungserlass von 1942 hälftig zwischen der Krankenversicherung und dem Sozialhilfeträger auf.[1380]

Seit der BtG- Reform 1992 konnte der Betreuer gemäß § 70g V FGG[1381] die zuständige Behörde (etwa das Gesundheits- oder das Sozialamt) bei der Zuführung zur Unterbringung um Hilfe ersuchen – der zurecht als unsachgemäß kritisierte Einsatz des Gerichtsvollziehers entfiel damit.[1382] Über eine etwaige Gewaltanwendung der Behörde, abgesehen von Fällen der Notwehr, war in einem gesonderten gerichtlichen Verfahren zu entscheiden (§ 70g V S. 2 FGG[1383]).[1384]

Die übrigen aufgeworfenen Vollzugsfragen blieben indes auch im neuen Recht ungeregelt, sodass auf die obigen Ausführungen zu verweisen ist.[1385] Der Gesetzesbegründung zufolge sollte eine Schlechterstellung des Betroffenen vermieden werden, die mit der Kompetenz- und Kontrollverlagerung insbesondere bei Zwangsmaßnahmen vom Betreuer auf die Anstalt befürchtet wurde.[1386]

1377 Statt vieler: BayObLG, Beschluss v. 15.03.1990 – 3 Z 23/90, FamRZ 1990, 1154; *Fischer/Mann,* Die Natur der Rechtsbeziehungen zwischen Psychiatrischen Landeskrankenhäusern und ihren Patienten, NJW 1992, S. 1539 (1542).

1378 Siehe oben S. 27.

1379 *Fischer/Mann,* Die Natur der Rechtsbeziehungen zwischen Psychiatrischen Landeskrankenhäusern und ihren Patienten, NJW 1992, S. 1539 (1543); *Weber*, Der Einfluß des Betreuungsgesetzes auf die freiheitsentziehende Unterbringung, S. 19.

1380 Im Detail war die Anwendung dieser Rechtsverordnung indes umstritten: *Bundestag*, Drucksache Nr. 7/4200, S. 356 f.; *Coché*, Psychiatrie und Gesellschaft, S. 95 ff.

1381 Seit 2009: § 326 II FamFG.

1382 *Bundestag*, Drucksache Nr. 11/4528, S. 185; *Zenz/Kulenkampff*, Vormundschaft und Pflegschaft für Volljährige, S. 63.

1383 Seit 2009: § 326 II FamFG.

1384 Von dieser Möglichkeit wurde in der Praxis grundsätzlich verantwortungsbewusst und zurückhaltend Gebrauch gemacht, so *Dodegge*, Die Gestaltung der Einweisungspraxis aus der Perspektive eines Unterbringungsrichters, BtPrax 1998, S. 43 (46).

1385 S. 256.

1386 *Bundestag*, Drucksache Nr. 11/4528, S. 83. Vertieft hierzu: *Weber*, Der Einfluß des Betreuungsgesetzes auf die freiheitsentziehende Unterbringung, S. 151 ff.

c) *Entlassung*

Zu unterscheiden sind hier die Entlassung nach Fristablauf sowie die vorzeitige Entlassung.

Seit dem Sorgerechtsänderungsgesetz 1980 durften alle gerichtlichen Unterbringungsentscheidungen nur noch befristet ergehen. Die Genehmigung einer regulären Unterbringung war auf höchstens zwei Jahre,[1387] die Dauer der einstweiligen Anordnung auf drei Monate begrenzt.[1388] Hielt der gesetzliche Vertreter auch nach Fristablauf einen weitergehenden Behandlungsbedarf für erforderlich, musste das Genehmigungsverfahren erneut durchlaufen werden. Das BtG von 1992 stärkte hierbei die Rechtsposition des Betroffenen, indem es bei einer Gesamtunterbringungsdauer von vier Jahren die Mitwirkung eines neuen Sachverständigen vorsah (§ 70i II S. 2 FGG[1389]). Zwar handelte es sich hierbei um eine „Soll-Vorschrift", doch wurde sie im Lichte der übertragbaren Rechtsprechung des BVerfG zur strafrechtlichen Unterbringung eng ausgelegt.[1390]

Vorzeitig konnte der Betroffene jederzeit auf Antrag des Vormundes oder Gebrechlichkeitspflegers beziehungsweise später des Betreuers und unabhängig einer ärztlichen oder gerichtlichen Einwilligung entlassen werden. Hierzu waren die Genannten darüber hinaus kraft ihrer Bindung an das Krankenwohl verpflichtet, sobald die freiheitsentziehende Maßnahme nicht mehr erforderlich war. Im Jahre 1992 hat dieser zuvor ungeschriebene Grundsatz sowohl materiellrechtlich in § 1906 III BGB als auch verfahrensrechtlich in § 70i I FGG[1391] Niederschlag gefunden. Die Beendigung war dem Vormundschaftsgericht anzuzeigen.

Konkurrierend zur Beendigungsmöglichkeit der oben genannten Personen konnte auch das Gericht von sich aus eine Unterbringungsmaßnahme aufheben, wenn ihre Voraussetzungen weggefallen waren.[1392]

Der Möglichkeit der probeweisen Entlassung begegnete der Reformgesetzgeber von 1992 mit Misstrauen. Er sah darin eine Umgehungsgefahr der

---

1387 Vgl. § 64d III FGG (für die Zeit vor 1992) bzw. § 70f I Nr. 3 FGG (für die Zeit ab 1992).

1388 Vgl. § 64f II FGG (für die Zeit vor 1992) bzw. § 70h II FGG (für die Zeit ab 1992).

1389 Seit 2009: § 329 II FamFG.

1390 BVerfG, Beschluss v. 08.10.1985 – 2 BvR 1150/80, 2 BvR 1504/82, NJW 1986, 767; *Jürgens/Kröger/u.a.*, Das neue Betreuungsrecht, S. 167, Rn. 574.

1391 Seit 2009: § 330 FamFG.

1392 Rechtsgrundlage hierfür war § 1631b III BGB (für die Zeit von 1980 bis 1992) bzw. § 70i FGG (für die Zeit ab 1992).

gerichtlichen Prüfung und hielt sie im zivilrechtlichen Kontext nur ausnahmsweise für zulässig.[1393] Gleichwohl überließ er die Entscheidung der Praxis, die sich entweder an den entsprechenden landesrechtlichen Normierungen orientierte[1394] oder aber das probeweise Herausnehmen aus der Anstalt als endgültige Entlassung auslegte.[1395]

7) Rolle der Gutachter

Im Vorfeld einer zivilrechtlichen Unterbringung hatte der Richter, wie gesehen, vor seiner Entscheidung grundsätzlich ein Sachverständigengutachten einzuholen. Die Auswahl und Ernennung des Gutachters standen dabei im freien Ermessen des Gerichts, solange dieser, so die bis 1992 ungeschriebene Voraussetzung, hinreichend fachlich qualifiziert war. Seit der BtG- Reform bestimmte § 70e I S. 2 FGG[1396] in seiner neuen Fassung ausdrücklich: „*Der Sachverständige soll in der Regel ein Arzt für Psychiatrie sein; in jedem Fall muß er Arzt mit Erfahrungen auf dem Gebiet der Psychiatrie sein*".[1397] Ergab sich die Sachkunde des begutachtenden Arztes nicht ohne Weiteres aus seiner Berufsbezeichnung oder Berufstätigkeit, waren die Gründe für dessen Bestellung in der Entscheidung im Einzelnen aufzuführen.[1398]

Grundlage des Gutachtens war stets die persönliche Untersuchung des Betroffenen (§ 70e I S. 1 FGG[1399]), in die auch externe Berichte von Ärzten, Verwaltungsbehörden etc. mit einfließen konnten.[1400]

Weitere inhaltliche Vorgaben machte das Gesetz nicht, doch hatte sich bald schon ein dreigliedriger und bis heute gültiger Aufbau etabliert. Den Ausgangspunkt bildet demnach die Diagnosestellung (1. Schritt), an deren Anschluss die psychopathologische Diagnose unter die jeweiligen rechtlichen Begrifflichkeiten subsumiert wird (2. Schritt). Schließlich ist die richterliche Beweisfrage (etwa ob

---

1393 *Bundestag*, Drucksache Nr. 11/4528, S. 148.

1394 Etwa: *Bienwald*, Betreuungsrecht, S. 384, Rn. 61; *Knittel*, Betreuungsgesetz, BGB, § 1906, Rn. 29.

1395 *Jürgens/Kröger/u.a.*, Das neue Betreuungsrecht, S. 168, Rn. 577.

1396 Seit 2009: § 321 I S. 4 FamFG.

1397 Letztere Einschränkung trug den geringeren Kapazitäten im ländlichen Raum Rechnung (*Bundestag*, Drucksache Nr. 11/4528, S. 184).

1398 BayObLG, Beschluss v. 19.06.1986 – 3 Z 165/85, BayObLGZ 1986, 214.

1399 Seit 2009: § 321 I S. 2 FamFG.

1400 *Koch*, Die Zusammenarbeit zwischen Richter und ärztlichem Sachverständigen im Unterbringungsverfahren, NJW 1974, S. 595 (596).

der Betroffene psychisch krank ist, welchen Grad und Ausprägung die Krankheit erreicht hat etc.) aus psychiatrischer Sicht zu beantworten (3. Schritt).[1401]

Angesichts dieser verantwortungsvollen Aufgabe bezeichnete der BGH 1973 in seiner viel beachteten „Weigand-Entscheidung“[1402] den Gutachter treffend als „*Gehilfe*[n] *des Richters bei der Urteilsfindung.* [...] *Wenn er auch keine richterliche Funktion ausübt, so kann er doch als Gehilfe mit besonderer Sachkunde wesentlichen Einfluß auf die Entscheidung gewinnen.*“[1403]

Die jener Rolle inhärente Gefahr einer faktischen Vorverlagerung der Unterbringungsentscheidung auf den Gutachter war seitdem häufiger Gegenstand rechtspolitischer Diskussionen.[1404] *Zenz/Kuhlenkampff* stellten in ihrer Untersuchung 1986 eine „*Hilflosigkeit des Richters gegenüber dem Sachverständigen* [und] *seine Abhängigkeit von dessen Urteil*“[1405] fest. Ungeachtet konkreter Reformvorschläge aus der Literatur[1406], sah jedoch der Gesetzgeber letztlich davon ab, die Zusammenarbeit beider Professionen auf dem Gebiet des Unterbringungsrechts näher zu reglementieren. Somit fiel der zeitgenössische Rat an die Richter ebenso profan wie hilflos aus: „*Mitdenken und Vertrauensgewähr*“[1407] seien die Instrumente einer gedeihlichen Kooperation.

Eine Haftung des Sachverständigen für ein fehlerhaftes Gutachten kam sowohl unter zivil- als auch strafrechtlichen Gesichtspunkten in Betracht.

Vermögensrechtliche Ansprüche ließen sich auf eine vorsätzliche Schädigung nach § 826 BGB oder § 823 II BGB (in Verbindung mit Schutznormen des StGB) stützen. Entscheidend kam es jedoch dabei auf das Verschuldensausmaß des Gutachters an. Im „Fall Weigand“ beschränkte der BGH gegen den Wortlaut des § 823 I BGB die Haftung des Sachverständigen auf Vorsatz, da andernfalls dessen

---

1401 *Venzlaff/Foerster/u.a.*, Psychiatrische Begutachtung, S. 6; *Zimmermann*, Das neue Verfahren in Unterbringungssachen, FamRZ 1990, S. 1308 (1312).

1402 Hierzu näher sogleich unten S. 259.

1403 BGH, Urteil v. 18.12.1973 – VI ZR 113/71, BGHZ 62, 54.

1404 Eine aktuelle Auseinandersetzung mit dem Thema mit Gesetzesreformvorschlag findet sich bei *Jordan/Gresser*, Wie unabhängig sind Gutachter?, Der Sachverständige 2014, S. 71.

1405 *Zenz/Kulenkampff*, Vormundschaft und Pflegschaft für Volljährige, S. 62. Ebenso: *Pieper*, Richter und Sachverständiger im Zivilprozeßrecht, ZZP 1971, S. 1 (38 ff.), der konstatiert, dass sich faktisch ein Teil der Entscheidungsverantwortung auf den Sachverständigen verlagert hat.

1406 Vgl. die Übersicht bei *Franzki*, Der Sachverständige – Diener oder Herr des Richters?, DRiZ 1991, S. 314 (316 f.).

1407 *Koch*, Die Zusammenarbeit zwischen Richter und ärztlichem Sachverständigen im Unterbringungsverfahren, NJW 1974, S. 595 (595).

richterähnliche innere Unabhängigkeit gefährdet sei.[1408] Für das BVerfG waren damit die Grenzen der richterlichen Rechtsfortbildung überschritten. Es hob 1978 das Revisionsurteil des BGH auf und bejahte die Haftung, wenn der Sachverständige mindestens grob fahrlässig ein Falschgutachten erstattet hatte und dieses kausal für die gerichtliche Entscheidung war.[1409] Erst im Jahr 2002 machte sich der Gesetzgeber diese Rechtsprechung zu Eigen und stellte die Haftung mit § 839a BGB auf eine spezialgesetzliche Grundlage.[1410]

In strafrechtlicher Hinsicht sei verwiesen auf die Ausstellung unrichtiger Gesundheitszeugnisse (§ 278 StGB), die Aussagedelikte (§§ 153 ff. StGB) sowie auf den Tatbestand der fahrlässigen Körperverletzung oder Tötung bezüglich Verletzungshandlungen des Exploranden gegenüber sich oder anderen.[1411]

8) Rechtsschutzmöglichkeiten

Dem prozessfähigen Betroffenen standen gegen die richterliche Unterbringungsgenehmigung die sofortige Beschwerde und hierauf gegebenenfalls die weitere Beschwerde zur Verfügung. Das Verfahren richtete sich unterschiedslos nach §§ 19, 22, 60 I Nr. 6 FGG beziehungsweise ab 1992 nach §§ 19, 22, 70m I FGG.[1412] Neben dem Betroffenen war gemäß § 20 I FGG[1413] jeder beschwerdeberechtigt, dessen Recht durch die Verfügung beeinträchtigt wurde sowie seit der BtG-Reform die in § 70d FGG[1414] bezeichneten Personen.[1415]

War die Unterbringung etwa in Überschreitung der Vertretungsbefugnisse oder gar missbräuchlich veranlasst worden, stellte dies eine Pflichtverletzung dar, die zur Entlassung des Vertreters durch das Vormundschaftsgericht führen konnte.[1416] Gleiches galt für rechtswidrige Einwilligungen in Maßnahmen während des Vollzuges.[1417]

1408 BGH, Urteil v. 18.12.1973 – VI ZR 113/71, BGHZ 62, 54.

1409 BVerfG, Beschluss v. 11.10.1978 – 1 BvR 84/74, BVerfGE 49, 304.

1410 Gesetz v. 19.07.2002 – BGBl I 2002, S. 2674.

1411 Ausführlich: *Venzlaff/Foerster/u.a.*, Psychiatrische Begutachtung, S. 70 ff.

1412 *Bundestag*, Drucksache Nr. 11/4528, S. 187. Seit 2009 ist das Rechtsschutzverfahren geregelt in §§ 335 f. i.V.m. §§ 58 ff. FamFG.

1413 Seit 2009: § 59 I FamFG.

1414 Seit 2009: § 320 FamFG.

1415 Kritisch hierzu: *Zimmermann*, Das neue Verfahren in Unterbringungssachen, FamRZ 1990, S. 1308 (1316). Lesenswert zur Beschwerde: *Roth*, Aktuelle Probleme der Beschwerde in Betreuungssachen.

1416 *Weber*, Der Einfluß des Betreuungsgesetzes auf die freiheitsentziehende Unterbringung, S. 82 (m.w.N.).

1417 *Jürgens/Kröger/u.a.*, Das neue Betreuungsrecht, S. 173.

Eine Untersuchung von *Zenz/Kulenkampff* zum Recht vor der BtG-Reform zeigt, dass in der Praxis von den genannten Rechtsschutzmöglichkeiten nur äußerst selten Gebrauch gemacht wurde.[1418]

9) Fazit

Der Ausbau des Sozialstaats ging einher mit einem vertieften gesellschaftlichen Diskurs über die Psychiatrie und ihre Behandlungsmethoden. Das starke Interesse hieran speiste sich einerseits, analog zu den vorherigen Epochen, aus der abstrakten Besorgnis, selbst einmal zum Betroffenen werden zu können und andererseits aus der politisierten Grundstimmung der sechziger- und siebziger Jahre, die sämtliche Lebensbereich erfasste.

Kritisiert wurden in diesem Zusammenhang – auch von ärztlicher Seite – unter anderem der institutionelle Leerraum zwischen niedergelassenen Nervenärzten und stationären Einrichtungen, was eine vollständige Rehabilitation der Entlassenen erschwerte und somit zu ihrer Wiedereinweisung führen konnte. Die meisten Kranken waren in Großkrankenhäusern mit mehr als 1.000 Betten untergebracht, die bereits durch die Abgeschiedenheit ihren Verwahrungscharakter sowie die soziale Ausgrenzung der Patienten widerspiegelten. Hier dominierte der Psychopharmakaeinsatz, der zwar die Entlassungsquote erhöhte, angesichts der fehlenden Nachbehandlungsangeboten aber wenig nachhaltig wirkte.

In rechtlicher Hinsicht ist das Vormundschaftsrecht dem Einwand ausgesetzt, den Betroffenen zu diskriminieren, da dieser durch die Regelungen aus der Gesellschaft ausgeschlossen und in seiner Rechtsausübung beschränkt werde.

Im Jahre 1971 beschloss der Bundestag die Einsetzung der Psychiatrie-Enquete, einer Experten-Kommission, die neben der empirischen Erfassung des Status quo auch Reformmöglichkeiten erarbeiten sollte. In ihrem Abschlussbericht 1975 attestierte die Kommission der deutschen Psychiatrie einen denkbar schlechten Zustand, der bereits die humanen Grundbedürfnisse der Patienten verfehle. Neuerrichtungen waren daher gemeindenah sowie meist halbstationär ausgerichtet und ermöglichten dem Patienten eine Behandlung zu bestimmten Tageszeiten unter weitestgehender Beibehaltung des gewohnten sozialen Umfeldes.

Die dringend notwendige Reform des Vormundschaftsrechts als gesetzgeberische Antwort auf den Enquete-Bericht ließ bis zum Inkrafttreten des Betreuungsgesetzes 1992 auf sich warten. Dieses verzichtete auf die vielfach als

---

1418 *Zenz/Kulenkampff*, Vormundschaft und Pflegschaft für Volljährige, S. 25.

diskriminierend kritisierte Totalentmündigung und ersetzte das Institut der Vormundschaft und der Pflegschaft durch die Betreuung in einzeln festgelegten Bereichen.

Die materielle Unterbringung regelte nunmehr § 1906 BGB, der im Vergleich zu seinen Vorgängerregelungen die Unterbringungsgründe abschließend normierte und ausschließlich die Abwehr unmittelbarer Selbstgefährdungen – unter strenger Beachtung des Verhältnismäßigkeitsgrundsatzes – zuließ. Dabei gestattete das BVerfG dem Betroffenen in gewissen Grenzen auch die „Freiheit zur Krankheit".

Wenngleich der Betreuungsgesetzgeber den Dualismus von zivil- und öffentlich-rechtlicher Unterbringung aus überzeugenden Gründen beibehielt, gelang ihm in §§ 70 ff. FGG[1419] eine Harmonisierung beider Verfahrensrechte. Erklärtes Ziel war es, hierdurch die Wahl der jeweiligen Maßnahme in der Praxis wieder mehr von sachlichen Gründen als von Zweckmäßigkeitserwägungen abhängig zu machen.

Die in der vorliegenden Epoche untersuchte zivilrechtliche Unterbringung erfüllt die zu Beginn aufgestellten Kriterien[1420] weitestgehend beziehungsweise ab 1992 vollständig und befindet sich damit auf dem höchsten bisher gemessenen Entwicklungsstand.

Dies zeigt sich an den Voraussetzungen der Abwehr einer Selbstgefährdung und der Abgrenzbarkeit zur öffentlich-rechtlichen Einweisung: War vor 1992 die Berücksichtigung von Fremdinteressen im Rahmen der zivilrechtlichen Unterbringung noch möglich, verlangte der neue § 1906 I Nr. 1 BGB ausdrücklich eine Selbstgefährdung des Betroffenen. Die Gesetzesbegründung schließt insoweit mittelbare Selbstgefährdungen[1421] als unvereinbar mit dem Grundgedanken der Betreuung aus und verweist stattdessen auf die öffentlich-rechtliche Unterbringung.

Die nötige Trennschärfe zwischen beiden Unterbringungsformen zeigte sich erst unter dem Betreuungsgesetz vollständig. Wo zuvor bei Selbstgefährdungen in der Praxis oft auf dasjenige Unterbringungsrecht zurückgegriffen wurde, dessen Verfahren den geringsten Aufwand bedeutete, zwang die Vereinheitlichung

---

1419 Seit 2009: §§ 312 ff. FamFG.

1420 Diese lauten: (1.) Freiheitsentziehende Maßnahme (2.) des gesetzlichen Vertreters zur (3.) Abwehr einer Selbstgefährdung, (4.) die sich zur behördlichen Unterbringung abgrenzen lässt.

1421 Typische Argumentationsmuster hierbei waren entweder, den Betroffenen schützen zu wollen, dass er in der Öffentlichkeit durch sein unangepasstes Verhalten in Misskredit gerät oder sich strafbar macht (vgl. oben S. 216).

beider Verfahren in §§ 70 ff. FGG[1422] den Rechtsanwender fortan zur Entscheidung nach Sachgesichtspunkten.

Für die Beantwortung der verbleibenden Konkurrenzfragen kam es entscheidend darauf an, ob schon eine Betreuung mit dem Aufgabenkreis der Aufenthaltsbestimmung eingerichtet war. In diesem Fall erforderte bereits der Verhältnismäßigkeitsgrundsatz aufgrund der persönlichen Beziehung zwischen Betreuer und Betreutem den Vorzug der zivilrechtlichen Unterbringung gegenüber der anonymen behördlichen Alternative. Bestand hingegen eine akute Selbstgefährdung eines Nichtbetreuten, die das Abwarten einer Betreuerbestellung nicht zuließ, waren öffentlich-rechtliche Kriseninterventionsmaßnahmen anzuwenden. Nach alldem ist die Unterbringung nach § 1906 I BGB zur gleichberechtigten privatrechtlichen Parallele der öffentlich-rechtlichen Unterbringung mit abgrenzbarem eigenen Anwendungsbereich geworden.

1422 Seit 2009: § 312 ff. FamFG.

E) Weitere Entwicklung

Wenngleich die zivilrechtliche Unterbringung einen Platz in der Rechtsordnung als eigenständige und zeitgemäße Einweisungsform bereits gefunden hatte, blieb sie aufgrund ihrer grundrechtssensiblen Wirkung im Fokus von Gesetzgebung und Rechtsprechung. Sieben Jahre nach dem BtG trat das erste Änderungsgesetz am 1. Januar 1999[1423] in Kraft. Vorsorgevollmachten können sich seitdem auch auf den Bereich der Unterbringung erstrecken.

Das zweite Betreuungsrechtsänderungsgesetz vom 21. April 2005[1424] suchte die Vorsorgevollmacht weiterhin als Alternative zur gesetzlichen Betreuung zu stärken und damit die Betreuungszahlen und Eingriffe in das Selbstbestimmungsrecht der Betroffenen zu reduzieren.[1425] Entsprechend folgte § 1896 Ia BGB der bereits vor der Reform geltenden Rechtsprechung,[1426] indem er nunmehr ausdrücklich klarstellt, dass gegen den freien Willen des Volljährigen ein Betreuer nicht bestellt werden darf. Die zunächst im Entwurf vorgesehenen Regelungen einer gesetzlichen Vertretungsmacht naher Angehöriger[1427] – auch in Gesundheitsangelegenheiten – sowie die Einräumung von Zwangsbefugnissen dem Betreuer bei Zuführung des Kranken zu einer ärztlichen Heilbehandlung wurden nach deutlicher Kritik letztlich nicht Gesetz.[1428]

Auf verfahrensrechtlicher Seite trat zum 1. Januar 2009 eine umfassende Reform in Kraft, die mit dem FamFG ein modernes und klar strukturiertes Prozessgesetz schuf.

1423 Gesetz v. 25.06.1998 – BGBl. I S. 1580.

1424 Gesetz v. 21.04.2005 – BGBl. S. 1073.

1425 *Husen,* Freiheitsentziehende Maßnahmen, S. 50. Kritisch: *Dodegge,* Wegen des Einsparpotentials bevorzugt – die weitere Reform des Betreuungsrechts, FGPrax 2004, S. 153 (157).

1426 Siehe oben S. 244.

1427 Hierzu *Gödicke,* Gesetzliche Vertretungsmacht für nahe Angehörige?, FamRZ 2003, S. 1894, der hinsichtlich des Bereichs der Gesundheitssorge das Fehlen von Schutzmechanismen für das Selbstbestimmungsrecht des erkrankten Angehörigen bemängelt.

1428 *Dodegge* hält die im Entwurf vorgesehenen Zwangsmaßnahmen im Vorfeld einer unterbringungsrechtlichen Genehmigung für *„systemwidrig, praktisch kaum durchführbar und verfassungsrechtlich bedenklich"* (Wegen des Einsparpotentials bevorzugt – die weitere Reform des Betreuungsrechts, FGPrax 2004, S. 153 (158)).

Im Folgenden werden mit der Unterbringung durch den Bevollmächtigten, Zwangsbehandlung, häuslichen Freiheitsbeschränkungen, UN-Behindertenrechtskonvention und dem FamFG-Verfahrensrecht fünf wesentliche Entwicklungspunkte beziehungsweise Fragen des neueren Unterbringungsrechts herausgegriffen und skizziert, um die Dynamik dieses Rechtsgebiets zu unterstreichen. Dabei wird allerdings weder der Anspruch auf Vollständigkeit erhoben noch eine Kommentierung des § 1906 BGB angestrebt – insoweit sei auf die zahlreiche einschlägige Literatur verwiesen.

I) Unterbringung durch den Bevollmächtigten

Die Unterbringung durch den Bevollmächtigten ist seit 1. Januar 1999 in § 1906 V BGB normiert. Davor war umstritten, ob die Unterbringung auch aufgrund einer vom Betreuten erteilten Vollmacht möglich war.[1429]

Eine Mindermeinung hielt eine Vorsorgevollmacht für den Fall der eigenen Entscheidungsunfähigkeit auch für höchstpersönliche Bereiche, wie Aufenthaltsbestimmung, Gesundheitsfürsorge und Unterbringungsmaßnahmen, unter der Voraussetzung einer konkreten Bezeichnung der einzelnen Befugnisse für zulässig.[1430] Einer vormundschaftsgerichtlichen Genehmigung bedurfte es dann nicht mehr. Die Vertreter dieser Ansicht sahen hierin eine Stärkung der Autonomie des Betroffenen. Es würde die Freiheitsgarantie entwerten, wenn dem mündigen Individuum die eigenmächtige Bestimmungsgewalt darüber entzogen würde, wer bei Verlust der eigenen Handlungs- oder Einwilligungsfähigkeit an seiner statt entscheiden solle.[1431]

Die herrschende Meinung lehnte allerdings die rechtsgeschäftliche Übertragung der Bestimmungsmöglichkeit über die eigene Freiheit ab. Es handle sich hierbei um ein höchstpersönliches Recht, das einer Bevollmächtigung nicht zugänglich sei. Zudem stelle die hieraus resultierende Genehmigungsfreiheit

---

1429 *Bundestag*, Drucksache Nr. 13/7158, S. 34 (m.w.N.).

1430 *Perau*, Betreuungsverfügung und Vorsorgevollmacht, MittRhNotK 1996, S. 285 (295). Bezogen auf § 1906 IV BGB: LG Stuttgart, Beschluss v. 16.09.1993 – 2 T 764/93, BtPrax 1994, 64; OLG Stuttgart, Beschluss v. 23.02.1994 – 8 W 534/93, FamRZ 1994, 1417.

1431 LG Stuttgart, Beschluss v. 16.09.1993 – 2 T 764/93, BtPrax 1994, 64; *Perau*, Betreuungsverfügung und Vorsorgevollmacht, MittRhNotK 1996, S. 285 (294).

eine Umgehung der gesetzlichen Vorschriften und einen Verstoß gegen den Richtervorbehalt des Art. 104 GG dar.[1432]

Mit Einführung des Absatz 5 im Jahre 1999 schloss sich der Gesetzgeber der erstgenannten Meinung im Grundsatz an, griff aber die hiergegen vorgebrachten Bedenken auf, indem er die Entscheidungen des Bevollmächtigten den gleichen Voraussetzungen wie entsprechende Entscheidungen des Betreuers unterwarf.[1433] Seitdem steigen die Zahlen der eingetragenen Vorsorgevollmachten stetig. Waren es nach Auskunft der Bundesnotarkammer am 30. Juni 2009 noch 916.091, wuchs ihre Anzahl zum 30. Juni 2018 bis auf 3.995.994 an.[1434]

II) Zwangsbehandlung

Wie kaum ein anderes unterbringungsrechtliches Thema wurde die medizinische Zwangsbehandlung in der jüngeren Vergangenheit virulent diskutiert. Zulässig war sie zunächst ausschließlich in ihrer stationären Form, also bei bereits gemäß § 1906 I Nr. 2 BGB untergebrachten Personen. Doch stellte sich hier die Frage nach der einfachgesetzlichen Grundlage, die Grundrechtseingriffe in die körperliche Unversehrtheit (Art. 2 II S. 1 GG) und Selbstbestimmung (Art. 2 I i.V.m. Art. 1 I GG) erfordern. Der BGH erachtete insoweit § 1906 I Nr. 2 BGB für ausreichend. Eine hiernach genehmigte Unterbringung zu Heilbehandlungszwecken schließe zugleich die Befugnis zur notfalls gewaltsamen Überwindung eines entgegenstehenden Willens ein, da anders die erforderliche Behandlung nicht durchgeführt werden könne.[1435]

1432 Statt vieler: LG Frankfurt a. M., Beschluss v. 12.08.1993 – 2/9 T 506/93, FamRZ 1994, 125; *Schumacher*, Rechtsstaatliche Defizite im neuen Unterbringungsrecht, FamRZ 1991, S. 280 (282).

1433 *Dose*, 25 Jahre Betreuungsrecht, BtPrax 2017, S. 6 (9). Vertieft hierzu: *Bohnert*, Zwangsbehandlung auf rechtsgeschäftlicher Grundlage, R&P 2013, S. 18 (20 f.). 2009 hat das BVerfG § 1906 V BGB für vereinbar mit dem durch Art. 2 I i.V.m. Art. 1 I GG garantierten Selbstbestimmungsrecht als Ausfluss des allgemeinen Persönlichkeitsrechts erklärt (BVerfG, Beschluss v. 07.01.2009 – 1 BvL 2/05, NJW 2009, 1803).

1434 Die Zahlen entstammen der Statistik des Zentralen Vorsorgeregisters der Bundesnotarkammer (http://www.vorsorgeregister.de/Presse/Statistik/2018).

1435 BGH, Beschluss v. 11.10.2000 – XII ZB 69/00, BGHZ 145, 297; BGH, Beschluss v. 01.02.2006 – XII ZB 236/05, BGHZ 166, 141; a. A. etwa *Marschner*, Aktuelles zur Zwangsbehandlung, R&P 2011, S. 160 (163).

Nachdem jedoch das BVerfG in seinen Entscheidungen vom 23. März 2011[1436] und 12. Oktober 2011[1437] befunden hatte, dass die medizinische Behandlung von im Maßregelvollzug Untergebrachten einer klaren und bestimmten gesetzlichen Regelung bedürfe, entschied der BGH im Jahre 2012, unter Aufgabe seiner bisherigen Rechtsprechung, dass bei einer betreuungsrechtlichen Zwangsbehandlung § 1906 I Nr. 2 BGB den vorgenannten verfassungsrechtlichen Anforderungen nicht genüge.[1438] Der Gesetzgeber sah sich zu raschem Handeln verpflichtet und schuf bereits am 18. Februar 2013 mit dem „Gesetz zur Regelung der betreuungsrechtlichen Einwilligung in eine ärztliche Zwangsmaßnahme" die materiellen und formellen Voraussetzungen für eine Zwangsbehandlung.[1439] Sie durfte gemäß dem neugefassten § 1906 III BGB nur stattfinden, wenn folgende fünf Punkte kumulativ gegeben waren: (1.) Dem Betroffenen musste aufgrund seiner psychischen Krankheit oder geistigen oder seelischen Behinderung die Notwendigkeit der Maßnahme beziehungsweise ein Handeln hiernach verschlossen bleiben, obwohl (2.) bereits zuvor ein Überzeugungsversuch unternommen wurde. Weiterhin (3.) musste sich die anvisierte Behandlung als alternativlose Maßnahme (4.) zur Abwendung eines erheblichen gesundheitlichen Schadens darstellen, (5.) deren Nutzen die zu erwartenden Beeinträchtigungen deutlich überwog. Nach § 1906 IIIa BGB konnte der Betreuer nur mit gerichtlicher Genehmigung in eine ärztliche Zwangsmaßnahme einwilligen.

Eine erneute Entscheidung des BVerfG beanstandete, *„dass eine ärztliche Zwangsbehandlung […] bei Betreuten, die sich einer Behandlung räumlich nicht entziehen wollen oder hierzu körperlich nicht in der Lage sind und deshalb nicht freiheitsentziehend untergebracht werden können, ausgeschlossen"*[1440] sei. Diese Schutzlücke, so das Gericht, sei mit der aus Art. 2 II S. 1 GG resultierenden staatlichen Pflicht unvereinbar, hilfsbedürftigen Menschen notfalls auch entgegen ihres natürlichen Willens Schutz durch ärztliche Versorgung zu gewähren und den Betroffenen nicht mit seiner Krankheit allein zu lassen. Zugleich stellte der Senat

1436 BVerfG, Beschluss v. 23.03.2011 – 2 BvR 882/09, BVerfGE 128, 282.

1437 BVerfG, Beschluss v. 12.10.2011 – 2 BvR 633/11, BVerfGE 129, 269.

1438 BGH, Beschluss v. 20.06.2012 – XII ZB 99/12, BGHZ 193, 337.

1439 Gesetz v. 18.02.2013 – BGBl. I S. 266.

1440 BVerfG, Beschluss v. 26.07.2016 – 1 BvL 8/15, BVerfGE 142, 313. Die Betreute des Ausgangsverfahrens war zeitweise untergebracht und in ärztlicher Zwangsbehandlung aufgrund einer schweren Erkrankung, die sie zuletzt bettlägerig werden ließ. Nachdem die Unterbringung daraufhin mangels Erforderlichkeit vom Betreuungsgericht aufgehoben wurde, war auch eine weitere Zwangsbehandlung nach § 1906 III BGB nicht mehr möglich.

klar, dass außer bei „*immobilen Betreuten*“[1441] die ambulante Zwangsbehandlung weiterhin unzulässig sei.[1442] Seit Juli 2017 wird die Zwangsbehandlung nunmehr im neu geschaffenen und eigenständigen § 1906a BGB geregelt.[1443] Es gelten die bereits im alten Recht aufgestellten Voraussetzungen (§ 1906 III, IIIa BGB a. F.[1444]), allerdings mit dem Zusatz, dass die ärztliche Zwangsmaßnahme im Rahmen eines *stationären* Aufenthalts in einem Krankenhaus, in dem die gebotene medizinische Versorgung des Betreuten einschließlich einer erforderlichen Nachbehandlung sichergestellt ist, durchgeführt wird.[1445] *Ambulante* Behandlungen hat der Gesetzgeber damit ausnahmslos ausgeschlossen, insbesondere um einer missbräuchlichen Ausweitung der Zwangsmaßnahmen in der Praxis vorzubeugen.[1446] Zu Recht wird dieses Argument etwa von *Spickhoff* als wenig tragfähig kritisiert, da jede Zwangsbehandlung einer gerichtlichen Genehmigung bedarf und somit eine ausreichende Überwachung auch im ambulanten Bereich möglich wäre.[1447] Dort, wo eine ambulante Zwangsbehandlung das mildere Mittel darstellt gegenüber ihrem stationären Gegenpart und der damit verbundenen zusätzlichen Freiheitsbeschränkung, wird sich der Gesetzgeber die Frage nach der ausreichenden Beachtung des Verhältnismäßigkeitsprinzips gefallen lassen müssen.[1448]

III) Genehmigungsbedürftigkeit freiheitsbeschränkender Maßnahmen im häuslichen Bereich

Wenngleich Freiheitsentziehungen in speziellen Einrichtungen für psychisch Kranke im Fokus dieser Arbeit stehen, vermögen auch freiheitsbeschränkende Maßnahmen im häuslichen Bereich eine unterbringungsrechtliche Dimension zu entfalten. Die hiervon am häufigsten betroffene Gruppe sind Menschen mit Demenzerkrankungen.

1441 *Schwab*, MüKo, BGB, § 1906, Rn. 3.

1442 Zweifelnd, ob dieser Ausschluss in der Praxis durchzuhalten ist: *Dodegge*, Anmerkung zu BVerfGE 142, 313, NJW 2017, S. 53 (60).

1443 Gesetz v. 17.07.2017 – BGBl. S. 2426.

1444 Siehe oben S. 268.

1445 Die Behandlung in einer geschlossenen Psychiatrie ist damit nicht mehr zwingend vorgeschrieben (vgl. *Lipp*, Betreuungsrechtliche Unterbringung: Nur in der Psychiatrie, BtPrax 2017, S. 94 (99)).

1446 *Bundestag*, Drucksache Nr. 18/1124, S. 15.

1447 *Spickhoff*, Nach der Reform ist vor der Reform: Zur Neuregelung der Zwangsbehandlung im Zivilrecht, FamRZ 2017, S. 1633 (1638).

1448 So auch: *Brilla*, BeckOGK, BGB, § 1906a, Rn. 14; *Spickhoff*, Nach der Reform ist vor der Reform: Zur Neuregelung der Zwangsbehandlung im Zivilrecht, FamRZ 2017, S. 1633 (1639).

Paradebeispiel für derartige Freiheitsbeschränkungen ist das Verschließen der Tür durch Dritte, um den Betroffenen daran zu hindern, im Zustand der Orientierungslosigkeit sein eigenes häusliches Umfeld zu verlassen und sich potentiellen Gefahren (etwa im Straßenverkehr) auszusetzen.[1449]

Die Genehmigungsbedürftigkeit derartiger Maßnahmen hängt davon ab, ob der eigene Haushalt eine sonstige Einrichtung im Sinne des § 1906 IV BGB darstellt. Mit dem Landgericht München erfordert dieser Begriff *„einen institutionellen Rahmen, in dem der Betroffene lebt“*[1450]. Werden Pflege und Betreuung von Angehörigen oder Freunden übernommen, verneint die herrschende Meinung den Einrichtungscharakter der Wohnung unter Verweis auf die sozialen Einbettung des Betroffenen, sodass Freiheitsbeschränkungen der betreuungsgerichtlichen Kontrolle entzogen sind.[1451] Dieser eigenständige Kompetenz- und Verantwortungsbereich wird insbesondere damit begründet, die Motivation zur Übernahme einer Familienpflege nicht zu gefährden.[1452] Eine Mindermeinung hält den Ausschluss der Genehmigungspflicht im familiären Pflegekontext indes für verfassungswidrig: Art. 104 II GG verlange auch im vorliegenden Fall aufgrund der öffentlich-rechtlichen Überlagerung der Betreuung eine richterliche Entscheidung.[1453] Die Einschränkung der persönlichen Freiheit wird jedoch unter Verweis auf das durch Art. 6 GG geschützte sozial-familiäre Gemeinschaftsgefüge gerechtfertigt werden können.[1454] Überdies agiert der Familienangehörige nicht im rechtsfreien Raum, sondern macht sich gemäß § 239 StGB strafbar, wenn kein Rechtfertigungsgrund vorliegt.[1455]

Hingegen lässt das alleinige beziehungsweise überwiegende Tätigwerden von externen professionellen Pflegediensten freiheitsbeschränkende Maßnahmen

---

1449 Weitere in der Praxis häufig anzutreffende Freiheitsbeschränkungen sind sedierende Medikamente und Bettgitter (*Borgloh,* Befragung, S. 19).

1450 LG München, Beschluss v. 07.07.1999 – 13 T 4301/99, FamRZ 2000, 1123.

1451 Siehe etwa: *Jaschinski,* jurisPK, BGB, § 1906, Rn. 112; *Roth,* Erman, BGB, § 1906, Rn. 35a; BayObLG, Beschluss v. 04.09.2002 – 3Z BR 132/02, FamRZ 2003, 325. Dem Betroffenen bleibt bei hier indes der strafrechtliche Schutz (§ 239 StGB) (hierzu ausführlich: *Schmidt,* Freiheitsberaubung aus Fürsorge).

1452 *Holzhauer,* Gutachten B für den 57. DJT, S. 105; *Roth,* Erman, BGB, § 1906, Rn. 35 f.; LG München, Beschluss v. 07.07.1999 – 13 T 4301/99, FamRZ 2000, 1123.

1453 *Marschner/Lesting/u.a.,* Freiheitsentziehung und Unterbringung, S. 231, Rn. 42; *Schumacher,* Rechtsstaatliche Defizite im neuen Unterbringungsrecht, FamRZ 1991, S. 280 (282).

1454 *Roth,* Erman, BGB, § 1906, Rn. 35a.

1455 Vgl. *Jacobs,* Freiheitsentziehende Maßnahmen nach § 1904 Abs. 4 BGB, Der Jurist 2012, S. 18 (23).

genehmigungspflichtig werden, da hier die Rahmenbedingungen für den Betreuten vergleichbar sind mit denen einer Einrichtung im Sinne des § 1906 IV BGB und die Wohnung selbst folglich „*nur noch eine Hülle*"[1456] ist.[1457] Unter der Prämisse der Verhältnismäßigkeit wird das angerufene Gericht jedoch stets zu prüfen haben, ob nicht mildere Maßnahmen (etwa Sitzwachen oder GPS-Ortungssysteme) gleichfalls erfolgsgeeignet sind.[1458]

IV) Vereinbarkeit des § 1906 BGB mit der UN-Behindertenrechtskonvention

Die UN-Behindertenrechtskonvention (kurz: UN-BRK) entwickelte im Jahr 2009 erstmalig in einem völkerrechtlichen Vertrag verpflichtende Leitlinien der Gleichstellung von Menschen mit Behinderungen und ist seitdem geltendes Recht. Das der Konvention zugrunde liegende biopsychosoziale Modell begreift Behinderung nicht allein als individuelles Defizit, sondern bezieht gleichermaßen Umweltfaktoren mit ein, wie etwa gesellschaftliche Rahmenbedingungen oder physische Barrieren, die eine selbstbestimmte Teilhabe der Betroffenen verhindern und somit zu deren Behinderung beitragen.[1459]

Der angestrebte Paradigmenwechsel von der Fürsorge zur Teilhabe stellt auch den Rechtsanwender vor Herausforderungen. Unproblematisch ist dabei die normhierarchische Einordnung der UN-BRK als einfaches Bundesrecht,[1460] das von Bund und Ländern im Rahmen ihrer Zuständigkeiten umgesetzt werden muss.[1461] Die völkerrechtsfreundliche Auslegung bestehender Rechtsnormen

1456 LG München, Beschluss v. 07.07.1999 – 13 T 4301/99, FamRZ 2000, 1123.

1457 Ganz h.M.: *Bienwald*, Familienrecht, BGB, § 1906, Rn. 96; *Roth*, Erman, BGB, § 1906, Rn. 36; *Klie*, ReduFix ambulant, BtPrax 2011, S. 154 (157); BayObLG, Beschluss v. 04.09.2002 – 3Z BR 132/02, FamRZ 2003, 325.

1458 Auch ist sicherzustellen, dass der Betreute durch die freiheitseinschränkende Maßnahme nicht erst in eine Gefahrensituation gerät. So genehmigte das AG Tempelhof-Kreuzberg das zeitweilige Einschließen nur unter der Voraussetzung eines installierten Notrufmeldesystems, um im Brandfall die Rettung des Betroffenen zu gewährleisten (Beschluss v. 28.04.1998 – 50 XVII G 361, BtPrax 1998, 194).

1459 *Sandor*, Das biopsychosoziale Modell von Behinderung, Gesundheitswesen 2015, A245.

1460 BVerfG, Beschluss v. 23.03.2011 – 2 BvR 882/09, BVerfGE 128, 282.

1461 Zu den in Lit. und Rspr. vertretenen Umsetzungsmechanismen völkerrechtlicher Verträge: *Dörschner*, Die Rechtswirkungen der UN-BRK, S. 186 ff.; *Rosenow*, Betreuungsrechtliche Unterbringung und Zwangsbehandlung vor dem Hintergrund der UN-BRK, BtPrax 2013, S. 39.

führt hingegen bisweilen zu Unsicherheiten.[1462] Am Beispiel der hier interessierenden zivilrechtlichen Unterbringung soll daher der Frage nachgegangen werden, ob § 1906 BGB vereinbar mit der UN-BRK ist.

Art. 14 Ib UN-BRK legt ausdrücklich fest, dass allein *„das Vorliegen einer Behinderung in keinem Fall eine Freiheitsentziehung rechtfertigt*"[1463]. Hieran ist § 1906 BGB zu messen. Dieser Vorgabe wird § 1906 I Nr. 1 BGB gerecht. Anlass für die Unterbringung ist hier nicht die Behinderung an sich, sondern die Selbstgefährdung als zusätzlicher Umstand, der eine Freiheitsentziehung erforderlich macht. Dagegen verlangte § 1906 I Nr. 2 BGB in seiner bis 2013 geltenden Fassung nicht ausdrücklich eine Gefährdung des Betroffenen und ermöglichte somit grundsätzlich eine Unterbringung einzig zur Behandlung psychischer Erkrankungen beziehungsweise seelischer oder geistiger Behinderungen.[1464] Die herrschende Meinung legte § 1906 I Nr. 2 BGB indes seit jeher restriktiv aus und las in ihn, wie oben gesehen,[1465] die Abwendung einer erheblichen Gefährdung als ungeschriebenes Tatbestandsmerkmal hinein. Spätestens mit der Erweiterung des Wortlautes um diese Voraussetzung im Jahre 2013[1466] bestehen an der Vereinbarkeit der Unterbringung zu Heilbehandlungszwecken mit der UN-BRK keine begründeten Zweifel mehr.[1467]

V) Reformierung des Verfahrensrechts

Das am 1. Januar 2009 in Kraft getretene Gesetz über die Angelegenheiten in Familiensachen und der freiwilligen Gerichtsbarkeit[1468] (kurz: FamFG) löste das bestehende FGG ab, welches trotz zwischenzeitlicher Reformen für unzeitgemäß befunden wurde. Als klassisches Rahmengesetz des 19. Jahrhunderts enthielt das FGG nur wenig allgemeine Regeln, stattdessen aber eine Vielzahl

---

1462 Zum Gebot der völkerrechtsfreundlichen Auslegung bestehender Gesetze: BVerfG, Beschluss v. 26.03.1987 – 2 BvR 589/79, BVerfGE 74, 358; *Henking/Vollmann*, Zwangsbehandlung psychisch kranker Menschen, S. 33 f.

1463 *König*, Vereinbarkeit der Zwangsunterbringung nach § 1906 BGB mit der UN-Behindertenrechtskonvention?, BtPrax 2009, S. 105 (107).

1464 *König*, Vereinbarkeit der Zwangsunterbringung nach § 1906 BGB mit der UN-Behindertenrechtskonvention?, BtPrax 2009, S. 105 (107).

1465 Oben S. 249.

1466 Oben S. 268.

1467 So auch im Ergebnis: *König*, Vereinbarkeit der Zwangsunterbringung nach § 1906 BGB mit der UN-Behindertenrechtskonvention?, BtPrax 2009, S. 105 (108); *Henking/Vollmann*, Zwangsbehandlung psychisch kranker Menschen, S. 34.

1468 Gesetz v. 17.12.2008 – BGBl. I S. 2586.

unsystematischer Sonderregelungen und Verweisungen auf die ZPO. Ziele des neuen FamFG sollten folglich vor allem sein: Die Schaffung einer zusammenhängenden Verfahrensordnung, die rechtsstaatliche Ausgestaltung des Verfahrens, die Koordinierung mit anderen Verfahrensregelungen sowie ein anwenderfreundlicher Gesetzesaufbau mit einer verständlichen Gesetzessprache.[1469]

Unterbringungssachen werden fortan von den neu geschaffenen Betreuungsgerichten verhandelt und die bisherigen Vormundschaftsgerichte sind aufgelöst. Das vormals in §§ 70-70n FGG geregelte Verfahren findet sich nunmehr inhaltlich weitgehend unverändert in §§ 312–339 FamFG wieder.[1470]

Neu strukturiert wurde ferner das Rechtsmittelsystem. Unterbringungsanordnungen sind mit der Beschwerde gemäß § 58 I FamFG vor dem Landgericht anfechtbar. Gegen dessen Entscheidung kann wiederum die zulassungsfreie Rechtsbeschwerde unmittelbar vor dem BGH erhoben werden (§ 70 III S. 1 Nr. 2 FamFG).[1471]

1469 *Bundestag*, Drucksache Nr. 16/6308, S. 164.

1470 *Husen,* Freiheitsentziehende Maßnahmen, S. 230.

1471 *Bundestag*, Drucksache Nr. 16/6308, S. 209. Vgl. auch BGH, Beschluss v. 07.05.2014 – XII ZB 540/13, FGPrax 2014, 180, der klarstellt, dass ein Fall des § 70 III S. 1 FamFG dann nicht vorliegt, wenn die beantragte Maßnahme vom Tatrichter nicht angeordnet, sondern abgelehnt worden ist.

F) Abschlussbetrachtung

Die vorliegende Untersuchung zeigt eine wechselhafte Genese der zivilrechtlichen Unterbringung von volljährigen psychisch Kranken auf. Bewertet wurde ihr jeweiliger Entwicklungsstand dabei stets an den heutigen Essentialia: Erforderlich ist demnach (1.) eine freiheitsentziehende Maßnahme (2.) des gesetzlichen Vertreters (3.) zur primären Abwehr einer Selbstgefährdung, (4.) die sich zur polizeilichen Unterbringung abgrenzen lässt.

Während die ersten beiden Punkte in dem 200-jährigen Untersuchungszeitraum stets erfüllt waren, variieren die Kriterien der dominierenden Selbstgefährdung sowie der Abgrenzbarkeit zur polizeilichen Unterbringung je nach Epoche.

Als wichtiger Faktor in diesem Zusammenhang stellte sich das jeweils herrschende Fürsorgeverständnis heraus. Wem der Vormund beziehungsweise später der Betreuer gegenüber verpflichtet war, determinierte, ob er ausschließlich bei Selbstgefährdungen des Betroffenen oder auch bei Gefährdungen Dritter eine Unterbringung veranlassen durfte.

Gehörte auch die Verhinderung von Fremdgefährdungen zum Aufgabenkreis des gesetzlichen Vertreters, konnte dies leicht die Grenze zur polizeilichen Einweisung verschwimmen lassen.

Bereits zu Beginn des Untersuchungszeitraums im ausgehenden 18. Jahrhundert offenbart sich die bis heute symptomatische Verteilung des Unterbringungsrechts auf sämtlichen Normebenen.

Eine zentrale Rolle spielte dabei das Preußische Allgemeine Landrecht. Das Gesetz übertrug die „Geisteskrankenfürsorge" dem Vormund, der als Vertreter des Staates anzusehen und diesem gegenüber daher weisungsgebunden war. Gemäß seiner Aufsichtspflicht (§ 342, II, Tit. 18 ALR) musste er dafür Sorge tragen, dass der „Geisteskranke" weder sich noch Anderen Schaden zufügen konnte (§ 341, II, Tit. 18 ALR). Hieraus wurde ein Recht zur zwangsweisen Unterbringung gefolgert. Einen Unterschied, ob es sich um die Abwehr einer Selbst- oder Fremdgefährdung handelte, machte der Gesetzgeber seinerzeit nicht.

Subsidiär war die Polizeibehörde unterbringungsberechtigt. Eine Exklusivzuständigkeit der Sicherheitsbehörden galt ab 1867 lediglich bei sogenannter Gemeingefahr, einem unbestimmten Rechtsbegriff, der die Betroffenen in ein verschärftes und beschleunigtes Einweisungsverfahren eintreten ließ. Die theoretisch angelegte Trennung von vormundschaftlicher und polizeilicher Unterbringung wurde in der Praxis jedoch konterkariert durch den extensiven Rückgriff auf die Diagnose „Gemeingefahr" auch in Fällen originärer Selbstgefährdungen.

Die somit nur rudimentär existente privatrechtliche Unterbringung erfuhr aber später einen Ausbau durch die Vormundschaftsordnung (VO) im Jahre 1875 sowie durch das BGB 1900.

Beide Gesetze verzichteten nach wie vor auf eine ausdrückliche Regelung, geschweige denn Erwähnung einer Unterbringung, die indes unter Verweis auf das Aufenthaltsbestimmungsrecht des Vormundes (§ 27 VO bzw. §§ 1897, 1800, 1631 I BGB) allgemein akzeptiert war.

Im Gegensatz zur vorangehenden Epoche war der Vormund seit der VO nicht mehr dem Staat gegenüber, sondern einzig dem Mündelinteresse verpflichtet. Somit konnten *offensichtliche* Fremdgefährdungen nunmehr keine privatrechtliche Unterbringung nach sich ziehen. Es bestand jedoch die Möglichkeit, unter Berufung auf den Schutz des Mündels vor den möglichen (strafrechtlichen) Reaktionen, die ihm aufgrund seines Verhaltens drohten, Gefährdungen Dritter unter dem Deckmantel der Selbstgefährdung abzuwehren. Fremdgefährdungen waren für den Vormund also nur noch über argumentative Umwege zu beachten und unterfielen dem polizeilichen Aufgabenkreis. Die nach wie vor bestehende Zuständigkeitsüberschneidung bei Kranken, deren Selbstgefährdung teilweise zugleich als Gemeingefahr interpretiert werden konnte, war mehr theoretischer Natur. Seit 1900 hatte sich in der Praxis ein Anwendungsvorrang der privatrechtlichen Unterbringung herauskristallisiert, sodass ein Rückgriff auf die Behörden nur dann noch stattfand, wenn der gesetzliche Vertreter nicht zeitnah Abhilfe schaffen konnte. Neben dem Vormund kam auch der sogenannte Gebrechlichkeitspfleger als Unterbringungsberechtigter in Betracht – eine Rechtsfortbildung, die dem Praxisbedürfnis nach einer Vormundschaftsalternative bei lediglich partieller Hilfsbedürftigkeit sowie in Eilfällen Rechnung trug. Grundlage hierfür war § 90 VO beziehungsweise § 1910 BGB ab dem Jahre 1900. Während in letzterem Fall eine Unterbringungsbefugnis unter rechtsdogmatischen Gesichtspunkten in der Fachliteratur umstritten war, fanden derartige Bedenken in der Spruchpraxis der Gerichte keinen Niederschlag.

Wesentlich beeinflusst wurde die skizzierte rechtliche Genese im Kaiserreich von einem gewachsenen gesellschaftlichen Bewusstsein gegenüber der Einweisung psychisch Kranker. Es mündete, angefacht durch publik gewordene Unterbringungsskandale, in eine einflussreiche „Irrenrechtsreformbewegung“ mit eigenen Gesetzesentwürfen und Publikationsorganen.

Jenes öffentliche Interesse wich in der Weimarer Republik einer zunehmend egozentrischen Einstellung: Kriegsbedingt stand mehr das eigene Fortkommen oder gar Überleben im Fokus der Bevölkerung als die Lage sozialer Randgruppen. Zudem verbanden sich staatliche Produktivitäts- und Sparbemühungen in den 20er Jahren mit eugenischen Denkansätzen, die eine Unterbringung nicht mehr einzig zum Besten des Betroffenen, sondern auch um der Volksgesundheit willen forderten.

Insbesondere der letzte Aspekt lässt, verglichen mit dem vorangehenden Untersuchungszeitraum, die ansonsten normativ unverändert gebliebene privatrechtliche Unterbringung in einem veränderten Licht erscheinen. Neben den hierdurch herabgesetzten Stellenwert der Selbstgefährdung tritt, begründet durch die Rückkehr zu einer extensiven Anwendung der „Gemeingefährlichkeitserklärung“ psychisch Kranker, ein Verlust an Eigenständigkeit gegenüber der polizeilichen Unterbringung. Mithin ist eine Zurückentwicklung der zivilrechtlichen Unterbringung zu konstatieren, die an das im Kaiserreich vorgefundene fortgeschrittene Entwicklungsstadium nicht mehr anzuknüpfen vermochte.

Die dunkelste Stunde in der Geschichte der „Geisteskrankenfürsorge“ und des Unterbringungsrechtes ist während des Nationalsozialismus zu verzeichnen. Im Vollzug der Erbgesundheitsregelungen sowie der gezielten Vernichtungsaktion „T 4“ spiegelte sich das menschenverachtende Potential des NS-Regimes wider.

Zwar leitete sich die Unterbringungsbefugnis des Vormundes oder Pflegers weiterhin aus dem Aufenthaltsbestimmungsrecht gemäß §§ 1897, 1800, 1631 I BGB ab, doch hatte der Vertreter seine Unabhängigkeit gegenüber dem Staat faktisch eingebüßt. Entsprechend der Maxime „Du bist nichts – Dein Volk ist alles“ stand das Wohl der Volksgemeinschaft an erster Stelle. Psychisch Kranke wurden in Anknüpfung an das bereits in der vorangehenden Epoche vorhandene eugenische Gedankengut zu „Ballastexistenzen“ erklärt, die dem gesunden „Volkskörper“ schadeten. Folglich verlor der strikt am Krankenwohl ausgerichtete Selbstgefährdungsaspekt im Rahmen der privatrechtlichen Unterbringung praktisch weiter an Bedeutung.

Unterstützt wurde diese Genese durch eine Ausweitung polizeilicher Eingriffsbefugnisse, was besonders auf dem Gebiet der Schutzhaft deutlich wurde. Als Sanktionsinstrument gegen „asoziales Verhalten“ konnte die Schutzhaft auch im Wege der Auslegung gegenüber „Geisteskranken“ eingesetzt werden: Die Grenzen zur privatrechtlichen Unterbringung verschwammen zunehmend.

In der darauffolgenden Nachkriegszeit war die Entwicklung des Unterbringungsrechts insbesondere durch das Grundgesetz bestimmt, das seinerseits einen Gegenentwurf zur nationalsozialistischen Willkürherrschaft darstellte. Art. 104 II S. 1 GG knüpfte Freiheitsentziehungen an die Genehmigung des Richters, was dem Bundesverfassungsgerichtsbeschluss vom 10. Februar 1960 zufolge auch für vertreterseits initiierte Unterbringungen galt. Erstmals seit Inkrafttreten des BGB normierte der Gesetzgeber daraufhin die Unterbringungsbefugnis des Vormundes in § 1800 II BGB explizit. Entsprechende Anwendung fand die Norm über den Verweis in § 1915 BGB auch für Pfleger mit übertragenem Aufenthaltsbestimmungsrecht. Gemäß § 1800 II S. 3 BGB durfte die Unterbringung ausschließlich zum Wohl des Betroffenen erfolgen, mithin zur Abwehr von Selbstgefährdungen. Gleichwohl wurde hierunter auch weiterhin der Schutz vor Reaktionen Dritter auf das unangepasste Verhalten des Mündels subsumiert. Während letztgenannte Einweisungsmöglichkeit in den vorangegangenen Untersuchungszeiträumen mitunter als Sanktionsinstrument für sozial unangepasstes Verhalten genutzt werden konnte, grenzte das Bundesverfassungsgericht 1967 diese Möglichkeit ein. Es erklärte eine Unterbringung allein aus Erziehungszwecken für verfassungswidrig und legte somit den Grundstein seiner später ausdrücklich postulierten „Freiheit zur Krankheit".

Der Vorrang der privatrechtlichen Unterbringung bei Selbstgefährdung gegenüber öffentlich-rechtlichen Maßnahmen war entweder im jeweiligen Landesgesetz ausdrücklich normiert oder unter Verweis auf die Subsidiarität des staatlichen Eingriffsrechts allgemein anerkannt. Dennoch tendierte die Praxis dahin, in Grenzfällen dasjenige Unterbringungsrecht anzuwenden, dessen Verfahren den geringsten Aufwand bedeutete.

Die Betreuungsgesetzreform im Jahre 1992 führte die zivilrechtliche Unterbringung an die eingangs aufgestellten vier konstitutiven Kriterien bis zur Deckungsgleichheit heran. Das als diskriminierend kritisierte Rechtsinstitut der Vormundschaft sowie die Pflegschaft wurden von der Betreuung in einzeln festgelegten Bereichen abgelöst. Ausgangspunkt der Unterbringungsbefugnis war nunmehr § 1906 BGB, der im Vergleich zu seinen Vorgängerregelungen die Gründe einer Unterbringung nannte und diese auf die Abwehr *unmittelbarer* Selbstgefährdungen – unter Beachtung des Verhältnismäßigkeitsgrundsatzes – beschränkte.

Die nötige Trennschärfe zur öffentlich-rechtlichen Unterbringung wurde durch eine Vereinheitlichung des Verfahrensrechts erreicht, sodass in Konkurrenzfällen der Rechtsanwender mehr nach Sach- denn Zweckmäßigkeitsgesichtspunkten zu entscheiden hatte. Existiert bereits eine Betreuung mit entsprechendem Aufgabenkreis, gehen die „Psychisch-Kranken-Gesetze" der Länder seitdem bei Selbstgefährdung des Betroffenen von einem Vorrang der zivilrechtlichen Unterbringung aus und kommen daher nur für akute Kriseninterventionsmaßnahmen in Betracht.

Insgesamt ist somit die zivilrechtliche Unterbringung mit der Betreuungsrechtsreform 1992 zu einer gleichberechtigten und abgrenzbaren Maßnahme gegenüber ihrer öffentlich-rechtlichen Variante gewachsen.

Dass das Unterbringungsrecht weiterhin eine dynamische Materie bleibt, hat der kursorische Ausblick auf die jüngsten Entwicklungen gezeigt. Aktuelle Fragen, wie die Zulässigkeit ambulanter Zwangsbehandlungen oder die fortwährende Sicherstellung der Vereinbarkeit mit der UN-Behindertenrechtskonvention, werden den Gesetzgeber auch zukünftig zum Handeln verpflichten.

G) Literaturverzeichnis

Ackerknecht, Erwin Heinz, Kurze Geschichte der Psychiatrie, 3. Auflage, Stuttgart, 1985

Adler, Albert, Unterbringung Geisteskranker in Heil- und Pflegeanstalten durch private Personen mit staatlicher Ermächtigung, Karlsruhe, 1937 (zitiert als: *Adler,* Unterbringung Geisteskranker)

Adler, Sebastian, Das Verhältnis von Richter und Parteien in der preußischen und deutschen Zivilprozessgesetzgebung, 1. Auflage, Hamburg, 2006 (zitiert als: *Adler,* Richter und Parteien in der Zivilprozessgesetzgebung)

Aly, Götz, Die Belasteten, „Euthanasie" 1939–1945; eine Gesellschaftsgeschichte, Frankfurt, 2013

Anschütz, Gerhard, Die Verfassungs-Urkunde für den preussischen Staat: vom 31. Januar 1850, ein Kommentar für Wissenschaft und Praxis, Berlin, 1912 (zitiert als: *Anschütz,* Die Verfassungs-Urkunde für den preussischen Staat)

Anton, Otto, Die Vormundschaftsordnung vom 5. Juli 1875 für den Umfang der Preussischen Monarchie, 2. Auflage, Berlin, 1879 (zitiert als: *Anton,* Die Vormundschaftsordnung vom 5. Juli 1875)

Arndts, Karl Ludwig/Leonard, Vorname unbek., Das Preußische Vormundschaftsrecht mit Einschluß der bezüglichen Vorschriften aus dem Familienrechte, Berlin, 1862 (zitiert als: *Arndts/Leonard,* Das Preußische Vormundschaftsrecht)

Arnold, Egon, Erfahrungen mit und Gedanken zu § 1800 Abs. II BGB n.F., FamRZ, 1963, S. 484

Arnold, Friedrich Christian von, Das gerichtliche Verfahren gegen Geisteskranke und Verschwender, Erlangen, 1861

Aschaffenburg, Gustav, Die Sicherung der Gesellschaft gegen gemeingefährliche Geisteskranke, Ergebnisse einer im Auftrage der Holtzendorff-Stiftung gemachten Studienreise, Berlin, 1912

Ascher, Bernhard, Die staatliche Beaufsichtigung der Privatirrenanstalten in Preußen, Zentralblatt für Nervenheilkunde und Psychiatrie, 1892, S. 246

Ascher, Bernhard, Über die staatliche Beaufsichtigung der öffentlichen Irrenanstalten, Zentralblatt für Nervenheilkunde und Psychiatrie, 1892, S. 193

Ascher, Bernhard, Vorschläge zur Verbesserung der staatlichen Beaufsichtigungen der Irrenanstalten in Preußen, Zentralblatt für Nervenheilkunde und Psychiatrie, 1892, S. 385

Augustin, Friedrich Ludwig, Die Königlich Preußische Medicinalverfassung, oder vollständige Darstellung aller das Medicinalwesen, und die medicinische Polizei in den Königlich Preußischen Staaten betreffenden Gesetze, Verordnungen und Einrichtungen, Potsdam, 1838

Augustin, Friedrich Ludwig, Die Königlich Preußische Medicinalverfassung, oder vollständige Darstellung aller, das Medicinalwesen und die medicinische Polizei in den Königlich Preußischen Staaten betreffenden Gesetze, Verordnungen und Einrichtungen. Enthaltend die Medicinalverordnungen von 1828–1832: Nebst vollständigem Register über die ersten fünf Bände, Potsdam, 1833

Ayaß, Wolfgang, „Gemeinschaftsfremde", Quellen zur Verfolgung von „Asozialen" 1933–1945, Koblenz, 1998

Bachmann, Brigitte, Die Beiratschaft (Art. 395 ZGB) de lege lata und de lege ferenda unter rechtsvergleichender Betrachtung der Vormundschaftsrechte und deren Entwicklung von Nachbarstaaten der Schweiz (Frankreich, Österreich und Bundesrepublik Deutschland) (zitiert als: *Bachmann,* Die Beiratschaft (Art. 395 ZGB))

Badura, Peter, Das Verwaltungsrecht des liberalen Rechtsstaates, Methodische Überlegungen zur Entstehung des wissenschaftlichen Verwaltungsrechts, Göttingen, 1967

Baer, Abraham Adolf, Die Trunksucht und ihre Abwehr, Ein Beitrag zum derzeitigen Stand der Alkoholfrage, Wien, Leipzig, 1890

Barella, Max, Behandlungszwang bei untergebrachten Personen?, NJW, 1959, S. 2291

Barth, Thomas, Michel Foucault: Wahnsinn und Gesellschaft Eine Geschichte des Wahns im Zeitalter der Vernunft, in: *Pritz, Alfred* (Hrsg.), Einhundert Meisterwerke der Psychotherapie, Ein Literaturführer, Wien 2008 (zitiert als: *Barth,* Michel Foucault: Wahnsinn und Gesellschaft)

Batra, Anil, Zum Stellenwert der Elektrokrampftherapie im deutschsprachigen Raum, in: *Eschweiler, Gerhard/Wild, Barbara/Bartels, Mathias* (Hrsg.), Elektromagnetische Therapien in der Psychiatrie, Elektrokrampftherapie (EKT) Transkranielle Magnetstimulation (TMS) und verwandte Verfahren, Heidelberg 2003 (zitiert als: *Batra,* Zum Stellenwert der Elektrokrampftherapie)

Baumann, Jürgen, Unterbringungsrecht und systematischer und synoptischer Kommentar zu den Unterbringungsgesetzen der Länder, Tübingen, 1966 (zitiert als: *Baumann,* Unterbringungsrecht)

Benedek, Istvan, Der vergoldete Käfig, Erlebnisse aus der Praxis eines Psychiaters, 1. Auflage, Gütersloh, 1968

Benzenhöfer, Udo, Der gute Tod?, Geschichte der Euthanasie und Sterbehilfe, Göttingen, 2009

Bergener, Manfred, Die zwangsweise Unterbringung psychisch Kranker, Problematik aus d. Sicht von Richtern u. Ärzten, Berlin, 1986

Bernhöft, Franz, Gutachten, über die Frage: Bedarf es gesetzlicher Vorschriften darüber, unter welcher Voraussetzung ein Geisteskranker vor der Entmündigung in eine Anstalt gebracht, und ein Geisteskranker gegen seinen Willen dort festgehalten werden darf?, in: *Ständige Deputation des Deutschen Juristentages* (Hrsg.), Verhandlungen des 25. deutschen Juristentages, Bd. 2, Berlin 1900

Beyer, Bernhard, Die Bestrebungen zur Reform des Irrenwesens, Material zu einem Reichs-Irrengesetze; für Laien und Ärzte, Halle a. S., 1912

Beyer, Christof, Von der „Kreis-Irrenanstalt" zum Pfalzklinikum, Eine Geschichte der Psychiatrie in Klingenmünster, Kaiserslautern, 2009

Bielitz, Gustav Alexander (Hrsg.), Praktischer Kommentar zum allgemeinen Landrechte für die preußischen Staaten, Welcher die Erläuterungen des fünfzehnten, sechszehnten, siebenzehnten, achtzehnten und neunzehnten Titels des zweyten Theils enthält, Erfurt, 1830 (zitiert als: *Bearbeiter*, Kommentar zum allgemeinen Landrecht)

Bienwald, Werner, Betreuungsrecht, Kommentar zum BtG/BtBG, Bielefeld, 1992

Bienwald, Werner, Untersuchungen zur Rechtsstellung des Gebrechlichkeitspflegers, Unter Berücksichtigung von Entwürfen eines Gesetzes über die Betreuung Volljähriger; (Betreuungsgesetz – BtG), 1. Auflage, Baden-Baden, 1992 (zitiert als: *Bienwald*, Rechtsstellung des Gebrechlichkeitspflegers)

Bienwald, Werner, Zur Rechtsnatur zwischen Patient und Einrichtung bei nicht öffentlich-rechtlich fundiertem Aufenthalt, R&P, 2008, S. 212

Birnbaum, Karl, Geschichte der psychiatrischen Wissenschaft, in: *Bumke, Oswald* (Hrsg.), Handbuch der Geisteskrankheiten, Bd. 1, Berlin 1928

Blaschke, Olaf, Die Kirchen und der Nationalsozialismus, Ditzingen, 2014

Blasius, Dirk, „Einfache Seelenstörung", Geschichte der deutschen Psychiatrie 1800–1945, Frankfurt am Main, 1994

Blasius, Dirk, Der verwaltete Wahnsinn, Eine Sozialgeschichte des Irrenhauses, 1. Auflage, Frankfurt am Main, 1980

Boeckh, Jürgen/Huster, Ernst-Ulrich/Benz, Benjamin, Sozialpolitik in Deutschland, Eine systematische Einführung, 2. Auflage, Wiesbaden, 2006

Bohnert, Cornelia, Zwangsbehandlung auf rechtsgeschäftlicher Grundlage, R&P, 2013, S. 18

Bollmeyer, Heiko, Der steinige Weg zur Demokratie, Die Weimarer Nationalversammlung zwischen Kaiserreich und Republik, 1. Auflage, Frankfurt/M., 2007

Bonhoeffer, Karl, Die Geschichte der Psychiatrie in der Charité im 19. Jahrhundert, Zeitschrift für die gesamte Neurologie und Psychiatrie, 1940, S. 37

Böning, Wolfgang, Zwangsunterbringung volljähriger Mündel, NJW, 1960, S. 1374

Borgloh, Barbara, Befragung von Pflegefachkräften, BetreuerInnen und Beraterinnen in der Altenhilfe, in: *Klie, Thomas/Bredthauer, Doris* (Hrsg.), Abschlussbericht zum Forschungsvorhaben, ReduFix ambulant – Sicherheit und Lebensqualität in der häuslichen Versorgung von älteren Menschen mit Hilfe- und Pflegebedarf 2012 (zitiert als: *Borgloh*, Befragung)

Boxberger, Herrmann von, Pflegschaft wegen Geisteskrankheit und Geistesschwäche nach dem Bürgerlichen Gesetzbuch, Zentralblatt für freiwillige Gerichtsbarkeit und Notariat, 1910, S. 269

Brand, Arthur/Hensel, Ferdinand, Die Vormundschafts-, Familienrechts- und Fürsorgeerziehungssachen in der gerichtlichen Praxis, 1. Auflage, Berlin, 1931 (zitiert als: *Brand/Hensel*, Familienrecht in der gerichtlichen Praxis)

Brandes, Gustav, Die Irrencolonien, Im Zusammenhang mit den ähnlichen Bestrebungen auf dem Gebiete der Armen- und Waisenpflege und mit besonderer Rücksicht auf die Verhältnisse im Königreich Hannover, Hannover, 1865

Brasch, Martin, Die Geisteskranken im Bürgerlichen Gesetzbuch für das Deutsche Reich, Berlin, 1899

Braß, Christoph, Zwangssterilisation und „Euthanasie“ im Saarland 1933–1945 [Elektronische Ressource], Paderborn/München, 2004 (zitiert als: *Braß*, Zwangssterilisation und „Euthanasie“ im Saarland)

Braum, Dagmar, Vom Tollhaus zum Kastenhospital, Ein Beitrag zur Geschichte der Psychiatrie in Frankfurt am Main, Hildesheim, 1986

Braun, Salina, Heilung mit Defekt, Psychiatrische Praxis an den Anstalten Hofheim und Siegburg 1820–1878, Göttingen/Hamburg

Brink, Cornelia, „Keine Angst vor dem Psychiater.“ Psychiatrie, Psychiatriekritik und Öffentlichkeit in der Bundesrepublik Deutschland (1960—1980), in: *Fangerau, Heiner* (Hrsg.), “Moderne” Anstaltspsychiatrie im 19. und 20. Jahrhundert – Legitimation und Kritik, Stuttgart 2006 (zitiert als: *Brink*, „Keine Angst vor dem Psychiater.“)

Brink, Cornelia, »Nicht mehr normal und noch nicht geisteskrank…«, Über psychopathologische Grenzfälle im Kaiserreich, Werkstatt Geschichte, 2002, S. 22

Brink, Cornelia, Grenzen der Anstalt, Psychiatrie und Gesellschaft in Deutschland 1860–1980, Göttingen, 2010

Broszat, Martin, Der Staat Hitlers, Grundlegung u. Entwicklung seiner inneren Verfassung, München, 1969

Bruder, Jens, Gutachten C für den 57. Deutschen Juristentag, Medizinisches Teilgutachten, in: *Ständige Deputation des Deutschen Juristentages* (Hrsg.), Empfiehlt es sich, das Entmündigungsrecht, das Recht der Vormundschaft und der Pflegschaft über Erwachsene sowie das Unterbringungsrecht neu zu ordnen?, München 1988 (zitiert als: *Bruder,* Gutachten C für den 57. DJT)

Brunswig, Peter, Die Handlungsfähigkeit der Geisteskranken nach dem Bürgerlichen Gesetzbuch, Leipzig, 1902 (zitiert als: *Brunswig,* Die Handlungsfähigkeit der Geisteskranken)

Bulling, Sandra Michaela, Die zivilrechtliche Erwachsenenfürsorge des 19. Jahrhunderts, Eine historische Untersuchung zu den Vorläufern des heutigen Betreuungsrechts, Hamburg, 2013 (zitiert als: *Bulling,* Erwachsenenfürsorge)

Bumke, Oswald, Handbuch der Geisteskrankheiten, Berlin, 1939 (zitiert als: *Bumke,* Handbuch der Geisteskrankheiten)

Bundestag, Drucksache Nr. 1/3640, Entwurf eines Gesetzes über das gerichtliche Verfahren bei Freiheitsentziehungen, in: *Bundestag* (Hrsg.), Drucksachen und Plenarprotokolle des Bundestages

Bundestag, Drucksache Nr. 10/5970, Rechtliche Situation der geistig Behinderten und psychisch Kranken, in: *Bundestag* (Hrsg.), Drucksachen und Plenarprotokolle des Bundestages

Bundestag, Drucksache Nr. 11/4528, Entwurf eines Gesetzes zur Reform des Rechts der Vormundschaft und Pflegschaft für Volljährige, in: *Bundestag* (Hrsg.), Drucksachen und Plenarprotokolle des Bundestages

Bundestag, Drucksache Nr. 13/7158, Entwurf eines Gesetzes zur Änderung des Betreuungsrechts sowie weiterer Vorschriften (Betreuungsrechtsänderungsgesetz – BtÄndG), in: *Bundestag* (Hrsg.), Drucksachen und Plenarprotokolle des Bundestages

Bundestag, Drucksache Nr. 16/6308, Entwurf eines Gesetzes zur Reform des Verfahrens in Familiensachen und in den Angelegenheiten der freiwilligen Gerichtsbarkeit (FGG-Reformgesetz – FGG-RG), in: *Bundestag* (Hrsg.), Drucksachen und Plenarprotokolle des Bundestages

Bundestag, Drucksache Nr. 18/1124, Entwurf eines Gesetzes zur Änderung der materiellen Zulässigkeitsvoraussetzungen von ärztlichen Zwangsmaßnahmen und zur Stärkung des Selbstbestimmungsrechts von Betreuten, in: *Bundestag* (Hrsg.), Drucksachen und Plenarprotokolle des Bundestages (zitiert als: *Bundestag,* Drucksache Nr. 18/1124)

Bundestag, Drucksache Nr. 5/3515, in: *Bundestag* (Hrsg.), Drucksachen und Plenarprotokolle des Bundestages

Bundestag, Drucksache Nr. 6/2155, Sozialbericht 1971, in: *Bundestag* (Hrsg.), Drucksachen und Plenarprotokolle des Bundestages (zitiert als: *Bundestag,* Drucksache Nr. 6/2155)

Bundestag, Drucksache Nr. 7/1124, Zwischenbericht der Sachverständigenkommission, in: *Bundestag* (Hrsg.), Drucksachen und Plenarprotokolle des Bundestages

Bundestag, Drucksache Nr. 7/4200, Bericht über die Lage der Psychiatrie in der Bundesrepublik Deutschland, in: *Bundestag* (Hrsg.), Drucksachen und Plenarprotokolle des Bundestages

Bundestag, Drucksache Nr. 8/2788, Beschlußempfehlung und Bericht des Rechtsausschusses (6. Ausschuß) zu dem von den Fraktionen der SPD und FDP eingebrachten Entwurf eines Gesetzes zur Neuregelung des Rechts der elterlichen Sorge, in: *Bundestag* (Hrsg.), Drucksachen und Plenarprotokolle des Bundestages

Bundestag, Stenographische Berichte, 175. Sitzung vom 15.11.1951, in: *Bundestag* (Hrsg.), Drucksachen und Plenarprotokolle des Bundestages

Bürgle, Helmut, Auf dem Weg zu einem neuen Betreuungsrecht, NJW, 1988, S. 1881

Burkhardt, Anika, Das NS-Euthanasie-Unrecht vor den Schranken der Justiz: eine strafrechtliche Analyse, Tübingen, 2015 (zitiert als: *Burkhardt,* Das NS-Euthanasie-Unrecht vor den Schranken der Justiz)

Busch, Sylvia, Die Entstehung der allgemeinen Gerichtsordnung für die Preussischen Staaten von 1793/95, Ein Beitrag zur Geschichte der Kodifikationsbewegung und der Reform des Zivilprozesses in Preußen im 18. Jahrhundert, Frankfurt am Main, 1999 (zitiert als: *Busch,* Die Entstehung der AGO von 1793/95)

Büttner, Ursula, Weimar. Die überforderte Republik 1918–1933, Leistung und Versagen in Staat, Gesellschaft, Wirtschaft und Kultur, Bonn, 2008 (zitiert als: *Büttner,* Die überforderte Republik 1918–1933)

Carrière, Reinhard, Gründe der Überfüllung der Anstalten und Vorschläge zur Abhilfe, – besonders für den Freistaat Sachsen, Allgemeine Zeitschrift für Psychiatrie und psychisch-gerichtliche Medizin, 1931, S. 130

Chmielewski, Alexandra, Auf dem Weg zum Experten. Die Herausbildung des psychiatrischen Berufsstandes in Süddeutschland (1800 bis 1860), in: *Berding, Helmut* (Hrsg.), Kriminalität und abweichendes Verhalten. Deutschland im 18. und 19. Jahrhundert, Göttingen 1999 (zitiert als: *Chmielewski,* Auf dem Weg zum Experten)

Coché, Stefanie, Psychiatrie und Gesellschaft, Psychiatrische Einweisungspraxis im „Dritten Reich", in der DDR und der Bundesrepublik 1941–1963, Göttingen, 2017

Coeppicus, Rolf, Die Betreuung mit dem Aufgabenkreis der Aufenthaltsbestimmung, das Selbstbestimmungsrecht der Betroffenen und ihr Wohl, FamRZ, 1992, S. 741

Cramer, August, Gerichtliche Psychiatrie, Ein Leitfaden für Mediziner und Juristen, 2. Auflage, Jena, 1900

Cramer, August, Irrengesetzgebung, in: *Eulenburg, Albert* (Hrsg.), Real-Encyclopädie der gesamten Heilkunde, Medizinisch-chirurgisches Handwörterbuch für praktische Ärzte; Hypnon – Kondylom, Bd. 7, 4. Auflage, Wien 1909

Creutz, Walter, Gemeingefährlichkeit und polizeiliche Mitwirkung bei der Anstaltsunterbringung Geisteskranker aufgrund der bisherigen und der neuerdings veränderten verwaltungsrechtlichen Lage, Psychiatrisch-neurologische Wochenschrift, 1932, S. 141

Cuntz, Dietmar, Von der Vormundschaft zur gesetzlichen Betreuung, Verfahren im Wandel, Framersheim, 2016

Damerow, Heinrich Philipp August, Über die relative Verbindung der Irren-, Heil- und Pflege-Anstalten, 1. Auflage, Leipzig, 1840

Damerow, Heinrich Philipp August, Zusatz zum Aufsatz von Delbrück, Allgemeine Zeitschrift für Psychiatrie und psychisch-gerichtliche Medizin, 1857, S. 391

Damerow, Heinrich, Irren-Gesetze und Verordnungen in Preussen, Allgemeine Zeitschrift für Psychiatrie und psychisch-gerichtliche Medizin, 1863 (Supplement Nr. 3), S. 1

Daude, Paul, Das Entmündigungsverfahren gegen Geisteskranke und Geistesschwache, Verschwender und Trunksüchtige nach der Reichs-Civilprozessordnung und dem Bürgerlichen Gesetzbuch für das Deutsche Reich, Für Juristen und Ärzte bearbeitet, 2. Auflage, Berlin, 1899 (zitiert als: *Daude*, Das Entmündigungsverfahren)

Delbrück, Ernst Friedrich, Zwei Fälle von Verbrecherwahnsinn nebst einer Epicrise, Allgemeine Zeitschrift für Psychiatrie und psychisch-gerichtliche Medizin, 1857, S. 349

Denkschrift zum Entwurf eines Bürgerlichen Gesetzbuchs nebst drei Anlagen, Berlin, 1896 (zitiert als: Denkschrift zum Entwurf eines Bürgerlichen Gesetzbuchs)

Der Parlamentarische Rat, Ausschuß für Grundsatzfragen, Akten und Protokolle, Boppard am Rhein, 1993

Dernburg, Heinrich/Schultzenstein, Max, Das Vormundschaftsrecht der preußischen Monarchie nach der Vormundschaftsordnung vom 5. Juli 1875, 3. Auflage, Berlin, 1886 (zitiert als: *Dernburg/Schultzenstein,* Das preußische Vormundschaftsrecht)

Diamand, Werner, Vorläufige Vormundschaft und Gebrechlichkeitspflegschaft, Tübingen

Dieckhöfer, Clemens, Frühe Formen der Antipsychiatrie und die Reaktion der Psychiatrie, Medizinhistorisches Journal, 1984, S. 100

Dobrick, Georg, Ketzergedanken eines Psychiaters, Psychiatrisch-neurologische Wochenschrift, 1910, S. 383

Dodegge, Georg, Die Gestaltung der Einweisungspraxis aus der Perspektive eines Unterbringungsrichters, BtPrax, 1998, S. 43

Dodegge, Georg, Wegen des Einsparpotentials bevorzugt – die weitere Reform des Betreuungsrechts, FGPrax, 2004, S. 153

Dodegge, Georg/Roth, Andreas, Systematischer Praxiskommentar Betreuungsrecht, 4. Auflage, Köln, 2014

Dölle, Hans, Familienrecht, Darstellung des deutschen Familienrechts mit rechtsvergleichenden Hinweisen, Karlsruhe, 1965

Dörner, Klaus, Bürger und Irre, Zur Sozialgeschichte und Wissenschaftssoziologie der Psychiatrie, Frankfurt am Main, 1984

Dörner, Klaus, Nationalsozialismus und Lebensvernichtung, Vierteljahrshefte für Zeitgeschichte, 1967, S. 121

Dörner, Klaus, Tödliches Mitleid, Zur Frage der Unerträglichkeit des Lebens oder: die soziale Frage: Entstehung, Medizinisierung, NS-Endlösung heute, morgen, 3. Auflage, Gütersloh, 1993

Dörries, Andrea/Vollmann, Jochen, Medizinische und ethische Probleme der Klassifikation psychischer Störungen. Dargestellt am Beispiel des „Würzburger Schlüssels" von 1933, Fortschritte der Neurologie und Psychiatrie, 1997, S. 550

Dörschner, Dörte, Die Rechtswirkungen der UN-Behindertenrechtskonvention in Deutschland am Beispiel des Rechts auf inklusive Bildung, Münster, 2014 (zitiert als: *Dörschner,* Die Rechtswirkungen der UN-BRK)

Dose, Hans-Joachim, 25 Jahre Betreuungsrecht, Die Entwicklung des deutschen Betreuungs- und Unterbringungsrechts, BtPrax, 2017, S. 6

Drews, Bill, Vom Ausbau der preussischen Verwaltungsgerichtsbarkeit, Zeitschrift für die gesamte Staatswissenschaft, 1924, S. 586

Dumont, Franz, Unter dem Hakenkreuz, Mainzer Medizin im Nationalsozialismus, in: *Dumont, Franz* (Hrsg.), Moguntia medica, Vom Mittelalter bis ins 20. Jahrhundert, Wiesbaden 2002 (Das medizinische Mainz)

Dunz, Walter, Grundrecht und Bevormundung, JZ, 1960, S. 475

Düsing, Carl, Künstlicher Irrsinn. Eine Warnung vor Irrenanstalten, 1. Auflage, Leipzig, 1894 (zitiert als: *Düsing*, Künstlicher Irrsinn)

Ebbinghaus, Angelika, Helene Wessel und die Verwahrung, in: *Ebbinghaus, Angelika* (Hrsg.), Opfer und Täterinnen, Frauenbiographien des Nationalsozialismus, 2. Auflage, Frankfurt am Main 1996

Ebbinghaus, Angelika, Strategien der Verteidigung, in: *Ebbinghaus, Angelika/-Dörner, Klaus* (Hrsg.), Vernichten und heilen, Der Nürnberger Ärzteprozeß und seine Folgen, 1. Auflage, Berlin 2001

Ebermayer, Ludwig/Philipsborn, Alexander, Krankenhausrecht einschließlich Arzt- und Heilmittelrecht, Berlin, 1932 (zitiert als: *Ebermayer/Philipsborn*, Krankenhausrecht)

Eggeling, Wolfram/Hartmann, Anne, Sowjetische Präsenz im kulturellen Leben der SBZ und frühen DDR 1945–1953, München, 2009 (zitiert als: *Eggeling/Hartmann*, Sowjetische Präsenz)

Eichmüller, Andreas, Die strafrechtliche Verfolgung von NS-Verbrechen und die Öffentlichkeit in der frühen Bundesrepublik Deutschland 1949–1958, in: *Osterloh, Jörg/Vollnhals, Clemens* (Hrsg.), NS-Prozesse und deutsche Öffentlichkeit, Besatzungszeit, frühe Bundesrepublik und DDR, 1. Auflage, Göttingen 2014 (zitiert als: *Eichmüller*, Die strafrechtliche Verfolgung von NS-Verbrechen und die Öffentlichkeit in der frühen BRD)

Eikelmann, Bernd, Tagesklinische Behandlung in der Psychiatrie, Nervenarzt, 2010, S. 355

Eiserhardt, Hilde, Ziele eines Bewahrungsgesetzes, Frankfurt am Main, 1929

Endemann, Friedrich, Lehrbuch des Bürgerlichen Rechts, Einführung in das Studium des Bürgerlichen Gesetzbuchs, 6. Auflage, Berlin, 1900

Endres, Rudolf, Das Ende des fränkischen Reichskreises, in: *Spindler, Max/-Kraus, Andreas/Schmid, Alois* (Hrsg.), Handbuch der bayerischen Geschichte, Geschichte Frankens bis zum Ausgang des 18. Jahrhunderts, Bd. 1, 3. Auflage, München 1997

Enge, Johannes, Erfolge psychiatrischer Aufklärungsarbeit, Psychiatrisch-neurologische Wochenschrift, 1932, S. 307

Engelhardt, Ulrich, Zum Begriff der Glückseligkeit in der kameralistischen Staatslehre des 18. Jahrhunderts, Zeitschrift für historische Forschung, 1981, S. 37

Engelmann, Theodor, Zur Reform des Irrenrechts, Ein Vortrag gehalten in der juristischen Gesellschaft München am 16. März 1894, München, 1894

Engisch, Karl/Würtenberger, Thomas, Einführung in das juristische Denken, 10. Auflage, Stuttgart, 2005

Engstrom, Eric, Zur Geschichte der Psychiatriekritik im 19. Jahrhundert. In: Themenportal Europäische Geschichte, 2011, abrufbar im Internet: <http://www.europa.clio-online.de/2011/Article=507> (Stand: 24.11.2015)

Erhardt, Helmut/Villinger, Werner, Forensische und administrative Psychiatrie, in: *Gruhle, Hans/Jung, Richard, Mayer-Gross, Wilhelm/Müller, M.* (Hrsg.), Soziale und angewandte Psychiatrie, Bd. 3, Berlin, Heidelberg 1961

Erlenmeyer, Albrecht, Die Irrenanstalten im preussischen Staate während der Jahre 1880 bis 1885, Zentralblatt für Nervenheilkunde und Psychiatrie, 1890, S. 34

Erlenmeyer, Albrecht, Unser Irrenwesen, Studien und Vorschläge zu seiner Reorganisation, Wiesbaden, 1896

Erman, Walter/Westermann, Harm Peter u. a. (Hrsg.), Erman, Bürgerliches Gesetzbuch, Handkommentar mit AGG, EGBGB (Auszug), ErbbauRG, LPartG, ProdHaftG, VBVG, VersAusglG und WEG, 15. Auflage, Köln, 2017 (zitiert als: *Bearbeiter,* Erman, BGB)

Eulenberg, Hermann/Horn, Wilhelm von, Das Medicinalwesen in Preussen, Nach amtlichen Quellen, 3. Auflage, Berlin, 1874

Fabian, Josef, Zur Frage der Sicherungsmaßnahmen gegen geisteskranke, gemeingefährliche Rechtsbrecher nach dem bisher geltenden Recht und nach dem Reichsgesetz gegen gefährliche Gewohnheitsverbrecher und über Maßregeln der Besserung und Sicherung vom 24.11.1933, Breslau, 1934 (zitiert als: *Fabian,* Sicherungsmaßnahmen gegen geisteskranke, gemeingefährliche Rechtsbrecher)

Faulstich, Heinz, Die Anstaltspsychiatrie unter den Bedingungen der „Zusammenbruchgesellschaft", in: *Kersting, Franz-Werner* (Hrsg.), Psychiatriereform als Gesellschaftsreform, Die Hypothek des Nationalsozialismus und der Aufbruch der sechziger Jahre, Paderborn 2003

Faulstich, Heinz, Hungersterben in der Psychiatrie 1914–1949, Mit einer Topographie der NS-Psychiatrie, Freiburg, 1998 (zitiert als: *Faulstich,* Hungersterben in der Psychiatrie)

Faulstich, Heinz, Von der Irrenfürsorge zur „Euthanasie", Geschichte der badischen Psychiatrie bis 1945, Freiburg im Breisgau, 1993

Feger, Gabriele, Die Geschichte des „Psychiatrischen Vereins zu Berlin" 1889–1920

Ferdinand, Ursula, Der „faustische Schulterschluss" in der Sozialhygiene Alfred Grotjahns (1869–1931): Soziale Hygiene und ihre Beziehungen zur Eugenik und Demographie, Beitrag zur Tagung „Wie nationalsozialistisch ist die Eugenik?", Basel (zitiert als: *Ferdinand,* Der „faustische Schulterschluss" in der Sozialhygiene Alfred Grotjahns (1869–1931): Soziale Hygiene und ihre Beziehungen zur Eugenik und Demographie)

Fetscher, Rainer, Die Sterilisierung aus eugenischen Gründen, Zeitschrift für die gesamte Strafrechtswissenschaft, 1932, S. 404

Finger, Jasmin Daniela, Homophobie und Strafrecht, Dissertation, Berlin

Fischer, Alfons, Neue Fragestellungen auf dem Gebiete der Hygiene, Berlin, 1918

Fischer, Frank, Irrenhäuser, Kranke klagen an, München, 1969

Fischer, Gisela, Die geschichtliche Entwicklung des Schutzes der Gemeinschaft vor dem gemeingefährlichen Geisteskranken, Zeulenroda, 1935 (zitiert als: *Fischer,* Schutz der Gemeinschaft)

Fischer, Lothar/Mann, Horst, Die Natur der Rechtsbeziehungen zwischen Psychiatrischen Landeskrankenhäusern und ihren Patienten, NJW, 1992, S. 1539

Fischer, Max, Das Aufnahmeverfahren für Geisteskranke, Allgemeine Zeitschrift für Psychiatrie und psychisch-gerichtliche Medizin, 1933, S. 120

Fischer, Max, Gesundheitsaufsicht bei Geisteskranken außerhalb der Anstalten, Halbmonatsschrift für soziale Hygiene, 1913, S. 333

Fleiner, Fritz, Institutionen des Deutschen Verwaltungsrechts, 3. Auflage, Tübingen, 1913

Florsdorf, Peter, Der Behinderte und die Gesellschaft, Caritas, 1970, S. 94

Forsbach, Ralf, Die 68er und die Medizin, Gesundheitspolitik und Patientenverhalten in der Bundesrepublik Deutschland (1960–2010), Göttingen, 2011

Förster, Franz, Theorie und Praxis des heutigen gemeinen preussischen Privatrechts auf der Grundlage des gemeinen deutschen Rechts, 3. Auflage, Berlin, 1874 (zitiert als: *Förster,* Preussisches Privatrecht)

Foucault, Michel, Wahnsinn und Gesellschaft, Eine Geschichte des Wahns im Zeitalter der Vernunft, 10. Auflage, Frankfurt am Main, 1993

Franke, Wolfgang, Die Maßgeblichkeit des Willens gesetzlicher Vertreter bei Anstaltsunterbringungen, NJW, 1962, S. 1755

Franke, Wolfgang, Grundlagen der Anstaltsunterbringung Psychischkranker in verfassungs-, privat- und verwaltungsrechtlicher Sicht, NJW, 1960, S. 1369

Franke, Wolfgang, Richter und Arzt im Unterbringungsrecht, NJW, 1961, S. 955

Franzki, Harald, Der Sachverständige – Diener oder Herr des Richters?, DRiZ, 1991, S. 314

Freimüller, Tobias, Wie eine Flaschenpost, Alexander Mitscherlichs Dokumentation des Nürnberger Ärzteprozesses, Zeithistorische Forschungen, 2010, S. 145

Frese, Ludwig, Der Querulant und seine Entmündigung, in: *Finger, August/Hoche, Alfred/Bresler, Johannes* (Hrsg.), Juristisch-psychiatrische Grenzfragen, Halle a. S. 1903–1919

Friedländer, Erich, Eine Gefahr für die Deutsche Irrenfürsorge, Allgemeine Zeitschrift für Psychiatrie und psychisch-gerichtliche Medizin, 1930, S. 194

Friedländer, Hugo, Interessante Kriminal-Prozesse von kulturhistorischer Bedeutung, Darstellung merkwürdiger Strafrechtsfälle aus Gegenwart und jüngster Vergangenheit; nach eigenen Erlebnissen, Berlin, 1911

Fröschle, Tobias, Studienbuch Betreuungsrecht, Rechtliche Grundlagen; Fälle mit Lösungen, 3. Auflage, Köln, 2013

Fuchs, August, Das Deutsche Vormundschaftsrecht unter Gegenüberstellung des preußischen Vormundschaftsrechts und unter bes. Ber. des Gesetzes über die Angelegenheiten der freiwilligen Gerichtsbarkeit, Berlin, 1899 (zitiert als: *Fuchs*, Das Deutsche Vormundschaftsrecht)

Gerl, Bruno, Bewahrungsbedürftige Verwahrloste im Sinne des künftigen Bewahrungsgesetzes, Deutsche Juristen-Zeitung, 1935, S. 1274

Gernhuber, Joachim, Lehrbuch des Familienrechts, 3. Auflage, München, 1980

Geulen, Christian, Geschichte des Rassismus, München, 2007

Geyer, Dietrich, Trübsinn und Raserei, Die Anfänge der Psychiatrie in Deutschland, München, 2014

Gmür, Rudolf/Roth, Andreas, Grundriss der deutschen Rechtsgeschichte, 14. Auflage, München, 2014

Goddemeier, Christof, Wahnsinn ist keine Krankheit, Deutsches Ärzteblatt, 2011, S. 1734

Gödicke, Patrick, Gesetzliche Vertretungsmacht für nahe Angehörige?, FamRZ, 2003, S. 1894

Goldberg, Ann, A Reinvented Public: 'Lunatics' Rights' and Bourgeois Populism in the Kaiserreich, German History, 2003, S. 159

Göppinger, Horst, Die vorläufige Anordnung im Verfahren der freiwilligen Gerichtsbarkeit unter Berücksichtigung anderer Verfahrensordnungen, – mit Betrachtungen de lege ferenda, ACP, 1969, S. 513

Gräff, Heinrich, Sammlung sämmtlicher Verordnungen, welche bis Ende 1833 in den von Kamptz'schen Jahrbüchern für Preußische Gesetzgebung enthalten sind, Nach den Materien zusammengestellt, Enthaltend die zur Erläuterung des Allgemeinen Gerichts-Ordnung erschienenen Verordnungen, Berlin, Breslau, 1830 (zitiert als: *Gräff,* Sammlung sämmtlicher Verordnungen)

Grengel, Martin, Zwangsmaßnahmen des Betreuers, Eine fallgruppenbezogene Untersuchung ihrer Rechtfertigung, Hamburg, 2009

Griebl, Ludwig, Die Behandlung von Verschwendern und Geisteskranken im frühneuzeitlichen Territorialstaat (1495–1806), Eine Darstellung der privatrechtlichen und policeylichen Maßnahmen im Kurfürstentum Mainz und Herzogtum Württemberg, Hamburg, 2010 (zitiert als: *Griebl,* Die Behandlung von Verschwendern und Geisteskranken)

Griesinger, Wilhelm, Die Pathologie und Therapie der psychischen Krankheiten, 2. Auflage, Stuttgart, 1861

Griesinger, Wilhelm, Ueber Irrenanstalten und deren Weiterentwicklung in Deutschland, Archiv für Psychiatrie und Nervenkrankheiten, 1868/1869, S. 8

Grimm, Dieter, Öffentliches Recht II (seit 1750), in: *Erler, Adalbert/Stammler, Wolfgang* (Hrsg.), Handwörterbuch zur deutschen Rechtsgeschichte, List – Protonotar, Bd. 3, 1. Auflage, Berlin 1984

Grode, Walter, Die „Sonderbehandlung 14f13“ in den Konzentrationslagern des Dritten Reiches, Ein Beitrag zur Dynamik faschistischer Vernichtungspolitik, Frankfurt am Main, 1987 (zitiert als: *Grode,* Die „Sonderbehandlung 14f13“)

Grotjahn, Alfred, Krankenhauswesen und Heilstättenbewegung im Lichte der sozialen Hygiene, Leipzig, 1908 (zitiert als: *Grotjahn,* Krankenhauswesen und Heilstättenbewegung)

Gruner, Wolf, Öffentliche Wohlfahrt und Judenverfolgung, Wechselwirkungen lokaler und zentraler Politik im NS-Staat (1933–1942), München, 2002

Gsell, Beate/Krüger, Wolfgang u. a. (Hrsg.), beck-online.GROSSKOMMENTAR, München, 2018 (zitiert als: *Bearbeiter,* BeckOGK, BGB)

Güse, Hans-Georg/Schmacke, Norbert, Psychiatrie zwischen bürgerlicher Revolution und Faschismus, 1. Auflage, Kronberg, 1976

Gütt, Arthur, Der Aufbau des Gesundheitswesens im Dritten Reich, 3. Auflage, Berlin, 1937

Guyton, Patrick, Wie Gustl Mollath eine Straftat aufklärte und in der Psychiatrie landete, abrufbar im Internet: <http://www.zeit.de/gesellschaft/zeitgeschehen/2012-11/gustl-mollath-psychiatrie-wahn-hypovereinsbank> (Stand: 06.08.2014)

Haffner, Sebastian, Anmerkungen zu Hitler, 2. Auflage, München, 1978

Hähnchen, Susanne, Rechtsgeschichte, Von der Römischen Antike bis zur Neuzeit, 4. Auflage, Heidelberg, 2012

Hanrath, Sabine, Strukturkrise und Reformbeginn, Die Anstaltspsychiatrie in der DDR und der Bundesrepublik bis zu den 60er Jahren, in: *Kersting, Franz-Werner* (Hrsg.), Psychiatriereform als Gesellschaftsreform, Die Hypothek des Nationalsozialismus und der Aufbruch der sechziger Jahre, Paderborn 2003

Hanrath, Sabine, Zwischen „Euthanasie" und Psychiatriereform, Anstaltspsychiatrie in Westfalen und Brandenburg. Ein deutsch-deutscher Vergleich (1945–1964) (= Forschungen zur Regionalgeschichte, Paderborn/Bielefeld, 2002)

Hans, Wilhelm, Zur Kontrolle der Briefe von Geistes- und Suchtkranken, die in Heil- und Erziehungsanstalten untergebracht sind, DÖV, 1963, S. 256

Hardeland, Adolf, Die Behandlung der Geisteskranken im Privatrecht, in: *Regelsberger, Ferdinand/Ehrenberg, Victor* (Hrsg.), Iherings Jahrbücher für die Dogmatik des heutigen römischen und deutschen Privatrechts, Bd. 37, Jena 1897

Hartmann, Gunther, Die Entmündigung als Mittel der Verbrechensverhütung, Unter besonderer Berücksichtigung ihres Verhältnisses zu den übrigen Sicherungsmaßregeln des neuen Staats, Bonn, 1937

Hattenhauer, Hans, Allgemeines Landrecht für die preußischen Staaten von 1794, Textausgabe mit einer Einführung von Hans Hattenhauer, 2. Auflage, Neuwied, 1994 (zitiert als: *Hattenhauer*, Das ALR von 1794)

Hehl, Ulrich von, Nationalsozialistische Herrschaft, 2. Auflage, München, 2001

Heinrich, Vorname unbek., Denkschrift über den gegenwärtigen Zustand der Irrenpflege in der Provinz Preußen, mit besonderer Berücksichtigung des Planes der neu zu bauenden Anstalten in Peterswalde und Schwetz, Allgemeine Zeitschrift für Psychiatrie und psychisch-gerichtliche Medizin, 1848, S. 397

Helle, Jürgen, Zwangsbefugnisse des Vormundes Erwachsener, FamRZ, 1984, S. 639

Hellfeld, Matthias von, Das lange 19. Jahrhundert, Zwischen Revolution und Krieg 1776–1914, Bonn, 2015

Henckel, Wolfram, Gedanken zur Entstehung und Geschichte der Zivilprozeßordnung, in: *Baltzer, Johannes* (Hrsg.), Gedächtnisschrift für Rudolf Bruns, München 1980

Henke, Wilhelm, Freiheitsentziehung durch den Pfleger?, Art. 104 GG und die Anstaltsunterbringung durch den gesetzlichen Vertreter, FamRZ, 1959, S. 7

Henneberg, Richard, Zur Irrengesetzgebung, Monatsschrift für Psychiatrie und Neurologie, 1919, S. 121

Hess, Eduard, Einige Mittheilungen über die Behandlung der Geisteskranken bis zu ihrer Aufnahme in die Anstalt, Allgemeine Zeitschrift für Psychiatrie und psychisch-gerichtliche Medizin, 1898, S. 694

Hesse, Arnold, Die Vormundschafts-Ordnung vom 5. Juli 1875 und die darauf bezüglichen Gesetze, Vom 12. Juli 1875, betreffend die Geschäftsfähigkeit Minderjähriger; vom 13. März 1878, betreffend die Unterbringung verwahrloster Kinder; vom 21. Juli 1875, betreffend die Kosten, Stempel und Gebühren in Vormundschaftssachen, nebst Auszug aus dem Gesetze vom 10. Mai 1851; Hinterlegungsordnung vom 14. März 1879, Berlin, 1879 (zitiert als: *Hesse,* Die Vormundschafts-Ordnung)

Heyde, Vorname unbek. von der, Repertorium der Polizeigesetze und Verordnungen in den Königlich Preußischen Staaten, Ein Handbuch für die mit der Polizeiverwaltung beauftragten Beamten, welches die in den Edicten-Sammlungen, den Gesetzsammlungen, den Jahrbüchern für die Preußische Gesetzgebung, den Annalen der innern Preuß. Staatsverwaltung, in Stengels Beiträgen zur Justizverfassung, in dem allgemeinen Landrechte, der Criminal- und Gerichtsordnung, den Amtsblättern sämmtlicher Königlicher Regierungen, so wie in dem Repertorium der Berliner Polizeigesetze aufgenommenen Verordnungen in einer systematischen Zusammenstellung enthält, Halle, 1819 (zitiert als: *Heyde,* Repertorium der Polizeigesetze und Verordnungen)

Hildebrandt, Helmut, Offene Fürsorge und psychische Hygiene in der Weimarer Republik, Die zwei Gesichter eines sozialpsychiatrischen Versuchs, Psychologie und Gesellschaftskritik, 1986, S. 7

Hockerts, Hans Günter, Der deutsche Sozialstaat, Entfaltung und Gefährdung seit 1945, 1. Auflage, Göttingen, 2011

Hoffarth, Josef, Die gemeingefährlichen Geisteskranken, Nach den Entscheidungen des Bundesamtes für das Heimatwesen und des preußischen Oberverwaltungsgerichts, Schönebeck a.E./Gießen, 1915

Hoffmann, Birgit, Freiheitsentziehende Unterbringung von Kindern und Jugendlichen, Rechtslage nach Neufassung des § 1631 b BGB und Inkrafttreten des FamFG, R&P, 2009, S. 121

Hoffmann, Herrmann, Der Psychiater und die neue Zeit, Zeitschrift für psychische Hygiene, 1933, S. 161

Hölder, Eduard/Schollmeyer, Friedrich (Hrsg.), Kommentar zum Bürgerlichen Gesetzbuch vom 18. August 1896 nebst dem Einführungsgesetze, Vierter Band: Familienrecht, München, 1909 (zitiert als: *Bearbeiter,* Hölder, BGB)

Holzhauer, Heinz, Gutachten B für den 57. Deutschen Juristentag, Juristisches Teilgutachten, in: *Ständige Deputation des Deutschen Juristentages* (Hrsg.), Empfiehlt es sich, das Entmündigungsrecht, das Recht der Vormundschaft und der Pflegschaft über Erwachsene sowie das Unterbringungsrecht neu zu ordnen?, München 1988 (zitiert als: *Holzhauer,* Gutachten B für den 57. DJT)

Horn, Ernst, Öffentliche Rechenschaft über meine zwölfjährige Dienstführung als zweiter Arzt des Königl. Charité-Krankenhauses zu Berlin nebst

Erfahrungen über Krankenhäuser und Irrenanstalten, Berlin, 1818 (zitiert als: *Horn,* Öffentliche Rechenschaft über meine zwölfjährige Dienstführung)

Hufen, Friedhelm, Verwaltungsprozessrecht, 7. Auflage, München, 2008

Husen, Eva van, Freiheitsentziehende Maßnahmen im Rahmen der rechtlichen Betreuung, Remscheid, 2012 (zitiert als: *Husen,* Freiheitsentziehende Maßnahmen)

Ibler, Martin, Rechtspflegender Rechtsschutz im Verwaltungsrecht, Zur Kontrolldichte bei wertenden Behördenentscheidungen; vom Preußischen Oberverwaltungsgericht bis zum modernen Gerichtsschutz im Prüfungsrecht, Tübingen, 1999 (zitiert als: *Ibler,* Rechtsschutz im Verwaltungsrecht)

Jacobs, Holger, Freiheitsentziehende Maßnahmen nach § 1904 Abs. 4 BGB, Auslegungsprobleme und gesetzgeberischer Nachbesserungsbedarf, Der Jurist, 2012, S. 18

Jahrmärker, Maximilian, Zur Praxis der Entmündigung wegen Geisteskrankheit und Geistesschwäche, in: *Wedemeyer, Werner/Jahrmärker, Maximilian* (Hrsg.), Zur Praxis der Entmündigung wegen Geisteskrankheit und Geistesschwäche, 1. Fragestellung für Entmündigungsgutachten; 2. Pflegschaft über entmündigungsreife Geisteskranke, Marburg 1908

Janz, Hans-Werner, Stellungnahme zu dem Entwurf des Bundesgesetzes über das gerichtliche Verfahren bei Freiheitsentziehungen und Freiheitsbeschränkungen, Der Nervenarzt, 1952, S. 191

Jaspers, Karl, Allgemeine Psychopathologie, 5. Auflage, Berlin, 1948

Jeromin, Curt/Kirchberg, Christian, Das Mandat im Staatshaftungsrecht, in: *Johlen, Heribert/Bender, Dominik* (Hrsg.), Münchener Anwaltshandbuch Verwaltungsrecht, 3. Auflage, München 2012

Jetter, Dieter, Grundzüge der Geschichte des Irrenhauses, 1. Auflage, Darmstadt, 1981

Jetter, Dieter, Zur Typologie des Irrenhauses in Frankreich und Deutschland, (1780–1840), Wiesbaden, 1971 (zitiert als: *Jetter,* Zur Typologie des Irrenhauses)

Joachim, Heinrich/Korn, Alfred, Deutsches Ärzterecht mit Einschluß der landesgesetzlichen Bestimmungen, Handbuch für Ärzte u. Juristen, Berlin, 1911 (zitiert als: *Joachim/Korn,* Deutsches Ärzterecht)

Jordan, Benedikt/Gresser, Ursula, Wie unabhängig sind Gutachter?, Der Sachverständige, 2014, S. 71

Jurgeleit, Andreas/Bucic, Roberto (Hrsg.), Betreuungsrecht, Handkommentar, 3. Auflage, Baden-Baden, 2013 (zitiert als: *Bearbeiter,* Betreuungsrecht, BGB)

Jürgens, Andreas/Crailsheim, Guido von (Hrsg.), Betreuungsrecht, Kommentar, 5. Auflage, München, 2014 (zitiert als: *Bearbeiter,* Betreuungsrecht, BGB)

Jürgens, Andreas/Kröger, Detlef/Marschner, Rolf/Winterstein, Peter, Das neue Betreuungsrecht, Eine systematische Darstellung des seit dem 1. Januar 1992 geltenden Betreuungsrechts, 2. Auflage, München, 1992

Justi, Johann Heinrich Gottlob von, Grundsätze der Policeywissenschaft, In einem vernünftigen, auf den Endzweck der Policey gegründeten, Zusammenhange und zum Gebrauch Academischer Vorlesungen abgefasset, 3. Auflage, Göttingen, 1782

Kammeier, Heinz, Maßregelrecht, Kriminalpolitik, Normgenese und systematische Struktur einer schuldunabhängigen Gefahrenabwehr, Berlin, 1996

Kämpfer, Margot, Die historische Entwicklung der Unterbringung von Geisteskranken, Inauguraldissertation, Berlin, 1970 (zitiert als: *Kämpfer,* Entwicklung der Unterbringung von Geisteskranken)

Kannowski, Bernd, Altersstufen, in: *Cordes, Albrecht/Lück, Heiner/Werlmüller Dieter/Schmidt-Wiegand, Ruth* (Hrsg.), Handwörterbuch zur deutschen Rechtsgeschichte, Aachen – Geistliche Bank, Bd. 1, 2. Auflage, Berlin 2008

Kargl, Walter, Die Jurisprudenz der Geisteskrankheit:, Zur juristisch-psychiatrischen „Kooperation" im Unterbringungsverfahren, Leviathan, 1977, S. 301

Karst, Judith, Der Fiskus im liberalen Rechtsstaat, Berlin/Münster, 2016

Kaufmann, Doris, „Irre und Wahnsinnige", Zum Problem der sozialen Ausgrenzung von Geisteskranken in der ländlichen Gesellschaft des frühen 19. Jahrhunderts, in: *van Dülmen, Richard* (Hrsg.), Verbrechen, Strafen und soziale Kontrolle, Studien zur historischen Kulturforschung, 1. Auflage, Frankfurt am Main 1990

Kaufmann, Doris, Aufklärung, bürgerliche Selbsterfahrung und die „Erfindung" der Psychiatrie in Deutschland, 1770–1850, Göttingen, 1995 (zitiert als: *Kaufmann,* Psychiatrie in Deutschland 1770–1850)

Keller, Vorname unbek., Verwaltungsgerichtsbarkeit, in: *Erler, Adalbert/-Kaufmann, Ekkehard* (Hrsg.), Handwörterbuch zur deutschen Rechtsgeschichte, Straftheorie – Zychta, Bd. 5, 1. Auflage 1998

Kerstiens, Christian, Zur Kritik des Preußischen Polizeiverwaltungsgesetzes, Reichsverwaltungsblatt und Preußisches Verwaltungsblatt, 1933, S. 181

Kersting, Franz-Werner, Anstaltsärzte zwischen Kaiserreich und Bundesrepublik, Das Beispiel Westfalen, Paderborn, 1996

Kinder, Hermann/Hilgemann, Werner, Dtv-Atlas Weltgeschichte, 36. Auflage, München, 2003

Kirchhoff, Theodor, Geschichte der Psychiatrie, 1. Auflage, Leipzig, 1912

Kirchhoff, Theodor, Grundriss einer Geschichte der deutschen Irrenpflege, Berlin, 1890

Klaeden, Sandra von, Das Recht der Verwahrung und Unterbringung am Beispiel der „Irrengesetzgebung" zwischen 1794 und 1945, Frankfurt am Main (zitiert als: *Klaeden,* Das Recht der Verwahrung und Unterbringung)

Klee, Ernst, „Euthanasie" im Dritten Reich, Die „Vernichtung lebensunwerten Lebens", Frankfurt am Main, 2010

Klie, Thomas, ReduFix ambulant, Freiheitseinschränkende und -entziehende Maßnahmen in der häuslichen Pflege, BtPrax, 2011, S. 154

Knittel, Bernhard (Hrsg.), Betreuungsgesetz, Gesetz zur Reform des Rechts der Vormundschaft und Pflegschaft für Volljährige, Kommentar, 1993 (zitiert als: *Bearbeiter,* Betreuungsgesetz, BGB)

Koch, Hans-Jörg, Die Zusammenarbeit zwischen Richter und ärztlichem Sachverständigen im Unterbringungsverfahren, NJW, 1974, S. 595

Kocka, Jürgen, Das lange 19. Jahrhundert, Arbeit, Nation und bürgerliche Gesellschaft, 10. Auflage, Stuttgart, 2001

Köhler, Ernst, Die Exilierten, Michel Foucault über Geisteskranke und bürgerliche Gesellschaft, Die ZEIT v. 10.04.1970, S. 75

Kolb, Eberhard, Deutschland 1918–1933, Eine Geschichte der Weimarer Republik, München, 2010 (zitiert als: *Kolb,* Geschichte der Weimarer Republik)

Kolb, Gustav, Die Familienpflege, unter besonderer Berücksichtigung der bayrischen Verhältnisse, Zeitschrift für die gesamte Neurologie und Psychiatrie, 1911, S. 273

König, Ruth, Vereinbarkeit der Zwangsunterbringung nach § 1906 BGB mit der UN-Behindertenrechtskonvention?, BtPrax, 2009, S. 105

Königlich Statistisches Bureau in Berlin, Preussische Statistik (Amtliches Quellenwerk), Die Irrenanstalten im preussischen Staate während der Jahre 1880 bis 1885, Berlin, 1890 (zitiert als: *Königlich Statistisches Bureau in Berlin,* Preussische Statistik)

Konrad, Katharina, Die zivilrechtliche Unterbringung Volljähriger im Vergleich zur öffentlich-rechtlichen Unterbringung, Münster, 1999 (zitiert als: *Konrad,* Die zivilrechtliche Unterbringung)

Kopp, Ferdinand./Schenke, Wolf-Rüdiger u. a. (Hrsg.), Verwaltungsgerichtsordnung, Kommentar, 20. Auflage, München, 2014 (zitiert als: *Bearbeiter,* Kopp/Schenke, VwGO)

Kornfeld, Hermann, Criterien der geistigen Gesundheit, Friedreichs Blätter für gerichtliche Medizin und Sanitätspolizei, 1877, S. 3

Koschwitz, Jürgen, Die kurzfristige polizeiliche Freiheitsentziehung, Freiheitsentziehung durch die Vollzugspolizei der Länder und den Bundesgrenzschutz unter besonderer Berücksichtigung des Artikels 5 der Menschenrechtskonvention, Berlin, 1969

Kraepelin, Emil, Hundert Jahre Psychiatrie, Ein Beitrag zur Geschichte menschlicher Gesittung, Berlin, 1918

Kraepelin, Emil, Psychiatrie, Ein Lehrbuch für Studierende und Aerzte, 5. Auflage, Leipzig, 1896

Kraepelin, Emil, Zur Entartungsfrage, Zeitschrift für die gesamte Neurologie und Psychiatrie, 1908, S. 745

Krafft-Ebing, Richard von, Über den sogenannten Querulantenwahnsinn, Allgemeine Zeitschrift für Psychiatrie und psychisch- gerichtliche Medicin, 1879, S. 395

Krösche, Heike, Abseits der Vergangenheit, Das Interesse der deutschen Nachkriegsöffentlichkeit am Nürnberger Prozess gegen die Hauptkriegsverbrecher 1945/46, in: *Osterloh, Jörg/Vollnhals, Clemens* (Hrsg.), NS-Prozesse und deutsche Öffentlichkeit, Besatzungszeit, frühe Bundesrepublik und DDR, 1. Auflage, Göttingen 2014

Kuhlenbeck, Ludwig (Hrsg.), BGB, Nebst dem Einführungsgesetze, 2. Auflage, Berlin, 1903 (zitiert als: *Bearbeiter,* BGB)

Kulenkampff, Caspar, Die Versorgung des psychisch Kranken, in: *Lauter, Hans/ Meyer, Joachim-Ernst* (Hrsg.), Der psychisch Kranke und die Gesellschaft, Tagung der Evangelischen Akademie Loccum, Oktober 1970, Stuttgart 1971

Kulenkampff, Caspar, Wie schlecht ist die Krankenhauspsychiatrie in diesem Lande?, Bemerkungen zu dem Buch von Frank Fischer: „Irrenhäuser. Kranke klagen an"., Der Nervenarzt, 1970, S. 150

Küster, Thomas/Kersting, Franz-Werner, Quellen zur Geschichte der Anstaltspsychiatrie in Westfalen, 1914–1955, München, 2004 (zitiert als: *Küster/Kersting,* Quellen zur Geschichte der Anstaltspsychiatrie)

Labisch, Alfons/Tennstedt, Florian, Der Weg zum „Gesetz über die Vereinheitlichung des Gesundheitswesens" vom 3. Juli 1934, Entwicklungslinien und -momente des staatlichen und kommunalen Gesundheitswesens in Deutschland, Düsseldorf, (1985) (zitiert als: *Labisch/Tennstedt,* Weg zum „Gesetz über die Vereinheitlichung des Gesundheitswesens")

Labisch, Alfons/Tennstedt, Florian, Die Allgemeinen Krankenhäuser der Städte und der Religionsgemeinschaften Ende des 19. Jahrhunderts, – Statistische und juristische Anmerkungen am Beispiel Preußens (1877–1903), in: *Labisch, Alfons* (Hrsg.), „Einem jeden Kranken in einem Hospitale sein eigenes Bett",

Zur Sozialgeschichte des Allgemeinen Krankenhauses in Deutschland im 19. Jahrhundert, Frankfurt 1996

Laehr, Heinrich, Über Irrsein und Irrenanstalten, Für Aerzte und Laien, Halle, 1852

Lahrkamp, Beatrix, Zur Auseinandersetzung zwischen katholischer Kirche und Nationalsozialismus, Westfälische Zeitschrift, 1986, S. 111

Lamberz, Markus, Die Unterbringung psychisch Kranker, Das Verhältnis der Unterbringung nach dem PsychKG NRW zu anderen Unterbringungsmaßnahmen, Stuttgart, 2013

Landarer, Heinrich, 12 Thesen über Gründung von Irrencolonien, aufgrund 15-jähriger Erfahrungen der Colonie Freihof aufgestellt, Allgemeine Zeitschrift für Psychiatrie und psychisch-gerichtliche Medizin, 1883, S. 84

Langermann, Johann Gottfried, Dissertatio Inauguralis Medica De Methodo Cognoscendi Curandique Animi Morbos Stabilienda, Jena, 1797 (zitiert als: *Langermann*, De Methodo Cognoscendi Curandique Animi Morbos Stabilienda)

Leibbrand, Werner, Romantische Medizin, Hamburg, 1937

Leibbrandt-Wettley, Annemarie, Die Stellung des Geisteskranken in der Gesellschaft des 19. Jahrhunderts, in: *Artelt, Walter* (Hrsg.), Der Arzt und der Kranke in der Gesellschaft des 19. Jahrhunderts, Vorträge eines Symposiums vom 1.–3.4.1963 in Frankfurt am Main, Bd. 1, Stuttgart 1967 (zitiert als: *Leibbrandt-Wettley*, Die Stellung des Geisteskranken)

Leidesdorf, Maximilian, Lehrbuch der psychischen Krankheiten, 2. Auflage, Erlangen, 1865

Leisner, Walter, Unterscheidung zwischen privatem und öffentlichem Recht, JZ, 2006, S. 869

Lennertz, Anne, Die Reaktion der Bevölkerung auf die Veröffentlichung des Berichts von Frank Fischer in einer Tageszeitung, in: *Lauter, Hans/Meyer, Joachim-Ernst* (Hrsg.), Der psychisch Kranke und die Gesellschaft, Tagung der Evangelischen Akademie Loccum, Oktober 1970, Stuttgart 1971 (zitiert als: *Lennertz*, Die Reaktion der Bevölkerung)

Levis, Otto, Die Entmündigung Geisteskranker, Das Entmündigungs-Beschlussverfahren gegen Geisteskranke und Geistesschwache; nach dem Bürgerlichen Gesetzbuche und der Zivil-Prozess-Ordnung, Leipzig, 1901

Lewald, Max, Sonderanstalten und Fürsorge für Geisteskranke, in: *Liebe, Georg* (Hrsg.), Handbuch der Krankenversorgung und Krankenpflege, Bd. 1, Berlin 1899

Lilienthal, Georg, Patienten aus Mainz als Opfer der NS-„Euthanasie“, in: *Dumont, Franz* (Hrsg.), Moguntia medica, Vom Mittelalter bis ins 20. Jahrhundert, Wiesbaden 2002 (Das medizinische Mainz)

Lindner, Ulrike, Chronische Gesundheitsprobleme, Das deutsche Gesundheitssystem vom Kaiserreich bis in die Bundesrepublik, in: *Bundeszentrale für politische Bildung* (Hrsg.), Aus Politik und Zeitgeschichte, Bd. 33–34 2003

Lipp, Volker, Betreuungsrechtliche Unterbringung: Nur in der Psychiatrie, BtPrax, 2017, S. 94

Lipp, Volker, Erwachsenenschutz und Verfassung, Betreuung Unterbringung und Zwangsbehandlung, FamRZ, 2013, S. 913

Löw, Andrea, Die Verfolgung und Ermordung der europäischen Juden durch das nationalsozialistische Deutschland 1933–1945, Deutsches Reich und Protektorat September 1939–September 1941, München, 2012 (zitiert als: *Löw*, Verfolgung und Ermordung der europäischen Juden)

Lustig, Walter, Gesetz und Recht im Krankenhaus, Berlin, 1930

Mandry, Gustav, Das württembergische Privatrecht, Tübingen, 1903

Mannkopff, Adolph Julius, Preussisches Criminalrecht, In einer Zusammenstellung der Criminalordnung und des zwanzigsten Titels zweiten Theils des Allgemeinen Landrechts mit den ergänzenden, abändernden und erläuternden Verordnungen, Berlin, 1838

Marein, Josef, Die Angst vor der Schlangengrube, Lehren aus dem Prozeß Dr. Corten, Die ZEIT v. 23.11.1950, S. 10

Marinez, Mykola, Die Entwicklung von Rechts- und Verwaltungsbestimmungen für psychisch Kranke und geistig Behinderte vom ausgehenden 18. zum 19. Jahrhundert in Preußen, Polen und Galizien, eine vergleichende Untersuchung der rechtlichen Voraussetzungen der psychiatrischen Versorgung, Leipzig, 1982 (zitiert als: *Marinez*, Rechts- und Verwaltungsbestimmungen für psychisch Kranke und geistig Behinderte)

Marneros, Andreas, Psychiatrie: Anfänge als Perspektive, in: *Schneider, Frank* (Hrsg.), Entwicklungen der Psychiatrie, Symposium anlässlich des 60. Geburtstages von Henning Saß, Berlin, Heidelberg 2006

Marschner, Rolf, Aktuelles zur Zwangsbehandlung, in welchen Grenzen ist sie noch möglich?, R&P, 2011, S. 160

Marschner, Rolf, Amtshaftung bei Behandlung in geschlossener Abteilung eines psychiatrischen Krankenhauses, R&P, 2008, S. 126

Marschner, Rolf, Das Unterbringungsrecht der Bundesländer, in: *Brill, Karl-Ernst* (Hrsg.), Zum Wohle der Betreuten, Beiträge zur Reform des Vormundschafts- und Pflegschaftsrechts, Bonn 1990

Marschner, Rolf, Plädoyer für die Abschaffung der zivilrechtlichen Unterbringung, R&P, 1986, S. 47

Marschner, Rolf/Lesting, Wolfgang/Saage, Erwin, Freiheitsentziehung und Unterbringung, Materielles Recht und Verfahrensrecht, 5. Auflage, München, 2010

Maunz, Theodor/Dürig, Günter (Hrsg.), Grundgesetz Kommentar, München, 2014 (zitiert als: *Bearbeiter*, Maunz/Dürig, GG)

Maurer, Hartmut, Das privatrechtliche Unterbringungsrecht und Art. 104 des Grundgesetzes, Insbesondere zur Rechtsnatur der elterlichen und vormundschaftlichen Gewalt sowie der Pflegschaft, FamRZ, 1960, S. 468

Meder, Stephan, Rechtsgeschichte, Eine Einführung, 2. Auflage, Köln, 2005

Mellage, Heinrich, 39 Monate bei gesundem Geiste als irrsinnig eingekerkert, Erlebnisse des katholischen Geistlichen Mr. Forbes aus Schottland im Alexianerkloster Mariaberg in Aachen während der Zeit vom 18. Februar 1891 bis 30. Mai 1894, Hagen, 1894

Mendel, Emanuel, Die Geisteskranken in dem Entwurf des bürgerlichen Gesetzbuches für das Deutsche Reich, Vierteljahresschrift für gerichtliche Medizin, 1889, S. 252

Mendel, Emanuel, Über Aufnahmebedingungen in Privatirrenanstalten, Allgemeine Zeitschrift für Psychiatrie und psychisch-gerichtliche Medizin, 1881, S. 563

Mendel, Emanuel, Zur Frage der Entmündigung der Geisteskranken und der Aufnahme in eine Irrenanstalt, Deutsche Medizinische Wochenschrift, 1892, S. 801

Metzdorf, Theodor, Der gemeingefährliche Geisteskranke: im heutigen Verwaltungs- und künftigen Strafrecht, Berlin, 1930 (zitiert als: *Metzdorf*, Der gemeingefährliche Geisteskranke)

Meusch, Matthias, Die strafrechtliche Verfolgung der Hadamarer „Euthanasie"-Morde, in: *George, Uta* (Hrsg.), Hadamar, Heilstätte – Tötungsanstalt – Therapiezentrum, Marburg 2006

Meyer, Karl/Scheffler, Georg (Hrsg.), BGB Reichsgerichtsräte – Kommentar, mit besonderer Berücksichtigung der Rechtsprechung des Reichsgerichts und des Bundesgerichtshofes, 10. Auflage, Berlin, 1964 (zitiert als: *Bearbeiter*, RGRK, BGB)

Mieck, Ilja, Epochen der preußischen Geschichte (1807–1871), in: *Büsch, Otto/Neugebauer, Wolfgang* (Hrsg.), Handbuch der preussischen Geschichte, Berlin 1992

Mitscherlich, Alexander, Medizin ohne Menschlichkeit, Dokumente des Nürnberger Ärzteprozesses, 18. Auflage, Frankfurt am Main, 2012

Mitscherlich, Alexander/*Mielke, Fred*, Das Diktat der Menschenverachtung, Heidelberg, 1947

Mitteis, Heinrich/*Lieberich, Heinz*, Deutsche Rechtsgeschichte, Ein Studienbuch, 19. Auflage, München, 1992

Moeli, Karl, Die Fürsorge für Geisteskranke und geistig Abnorme nach den gesetzlichen Vorschriften, Ministerial-Erlassen, behördlichen Verordnungen und der Rechtsprechung, Ein Handbuch für Ärzte und Verwaltungsbeamte, Halle a. S., 1915 (zitiert als: *Moeli,* Die Fürsorge für Geisteskranke)

Moeli, Karl, Die in Preussen gültigen Bestimmungen über die Entlassung aus den Anstalten für Geisteskranke, Halle a.S., 1906 (zitiert als: *Moeli,* Bestimmungen über die Entlassung aus den Anstalten für Geisteskranke)

Moeli, Karl, Einige Bemerkungen über die Regelungen der Rechtsverhältnisse der in Anstaltsbehandlung oder in Pflege fremder Personen befindlichen Geisteskranken in Preußen, Monatsschrift für Kriminalpsychologie und Strafrechtsreform, 1913, S. 449

Moeli, Karl, Über die Rechtsverhältnisse der in Anstalten gelangten Geisteskranken in Preußen, Ein Nachtrag zu Nr. 26 des Jahrganges 1913 S. 449, Monatsschrift für Kriminalpsychologie und Strafrechtsreform, 1914, S. 417

Möller, Caren, Medizinalpolizei, Die Theorie des staatlichen Gesundheitswesens im 18. und 19. Jahrhundert, Frankfurt am Main, 2005

Möllhoff, Gerhard, Historische, soziale und psychiatrische Aspekte von „Querulanten", Das öffentliche Gesundheitswesen, 1990, S. 123

Mostler, Detlef, Der Krankenhausbau in den 30er- Jahren des 20. Jahrhunderts, kma, 2006, S. 88

Motive zu dem Entwurfe eines Bürgerlichen Gesetzbuches für das Deutsche Reich, Berlin, 1888 (zitiert als: Motive zum BGB)

Mrozynski, Peter, Vormundschafts- und Psychischkrankenrecht, R&P, 1984, S. 87

Mugdan, Benno, Die gesammten Materialien zum Bürgerlichen Gesetzbuch für das Deutsche Reich, Berlin, 1899 (zitiert als: *Mugdan,* Materialien zum BGB)

Müller, Christian, Heilanstalt oder Sicherungsanstalt, Die Unterbringung geisteskranker Rechtsbrecher als Herausforderung der Anstaltspsychiatrie im Kaiserreich, in: *Fangerau, Heiner* (Hrsg.), „Moderne" Anstaltspsychiatrie im 19. und 20. Jahrhundert – Legitimation und Kritik, Stuttgart 2006

Müller, Christian, Verbrechensbekämpfung im Anstaltsstaat, 1. Auflage, Göttingen, 2004

Müller, Joachim, Sterilisation und Gesetzgebung bis 1933, Husum, 1985 (zitiert als: *Müller,* Sterilisation und Gesetzgebung)

Müller, Thomas, Das Vorbild Gheel und die psychiatrische Familienpflege im 19. Jahrhundert, Sozialpsychiatrische Informationen, 2004, S. 7

Muthesius, Hans, Die Wohlfahrtspflege, Systematische Einführung auf Grund der Fürsorgepflichtverordnung und der Reichsgrundsätze, Berlin, 1925

Naas, Stefan, Die Entstehung des Preußischen Polizeiverwaltungsgesetzes von 1931, Tübingen/Frankfurt am Main (zitiert als: *Naas,* Die Entstehung des PVG)

Nasse, Werner, Vorschläge zur Irrengesetzgebung, Mit besonderer Rücksicht auf Preussen, Marburg, 1850

Neisser, Clemens, Die Weiterentwicklung der praktischen Psychiatrie, insbesondere der Anstaltstherapie im Sinne Griesingers, Monatsschrift für Psychiatrie und Neurologie, 1927, S. 314

Neumann, Heinrich, Der Arzt und die Blödsinnigkeits-Erklärung, Breslau, 1847

Neumann, Heinrich, Die Theorie und Praxis der Blödsinnigkeitserklärung nach preußischem Gesetze, Ein Leitfaden für Aerzte u. Juristen, Erlangen, 1860 (zitiert als: *Neumann,* Blödsinnigkeitserklärung)

Neumann, Volker, Freiheitssicherung und Fürsorge im Unterbringungsrecht, NJW, 1982, S. 2588

Neuner, Stephanie, Politik und Psychiatrie, Die staatliche Versorgung psychisch Kriegsbeschädigter in Deutschland 1920–1939, Göttingen, 2011

Nissen, Gerhardt, Kulturgeschichte seelischer Störungen bei Kindern und Jugendlichen, Stuttgart, 2005

Noack, Thorsten, Über Kaninchen und Giftschlangen, – Psychiatrie und Öffentlichkeit in der frühen Bundesrepublik Deutschland, in: *Fangerau, Heiner* (Hrsg.), „Moderne" Anstaltspsychiatrie im 19. und 20. Jahrhundert – Legitimation und Kritik, Stuttgart 2006

Nowak, Kurt, Widerstand, Zustimmung, Hinnahme, Das Verhalten der Bevölkerung zur „Euthanasie", in: *Frei, Norbert* (Hrsg.), Medizin und Gesundheitspolitik in der NS-Zeit, München 1991

O. A. [Heinze-Mansfeld, Michael], Wir fragen die Ärzte von Eichberg, Der Stern v. 09.07.1950, S. 6

O. A., Aufruf, Neue Preußische Zeitung v. 09.07.1892

O. A., Jahressitzung des Vereins deutscher Irrenärzte zu Hannover am 17. und 18. September 1897, Monatsschrift für Psychiatrie und Neurologie, 1897, S. 404

Olshausen, Theodor, Der deutsche Juristentag, Sein Werden und Wirken; eine Festschrift zum fünfzigjährigen Jubiläum des Deutschen Juristentages, Berlin, 1910

Oppermann, Vorname unbek., Irrenanstalten und Strafrecht, Monatsschrift für Kriminalpsychologie und Strafrechtsreform, 1913, S. 211

Paetz, Albrecht, Die Kolonisirung der Geisteskranken in Verbindung mit dem Offen-Thür-System, Ihre historische Entwicklung und die Art ihrer Ausführung auf Rittergut Alt-Scherbitz, Berlin, 1893 (zitiert als: *Paetz,* Die Kolonisirung der Geisteskranken)

Paetz, Albrecht, Über die Einrichtung von Überwachungsstationen, Allgemeine Zeitschrift für Psychiatrie und psychisch-gerichtliche Medizin, 1888, S. 424

Palandt, 53. Auflage, 1994 (zitiert als: *Bearbeiter,* Palandt, BGB)

Pardey, Karl-Dieter, Betreuung Volljähriger, Hilfe oder Eingriff: Anspruch und Leistungsfähigkeit des Betreuungsrechts im Lichte des Grundgesetzes, Sarstedt, 1989

Parensen, Günther, Die Unterbringung Geistes- und Suchtkranker, München, 1972 (zitiert als: *Parensen,* Unterbringung)

Pelman, Carl, Allgemeine Ideen über die Errichtung von Irren-Anstalten (Fortsetzung), Deutsche Bauzeitung, 1878, S. 222

Perau, Guido, Betreuungsverfügung und Vorsorgevollmacht, MittRhNotK, 1996, S. 285

Peter, Jürgen, Unmittelbare Reaktionen auf den Prozeß, in: *Ebbinghaus, Angelika/Dörner, Klaus* (Hrsg.), Vernichten und heilen, Der Nürnberger Ärzteprozeß und seine Folgen, 1. Auflage, Berlin 2001

Petersen, Nils, Geistigbehinderte Menschen – im Gefüge von Gesellschaft, Diakonie und Kirche, Münster, 2003 (zitiert als: *Petersen,* Geistigbehinderte Menschen)

Peukert, Detlev, Grenzen der Sozialdisziplinierung, Aufstieg und Krise der deutschen Jugendfürsorge von 1878–1932, Köln, 1986

Pieper, Helmut, Richter und Sachverständiger im Zivilprozeßrecht, ZZP, 1971, S. 1

Pistor, Moritz, Das Gesundheitswesen in Preussen nach deutschem Reichs- und preussischem Landesrecht, Berlin, 1896

Planck, Gottlieb (Hrsg.), Bürgerliches Gesetzbuch, nebst Einführungsgesetz, 1. Auflage, Berlin, 1901 (zitiert als: *Bearbeiter,* Bürgerliches Gesetzbuch)

Plessner, Helmuth, Die verspätete Nation, Über die politische Verführbarkeit bürgerlichen Geistes, 4. Auflage, Frankfurt am Main, 1992

Pochhammer, Edmund von, Über die gesetzlichen Bestimmungen betreffend das Irrenwesen in Preussen und namentlich die Aufnahme von Geisteskranken in Preussische öffentlich oder Privat-Irren-Anstalten, Allgemeine Zeitschrift für Psychiatrie und psychisch-gerichtliche Medizin, 1859, S. 633

Popp, Wolfgang, Zwangsbehandlung von psychisch Kranken im Betreuungsrecht, Frankfurt am Main, 2003

Prinzing, Friedrich, Handbuch der medizinischen Statistik, Jena, 1906

Prütting, Hanns, Die geschichtliche Entwicklung des deutschen Zivilprozeßrechts, in: *Schütze, Rolf* (Hrsg.), Zivilprozeßordnung und Nebengesetze, Großkommentar, Bd. 1., 3. Auflage, Berlin 1994

Raecke, Julius, Kurzgefasstes Lehrbuch der gerichtlichen Psychiatrie für Mediziner und Juristen, Wiesbaden, 1919 (zitiert als: *Raecke*, Gerichtliche Psychiatrie)

Rapmund, Otto, Zur Anweisung über Aufnahme und Entlassung von Geisteskranken, Zeitschrift für Medizinalbeamte, 1895, S. 589

Rauer, Vorname unbek., 23. Centralblatt für Preussische Juristen, redigirt von C. F. Rauer, Kritische Jahrbücher für deutsche Rechtswissenschaft, 1837, S. 1039

Rauscher, Thomas, Familienrecht, 2. Auflage, Heidelberg, 2008

Redder, Ute, Die Entwicklung von der Armenhilfe zur Fürsorge in dem Zeitraum von 1871 bis 1933, Bochum/Bochum (zitiert als: *Redder*, Die Entwicklung von der Armenhilfe zur Fürsorge)

Rehbein, Hugo/Reincke, Otto Ludwig Karl, Allgemeines Landrecht für die Preußischen Staaten, Nebst den ergänzenden und abändernden Bestimmungen der Reichs- und Landesgesetzgebung, 5. Auflage, Berlin, 1894 (zitiert als: *Rehbein/Reincke*, ALR)

Reichardt, Wolf, Das Recht an Briefen, Leipzig, 1905

Reichstag – 154. Sitzung am Sonnabend den 16. Januar 1897, in: *Reichstag* (Hrsg.), Stenographische Berichte über die Verhandlungen des Reichstags. IX. Legislaturperiode IV. Session 1895/97., Von der 150. Sitzung am 12. Januar 1897 bis zur 181. Sitzung am 20. Februar 1897, Bd. 6 (zitiert als: Reichstag – 154. Sitzung am Sonnabend den 16. Januar 1897)

Reichstag – 20. Sitzung am Sonnabend den 28. Januar 1899, in: *Reichstag* (Hrsg.), Stenographische Berichte über die Verhandlungen des Reichstags. X. Legislaturperiode I. Session 1898/1900. (zitiert als: Reichstag – 20. Sitzung am Sonnabend den 28. Januar 1899)

Reil, Johann Christian, Rhapsodien über die Anwendung der psychischen Curmethode auf Geisteszerrüttungen, Dem Herrn Prediger Wagnitz zugeeignet, Halle, 1803 (zitiert als: *Reil*, Rhapsodien)

Repgen, Tilman, Was war und wo blieb das soziale Öl, Zeitschrift für neuere Rechtsgeschichte, 2000, S. 406

Reuß, Hermann, Der Rechtsschutz der Geisteskranken auf Grundlage der Irrengesetzgebung in Europa und Nord-Amerika, Mit den inländischen Gesetzen, dann den ausländischen im Originaltexte wie in Übersetzungen, Leipzig, 1888 (zitiert als: *Reuß,* Der Rechtsschutz der Geisteskranken in Europa und Nord-Amerika)

Rink, Jürgen, Kritische Anmerkungen zum Verfahren in Betreuungs- und Unterbringungssachen, R&P, 1991, S. 148

Ritter, Gerhard Albert, Entstehung und Entwicklung des Sozialstaates in vergleichender Perspektive, Historische Zeitschrift, 1986, S. 1

Rittershaus, Ernst, Die Irrengesetzgebung in Deutschland, Nebst einer vergleichenden Darstellung des Irrenwesens in Europa; (für Ärzte, Juristen und gebildete Laien), 1. Auflage, Berlin, 1927

Ritzer, Uwe/Przybilla, Olaf, Die Affäre Mollath, Der Mann, der zu viel wusste, 1. Auflage, München, 2014

Rixen, Peter, Die gemeingefährlichen Geisteskranken im Strafrecht, im Strafvollzuge und in der Irrenpflege, Ein Beitrag zur Reform der Strafgesetzgebung des Strafvollzuges und der Irrenfürsorge, Vienna, s.l., 1921 (zitiert als: *Rixen,* Die Gemeingefährlichen Geisteskranken)

Roemer, H./Kolb, G./Faltlhauser, V., Die Offene Fürsorge in der Psychiatrie und ihren Grenzgebieten, Ein Ratgeber für Ärzte · Sozialhygieniker Nationalökonomen · Verwaltungsbeamte Sowie Organe der Öffentlichen und Privaten Fürsorge, Berlin, Heidelberg, 1927 (zitiert als: *Roemer/Kolb u.a.,* Die Offene Fürsorge)

Rohde, Vorname unbek., Die Sorge für die Person volljähriger Mündel nach dem Bürgerlichen Gesetzbuche, Zentralblatt für freiwillige Gerichtsbarkeit und Notariat, 1912, S. 253

Rohrmann, Eckhard, Mythen und Realitäten des Anders-Seins, Gesellschaftliche Konstruktionen seit der frühen Neuzeit, 2. Auflage, Wiesbaden, 2011

Roller, Christian Friedrich Wilhelm, Die Irrenanstalt nach allen ihren Beziehungen, Mit einem lithographirten und colorirten Plane, Karlsruhe, 1831

Rönn, Peter von, Die Entwicklung der Anstalt Langenhorn in der Zeit des Nationalsozialismus, in: *Rönn, Peter* von/*Böhme, Klaus* (Hrsg.), Wege in den Tod, Hamburgs Anstalt Langenhorn und die Euthanasie in der Zeit des Nationalsozialismus, Bd. 2, Hamburg 1993

Rönne, Ludwig von, Die Verfassungs-Urkunde für den Preußischen Staat, Vom 31. Januar 1850, unter Vergleichung mit dem Entwurfe zum Verfassungs-Gesetze vom 20. Mai 1848, dem Entwurfe der Verfassungs-Kommission der National-Versammlung, den Beschlüssen der National-Versammlung, der Verfassungs-Urkunde vom 5. December 1848, den Revisions-Arbeiten beider Kammern, den Propositionen der Königl. Botschaft vom 7. Januar 1850, und unter Berücksichtigung der Motive, nebst einem Nachtrage, enthaltend die

Darstellung der in der Kammer-Sitzungs-Periode von 1851 bis 1852 bewirkten Revision der Verfassungs-Urkunde, Berlin, 1852 (zitiert als: *Rönne,* Die Preußische Verfassung)

Rörig, Reinhold, Die Mainzer Spitäler und Krankenhäuser, Ein Rückblick auf 2000 Jahre Krankenhausgeschichte, Mainz, 1989

Rosenau, Renate, Die Alzeyer Landes- Heil- und Pflegeanstalt in der Zeit des Nationalsozialismus, in: 100 Jahre Rheinhessen-Fachklinik Alzey

Rosenow, Roland, Betreuungsrechtliche Unterbringung und Zwangsbehandlung vor dem Hintergrund der UN-BRK, BtPrax, 2013, S. 39

Rosenthal, Heinrich (Hrsg.), Bürgerliches Gesetzbuch, Erläutert unter besonderer Berücksichtigung der Rechtsverhältnisse des täglichen Lebens, 15. Auflage, Köln, Berlin, Bonn, München, 1965 (zitiert als: *Bearbeiter,* Rosenthal, BGB)

Roth, Andreas, Aktuelle Probleme der Beschwerde in Betreuungssachen, in: *Sonnenfeld, Susanne* (Hrsg.), Nichtalltägliche Fragen aus dem Alltag des Betreuungsrechts, Festschrift für Werner Bienwald, Bielefeld 2006

Roth, Andreas, Kriminalitätsbekämpfung in deutschen Großstädten 1850–1914, Ein Beitrag zur Geschichte des strafrechtlichen Ermittlungsverfahrens, Berlin, 1997

Ruckert, Frederic, Zwangssterilisationen im Dritten Reich 1933–1945, Stuttgart/ Mainz (zitiert als: *Ruckert,* Zwangssterilisationen im Dritten Reich)

Rudloff, Wilfried, Die Wohlfahrtsstadt, Kommunale Ernährungs-, Fürsorge- und Wohnungspolitik am Beispiel Münchens; 1910–1933, Göttingen, 1998

Rudloff, Wilfried, Rehabilitation und Hilfen für Behinderte, in: *Hockerts, Hans Günter* (Hrsg.), Geschichte der Sozialpolitik in Deutschland seit 1945, 1966–1974 Bundesrepublik Deutschland- eine Zeit vielfältigen Aufbruchs, Bd. 5, Baden-Baden 2006

Rudloff, Wilfried, Rehabilitation und Hilfen für Behinderte, in: *Ruck, Michael/ Hockerts, Hans Günter* (Hrsg.), Geschichte der Sozialpolitik in Deutschland seit 1945, Sozialpolitik im Zeichen des erreichten Wohlstandes, Baden-Baden 2007

Rüfner, Wolfgang, Verwaltungsrechtsschutz in Preußen von 1749 bis 1842, Bonn, 1962

Rüth, Ulrich, Die Unterbringung in der Kinder- und Jugendpsychiatrie, FPR, 2011, S. 554

Saage, Erwin, Freiheitsentziehungsverfahren, Gesetz über das gerichtliche Verfahren bei Freiheitsentziehungen mit den Ländervorschriften über die Anstaltsunterbringung von Geisteskranken und Suchtkranken, München, 1958

Saar, Stefan, Familienrecht im NS-Staat – ein Überblick, in: *Salje, Peter* (Hrsg.), Recht und Unrecht im Nationalsozialismus, Münster 1985

Sachße, Christoph/Tennstedt, Florian, Geschichte der Armenfürsorge in Deutschland, Vom Spätmittelalter bis zum Ersten Weltkrieg, Stuttgart, 1980

Säcker, Horst, Die Verfassungsgerichtsbarkeit im Konvent von Herrenchiemsee, in: *Fürst, Walther/Herzog, Roman/Umbach, Dieter* (Hrsg.), Festschrift für Wolfgang Zeidler, Bd. 1, Berlin 1987

Saemisch, Friedrich Moritz Ernst, Gutachten des Reichssparkommissars über die Staatsverwaltung des Volksstaates Hessen, Darmstadt, 1929 (zitiert als: *Saemisch,* Gutachten Hessen)

Sahmland, Irmtraut, Das Anstaltsleben im Landeshospital Hofheim in der zweiten Hälfte des 19. Jahrhunderts. Einblicke und Einsichten anhand von Krankenakten, in: *Sahmland, Irmtraut/Trosse, Sabine/Vanja, Christina/Berger, Hartmut/Ernst, Kurt* (Hrsg.), „Haltestation Philippshospital", Ein psychiatrisches Zentrum – Kontinuität und Wandel, 1535–1904–2004; eine Festschrift zum 500. Geburtstag Philipps von Hessen, Marburg 2004 (zitiert als: *Sahmland,* Anstaltsleben)

Sammet, Kai, „Ueber Irrenanstalten und deren Weiterentwicklung in Deutschland", Wilhelm Griesinger im Streit mit der konservativen Anstaltspsychiatrie 1865–1868, Hamburg, 2000

Sandner, Peter, „… zum Leben gewiß nicht mehr tauglich gewesen", Mainzer Opfer der NS- „Euthanasie"-Verbrechen und die Rolle von Mainz und Rheinhessen im Rahmen der sogenannten „Vernichtung lebensunwerten Lebens", Mainzer Geschichtsblätter, 1994, S. 89

Sandner, Peter, Verwaltung des Krankenmordes, Der Bezirksverband Nassau im Nationalsozialismus, Gießen, 2003

Sandor, Stefan, Das biopsychosoziale Modell von Behinderung, Gesundheitswesen, 2015, A245

Sauerteig, Lutz, Krankheit, Sexualität, Gesellschaft, Geschlechtskrankheiten und Gesundheitspolitik in Deutschland im 19. und frühen 20. Jahrhundert, Stuttgart, 1999 (zitiert als: *Sauerteig,* Gesundheitspolitik)

Savigny, Friedrich Carl von, System des heutigen Römischen Rechts, Berlin, 1840

Schabow, Dietrich, Die Israelitische Heil- und Pflegeanstalt für Nerven- und Gemütskranke (Jacoby'sche Anstalt, 1869–1942) und die spätere Verwendung der Gebäude, in: *Friedhofen, Barbara* (Hrsg.), Die Heil- und Pflegeanstalten für Nerven- und Gemütskranke in Bendorf, Bendorf-Sayn 2009 (zitiert als: *Schabow,* Die Israelitische Jacoby'sche Anstalt)

Schaffer, Wolfgang, Fürsorge für Geisteskranke in der Stadt Köln im 19. Jahrhundert (1804–1871), Geschichte in Köln, 2003, S. 89

Schepker, Renate, Finanzierung von Krankenhausbehandlung in den 50er-Jahren unter dem Fortwirken des „Halbierungserlasses", in: *Fangerau, Heiner/Topp, Sascha/Schepker, Klaus* (Hrsg.), Kinder- und Jugendpsychiatrie im Nationalsozialismus und in der Nachkriegszeit, Zur Geschichte ihrer Konsolidierung, Berlin, Heidelberg 2017 (zitiert als: *Schepker,* Finanzierung von Krankenhausbehandlung)

Schiemann, Anja, Novellierung des Rechts der Unterbringung in einem psychiatrischen Krankenhaus, ZRP, 2016, S. 98

Schmelzeisen, Gustaf Klemens, Quellen zur neueren Privatrechtsgeschichte, Polizei- und Landesordnungen, 1. Auflage, Köln, 1968 (zitiert als: *Schmelzeisen,* Quellen zur neueren Privatrechtsgeschichte)

Schmidt, Christian Wilhelm, Freiheitsberaubung aus Fürsorge, Eine Untersuchung über die Strafbarkeit von Fixierungen und anderen freiheitsentziehenden Maßnahmen in Einrichtungen der Altenpflege gemäß § 239 I StGB, 2010

Schmidt-Michel, Paul-Otto, Geschichte der Psychiatrischen Familienpflege in Deutschland, in: *Konrad, Michael* (Hrsg.), Die zweite Familie, Psychiatrische Familienpflege; Geschichte, Praxis, Forschung, Bonn 1993 (zitiert als: *Schmidt-Michel,* Geschichte der Psychiatrischen Familienpflege)

Schmiedebach, Heinz-Peter, Eine „antipsychiatrische Bewegung" um die Jahrhundertwende, in: *Dinges, Martin* (Hrsg.), Medizinkritische Bewegungen im Deutschen Reich, (ca. 1870–ca. 1933), Stuttgart 1996

Schmiedebach, Heinz-Peter/Schwoch, Rebecca, „Querulantenwahnsinn", Psychiatriekritik und Öffentlichkeit um 1900, Medizinhistorisches Journal, 2007, S. 30

Schmoeckel, Mathias/Rückert, Joachim u. a. (Hrsg.), Historisch-kritischer Kommentar zum BGB, Band IV (Familienrecht), Tübingen, 2018 (zitiert als: *Bearbeiter,* HKK, BGB)

Schmuhl, Hans-Walter, Die Gesellschaft Deutscher Neurologen und Psychiater im Nationalsozialismus, 1. Auflage, Berlin/Heidelberg, 2016 (zitiert als: *Schmuhl,* Die Gesellschaft Deutscher Neurologen und Psychiater)

Schmuhl, Hans-Walter, Einführung, in: *Kersting, Franz-Werner* (Hrsg.), Psychiatriereform als Gesellschaftsreform, Die Hypothek des Nationalsozialismus und der Aufbruch der sechziger Jahre, Paderborn 2003

Schmuhl, Hans-Walter, Grenzüberschreitungen, Das Kaiser-Wilhelm-Institut für Anthropologie, menschliche Erblehre und Eugenik 1927–1945, Göttingen, 2005

Schmuhl, Hans-Walter, Rassenhygiene, Nationalsozialismus, Euthanasie, Von der Verhütung zur Vernichtung „lebensunwerten Lebens" 1890–1945, Göttingen/Bielefeld (zitiert als: *Schmuhl,* Rassenhygiene, Nationalsozialismus, Euthanasie)

Schneider, Frank, Entwicklungen der Psychiatrie, Symposium anlässlich des 60. Geburtstages von Henning Saß, Berlin, Heidelberg, 2006 (zitiert als: *Schneider*, Entwicklungen der Psychiatrie)

Schneider, Frank/Weber-Papen, Sabrina u. a., Diagnose und Klassifikation, in: *Schneider, Frank* (Hrsg.), Facharztwissen Psychiatrie, Psychosomatik und Psychotherapie, 2. Auflage, Berlin 2017 (zitiert als: *Schneider/Weber-Papen u.a.*, Diagnose und Klassifikation)

Scholz, Vorname unbek., Noch einmal: Die Heilungsaussichten in der Irrenanstalt, Psychiatrisch-neurologische Wochenschrift, 1908, S. 177

Schönke, Adolf/Schröder, Horst (Hrsg.), Strafgesetzbuch, Kommentar, 29. Auflage, München, 2014 (zitiert als: *Bearbeiter*, Schönke/Schröder, StGB)

Schott, Heinz/Tölle, Rainer, Geschichte der Psychiatrie, Krankheitslehren, Irrwege, Behandlungsformen, München, 2006

Schreber, Daniel Paul, Denkwürdigkeiten eines Nervenkranken, 2. Auflage, Berlin, 2013 (zitiert als: *Schreber*, Denkwürdigkeiten eines Nervenkranken)

Schröder, Erich, Das Deutsche Vormundschaftsrecht, Unter Berücksichtigung aller einschlägigen Reichsgesetze und der landesrechtlichen Bestimmungen in Preußen und Elsaß-Lothringen, Berlin, 1900

Schroeder, Eduard August, Das Recht im Irrenwesen kritisch, systematisch und kodifiziert, Mit Benützung einer Nachricht über den Gesetzentwurf Leon Gambetta's, Zürich, 1890 (zitiert als: *Schroeder*, Das Recht im Irrenwesen)

Schröter, Vorname unbek., Das Recht aus Handlungen und Verhältnissen; Familienrecht und Quasikontakte mit Einschluß des Vormundschaftsrechts, Berlin, 1841 (zitiert als: *Schröter*, Das Recht aus Handlungen und Verhältnissen)

Schubert, Werner, Das Familien- und Erbrecht unter dem Nationalsozialismus, Ausgewählte Quellen zu den wichtigsten Gesetzen und Projekten aus den Ministerialakten, Paderborn, 1993

Schulte, Bernd, Anmerkungen zur Reform des Entmündigungs-, Vormundschafts- und Pflegschaftsrechts, ZRP, 1986, S. 249

Schulte, Walter, Klinik der Anstalts-Psychiatrie, Stuttgart, 1962

Schultheis, Rudolf, Der deutsche Vormundschaftsrichter, Eine systematische Darstellung seines gesammten Wirkungskreises nach dem Rechte des B.G.B. und dessen Nebengesetzen, Berlin, 1900

Schultze, Ernst, Bürgerliches Gesetzbuch, in: *Hoche, Alfred* (Hrsg.), Handbuch der gerichtlichen Psychiatrie, Berlin 1901

Schultze, Ernst, Die Sicherung der Gesellschaft gegen gemeingefährliche Geisteskranke und der Vorentwurf zu einem Deutschen Strafgesetzbuch, Archiv für Psychiatrie und Nervenkrankheiten, 1911, S. 1

Schultze, Ernst, Entlassungszwang und Ablehnung oder Wiederaufhebung der Entmündigung, Psychiatrische Wochenschrift, 1901, S. 219

Schultze, Erwin, Psychiatrische Kritik des Preußischen Runderlasses betreffend die polizeiliche Unterbringung Geisteskranker in öffentlichen Heil- und Pflegeanstalten, Archiv für Psychiatrie und Nervenkrankheiten, 1932, S. 468

Schultzenstein, Max, Die Grenzen der Polizeigewalt beim Schutze gegen sich selbst, Deutsche Juristen-Zeitung, 1904, Sp. 81

Schulz, Gerhard, Zwischen Demokratie und Diktatur, Verfassungspolitik und Reichsreform in der Weimarer Republik, 2. Auflage, Berlin, 1987

Schumacher, Ulrich, Rechtsstaatliche Defizite im neuen Unterbringungsrecht, FamRZ, 1991, S. 280

Schwab, Dieter (Hrsg.), Münchner Kommentar, Familienrecht II, 7. Auflage, München, 2017 (zitiert als: *Bearbeiter*, MüKo, BGB)

Schwartz, Ernst, Die Verfassungsurkunde für den Preußischen Staat vom 31. Januar 1850, Nebst Ergänzungs- und Ausführungsgesetzen, 1. Auflage, Breslau, 1898 (zitiert als: *Schwartz*, Die Verfassungsurkunde für den Preußischen Staat)

Schwarzhaupt, Elisabeth, Das Familienrechtsänderungsgesetz von 1961, Teil II: Änderungen von Nebengesetzen und verfahrensrechtliche Bestimmungen, FamRZ, 1962, S. 49

Seidel, Ralf/Sueße, Thorsten, Werkzeuge der Vernichtung, Zum Verhalten von Verwaltungsbeamten und Ärzten bei der „Euthanasie", in: *Frei, Norbert* (Hrsg.), Medizin und Gesundheitspolitik in der NS-Zeit, München 1991

Siemen, Hans-Ludwig, Menschen blieben auf der Strecke, Psychiatrie zwischen Reform und Nationalsozialismus, Gütersloh, 1987

Siemen, Hans-Ludwig, Psychiatrie im Nationalsozialismus, in: *Cranach, Michael von/Siemen, Hans-Ludwig* (Hrsg.), Psychiatrie im Nationalsozialismus, Die bayerischen Heil- und Pflegeanstalten zwischen 1933 und 1945, 2. Auflage, München 2012

Simon, Michael, Krankenhauspolitik in der Bundesrepublik Deutschland, Historische Entwicklung und Probleme der politischen Steuerung stationärer Krankenversorgung, Opladen, 2000 (zitiert als: *Simon*, Krankenhauspolitik)

Snell, Richard, Landes-Heil- und Pflegeanstalt Eichberg im Rheingau, in: *Bresler, Johannes* (Hrsg.), Deutsche Heil- und Pflegeanstalten für Psychischkranke in Wort und Bild, Den Mitgliedern des IV. Internationalen Kongresses zur Fürsorge für Geisteskranke Berlin, den 3. bis 7. Oktober 1910 gewidmet, Bd. 1, Halle a. S. 1910

Spaet, Vorname unbek., Über Gemeingefährlichkeit der Geisteskranken, Zeitschrift für Medizinalbeamte, 1906, S. 677

Spickhoff, Andreas (Hrsg.), Medizinrecht, München, 2011 (zitiert als: *Bearbeiter*, Medizinrecht, BGB)

Spickhoff, Andreas, Nach der Reform ist vor der Reform: Zur Neuregelung der Zwangsbehandlung im Zivilrecht, FamRZ, 2017, S. 1633

Staudinger, Julius von (Hrsg.), Familienrecht, 15. Auflage, München, 2013 (zitiert als: *Bearbeiter*, Familienrecht)

Staudinger, Julius von (Hrsg.), Familienrecht, 5. Auflage, München, Berlin, 1910 (zitiert als: *Bearbeiter*, Familienrecht, BGB)

Steinitz, Heinrich (Hrsg.), Die Preußische Vormundschaftsordnung von 1875 nebst den dieselben ergänzenden neuen Gesetzen, erläutert unter Benutzung der amtlichen Motive und den Verhandlungen beider Häuser des Landtages, Berlin, 1875 (zitiert als: *Bearbeiter*, Die Preußische Vormundschaftsordnung, VO)

Stenographische Berichte über die Verhandlungen der durch die Allerhöchste Verordnung vom 30. Mai 1849 einberufenen Zweiten Kammer, Berlin, 1849 (zitiert als: Verhandlungen der Zweiten Kammer)

Stolleis, Michael, Öffentliches Recht und Privatrecht im Prozeß der Entstehung des modernen Staates, in: *Hoffmann-Riem, Wolfgang* (Hrsg.), Öffentliches Recht und Privatrecht als wechselseitige Auffangordnungen, Bd. 3, 1. Auflage, Baden-Baden 1996 (zitiert als: *Stolleis*, Öffentliches Recht und Privatrecht)

Stolleis, Michael, Staatsrechtslehre und Verwaltungswissenschaft, 1800–1914, 1. Auflage, München, 1992

Stolte, Stefan, Bürgerliches Gesetzbuch, in: *Schmoeckel, Mathias/Stolte, Stefan* (Hrsg.), Examinatorium Rechtsgeschichte, Köln 2008

Strohm, Christoph, Die Kirchen im Dritten Reich, München, 2011

Stumme, Wolfgang, Das Verhältnis der Öffentlichkeit zum Geisteskranken – Vorurteil oder Urteil, in: *Lauter, Hans/Meyer, Joachim-Ernst* (Hrsg.), Der psychisch Kranke und die Gesellschaft, Tagung der Evangelischen Akademie Loccum, Oktober 1970, Stuttgart 1971

Süß, Winfried, Der „Volkskörper" im Krieg, Gesundheitspolitik, Gesundheitsverhältnisse und Krankenmord im nationalsozialistischen Deutschland 1939–1945, München, 2003

Süß, Winfried, Krankenmord, Forschungsstand und Forschungsfragen zur Geschichte der nationalsozialistischen „Euthanasie", in: *Bauer, Theresia/Süß, Winfried* (Hrsg.), NS-Diktatur, DDR, Bundesrepublik, Drei Zeitgeschichten des vereinigten Deutschland; Werkstattberichte, Neuried 2000

Sydow, Gernot, Die Revolution von 1848/49 – Ursprung der modernen Verwaltungsgerichtsbarkeit, Verwaltungsarchiv, 2001, S. 389

Temme, Jodocus Deodatus Hubertus, Das preussische Vormundschaftsrecht, Berlin, 1847

Terhorst, Karl-Leo, Polizeiliche planmäßige Überwachung und polizeiliche Vorbeugungshaft im Dritten Reich, Ein Beitrag zur Rechtsgeschichte vorbeugender Verbrechensbekämpfung, Heidelberg, 1985 (zitiert als: *Terhorst*, Polizeiliche Überwachung und Vorbeugungshaft)

Thissen, Rudolf, Die Entwicklung der Terminologie auf dem Gebiet der Sozialhygiene bis 1930, Köln, 1969 (zitiert als: *Thissen*, Die Entwicklung der Terminologie auf dem Gebiet der Sozialhygiene)

Thom, Achim, Kriegsopfer der Psychiatrie, Das Beispiel der Heil- und Pflegeanstalten Sachsens, in: *Frei, Norbert* (Hrsg.), Medizin und Gesundheitspolitik in der NS-Zeit, München 1991

Unger, Heinrich, Die Irrengesetzgebung in Preussen nebst den Bestimmungen über das Entmündigungsverfahren sowie die Einrichtung und Beaufsichtigung der Irrenanstalten, Nach deutschem Reichs- und preussischem Landesrecht dargestellt, Berlin, 1898 (zitiert als: *Unger*, Die Irrengesetzgebung in Preussen)

Vanja, Christina, Das Feste Haus, Eine Institution zwischen Strafvollzug und Psychiatrie, Zeitschrift des Vereins für hessische Geschichte, 2003, S. 173

Verhandlungen psychiatrischer Vereine, Allgemeine Zeitschrift für Psychiatrie und psychisch-gerichtliche Medizin, 1892, S. 182

Viefhues, Wolfram (Hrsg.), juris Praxiskommentar, Band 4 Familienrecht, 8. Auflage (zitiert als: *Bearbeiter*, jurisPK)

Vijselaar, Joost, Out and In: The Family and the Asylum, Patterns of Admission and Discharge in Three Dutch Psychiatric Hospitals 1890–1950, in: *Gijswijt-Hofstra, Marijke* (Hrsg.), Psychiatric cultures compared, Psychiatry and mental health care in the twentieth century; comparisons and approaches, Amsterdam 2005 (zitiert als: *Vijselaar*, Out and In)

Vokastner, Willi, Forensische Beurteilung, in: *Birnbaum, Karl/Nitsche, Paul/Vokastner, Willi* (Hrsg.), Handbuch der Geisteskrankheiten, Allgemeiner Teil, Bd. 4, Berlin 1929

Vossen, Johannes, Extreme Typen- Die öffentlichen Gesundheitsdienste in Thüringen und Warthegau im Vergleich, Das Gesundheitswesen, 2013, S. 721

Walter, Bernd, Fürsorgepflicht und Heilungsanspruch: Die Überforderung der Anstalt? (1870–1930), in: *Kersting, Franz-Werner* (Hrsg.), Nach Hadamar, Zum Verhältnis von Psychiatrie und Gesellschaft im 20. Jahrhundert, Bd. 7, Paderborn 1993 (zitiert als: *Walter*, Fürsorgepflicht und Heilungsanspruch)

Walter, Bernd, Psychiatrie und Gesellschaft in der Moderne, Geisteskrankenfürsorge in der Provinz Westfalen zwischen Kaiserreich und NS-Regime, Paderborn, 1996

Weber, Thomas, Der Einfluß des Betreuungsgesetzes auf die freiheitsentziehende Unterbringung, Berlin, 1995

Wedemeyer, Werner, Zur Praxis der Entmündigung wegen Geisteskrankheit und Geistesschwäche, in: *Wedemeyer, Werner/Jahrmärker, Maximilian* (Hrsg.), Zur Praxis der Entmündigung wegen Geisteskrankheit und Geistesschwäche, 1. Fragestellung für Entmündigungsgutachten; 2. Pflegschaft über entmündigungsreife Geisteskranke, Marburg 1908

Wegener, Chr. Fr., Dienst-Instruktion vom 23. Oktober 1817 für die Königl. Preuß. Regierungen mit den wichtigsten spätern Gesetzen und Verordnungen, wodurch dieselbe bis auf die neueste Zeit abgeändert, deklarirt und ergänzt worden ist, Nebst einem Anhang, enthaltend den wörtlichen Abdruck derjenigen erheblichen Gesetze und Verordnungen, deren Inhalt im Hauptwerke nicht vollständig aufgenommen worden ist, Berlin, 1842 (zitiert als: *Wegener*, Dienst-Instruktion vom 23. Oktober 1817)

Wehler, Hans-Ulrich, Deutsche Gesellschaftsgeschichte, Bundesrepublik und DDR, München, 2008

Wehler, Hans-Ulrich, Deutsche Gesellschaftsgeschichte, Vom Beginn des Ersten Weltkriegs bis zur Gründung der beiden deutschen Staaten 1914–1949, München, 2003

Wehler, Hans-Ulrich, Deutsche Gesellschaftsgeschichte, Von der „Deutschen Doppelrevolution" bis zum Beginn des Ersten Weltkrieges, 1849–1914, 2. Auflage, München, 2006

Weingart, Peter/Kroll, Jürgen/Bayertz, Kurt, Rasse, Blut und Gene, Geschichte der Eugenik und Rassenhygiene in Deutschland, 1. Auflage, Frankfurt am Main, 2001

Weißer, Ansgar, Geschichte der Psychiatrie in Westfalen, in: *Kirsch, Wolfgang/-Rüschoff-Thale, Babara/Schuhmann-Wessolek, Helga* (Hrsg.), Psychiatrie in Westfalen 2010

Welti, Felix, Behinderung und Rehabilitation im sozialen Rechtsstaat, Freiheit, Gleichheit und Teilhabe behinderter Menschen, Tübingen, 2005 (zitiert als: *Welti*, Behinderung und Rehabilitation)

Wendt, Claus, Krankenversicherung oder Gesundheitsversorgung?, Gesundheitssysteme im Vergleich, 2. Auflage, Wiesbaden, 2009 (zitiert als: *Wendt*, Krankenversicherung oder Gesundheitsversorgung)

Wesel, Uwe, Geschichte des Rechts, Von den Frühformen bis zum Vertrag von Maastricht, München, 1997

Wieacker, Franz, Methode der Rechtsgeschichte, in: *Erler, Adalbert/Stammler, Wolfgang* (Hrsg.), Handwörterbuch zur deutschen Rechtsgeschichte, List – Protonotar, Bd. 3, 1. Auflage, Berlin 1984

Willing, Matthias, Das Bewahrungsgesetz (1918–1967), Eine rechtshistorische Studie zur Geschichte der deutschen Fürsorge, Tübingen, 2003 (zitiert als: *Willing*, Das Bewahrungsgesetz)

Willing, Matthias, Frauenbewegung und Bewahrungsgesetz. Weibliche Initiativen zur Zwangsbewahrung „Asozialer" in der Weimarer Republik, in: *Hardtwig, Wolfgang* (Hrsg.), Politische Kulturgeschichte der Zwischenkriegszeit 1918–1939, Göttingen 2005 (zitiert als: *Willing*, Frauenbewegung und Bewahrungsgesetz)

Wilmanns, Karl, Die Zunahme der anstaltsbedürftigen Geisteskranken in Baden und ihre Ursachen, Zeitschrift für die gesamte Neurologie und Psychiatrie, 1911, S. 617

Wilmowski, Gustav von/Levi (Hrsg.), Civilprozessordnung und Gerichtsverfassungsgesetz für das Deutsche Reich nebst den Einführungsgesetzen, Mit Kommentar in Anmerkungen, 7. Auflage, Berlin, 1895 (zitiert als: *Bearbeiter*, Civilprozessordnung und Gerichtsverfassungsgesetz, CPO)

Windscheid, Bernhard, Das römische Recht in Deutschland, in: *Oertmann, Paul* (Hrsg.), Gesammelte Reden und Abhandlungen, Leipzig 1904

Winkler, Heinrich August, Weimar 1918–1933, Die Geschichte der ersten deutschen Demokratie, 4. Auflage, München, 2005 (zitiert als: *Winkler*, Weimar)

Wolff, Hans, Das Verfahren bei Freiheitsentziehungen, DÖV, 1951, S. 313

Wunder, Michael, Der Nürnberger Kodex und seine Folgen, in: *Ebbinghaus, Angelika/Dörner, Klaus* (Hrsg.), Vernichten und heilen, Der Nürnberger Ärzteprozeß und seine Folgen, 1. Auflage, Berlin 2001

Zeitlmann, Ignaz, Die Bestimmungen über Geisteskrankheiten, welche in das neue bürgerliche Gesetzbuch Aufnahme gefunden haben, in: *Friedreich, Johann, Baptist* (Hrsg.), Friedreichs Blätter für gerichtliche Medizin und Sanitätspolizei, 1. Auflage, Nürnberg 1898 (49. Jahrgang) (zitiert als: *Zeitlmann*, Die Bestimmungen über Geisteskrankheiten)

Zeller, Philipp, Systematisches Lehrbuch der Polizeiwissenschaft nach preussischen Gesetzen, Edicten, Verordnungen und Ministerial-Rescripten, Quedlinburg, 1834 (zitiert als: *Zeller*, Systematisches Lehrbuch der Polizeiwissenschaft)

Zenz, Gisela/Kulenkampff, Caspar, Vormundschaft und Pflegschaft für Volljährige, Eine Untersuchung zur Praxis und Kritik des geltenden Rechts, Köln, 1987

Zimmermann, *Walter*, Das neue Verfahren in Unterbringungssachen, FamRZ, 1990, S. 1308

Zimmermann, *Walter/Damrau*, *Jürgen*, Das neue Betreuungs- und Unterbringungsrecht, NJW, 1991, S. 538

Zitelmann, *Ernst*, Irrtum und Rechtsgeschäft, Eine psychologisch-juristische Untersuchung, Leipzig, 1879

www.ingramcontent.com/pod-product-compliance
Ingram Content Group UK Ltd.
Pitfield, Milton Keynes, MK11 3LW, UK
UKHW022103051026
15623UKWH00003B/650

9 783631 780619